공자개제고【二】

孔子改制考

공자개제고【二】 孔子改制考

An Annotated Translation of
"Confucius as a Reformer"

캉유웨이 저
김 동 민 역주

세창출판사

공자개제고【二】孔子改制考

1판 1쇄 인쇄 2013년 12월 16일
1판 1쇄 발행 2013년 12월 26일

저　자 | 캉유웨이(康有爲)
역주자 | 김동민(金東敏)
발행인 | 이방원
발행처 | 세창출판사
주소 | 서울 서대문구 경기대로 88 (냉천빌딩 4층)
신고번호 | 제300-1990-63호
전화 | (02) 723-8660　팩스 | (02) 720-4579
http://www.sechangpub.co.kr
e-mail: sc1992@empal.com

ISBN 978-89-8411-446-3 94150
978-89-8411-444-9 (세트)

잘못된 책은 구입하신 서점에서 바꾸어 드립니다.
책값은 뒤표지에 있습니다.

이 도서의 국립중앙도서관 출판시도서목록(CIP)은 서지정보유통지원시스템 홈페이지(http://seoji.nl.go.kr)와 국가자료공동목록시스템(http://www.nl.go.kr/kolisnet)에서 이용하실 수 있습니다.(CIP제어번호: CIP2013026787)

역주자 서문

孔子改制考

캉유웨이가 활동했던 시대는 역사상의 변화가 가장 심했던 격동의 시대였다. 수천 년 동안 지속되었던 전통 왕조의 붕괴, 그리고 근대로의 이행이라는 거스를 수 없는 세계사적 흐름, 이처럼 전통과 근대가 교차하는 시대에 당대의 지식인들은 많은 혼란과 고민을 겪었을 것이다. 근대와 전통 단절, 혹은 전통의 연속으로서의 근대, 어느 쪽을 선택하는가에 따라 중국이 나아가야 할 미래의 모습은 확연히 달라질 수 있기 때문이다. 당대의 많은 학자들이 다양한 형태의 중국 근대 설계도를 제시했는데, 그중에서도 가장 파격적인 모델을 제시한 인물이 바로 캉유웨이라고 할 수 있다. 그는 전통과의 연속이라는 밑그림 위에, 개혁과 변혁을 통한 근대로의 이행을 선포했다. 전통에 근거한 근대적 개혁이 마치 언어 모순처럼 보이지만, 그는 전통에 대한 재해석을 통해 가장 중국적인 근대를 만들 수 있다고 확신했다. 이런 점에서 캉유웨이의 철학 사상이 "형식면에서 중국 고대철학의 연속이자 고전 전통의 근대적 종결"(『中國近代思想史論』)이라고 한 리쩌허우(李澤厚)의 평가는 매우 적절한 것처럼 보인다.

그런데 사실 캉유웨이의 설계도는 자신의 독창적인 작품이 아니다. 그것은 예전에 이미 존재했던 원형의 모델을 단지 벤치마킹했다고 할 수 있다. 중국 고대에 새로운 시대를 위한 개혁의 설계도를 그린 대표적인 인물은 바로 공자이며, 그 설계도에 의해 탄생한 결과물이 바로 유교이다. 그러한 공자와 유교의 역사를 체계화시켜 하나의 정형화된 도식으로 만든 작품이 『공자개제고』이다. 그렇다면 그는 왜 공자와 유교를 벤치마킹의 대상으로 삼았을까? 공자가 탁고(託古)라는 형식을 통해 개제(改制)를 시도했듯이, 자신도 공자를 탁고의 대상으로 삼아 개혁을 추진했다고 할 수 있다. 유교를 통한 공자의 개제를 자신이 추진하는 개혁과 동일시함으로써 개혁의 이론적 토대와 정당성을 동시에 확보하려는 의도였다. 결과적으로 태평(太平)의 정치와 대동(大同)의 복지를 누리고 싶다던 캉유웨이의 꿈은 공허한 외침으로 끝이 났지만, 그의 근대적 담론의 원천은 『공자개제고』 속에 여전히 남아 있다.

캉유웨이의 연보를 살펴보면, 이 책은 10년이 넘는 오랜 기간에 걸쳐 완성되었다. 아마도 개혁과 변법을 위한 이론적 근거로 활용할 책이었기 때문에 상당히 심혈을 기울였을 것으로 짐작할 수 있다. 책 전체의 목차만 살펴보더라도 공자와 유교의 역사를 한눈에 파악할 수 있다. 유교의 창립, 공자와 유교의 관계, 유교와 제자백가의 투쟁, 유교의 전파와 사상 통일 등 유교의 성립과 전개에 관한 일련의 과정은 물론, 그 과정에서 상호 관계를 맺었던 제자백가의 양상까지도 체계적으로 정리되어 있다. 따라서 이 책은 캉유웨이와 관련을 짓지 않더라도, 춘추전국시대부터 한대까지 전개된 중국 고대 사상의 전모를 파악할 수 있는 중요한 자료로서의 가치도 지니고 있다. 특히 당시에 활동했던 거의 모든 제자백가의 성립과 활동 등에 관한 핵심 원전 텍스트가 망라되어 있기 때문에 그들 사이의 상호 대립과 투쟁, 조화와 융합의 과정을 매우 생생하게 살펴볼 수 있다. 지금처럼 DB화된 원전 자료가 없던 시대에 이처럼 방대한 자료를 주제별로 발췌하여 인용했다는 것이 놀라울 따름이다.

명저 번역을 신청하기 위해 준비하던 단계부터 출판을 앞둔 현 시점까지 거의 4년의 시간이 흘렀다. '명저'라는 타이틀이 주는 중압감 때문에 번역 과정에서의 고민과 시간 투자가 그 어떤 책보다 많았던 것 같다. 그렇지만 역시 고전 번역자로서의 능력이나 노력 부족 등으로 오역이나 오탈자 등 많은 문제가 드러날 수밖에 없을 것이다. 이 점에 대해서는 향후 연구자들의 따끔한 질타를 겸허하게 기다리겠다. 한편 번역과 교열의 과정에서 큰 도움을 주신 임옥균 선생님과 길훈섭·정병섭 동학께 깊은 감사를 드린다. 아울러 세창출판사의 임길남 상무님과 교정 및 편집을 맡은 분들의 노고에 감사드린다.

마지막으로 고전 번역 사업의 추진이 쉽지 않은 환경 속에서, 한국연구재단의 '명저 번역' 지원 사업 덕분에 이 책이 세상에 나올 수 있게 되었다. 향후 이 사업이 더욱 활성화되어 학술적으로 중요하고 가치 있는 고전들이 체계적으로 번역 출판될 수 있기를 기대해본다.

2013년 12월
와룡산 자락에서
김 동 민

일러두기

孔子改制考

1. 본 역주서의 저본은 1958년 中華書局에서 발행된 『孔子改制考』이다. 번역 과정에서 참조한 대교본은 세 종류이다. 1922년 萬木草堂叢書本 『孔子改制考』(『民國叢書』 第四編 3, 上海書店, 1989) / 中國人民大學出版社 출판본 『孔子改制考』(姜義華/張榮華 編校, 『康有爲全集』 제3집, 2007) / 中國人民大學出版社 출판본 『孔子改制考』(國學基本文庫, 2010)이다.
2. 번역문의 표점은 저본의 표점을 따르되, 다른 판본의 표점도 참조하였다. 단 최종적으로는 한글 번역문에 맞추어 구두나 문장 부호를 다는 것으로 표점의 원칙을 삼았다.
3. 『공자개제고』 속의 원문 중에 인용된 제자백가와 역사 관련 서적들은 그 책의 현행본 원전의 글자와 비교하여 오탈자를 교감했다. 오탈자가 있을 경우에는 현행본의 원문에 따라 수정하고, 교감과 관련된 사항을 주석으로 처리했다.
4. 『공자개제고』의 원문은 크게 세 가지 형식으로 구성되어 있다. ① 각 권의 대의를 설명한 내용, ② 원전 자료를 인용한 내용, ③ 캉유웨이의 해설이나 주장이다. ①은 각 장별 서론에 해당되며, 캉유웨이가 그 장을 기술하게 된 배경과 필요성을 기술한 부분이다. ②는 그 장의 문제 제기를 뒷받침하거나 주장의 근거로 인용한 원전 자료이다. ③은 캉유웨이가 논거 자료에 대해 부가 해설을 하거나, 문제 제기와 논거 자료를 바탕으로 자신의 주장을 펼친 것이다.

5. 『공자개제고』 저본에는 권수 이외에는 세부 항목별 번호나 기호가 붙어 있지 않다. 번역문의 전체 차례나 번역 내용 속에 포함된 분류 번호나 기호, 숫자 등은 모두 역주자가 임의로 붙인 것이다. 먼저 앞의 ①에 해당되는 부분은 〈제1권 머리글〉, 〈제2권 머리글〉 등으로 표시했다. 그리고 원전 자료를 인용한 ②에서, 먼저 세부 절이 없는 제1권과 제11권의 경우, 제1권의 첫 번째 원전 자료는 〈1-1〉, 두 번째 원전 자료는 〈1-2〉, 제11권의 첫 번째 원전 자료는 〈11-1〉, 두 번째 원전 자료는 〈11-2〉 등으로 표시했다. 나머지 19개 권은 세부 절까지 함께 표시했다. 예를 들어 제2권 제1절의 첫 번째 원전 자료는 〈2-1-1〉, 제2권 제2절의 두 번째 원전 자료는 〈2-2-2〉, 제21권 제1절의 세 번째 원전 자료는 〈21-1-3〉 등으로 표시했다. 마지막으로 캉유웨이의 해설이나 주장에 해당되는 ③의 경우, 세부 절은 표시하지 않고 권수와 차례만 표시했다. 예를 들어 제1권의 첫 번째 캉유웨이 글은 〈康1-1〉, 제10권의 두 번째 캉유웨이 글은 〈康10-2〉 등으로 표시했다.
6. 원문의 번역은 되도록 직역을 원칙으로 했다. 다만 직역의 의미 전달이 불명확한 경우에는 의역하여 가독성을 높였다. 그리고 원문에는 없지만 앞뒤의 문맥 연결이나 의미 이해를 위해 보충 번역한 경우에는 [ ] 표시를 해서 구분했다. 원전 자료 중에서 중복되어 인용된 것은 첫 번째 인용문에만 주석을 달았고, 뒷부분은 주석을 모두 빼고 해석만을 넣었다.
7. 역자주는 크게 세 가지 부분으로 구성되어 있다. 첫째, 난해한 어휘와 문장의 보충 해설, 인명과 지명에 대한 해설. 둘째, 철학적 의미니 사상사적인 의의 등에 관한 보충 설명. 셋째, 원전 자료의 대표적 주석서의 비교이다. 인용된 원전 자료 중에 주석서에 따라 번역의 차이가 큰 경우에는 주요 주석서들을 상호 비교하고, 본 역주서에서 근거한 주석의 내용을 밝혔다.

총목차

孔子改制考

孔子改制考【一】

孔子改制考【二】

| 孔子改制考【三】|

| 孔子改制考【四】|

| 孔子改制考【五】|

목차

孔子改制考

孔子改制考【二】

제5권 | 제자백가가 교설을 다투고 서로 공격하다

諸子爭教互攻考

An Annotated Translation of "Confucius as a Reformer"

제5권 머리글

사람들 중에 지식을 최고로 여겨 불타오르듯 매진하여[1] 자기는 옳고 다른 사람은 그르다고 하지 않는 사람이 없다. 지식을 간직하여 소유한 사람은 다 함께 그 지식을 소유하지, 떨쳐 일어나 개인 사유로 만들지는 않는다. 하늘의 도는 둥글게 완전하니, 둥글게 완전하면 종주로 삼을 것도 없고, 서로 상대할 대상도 없다. 사람이 그렇게 할 수 있겠는가? 발바닥[2]이 만약 둥글면 스스로 설 수가 없다. 육체가 있으니 제한되고, 벽이 있으니 막히는데, 어찌할 방법이 있겠는가? 이에 벽을 단단하게 막고 보루를 세우며, 해자를 설치하고 자기만의 영역을 구축해서[3] 어지럽게 다투면서 외부와 차단해 버려야겠는가? 자신만을 믿어서 남을 공격하고, 자신만을 대단하다고 여겨서[4] 남을 멸망시켜 버린다. 정권을 다투는 자는 군대를 이용하고, 교설을 다투는 자는 세치 혀를 사용하는데, 턱을 곧추세워 주장을 내세우고, 무리를 결성하여 대치하다가[5] 확대되어 점점 더 그 규모가 커지게 된다. [인도에서는] 불

1_ 『장자』 「천지(天地)」편에 "方且尊知而火馳."라는 기록이 보인다. 존지(尊知)는 지식을 존중하여 최고의 가치로 여기는 것이고, 화치(火馳)는 불타오르듯이 매진하는 것으로, 광분하여 돌아보지 않는다는 말이다. 「외물(外物)」편에 "火馳而不顧." 라는 표현이 보인다.

2_ 족질(足跌)은 발바닥을 말한다.

3_ 견벽수루(堅壁樹壘)는 벽을 견고하게 막고 보루를 세워서 다른 사람의 공격에 대비하는 것이다. 입구영가(立溝營家)는 해자를 설치하고 자기만의 집을 세운다는 것으로, 철저하게 외부와는 차단하고 자신만의 영역을 구축한다는 말이다.

4_ 자대(自大)는 '야랑자대(夜郎自大)'와 같은 말로, 한나라 때 서남쪽의 조그만 나라였던 야랑국(夜郎國)이 스스로를 한나라보다 크다고 생각한 것에서 나온 말이다. 사람이 제멋대로 자기만 대단하다고 여기고 남을 인정하지 않는 것이다. 『사기』 「서남이열전(西南夷列傳)」에 "滇王與漢使者言曰, 漢孰與我大? 及夜郎侯亦然. 以道不通, 故各以爲一州主, 不知漢廣大. 夜郎爲漢代西南小國. 后以夜郎自大, 喩人妄自尊大."라는 기록이 보인다.

5_ 수해(樹頦)는 턱을 곧추세우는 것이다. 도당(徒黨)은 무리를 결성하는 것이고, 각립(角立)을 대립각을 세우고 대치하는 것이다.

교(佛敎)와 브라만교(Brahmanism) 및 96종류의 불교 이외의 종교[6]가 교단을 세워 격렬하게 변론을 벌였다. 그렇다면 제자백가들의 상호 투쟁은 너무나 마땅한 것이 아니겠는가? 그러한 여러 가지 이론들을 묶어서 옛날과 지금의 일을 고찰했다.

人莫不尊知而火馳, 自是而人非. 抱有者, 咸有之, 匪振以私. 夫天之道圓, 圓則無宗, 無相. 人能之哉? 足趺若圓, 不能自立. 有形體則碍, 有墻壁則蔽, 奈之何哉? 于是, 堅壁樹壘, 立溝營家, 紛而封哉? 自信而攻人, 自大而滅人. 爭政者以兵, 爭敎者以舌, 樹頍立說, 徒黨角立, 衍而彌溢. 佛與婆羅門九十六外道, 立壇騰辨. 然則諸子互攻, 固宜然哉? 編其諸說, 考古今之故焉.

1. 제자백가의 상호 공격에 대한 종합적 의미 [諸子互攻總義]

5-1-1

악기를 타면서 노래를 부르거나 북을 치면서 춤을 추는 것으로써 음악을 삼고, 규칙에 따라 나아가고 물러나거나 읍을 하고 겸양하는 것[7]으로써 예법을 닦고, 장례를 성대하게 치르고 상례를 오랫동안 치르는 것으로써 죽은 자를 보내는 것은 공자가 세운 주장인데, 묵자는 그것을 비난했다. 두루 사람을 사랑하고[兼愛], 현명한 이를 숭상하며[尙賢], 귀신을 존중하고[右鬼], 운명을 부정하는 것[非命]은 묵자가 세운 주장인

6_ 구십육외도(九十六外道)에 대해서는 제2권 〈머리글〉의 주5) 참조.

7_ 반선(盤旋)은 의식을 거행할 때 일정한 방식으로 빙빙 돌며 나아갔다 물러났다 하는 행동이다. 읍양(揖讓)은 손님과 주인이 서로 만나는 예의로, 공수의 예를 행하고 겸양하는 태도이다. 모두 예법과 관련된 행동이다.

데,[8] 양자(楊子)가 그것을 비난했다. 천성(天性)을 온전히 유지하고 천진(天眞)을 그대로 보존하며, 외부 사물 때문에 육체에 피해를 끼치지 않는 것[9]은 양자(楊子)가 세운 주장인데, 맹자가 그것을 비난했다.(『회남자』「범론훈」)

夫弦歌鼓舞以爲樂, 盤旋揖讓以修禮, 厚葬久喪以送死, 孔子之所立也, 而墨子非之. 兼愛・尙賢・右鬼・非命, 墨子之所立也, 而楊子非之. 全性保眞, 不以物累形, 楊子之所立也, 而孟子非之.(『淮南子』「氾論訓」)

康5-1

묵자는 본래 공자의 후학이고, 양자는 노자의 제자이다. 전국시대에 제자백가들이 비록 함께 투쟁했지만, 두루 사랑하여 사람을 구제하는 [묵자의 주장]과 자기 자신을 위하여 스스로를 이롭게 하는 [양자의 주장]은 모두 인정에 부합하는 것이었다. 따라서 그 문하생들이 지극히 많아서 공자와 어깨를 나란히 했다. 이 때문에 당시에는 양자・묵자와 유가가 서로 공격한 것이 가장 많았다.

墨子本孔子後學, 楊子爲老子弟子. 戰國時, 諸子雖幷爭, 而兼愛以救人, 爲我以自私, 皆切于人情. 故徒屬極衆, 與孔子幷. 故當時楊・墨與儒相攻最多.

8_ 이것은 모두 『묵자』의 편명인데, 이 중에서 '우귀(右鬼)'는 귀신의 존재를 밝힌 「명귀(明鬼)」편을 말하다. 우(右)는 존중한다는 의미이다. 『한서』「예문지」에도 "墨家者流, … 宗祀嚴父, 是以右鬼."라는 기록이 보인다.

9_ 전성보진(全性保眞)은 『회남자집석』에서 고유가 "머리카락을 뽑아서 천하가 이롭게 되더라도 하지 않으며, 사물 때문에 자신의 신체에 누를 끼치게 하지 않는 것이다"라고 했다. 『맹자』「진심 상」편에 "楊子, 取爲我, 拔一毛而利天下, 不爲也."라는 기록이 보인다.

5-1-2

묵자는 두루 사람을 사랑하는 것[兼]을 귀하게 여겼고, 공자는 군주[公][10]를 귀하게 여겼으며, 황자(皇子)[11]는 진심[衷]을 귀하게 여겼고, 전자(田子)는 만물의 동등함[均]을 귀하게 여겼으며,[12] 열자(列子)는 공허함[虛]을 귀하게 여겼고, 요자(料子)는 선입견의 배제[別囿]를 귀하게 여겼다.[13] 그들의 학문은 서로를 비난하는 것이 수 세대가 지났는데도 그치지 않으니, 모두가 사심에 가려져 있기 때문이다. 천(天), 제(帝), 후(后), 황(皇), 벽(辟), 공(公)[은 모두 군주[君]의 의미이다.][14] 홍(弘), 곽(廓), 굉(宏), 박(溥), 개(介), 순(純), 하(夏), 무(憮), 총(冢), 질(晊), 판(昄)은 모두 크다[大]의 의미이다.[15] 예를 들어 두루 사람을 사랑하는 것[兼], 군주[公], 공허함[虛], 만물

10_ 공(公)은 『신역시자독본』에서 『이아(爾雅)』「석고(釋詁)」의 풀이와 『논어』에 보이는 공자의 사상 등을 근거로, 군주(君主)라고 풀이했다.

11_ 황자(皇子)와 그 학문에 대해서는 고찰할 만한 전거가 없다. 충(衷)은 충심(衷心), 즉 내면에서 우러나오는 진심의 의미이다.

12_ 전자(田子)는 『신역시자독본』에 의하면, 전국시대 제(齊)나라 사람인 전병(田駢)이라고 한다. 『장자』「천하(天下)」편에 "팽몽(彭蒙)과 전병(田駢)과 신도(愼到)는 그 학풍을 듣고서 기뻐하여, 만물을 동등하게 여기는 것을 최우선으로 삼았다[彭蒙 · 田駢 · 愼到聞其風而悅之, 齊萬物以爲首.]"라는 기록이 보인다.

13_ 요자(料子)와 그 학문에 대해서는 고찰할 만한 전거가 없다. 다만 『장자』「천하」편에 "송견(宋銒)과 윤문(尹文)은 그 학풍을 듣고서 기뻐하여, 위와 아래의 폭이 균등한 관을 만들어 자신의 입장을 스스로 표명하고, 만물과 접할 때는 선입견의 배제를 출발점으로 삼았다[宋銒 · 尹文聞其風而悅之, 作爲華山之冠以自表, 接萬物以別宥爲始.]"라는 기록이 보인다. 별유(別囿)는 별유(別宥)와 같은 의미로 쓰이기 때문에 요자도 송견이나 윤문과 비슷한 학문을 했던 사람으로 추측할 뿐이다. 유(囿)는 유(宥)와 같은 글자로, 기존의 견해, 즉 선입견이나 고정관념에 얽매이는 것이다. 별유(別宥)는 이러한 선입견을 배제한다는 의미이다.

14_ 『신역시자독본』에 의하면, 이 내용은 모두 『이아』「석고」편에 보인다. 그리고 장지순(張之純)이 "'개군야(皆君也)'라는 세 글자가 원본에서 빠져 있어서 지금 『이아』에 따라 보충했다"라는 말에 따라, '개군야(皆君也)' 세 글자를 넣어서 해석했는데, 여기에서도 그대로 따랐다.

15_ 이 내용도 모두 『이아』「석고」편에 보인다.

의 동등함[均], 진심[衷], 평이함[平易],[16] 선입견의 배제[別囿]와 같은 경우도 실제로 하나의 의미이니,[17] 서로를 비난하지 말아야 한다.(『시자』「광택」)[18]

墨子貴兼, 孔子貴公, 皇子貴衷, 田子貴均, 列子貴虛, 料子貴別囿. 其學之相非也, 數世矣而已, 皆弇于私也. 天, 帝, 后, 皇, 辟, 公. 弘, 廓, 宏, 溥, 介, 純, 夏, 憮, 冢, 晊, 昄, 皆大也. 十有餘名而實一也. 若使兼・公・虛・均・衷・平易・別囿一實, 則無相非也.(『尸子』「廣澤」)

康5-2

황자(皇子)・전자(田子)・요자(料子)의 학문은 전해지지 않지만, 시자(尸子)가 공자・묵자와 함께 거론했기 때문에 또한 그 당시에 제도 개혁[의 주장을 할 정도로] 권위가 있는 인물들이었다.[19] [전자(田子)는] 만물의 동등함[均]을 귀하게 여기고, [요자(料子)는] 선입견의 배제[別囿]를 귀하게 여겼으니, 그들의 학문을 상상할 수는 있다. [황자(皇子)의] 진심[衷]을 귀하게 여긴 것은 어떤 것인지 모르겠다. 맹자가 "자막(子莫)은 중간을 잡았다"라고 했는데,[20] 중(中)과 충(衷)은 음과 뜻이 모두 같으니, 아마도 [황자와 자막은] 동일 인물일 것이다.

皇子・田子・料子之學不傳, 然尸子以與孔墨并稱, 亦其時改制巨子也. 貴均・貴別, 其學皆可想. 貴衷不知若何. 孟子云, "子莫執中." 中・衷音義俱同, 殆卽一人也.

16_ 평이함[平易]은 앞에서 나오지 않았는데, 여기에 들어가 있는 이유를 알 수 없다.

17_ 일실(一實)은 앞에 나온 실일(實一)과 같은 의미로 볼 수 있다.

18_ 『신역시자독본』에는 편명이 「광택(廣澤)」이 아니라 「광(廣)」으로 되어 있다.

19_ 거자(巨子)는 한 방면에 권위가 있는 인물인데, 여기에서는 하나의 학술 분야에서 공자나 묵자와 병칭될 정도의 성과를 이룬 인물이라는 뜻이다. 묵가에서는 도를 체득한 인물을 말한다.

20_ 『맹자』「진심 상」편에서 "子莫, 執中. 執中, 爲近之, 執中無權, 猶執一也."라고 했다. 『맹자집주』에서 "자막(子莫)은 노(魯)나라의 현자이니, 양자와 묵자가 중도를 잃었음을 알았기 때문에 둘 사이에서 헤아려서 그 중간을 잡은 것이다"라고 했다.

5-1-3

무마자(巫馬子)[21]가 묵자에게 "그대는 천하 사람을 두루 사랑하지만, 이익이 있었던 적이 없습니다. 저는 천하를 사랑하지 않지만, 해로움이 있었던 적이 없습니다.[22] 효과는 모두 아직 나타나지 않았는데, 그대는 어찌 스스로만 옳다고 하면서 저를 틀렸다고 하십니까?" 묵자가 대답했다. "지금 여기에 불이 났는데,[23] 한 사람은 물을 들고 거기에 부으려고 하고, 한 사람은 불을 들고[24] 거기에 더하려고 한다. 효과는 모두 아직 나타나지 않았는데, 그대는 두 사람 중에 누구를 더 귀하게 여기는가?" 무마자가 말했다. "저는 저 물을 들고 있는 사람의 뜻을 옳게 여기고, 저 불을 들고 있는 사람의 뜻을 틀리다고 여깁니다." 묵자가 말했다. "나도 또한 나의 뜻을 옳게 여기고, 그대의 뜻을 그르다고 여긴다."(『묵자』「경주」)

巫馬子謂子墨子曰, "子兼愛天下, 未云利也. 我不愛天下, 未云賊也. 功皆未至, 子何獨自是而非我哉?" 子墨子曰, "今有燎者于此, 一人奉水將灌之, 一人摻火將益之. 功皆未至, 子何貴于二人?" 巫馬子曰, "我是彼奉水者之意, 而非夫摻火者之意." 子墨子曰, "吾亦是吾意而非子之意也."(『墨子』「耕柱」)

21_ 무마자(巫馬子)는 『묵자한고』에서 소시학이 노나라의 유자(儒者)로, 공자의 제자인 무마기(巫馬期)가 아니면 그의 후손일 것이라고 했다. 손이양은 『사기』「공자제자전(孔子弟子傳)」에서 "무마시(巫馬施)는 공자보다 30여 살이 어리다"라고 했으므로, 그 나이를 따져보면 묵자보다는 5~60살이 많기 때문에 서로 문답할 수가 없었을 것이다. 따라서 여기의 무마자는 무마시의 자식뻘 정도가 될 뿐이라고 했다.

22_ 『묵자한고』에서 유월은 『광아』「석고」편에 근거하여, 이하 두 개의 운(云)자는 유(有)자로 해석해야 한다고 했다.

23_ 료(燎)는 필원이 방화(放火)라고 했다.

24_ 삼(摻)은 손으로 잡는다[執]는 뜻이다. 필원이 조(操)자의 의미라고 했다.

5-1-4

지금 제후들은 정치를 달리하고, 제자백가들은 주장을 달리하니, 반드시 한쪽이 옳으면 한쪽은 틀리며, 한쪽이 다스려지면 한쪽은 어지러워진다.(『순자』「해폐」)

今諸侯異政, 百家異說, 則必或是或非, 或理或亂.(『荀子』「解蔽」)

5-1-5

따라서 혜시(惠施)가 100대의 수레를 뒤따라서 맹제(孟諸)를 지나가는데,[25] 장자가 그것을 보고는 남은 물고기를 내버렸다.[26] 제호(鵜胡)는 몇 말의 물을 마셔도 부족하고, 선유(鱓鮪)는 이슬만큼의 물이 입으로 들어가도 죽어버린다.[27] 지백(智伯)은 삼진(三晉)을 소유했지만 욕심이 차지 않았고,[28] 임류(林類)와 영계기(榮啓期)는 옷이 마치 비옷을 걸친 것과

25_『회남자집석』의 고유에 의하면, 혜시는 양(梁)나라의 재상을 맡았는데, 100대의 수레를 따랐다는 것은 자신의 뜻이 아직 충족되지 않았다는 말이다. 맹제(孟諸)는 송(宋)나라의 연못이다.

26_ 고유가 "장자는 숨어서 벼슬을 하지 않았는데, 혜시가 아직 뜻을 충족하지 못한 것을 보았기 때문에 남은 물고기를 버렸다"라고 했다. 이석호의 『회남자』 번역본에서는 "장자는 욕심이 적어 소량의 물고기로 만족하고 나머지는 버렸다는 뜻이다"라고 주를 달았다.

27_ 제호(鵜胡)는 사다새이고, 선유(鱓鮪)는 두렁허리라는 물고기 이름이다. 손이양은 선유가 물에 사는 물고기인데 물을 마시면 죽는다는 것은 이치에 맞지 않는다고 했다. 따라서 이것은 선주(蟬蛴), 즉 매미가 되어야 한다고 했다. 또 원문의 사(死)는 포(飽)의 잘못이라고 했다. 손이양의 주장이 이치에 맞는데, 여기에서는 일단 글자 그대로 해석했다.

28_ 지백(智伯)은 춘추시대 진(晉)나라의 대부로, 이름은 요(瑤)이다. 지양자(智襄子)로 불리기도 한다. 당시 진나라에는 육경(六卿)이 세력을 장악하고 있었는데, 지백은 그중에서도 세력이 가장 강했다. 육경은 범씨(范氏) · 위씨(魏氏) · 한씨(韓氏) · 조씨(趙氏) · 중항씨(中行氏) · 지씨(智氏)이다. 삼진(三晉)은 고유에 의하면, 지백이 범씨(范氏)와 중항씨(中行氏)의 땅을 함께 차지하고 있었던 것을 말한다.

같았지만 유감의 뜻이 없었다.[29] 이것을 통해서 보면, 행동이 각각 다르다고 해서 어찌 서로 비난할 수 있겠는가?(『회남자』「제속훈」)

故惠子從車百乘, 以過孟諸, 莊子見之, 棄其餘魚. 鵜胡飮水數斗而不足, 鱓鮪入口若露而死. 智伯有三晉而欲不贍, 林類 · 榮啓期衣若縣衰而意不慊. 由此觀之, 則趣行各異, 何以相非也?(『淮南子』「齊俗訓」)

5-1-6

옛날에 양주와 묵적이 [정도(正道)의] 길을 막았는데,[30] 맹자가 말로 대적하여 그 길을 활짝 열었다.[31] 그 뒤에도 길을 막는 자가 있었는데,[32] 나 스스로[의 임무]를 은근히 맹자에 비교해 본다. 어떤 사람이 말했다. "사람마다 각각 자신이 옳다고 여기는 것을 옳다고 생각하고, 자신이 틀리다고 여기는 것을 틀리다고 생각한다면, 장차 누가 그것을 바로잡을 수가 있겠는가?"(『법언』「오자」)

古者, 楊 · 墨塞路, 孟子辭而闢之廓如也. 後之塞路者有矣, 竊自比于孟子. 或曰, "人各是其所是, 而非其所非, 將誰使正之."(『法言』「吾子」)

<이상 제자백가의 상호 공격에 대한 종합적 의미: 右諸子互攻總義>

섬(贍)은 담(澹)으로 된 판본도 있는데, 두 글자 모두 족(足)자의 의미이다.

29_ 임류(林類)와 영계기(榮啓期)는 고유에 의하면, 모두 은사(隱士)이다. 사(衰)는 띠나 짚 따위로 만든 비옷으로, 도롱이라고 한다. 겸(慊)은 불만이나 유감이 있는 것이다.

30_ 『맹자』「등문공 하」편에 "楊 · 墨之道不息, 孔子之道不著, 是邪說誣民, 充塞仁義也. 仁義充塞, 則率獸食人, 人將相食."이라는 기록이 보인다.

31_ 『맹자집주』의 「서설(序說)」에 『법언』의 이 구절을 인용하여, "揚子雲曰, 古者, 楊墨塞路, 孟子辭而闢之廓如也. 夫楊 · 墨行, 正道廢."라고 했다.

32_ 『법언의소(法言義疏)』의 왕영보(汪榮寶)에 의하면, 그 뒤에 길을 막는 자는 신불해 · 한비자 · 장자 · 추연 등의 무리를 말한다.

2. 묵가가 제자백가를 공격하다 [墨攻諸子]

5-2-1

지금 천하의 군자들의 책은 이루 다 기재할 수가 없을 정도로 많고, 주장은 이루 다 따질 수가 없을 정도로 많다. 위로는 제후들을 설득하고, 아래로는 많은 선비들을 설득하지만, 그들은 인의(仁義)의 측면에서는 크게 서로 거리가 멀다. 무엇으로 그것을 알 수 있는가? 내가 천하의 밝은 법도를 얻어서 그것을 헤아려 보았다.(『묵자』「천지 상」)

今天下之士君子之書, 不可勝載, 言語不可盡計. 上說諸侯, 下說列士, 其于仁義, 則大相遠也. 何以知之? 曰, 我得天下之明法以度之.(『墨子』「天志 上」)

康5-3

책을 이루 다 기재할 수 없고, 주장을 이루 다 따질 수 없을 정도로 많았다고 하니, 당시에는 제자백가들의 책이 매우 많아서 마치 지금 여러 종교의 대장경[藏經][33]과 같았던 것이다. 묵자는 그것을 두루 모두 공격하여 인의와는 거리가 멀다고 여겼다. 『묵자』「경상(經上)」편에서 하나하나 따지며 그러한 이치에 대해 말했다.

書不勝載, 語不可計, 則當時子書多甚, 如今諸教之藏經矣. 墨子皆遍攻之, 以爲遠于仁義. 蓋『墨子』「經上」篇以算言理也.

<이상 묵가가 제자백가를 공격하다: 右墨攻諸子>

33_ 장경(藏經)은 원래 불교의 대장경(大藏經)을 말하는데, 여기에서는 대장경이나 도장(道藏) 등과 같이 관련 경전을 종합해서 집대성한 책을 말한다.

3. 묵가가 양주를 공격하다 [墨攻楊朱]

5-3-1

금골리(禽滑釐)가 양주(楊朱)에게 물었다. "선생님 몸의 털 하나를 제거함으로써 온 세상을 구제할 수 있다면 당신은 그것을 하겠습니까?"[34] 양주가 말했다. "세상은 본래 털 하나로 구제할 수 있는 것이 아닙니다."[35] 금골리가 말했다. "가령 구제할 수 있다면 그것을 하겠습니까?"[36] 양주가 응답하지 않았다. 금골리가 나와서 맹손양(孟孫陽)[37]에게 이 이야기를 말하자, 맹손양이 말했다. "그대는 선생님의 마음을 이해하지 못했으니, 청컨대 제가 말씀드리겠습니다. 그대의 피부를 손상시켜서 만금을 얻을 수 있는 경우가 있다면 그대는 그것을 하겠습니까?" 대답했다. "그것을 합니다." 맹손양이 말했다. "그대의 몸 한 마디를 끊어서 한 나라를 얻을 수 있는 경우가 있다면 그대는 그것을 하겠습니까?" 금골리가 말을 하지 않고 한동안 가만히 있었다. 맹손양이 말했다. "털 하나가 피부보다는 경미하고, 피부는 몸 한 마디보다 경미한 것은 분명합니다.[38] 그러나[39] 털 하나가 모여서 피부를 이루고, 피부가 모여서 몸 한 마디를 이룹니다. 털 하나는 본래 신체를 만 등분한 것 중의 하

34_ 『열자집석』에서 장담이 "양주가 자기 몸을 귀하게 여기는 것이 너무 심하기 때문에 이러한 질문을 한 것이다"라고 했다.

35_ 장담이 "양주는 금골리가 자신이 말한 의도를 이해하지 못했다고 생각했기 때문에 질문을 던지듯 답변한 것이다"라고 했다.

36_ 『열자집석』에서 양보쥔은 『맹자』「진심 상」편의 "楊子, 取爲我, 拔一毛而利天下, 不爲也."라는 내용이 이 문답을 기초로 삼은 것이라고 했다.

37_ 맹손양(孟孫陽)은 양주의 제자이다.

38_ 성(省)은 분명하다는 뜻이다. 장담이 찰(察)과 같다고 했다.

39_ 연즉(然則)은 양보쥔이 연이(然而)와 같다고 했다.아래도 마찬가지이다.

나의 물건이지만, 어찌 그것을 가볍게 여기겠습니까?" 금골리가 말했다. "나는 그대에게 대답할 방법이 없습니다. 그대의 말을 가지고 노자(老子)나 관윤(關尹)에게 물어본다면 그대의 말은 합당한 것이 됩니다.[40] 그런데 나의 말을 가지고 우임금[41]과 묵자에게 물어본다면 나의 말이 합당한 것이 됩니다."[42] 맹손양은 [대답할 말이 없었기] 때문에 고개를 돌리고 자기의 제자들과 다른 일에 대해 이야기했다.(『열자』「양주」)

禽子問楊朱曰, "去子體之一毛以濟一世, 汝爲之乎?" 楊子曰, "世固非一毛之所濟." 禽子曰, "假濟, 爲之乎?" 楊子弗應. 禽子出語孟孫陽, 孟孫陽曰, "子不達夫子之心, 吾請言之. 有侵[43]若肌膚獲萬金者, 若爲之乎?" 曰, "爲之." 孟孫陽曰, "有斷若一節得一國, 子爲之乎?" 禽子默然有間. 孟孫陽曰, "一毛微于肌膚, 肌膚微于一節, 省矣. 然則積一毛以成肌膚, 積肌膚以成一節. 一毛固一體萬分中之一物, 奈何輕之乎?" 禽子曰, "吾不能所以答子. 然則以子之言問老聃·關尹, 則子之言當矣. 以吾言問大禹·墨翟, 則吾言當矣." 孟孫陽顧與其徒說他事.(『列子』「楊朱」)

康5-4

[양주는] 털 하나를 뽑아서 천하를 구제할 수 있어도 하지 않았다. 유가가 공격하고 묵가도 공격했지만, 맹손양은 끝내 그 핵심 요지를 확

40_ 장담이 "노자와 관윤의 가르침에서는 자기 몸을 귀하게 여기고 다른 사물을 천하게 여긴다"라고 했다.

41_ 대우(大禹)는 우(禹)임금을 지칭한다. 『서』「대우모(大禹謨)」편에 대우(大禹)라는 용어가 나오는데, 이에 대해 공안국(孔安國)의 전(傳)에서는 "우임금 앞에 대(大)자를 붙여 부르는 것은 그가 이룬 공적을 높이 평가하는 것이다"라고 했다.

42_ 장담이 "우임금과 묵자의 교육은 자신을 잊고 만물을 구제하는 데 있기 때문이다"라고 했다.

43_ 침(侵)이 『공자개제고』에는 사(使)로 되어 있는데, 『열자』 원문에 따라 고쳤다.

대해서 주장함으로써 다른 사람을 물리칠 수 있었다. 양주가 이와 같이 든든한 후학[44]을 얻었기 때문에 노자의 학문이 천하에 보편화될 수 있었던 것이다!

拔一毛以濟天下不爲. 儒攻之, 墨亦攻之, 而孟孫陽竟能張其宗旨, 以絀人. 楊朱得此後勁, 老學所由遍天下哉!

<이상 묵가가 양주를 공격하다: 右墨攻楊朱>

4. 묵가가 오려를 공격하다 [墨攻吳慮]

5-4-1

노(魯)나라 남쪽 교외에 오려(吳慮)[45]라는 사람이 있었는데, 겨울에는 질그릇을 굽고, 여름에는 농사를 지으면서 스스로를 순임금에게 견주었다. 묵자가 그 소문을 듣고 그를 만났다. 오려가 묵자에게 말했다. “의로움뿐이요, 의로움뿐인데, 어찌 그것을 말로 표현할 수 있겠습니까?” 묵자가 말했다. “그대가 말하는 의로움이라는 것이 또한 힘이 있으면 다른 사람을 위해 수고하고, 재물이 있으면 다른 사람에게 나누어주는 것입니까?”[46] 오려가 대답했다. “그렇습니다.” 묵자가 말했다. “제가 일찍이 그것을 따져본 적이 있습니다. 제가 농사를 지어서 천하 사람들

44_ 후경(後勁)은 맨 뒤의 정예병을 말하는데, 여기에서는 든든한 후학이라는 의미이다.

45_ 『묵자한고』의 필원에 의하면, 『태평어람』의 인용에는 오헌(吳憲)으로 되어 있다고 한다.

46_ 『시자(尸子)』 「귀언(貴言)」편에 “益天下以財爲仁, 勞天下以力爲義.”라는 기록이 보인다.

을 먹이려고 생각했는데, 농사가 지극히 잘 되어야 농부 한 사람의 농사에 해당될 정도일 뿐입니다.[47] 그 곡식을 천하에 나누어준다면 한 사람이 1승(升)의 곡식도 얻을 수가 없습니다. 가령 한 승의 곡식을 얻더라도, 그것으로는 천하의 굶주린 사람들을 배부르게 할 수 없다는 것을 이미 알 수 있습니다. 제가 직물을 짜서 천하 사람들에게 옷을 지어주려고 생각했는데, 직물이 지극히 잘 짜져야 부인 한 사람의 직물 짜기에 해당될 정도일 뿐입니다. 그 직물을 천하에 나누어준다면 한 사람이 한 자의 베도 얻을 수가 없습니다. 가령 한 자의 베를 얻더라도 그것으로는 천하의 추위에 떠는 사람들을 따뜻하게 할 수 없다는 것을 이미 알 수 있습니다. 제가 견고한 갑옷을 입고 날카로운 무기를 들고[48] 제후들의 환란을 구제하려고 생각했는데, 싸움을 지극히 잘 해야 남자 한 사람의 싸움에 해당될 정도일 뿐입니다. 그 한 사람이 삼군(三軍)을 막아낼 수 없다는 것을 이미 알 수 있습니다. 저는 선왕들의 도를 암송하여 그들의 주장을 추구하고, 성인들의 말을 소통하여 그들의 말을 살펴서 위로는 왕공대인들을 설득하고, 다음으로 일반 백성들과 선비들[49]을 설득하는 것이 더 낫다고 생각합니다. 왕공대인들이 나의 말을 채용하면 나라는 반드시 다스려지고, 일반 백성들과 선비들이 나의 말을 채용하면 행동이 반드시 수양될 것입니다. 따라서 저는 비록 농사를 지어서 굶주린 사람들을 먹이지 못하고, 직물을 짜서 추위에 떠는 사람들에게 옷을 지어주지는 못하더라도 공로는 농사를 지어서 그들을 먹여주거나 직물을 짜서 그들에게 옷을 지어주는 것보다 낫다고 생각합니다. 그러므로 저는 비록 농사도 짓지 않고 직물도 짜지 않고

47_ 『묵자한고』에서 손이양은 "지극히 잘 되더라도 단지 농부 한 사람의 농사에 해당될 뿐이다"라고 했다.

48_ 피견집예(被堅執銳)는 견고한 갑옷을 입고 날카로운 무기를 들고 전쟁을 하러 간다는 뜻이다.

49_ 도보(徒步)는 일반 평민들을 지칭하는 말로, 도보지사(徒步之士)는 일반 선비들을 말한다.

있지만, 공로는 농사를 짓거나 직물을 짜는 것보다 더 낫다고 생각합니다."

> 魯之南鄙人有吳慮者, 冬陶夏耕, 自比于舜. 子墨子聞而見之. 吳慮謂子墨子, "義耳義耳, 焉用言之哉?" 子墨子曰, "子之所謂義者, 亦有力以勞人, 有財以分人乎?" 吳慮曰, "有." 子墨子曰, "翟嘗計之矣. 翟慮耕天下而食之人矣, 盛, 然後當一農之耕. 分諸天下, 不能人得一升粟. 籍而以爲得一升粟, 其不能飽天下之饑者, 旣可睹矣. 翟慮織而衣天下之人矣, 盛, 然後當一婦人之織. 分諸天下, 不能人得尺布. 籍而爲得尺布, 其不能暖天下之寒者, 旣可睹矣. 翟慮被堅執銳救諸侯之患, 盛, 然後當一夫之戰. 一夫之戰其不御三軍, 旣可睹矣. 翟以爲不若誦先王之道, 而求其說, 通聖人之言, 而察其辭, 上說王公大人, 次匹夫徒步之士. 王公大人用吾言, 國必治, 匹夫徒步之士用吾言, 行必修. 故翟以爲雖不耕而食饑, 不織而衣寒, 功賢于耕而食之, 織而衣之者也. 故翟以爲雖不耕織乎, 而功賢于耕織也."

오려가 묵자에게 말했다. "의로움뿐이요, 의로움뿐인데, 어찌 그것을 말로 표현할 수 있겠습니까?" 묵자가 말했다. "가령 천하 사람들이 농사를 지을 줄 모른다면, 사람들에게 농사짓는 것을 가르쳐주는 것과 사람들에게 농사짓는 것을 가르쳐주지 않고 자기 홀로 농사를 짓는 것이 그 공로가 어떤 것이 많겠습니까?" 오려가 말했다. "사람들에게 농사짓는 것을 가르쳐주는 것이 그 공로가 많습니다." 묵자가 말했다. "가령 의롭지 못한 나라를 공격한다면, 북을 쳐서 군중들로 하여금 나아가서 싸우도록 하는 것과 북을 쳐서 군중들로 하여금 나아가서 싸우도록 하지 않고 자기 홀로 나아가서 싸우는 것이 그 공로가 어떤 것이 많겠습니까?" 오려가 말했다. "북을 쳐서 군중들로 하여금 나아가서 싸우도록 하는 것이 그 공로가 많습니다." 묵자가 말했다. "천하의 일반 백성들과 선비들은 의로움을 아는 사람이 적은데, 천하 사람들에게 의로움을 가르치는 것은 공로가 또한 많은 것이니, 무슨 이유로 말을 하지 않겠습니까? 만약 북을 쳐서 의로움으로 나아가게 할 수 있다면 나의 의로움이 어찌 더욱더 나아가지 않겠습니까?"(『묵자』「노문」)

吳慮謂子墨子曰, "義耳義耳, 焉用言之哉?" 子墨子曰, "籍設而天下不知耕, 敎人耕, 與不敎人耕而獨耕者, 其功孰多?" 吳慮曰, "敎人耕者, 其功多." 子墨子曰, "籍設而攻不義之國, 鼓而使衆進戰, 與不鼓而使衆進戰而獨進戰者, 其功孰多?" 吳慮曰, "鼓而進衆者, 其功多." 子墨子曰, "天下匹夫徒步之士少知義, 而敎天下以義者功亦多, 何故弗言也? 若得鼓而進于義, 則吾義豈不益進哉?"(『墨子』「魯問」)

康5-5

오려는 장인(丈人), 삼태기를 맨 사람[荷蕢], 장저(長沮)와 걸익(桀溺) 등과 같은 부류인데,[50] 오로지 몸소 실천하는 것을 숭상하고, 홀로 자기 몸을 선하게 하며, 자신의 노동력을 숭상했다. 그러나 스스로를 순임금에게 견주었으니, 스스로에 대한 자부심[51]이 너무 심하였다. 아마도 [오려는] 당시에 권위가 있었던 인물들[52] 중의 한 사람으로, 안원(顔元, 1635~1704)[53]과 같은 부류였을 것이다. 묵자는 오로지 사람을 구제하는

50_ 장인(丈人)과 삼태기를 맨 사람[荷蕢], 장저(長沮)와 걸익(桀溺) 등은 모두 공자와 같은 시대의 은자(隱者)이다. 장인(丈人)과 장저(長沮), 걸익(桀溺)은 『논어』「미자(微子)」편에 보이고, 삼태기를 맨 사람[荷蕢]은 「헌문(憲問)」편에 보인다. 장인(丈人)은 공자가 사지를 부지런히 움직이지 않고 오곡도 분별하지 못하는 사람이라고 비웃었고, 삼태기를 맨 사람[荷蕢]은 공자가 세상에 적응하지 못한다고 조롱했으며, 장저(長沮)와 걸익(桀溺)은 공자가 나루터도 모른다고 비웃었다.

51_ 자명(自命)은 스스로 훌륭하다고 인정하는 것으로, 스스로에 대한 자부심이 강한 것을 말한다.

52_ 거자(巨子)는 한 방면에 권위가 있는 인물인데, 여기에서는 하나의 학술 분야에서 어느 정도의 성과를 이룬 인물이라는 뜻이다.

53_ 안원(顔元)은 명말청초의 하북성(河北省) 박야(博野) 사람으로, 자는 혼연(渾然)이고, 호는 습재(習齋)이다. 학문의 토대는 양명학(陽明學)이지만, 극단적인 공리

것을 위주로 삼았기 때문에 매우 강력하게 그의 주장에 대해 변론하였다.

吳慮, 蓋丈人 · 荷蕢 · 沮 · 溺之流, 專尙躬行, 獨善其身, 自尙其力. 然自比于舜, 則自命甚至. 蓋亦當時一巨子, 如顏習齋之比. 墨子專以救人爲主, 故辨之甚力.

<이상 묵가가 오려를 공격하다: 右墨攻吳慮>

5. 노자가 유가 및 묵가를 공격하다 [老攻儒 · 墨]

5-5-1

따라서 공자와 묵자 이후에 유가가 8개의 학파로 나누어졌고, 묵가는 3개의 학파로 분리되었다. [주장의] 취사선택이 서로 상반되거나 같지 않으면서 모두가 스스로를 공자와 묵자의 정통이라고 말한다. 공자와 묵자가 다시 살아날 수 없으니, 장차 누구에게 지금 세상의 학설[54]을 판정하도록 할 수 있겠는가? 공자와 묵자가 모두 요(堯) · 순(舜)에 대해서 말하지만, [주장의] 취사선택이 같지 않으면서 모두가 스스로를 요 · 순의 정통이라고 말한다. 요 · 순이 다시 살아날 수 없으니, 장차 누구에게 [요 · 순에 대한] 유가와 묵가의 진실성을 판정하도록 할 수 있겠는가? 은(殷)나라와 주(周)나라는 700여 년, 우(虞)나라와 하(夏)나라

주의와 실리주의를 주장했다. 그는 책을 읽거나 저술하는 것은 정신과 육체에 전혀 도움이 되지 않기 때문에 실무에 재능이 있는 학자를 육성해야 한다고 주장하면서 스스로도 농사일에 종사했다. 그의 학문은 이공(李塨)이나 왕원(王源) 등의 제자들에게 계승되었는데, 그와 이공의 학문을 합쳐서 안리학파(顔李學派)라고 불린다.

54_ 세지학(世之學)은 『한비자신교주』에서 진기유가 당세(當世), 즉 유가의 8개 학파와 묵가의 3개 학파를 말한다고 했다.

는 2,000여 년이 지난 상황에서도[55] 유가와 묵가의 진실성도 판정할 수 없는데, 지금에서야 3,000년 전의 요 · 순의 법도를 살피고자 하니, 아마도 불가능할 것이다. 참고하여 검증할 자료도 없는데 반드시 그렇다고 단정하는 것은 어리석은 일이며, 반드시 그렇다고 판정할 수도 없는데, 그것을 근거로 삼는 것은 남을 속이는 일이다. 따라서 선왕(先王)을 드러내 밝히거나 근거로 삼아서[56] 요 · 순[의 법도에 대해서] 기어코 판정하는 것은 어리석은 것이 아니면 남을 속이는 것이다. 어리석고 남을 속이는 학설과 잡다하게 뒤섞여서 서로 대립되는 행동[57]을 현명한 군주는 수용하지 않는다. 묵자(墨者)의 장례 규정은 겨울에는 겨울옷을 입고, 여름에는 여름옷을 입으며, 오동나무 내관을 세 치의 두께로만 만들고, 복상을 3개월만 하는데,[58] 세상[의 군주들][59]은 검소하

55_ 700년이나 2,000년에 대해서는 여러 가지 주장들이 있는데, 진기유는 여기에 기록된 계산법이 맞다고 주장했다. 즉 유가의 학문이 주공(周公)에서 시작되었으므로 은나라 말기와 주나라 초기부터 한비자까지 계산하면 700여 년이 되고, 묵가의 학문은 하나라 우(禹)임금에서 시작되므로 하나라 초기부터 한비자까지 계산하면 2,000여 년이 된다는 것이다.

56_ 명거(明據)는 진기유가 "이미 반드시 그렇다고 판정할 수 없는데도 또한 그것을 드러내 밝히고, 아울러 그것을 근거로 삼아서 법도로 삼는 것을 '명(明)'과 '거(據)'라고 한다"라고 풀이했다.

57_ 진기유는 잡반지행(雜反之行)을 잡행(雜行)과 반행(反行)으로 나누어 설명했다. 즉 유가와 묵가 각 학파의 행동이 곧 잡다하게 뒤섞인 행동[雜行], 법도와 위배되는 행동이 곧 반행(反行)이라고 했다. 한편 이운구는 학설이 여러 갈래로 잡다하고 일정하지 않아 서로 대립되고 모순되는 것이라고 했는데, 여기에서는 이운구의 해석에 따랐다.

58_ 『묵자』「공맹(公孟)」편에는 "공맹자(公孟子)가 묵자에게 '그대는 삼년상이 잘못된 것이라고 하는데, 그대가 주장하는 3일상도 잘못된 것이다'라고 했다[子以三年之喪爲非, 子之三日之喪, 亦非也.]"라고 하여, 삼월(三月)이 아니라 삼일(三日)이라고 했다. 이에 대해 『묵자한고』의 필원은 『한비자』「현학(顯學)」편의 이 구절과 『회남자』「제속(齊俗)」편의 "三月之服, 是夏后氏之禮."라는 구절에 근거하여, 『묵자』의 '삼일(三日)'은 '삼월(三月)'이 되어야 한다고 주장했다. 또 『후한서』「왕부열전(王符列傳)」의 주에서 인용한 『시자(尸子)』의 "禹制喪三日."도 '삼월(三月)'이 되어야 한다고 했다. 캉유웨이도 『묵자』「공맹」편을 인용하면서 삼일(三日)은 삼월(三月)이 되어야 한다고 자주(自註)를 달았다.

다고 여겨서 그들을 예우한다. 유가는 집안을 파산시키면서 장례를 지내고, 3년 동안의 복상에 몸이 크게 훼손되어 지팡이에 의지해야 할 정도인데, 세상의 군주들은 효성스럽다고 여겨서 그들을 예우한다. 묵자의 검소함을 옳게 여기면 장차 공자의 사치함을 비난할 것이며, 공자의 효성스러움을 옳게 여기면 장차 묵자의 인정에 위배되는 행동을 비난할 것이다.[60] 지금 효도와 인정에 위배되는 행동, 사치와 검소가 모두 유가와 묵가에 있는데도 군주는 그들을 함께 예우한다.(『한비자』「현학」)

故孔·墨之後, 儒分爲八, 墨離爲三. 取捨相反不同, 而皆自謂眞孔·墨. 孔墨不可復生, 將誰使定後世之學乎? 孔子·墨子俱道堯·舜, 而取舍不同, 皆自謂眞堯·舜. 堯·舜不復生, 將誰使定儒·墨之誠乎? 殷·周七百餘歲, 虞·夏二千餘歲, 而不能定儒·墨之眞, 今乃欲審堯·舜之道於三千歲之前, 意者其不可必乎. 無參驗而必之者, 愚也, 弗能必而據之者, 誣也. 故明據先王, 必定堯·舜者, 非愚則誣也. 愚誣之學, 雜反之行, 明主弗受也. 墨者之葬也, 冬日冬服, 夏日夏服, 桐棺三寸, 服喪三月, 世以爲儉而禮之. 儒者破家而葬, 服喪三年, 大毁扶杖, 世主以爲孝而禮之. 夫是墨子之儉, 將非孔子之侈也, 是孔子之孝, 將非墨子之戾也. 今孝戾·侈儉俱在儒·墨, 而上兼禮之.(『韓非子』「顯學」)

康5-6

공자와 묵자가 모두 제도를 개혁하면서 위로 요·순에 가탁했다. 한비

59_ 『한비자신교주』의 교감에 의하면, 다른 책의 인용 중에서 세(世)자 다음에 주(主)가 들어 있는 경우도 있다.

60_ 려(戾)는 거스르는 것으로, 부모에 대한 장례를 성대하게 치르려는 일반적인 감정에 위배된다는 뜻이다.

자는 유가와 묵가에서 벗어난 입장에서 그나마 그들이 탁고했다는 것을 알았기 때문에 그들을 공격할 수 있었다. 교설을 달리하여 서로 공격하는 것은 원래 [너무 당연하여] 따질 필요도 없지만, 유가와 묵가가 탁고한 점은 근거로 삼을 수 있기 때문에 [한비자가 비판했던 것이다.]

孔・墨俱改制, 上託堯・舜. 韓非在儒・墨外, 猶知其託古, 故得而攻之. 異教相攻, 原不足計, 然儒・墨之託古可爲據矣.

5-5-2

유학자들은 문장으로 법을 어지럽히고, 협객들은 무력으로 금령(禁令)을 위반하지만, 군주가 그들을 함께 예우하니, 이것이 혼란의 원인이다. 법에 저촉된 자[61]는 죄가 되지만, 여러 유학자들[62]은 학문으로 채용되고, 금령을 위반한 자들은 처벌되지만, 여러 협객들은 [귀족의] 개인 검객으로 양성된다.[63](『한비자』「오두」)

儒以文亂法, 俠以武犯禁, 而人主兼禮之, 此所以亂也. 夫離法者罪, 而諸先王以文學取, 犯禁者誅, 而群俠以私劍養.(『韓非子』「五蠹」)

5-5-3

나라가 평화로우면 유학자나 협객을 양성하고, 난리가 닥치면 갑옷을 입은 병사[64]를 사용한다. 이익을 위해 양성했던 자는 사용되는 자가

61_ 리법(離法)은 법에 걸려서 저촉되는 것으로, 법을 어기는 것을 말한다.

62_ 선왕(先王)은 『한비자교주』에서 고광기(顧廣圻)가 '선생(先生)'이 되어야 한다고 했고, 진기유는 선진시대에 시서(詩書)를 익히는 자들을 선생(先生)이라고 불렀다고 했다. 두 주장에 따르면, 선왕은 선생, 즉 앞에서 말한 유학자들을 가리킨다.

63_ 사검(私劍)은 개인에게 충성하는 검객을 말한다. 당시의 귀족계층에서 개인적으로 집안에서 자객을 고용하여 기른 것을 말한다.

64_ 개사(介士)는 갑옷을 입은 무사나 병사를 말한다.

아니고, 사용되는 자는 이익을 위해 양성했던 자가 아니다.[65] 이 때문에 일에 복무하는 자들은 자기 일을 소홀하게 처리하고, 유세하며 돌아다니는 학자들[66]이 날로 많아지니, 이것이 세상이 혼란한 원인이다. (『한비자』「오두」)

國平養儒・俠, 難至用介士. 所利非所用, 所用非所利. 是故服事者簡其業, 而游學者日衆是世之所以亂也.(『韓非子』「五蠹」)

康5-7

한비자는 순자(荀子)에게 배웠기 때문에 본래는 유가이다. 그러나 「해로(解老)」편이나 「유로(喩老)」편에서는 형명(刑名)과 법술(法術)만을 전문적으로 말하여 최종 귀결처는 노자의 학문이다. 따라서 유가와 묵가를 공격했다. 묵자의 학문은 [남을 위한] 죽음을 의롭게 여기고, 남을 구제하는 것을 일로 삼았으니, 협객은 곧 묵자의 유파이다. 따라서 [한비자가] 유가와 함께 공격한 것이다. 당시 제자백가의 학문 중에 유학과 어깨를 나란히 하는 것이 없었다. 묵자가 협객인 것은 공자가 유가인 것과 같으니, 어떤 사람은 이름으로 널리 전해지고, 어떤 사람은 도(道)로 널리 세상에 알려졌을 뿐이다.[67]

韓非學于荀子, 本爲儒家. 然「解老」・「喩老」專言刑名法術, 歸宿在老學. 故攻儒・墨也. 墨子之學, 以死爲義, 以救人爲事, 俠卽其流派.

65_ 평소에 이익을 위해 양성했던 신하들은 난리 때 사용하지 못하고, 난리 때 사용하는 병사들은 평소에 이익을 위해 양성했던 신하들이 아니라는 말이다. 『사기』「노장신한열전(老莊申韓列傳)」에도 "以爲儒者用文亂法, 而俠者以武犯禁. 寬則寵名譽之人, 急則用介冑之士. 今者所養非所用, 所用非所養."이라는 기록이 보인다. 여기에는 리(利)가 양(養)으로 되어 있다.

66_ 유학(游學)은 유세하면서 돌아다니는 학자를 말한다. 이운구는 앞의 내용과 관련시켜서 유협이나 학자들이라고 해석했다.

67_ 협객들 중에 어떤 사람은 이름으로, 어떤 사람은 도로써 세상에 알려졌는데, 이들은 기본적으로 모두 묵자의 부류라는 말이다.

故與儒幷攻. 當時, 諸子之學, 亦無與儒幷馳者. 墨之爲俠, 猶孔之爲儒, 或以姓行, 或以道顯耳.

5-5-4

[한비자는] 유학자들은 학문으로 법을 어지럽히고, 협객들은 무력으로 금령(禁令)을 위반한다고 생각했다.(『사기』「노장신한열전」)

以爲儒者用文亂法, 而俠者以武犯禁.(『史記』「老莊申韓列傳」)

康5-8

유학자라는 것은 공자이며, 협객이라는 것은 묵자로, 유파가 각각 나누어진다. 묵자의 학문은 죽음을 두려워하지 않았기 때문에 그 학문은 협객이 되었다. 협객이라는 것은 묵자의 학문에 대한 호칭이니, 공자의 학문을 유학이라고 부르는 것과 같다. 제자백가의 역사 속에서 혹은 공(孔)·묵(墨)이라고 부른 것은 그 성(姓)을 거론한 것이고, 혹은 유(儒)·협(俠)이라고 부른 것은 그 호칭을 거론한 것이다. 유(儒)·묵(墨)이라고 부른 경우는 두 가지를 섞어서 거론한 것이다. 태사공(太史公)이 이렇게 말한 것은 [부친인] 태사령(太史令) 사마담(司馬談)[68]이 노자 학파여서 유가와 묵가에 불만이 있었기 때문이다. 그리고 두 학파가 서로 비난했다고 말했으니, 또한 두 학파가 매우 성행했다는 것을 알 수 있다.

儒者, 孔子也, 俠者, 墨子也, 流派各分. 墨子之學, 不畏死, 故其學爲俠. 俠者, 墨學之號, 猶孔學之稱儒. 諸子史中或稱孔·墨, 擧其姓. 或稱儒·俠, 擧其號. 至稱儒·墨者, 雜擧之也. 太史公云者, 蓋史談爲老學, 不滿于儒·墨也. 而云二者交譏, 亦見二學之至盛也.

68_ 사담(史談)은 태사공의 부친인 태사령(太史令) 사마담(司馬談)을 말한다.

5-5-5

공자와 묵자의 제자들은 모두 인의(仁義)의 학술로 세상을 가르치고 이끌었다. 그러나 너무 지쳐버려서[69] 자기 몸도 오히려 실천하지 못하는데, 또한 남을 가르칠 수 있겠는가? 무엇 때문인가? 그 도가 폐기되었기[70] 때문이다.[71](『회남자』「숙진훈」)

孔·墨之弟子, 皆以仁義之術教導于世. 然而不免于傷, 身猶不能行也, 又況所教乎? 是何? 則其道外也.(『淮南子』「俶眞訓」)

康5-9

이것은 노자의 학문에서 유가와 묵가를 공격한 말인데, 노자의 내학(內學)[72]이 대부분이다.

此老氏學攻儒·墨之言, 老氏內學爲多.

5-5-6

3년의 상례는 사람이 미치지 못하는 것을 억지로 하도록 하면서 거짓됨으로써 [그렇게 하도록] 사람의 감정을 부추긴다. 3개월의 복상은 슬픔을 끊어버려서 그 감정을 야박하게 만드는 것이다. 유가와 묵가는

69_ 괴(傷)는 지치다[疲]는 뜻으로, 『회남자집석』에서 왕염손은 "인의를 몸소 실천하면서 너무 지쳐버렸다"라고 해석했다.

70_ 외(外)는 고유가 기(棄)자의 의미라고 했다.

71_ 『여씨춘추』「유도(有度)」편에도 "공자와 묵자의 제자와 무리들이 천하에 가득 차 있고, 모두 인의(仁義)의 학술로 천하를 가르치고 이끌었다. 그러나 그 도술을 실행하는 자가 없으니, 가르치는 공자와 묵자 자신도 오히려 실행할 수 없는데, 하물며 가르침을 받는 제자와 무리는 어떻겠는가? 이것은 무엇 때문인가? 인의(仁義)의 학술은 외면의 인위적인 행위이기 때문이다"라는 기록이 보인다.

72_ 내학(內學)은 도교에서 연마하는 신선술이나 도인술 등의 학문을 말한다.

사람 감정의 변화 과정에 근원하지 않고, 힘써 서로 상반되는 제도와 다섯 가지 상복 제도를 시행한다.[73](『회남자』「제속훈」)

夫三年之喪, 是强人所不及也, 而以僞輔情也. 三月之服, 是絶哀而迫切之性也. 夫儒・墨不原人情之終始, 而務以行相反之制, 五縗之服. (『淮南子』「齊俗訓」)

康5-10

이것은 유가와 묵가의 입장에서 벗어나서 두 교설을 함께 비난한 것이다.

此在儒・墨之外, 而兼譏二敎者.

5-5-7

지금 세상에는 참수형을 당한 자[74]가 서로 베개를 베고 누워 있을 정도로 많고, 형틀을 차고 있는 사람[75]이 서로 밀칠 정도로 많으며, 형벌로 죽은 자들이 서로 바라볼 정도로 많다. 그런데 유가와 묵가의 무리들은 애초부터 차꼬와 수갑을 찬 죄수들[76] 사이에서 왔다갔다 하면서 옷소매를 걷어 올린 채 활개를 치고 다니니,[77] 아,[78] 심하구나! 그들은 부

73_ 사람의 감정상 3개월은 너무 짧다고 여기고, 3년은 너무 길다고 여기기 때문에 유가와 묵가의 제도는 감정의 측면에서 서로 상반된다. 따라서 그 감정의 변화 과정에 맞추어 상례 제도를 시행해야 한다는 말이다. 오최(五縗)의 상복은 3년・1년・9개월・5개월・3개월의 상복이다.

74_ 수사(殊死)는 참수형을 말한다.

75_ 항양(桁楊)은 죄인의 발목이나 목에 채우는 형벌의 도구이다. 형틀 또는 차꼬를 말한다.

76_ 질곡(桎梏)은 사지를 속박하는 형벌 도구로, 차꼬와 수갑을 찬 죄수들을 말한다.

77_ 이기(離跂)는 발꿈치를 들고 힘쓰는 모양이고, 양비(攘臂)는 옷소매를 걷어 올리고 득의(得意)한 모습이다. 안병주는 뛰어다니며 팔을 걷어붙이며 뽐내는 것이라고 해석했다.

끄러움도 없고 수치심도 알지 못한다.(『장자』「재유」)

今世殊死者相枕也, 桁楊者相推也, 刑戮者相望也. 而儒・墨乃始離跂攘臂乎桎梏之間, 意, 甚矣哉! 其無愧而不知恥也.(『莊子』「在宥」)

康5-11

이것은 도가에서 유가와 묵가를 공격한 주장이다.

此道家攻儒・墨之說.

5-5-8[79]

도에서 하나로 여기는 것이 덕에서는 같을 수가 없고,[80] 지식으로 알 수 없는 것은 변론으로 다 거론할 수가 없다.[81] 유가와 묵가처럼 학파의 명칭을 내거는 것은 좋지 않다.[82] 따라서 바다는 동쪽으로 흘러서

78_ 의(意)는 불평이 있거나 분개할 때 지르는 소리로, 희(噫)와 같은 뜻이다. 희(噫)자로 고쳐서 기록한 판본도 있다.

79_ 이하에서 인용한 내용은 공자가 초(楚)나라에 갔을 때 초나라 왕이 공자를 위해 베푼 잔치에서 한 말이다.

80_ 임희일(林希逸)은 "도에서 하나로 여기는 것은 자연(自然)이며, 덕은 자기의 입장에서 얻는 것이다. 조물자에게 있어서 하나라는 것은 인위와는 같지 않기 때문에 덕에서는 같을 수가 없다고 했다"라고 했고, 곽상(郭象)은 "각각 스스로 얻을 뿐 서로 같지가 않지만, 도는 하나이다"라고 풀이했다. 천구잉은 여기에서의 덕(德)자는 득(得)과 같으며, 도를 얻는 것을 말한다고 했다. 즉 도는 하나이지만, 도를 얻는 것은 각각 다르다는 뜻이다.

81_ 안병주는 "인간의 지식으로는 알 수 없는 한계는 말로 표현할 수 없다"라고 풀이했다.

82_ 명(名)은 여러 가지 해석이 있다. 『장자금주금역』에서 인용한 곽숭수(郭嵩燾)는 유가와 묵가라는 명칭이라고 했고, 선영(宣穎)은 이름을 서로 내거는 것이라고 했다. 그리고 안병주는 말재주로 이름이 알려지는 것이라고 했다. 여기에서는 곽숭수와 선영 등의 주장에 따라서 명칭을 내거는 것으로 해석했다. 즉 지식으로 알 수 없는 영역이 많기 때문에 유가와 묵가 등과 같이 학파의 명칭을 내걸면서 서로 비난하는 것은 잘못되었다는 의미로 이해했다.

[바다로 들어가는] 물길을 사양하지 않으니, 큼[大]의 극치이다. 성인은 하늘과 땅을 함께 감싸고, 은택이 천하 사람들에게 미치지만, [천하 사람들은] 그가 누구인지 알지 못한다.(『장자』「서무귀」)

道之所一者, 德不能同也. 知之所不能知者, 辯不能擧也. 名若儒・墨而凶矣. 故海不辭東流, 大之至也. 聖人幷包天地, 澤及天下, 而不知其誰氏.(『莊子』「徐無鬼」)

5-5-9

따라서 유가와 묵가의 시비 논쟁이 있는 것은 상대가 그르다고 여긴 것을 옳다고 여기고, 상대가 옳다고 여긴 것을 그르다고 여기기 때문이다.(『장자』「제물론」)

故有儒・墨之是非, 以是其所非而非其所是.(『莊子』「齊物論」)

<이상 노자가 유가 및 묵가를 공격하다: 右老攻儒·墨>

6. 노자가 묵가 학파를 공격하다 [老攻墨學]

5-6-1[83]

2세 황제가 이사(李斯)에게 꾸짖어 따지면서 다음과 같이 말했다. "나에게 개인적인 의견이 있는데, 한비자에게 다음과 같은 말을 들었다. '요임금이 천하를 소유했을 때, 집 마루의 높이는 3척(尺)이었고, 서까래

83_ 이하에서 인용한 『사기』「이사열전」의 내용은 이 책의 제4권 제10절〈4-10-8〉에서 이미 인용했다. 자세한 주석은 앞의 내용을 참조 바람.

의 통나무를 깎아서 손질하지도 않았으며, 띠로 인 지붕의 끝을 다듬지도 않았으니, 비록 여관의 숙소라고 하더라도 이보다는 절약하지 않았을 것이다. 겨울에는 사슴 가죽으로 만든 옷을 입고, 여름에는 갈포로 만든 거친 옷을 입었으며, 현미나 기장으로 만든 거친 밥과 명아주잎과 콩잎으로 만든 보잘것없는 국을 먹었다. 흙으로 만든 밥그릇에 밥을 담아 먹고, 흙으로 만든 국그릇에 국을 담아 마셨으니, 비록 문지기의 생활이라고 하더라도 이보다는 초라하지 않았을 것이다. 우임금은 용문산(龍門山)을 뚫어서 대하(大夏) 지역을 통하게 하고, 아홉 물줄기를 소통시켰으며, 그 물줄기마다 제방을 만들고, 고여 있는 물을 터서 바다로 흐르게 했다. 그러나 넓적다리에는 털이 닳아 없어지고 정강이에는 털이 생기지 않았으며, 손과 발에는 굳은살이 생기고, 얼굴이 새까맣게 타버렸다. 결국 밖에서 죽어서 회계산(會稽山)에서 장례를 지냈으니, 노예의 노동이라고 하더라도 이보다는 심하지 않았을 것이다.' 그렇다면 천하를 소유하는 것을 귀하게 여기는 것이 어찌 육체를 힘들게 하고 정신을 수고롭게 하여, 몸은 여관의 숙소에 거처하고, 입으로는 문지기의 음식을 먹으며, 손으로는 노예의 일을 하고자 하는 것이겠는가? 이것은 불초한 사람이 힘쓰는 것이지, 현명한 사람이 할 일이 아니다. 저 현명한 사람이 천하를 소유하면 천하를 전적으로 자기에게 적합하도록 만들 뿐이니, 이것이 바로 천하를 소유하는 것을 귀하게 여기는 까닭이다."(『사기』「이사열전」)

二世責問李斯曰, "吾有私議而有所聞于韓子也, 曰, '堯之有天下也, 堂高三尺, 采椽不斲, 茅茨不剪, 雖逆旅之宿, 不勤于此矣. 冬日鹿裘, 夏日葛衣, 粢糲之食, 藜藿之羹. 飯土匭, 啜土鉶, 雖監門之養, 不觳于此矣. 禹鑿龍門, 通大夏, 疏九河, 曲九防, 決渟水致之海. 而股無胈, 脛無毛, 手足胼胝, 面目黎黑. 遂以死于外, 葬于會稽, 臣虜之勞, 不烈于此矣.' 然則夫所貴于有天下者, 豈欲苦形勞神, 身處逆旅之宿, 口食監門之養, 手持臣虜之作哉? 此不肖人之所勉也, 非賢者之所務也. 彼賢人之有天下也, 專用天下適己而已矣, 此所以貴于有天下也."(『史記』「李斯列傳」)

康5-12

한비자가 지은 「해로(解老)」편과 「유로(喩老)」편은 노자의 학문이다. 따라서 태사공은 한비자를 노자와 함께 열전(列傳)으로 만들었다.[84] 이 내용은 양주의 학문인데, 양주는 노자의 제자이므로 곧 노자의 학문이다. 따라서 한비자는 노자와 양주를 함께 받아들인 자이다. 진시황은 백성들을 어리석고 순박하게 만들려고 했고, 한비자는 노자의 학문으로 그 정책을 시행했으며, 결국은 오늘날까지 이르고 있다. 그렇다면 제자백가의 큰 해로움을 종합적으로 논의한다면 한비자만큼 큰 해로움은 없고, [제자백가 사이의] 관계의 중요성에서도 한비자만큼 중요한 인물은 없다.

韓非有「解老」·「喩老」之篇, 是老氏學. 故太史公以之與老子同傳. 此爲楊氏學, 楊朱爲老子弟子, 卽老氏學. 故韓非兼收老·楊之學者. 秦始愚民, 韓非以老學行之, 遂至今日. 然則統論諸子爲害之大, 莫若韓非, 關係之重, 亦莫若韓非矣.

<이상 노자가 묵가 학파를 공격하다: *右老攻墨學*>

84_ 『사기』에 노자와 한비자를 함께 묶어서 「노장신한열전(老莊申韓列傳)」을 만든 것을 말한다.

7. 노자가 명가를 공격하다 [老攻名家]

5-7-1

혜시(惠施)가 혜왕(惠王)[85]을 위해서 법을 만들었다. 법의 제정이 다 완성되자 그것을 선생들에게 보여주었는데, 선생들이 모두 좋게 여겼다. 그것을 혜왕에게 바쳤는데, 혜왕이 매우 기뻐하면서 적전(翟煎)[86]에게 보여주자, 적전이 "좋습니다"라고 말했다. 혜왕이 "좋다면 실행해도 되겠는가?"라고 물었다. 그런데 적전이 "안 됩니다"라고 대답했다. 혜왕이 "좋다면서 실행할 수가 없다고 하니, 무슨 까닭인가?"라고 물었다. 적전이 다음과 같이 대답했다. "지금 큰 나무를 옮겨서 나르는 사람들이 앞에서 '어여차, 어여차'하면서 노래를 부르면, 뒤에서도 거기에 맞추어 노래를 부릅니다.[87] 이러한 노래는 무거운 것을 옮겨서 나르면서 힘을 쓰도록 권장하는 노래입니다. 어찌 정(鄭)나라와 위(衛)나라의 「격초(激楚)」의 음악이 없어서겠습니까?[88] 그런데 그것을 사용하지 않는

85_ 혜왕(惠王)은 『회남자집석』에서 고유가 양(梁)나라 혜왕이라고 했다. 『여씨춘추』 「음사(淫辭)」편에도 이와 동일한 기록이 보인다.

86_ 적전(翟煎)은 『여씨춘추』에는 적전(翟翦) 또는 적전(翟剪)으로 되어 있다. 고유는 적황(翟黃)의 후손이라고 했고, 진기유는 적황이 위(魏)나라 문후(文侯)의 상경(上卿)이라고 했다. 이 사람에 대해서는 『여씨춘추』 「하현(下賢)」편에 자세하게 보인다.

87_ 사호(邪許)는 일할 때 힘을 내기 위해서 여러 사람이 일제히 지르는 소리이다. 『여씨춘추』에는 '여후(輿謣)'라고 기록되어 있다. 둘 모두 힘을 합할 때 일제히 내는 소리로, '어여차'나 '영치기 영차' 등의 뜻이다. 『여씨춘추』에서 고유는 "앞사람이 선창을 하면 뒷사람이 화답하여 무거운 것을 들면서 힘을 쓰도록 권면하는 노래소리"라고 했고, 진기유는 "힘을 쓰도록 권면하는 노래로 지금은 노동 구호라고 한다"라고 했다.

88_ 「격초(激楚)」는 악곡의 이름인데, 소리가 드높고 처량하다고 한다. 진기유는 다음과 같이 해설했다. "정나라와 위나라의 음악은 노동가요를 부르는 것에 비해 즐

것은 이와 같이 딱 알맞은 것이 아니기 때문입니다. 국가를 다스리는 것은 체계가 있어야지, 문장의 변론에 달려 있지 않습니다."[89] 따라서 노자가 "법령(法令)이 점점 더 드러날수록 도적이 더 많이 있게 된다"[90]라고 한 것이 바로 이것을 말한 것이다.(『회남자』「도응훈」)

惠子爲惠王爲國法. 已成而示諸先生, 先生皆善之. 奏之惠王, 惠王甚說之, 以示翟煎, 曰, "善." 惠王曰, "善, 可行乎?" 翟煎曰, "不可." 惠王曰, "善而不可行, 何也?" 翟煎對曰, "今夫擧大木者, 前呼邪許, 後亦應之. 此擧重勸力之歌也. 豈無鄭·衛「激楚」之音哉? 然而不用者, 不若此其宜也. 治國有禮, 不在文辯." 故老子曰, "法令滋彰, 盜賊多有." 此之謂也.(『淮南子』「道應訓」)

거울 뿐이다. 단 큰 나무를 들어 옮기는 자가 정나라와 위나라의 음악을 부르지 않고, 반드시 노동가요를 부르는 것은 세간에 정나라와 위나라의 음악이 없어서가 아니라, 즉 노동가요에 비해 더욱더 귀를 즐겁게 하는 곡조가 없어서가 아니라, 정나라와 위나라의 음악이 큰 나무를 들어 옮기는 자들에게 서로 노래를 부르면서 힘을 쓰도록 권면하는 데 적절하지 않기 때문이다. 이것은 정나라와 위나라의 음악이 귀를 즐겁게 하는 노래이지, 아악(雅樂)과 무관함을 가리키는 것이다." 한편 『시』「정풍(鄭風)」에서 주희는 정나라와 위나라의 음악에 대해 다음과 같이 설명했다. "정나라와 위나라의 음악은 모두 음란한 음악이다. 그러나 시(詩)로써 고찰해 보면, 위나라의 시 39편 중에는 음탕한 시가 겨우 4분의 1정도인데, 정나라의 시는 21편 중에 음탕한 시가 7분의 5가 넘는다. 그리고 위나라의 시는 그나마 남자가 여자를 좋아하는 말인데, 정나라의 시는 모두 여자가 남자를 유혹하는 말이다. 또한 위나라 사람은 그나마 풍자하고 비난하거나 징계하는 뜻이 많은데, 정나라 사람은 거의 방탕하여 결코 부끄럽게 여기고 뉘우치는 싹이 없으니, 이것이 정나라 음악의 음탕함이 위나라보다 더 심한 이유이다."

89_ 유례(有禮)는 『회남자집석』에서 왕염손이 재례(在禮)의 잘못이라고 했는데, 상종노와 하녕은 오자는 없으며, 예(禮)자는 체(體)자와 같다고 했다. 여기에서는 후자의 입장에 따라 해석했다. 한편 고유는 "혜자의 법은 마치 정나라와 위나라의 음악과 같이 대중의 귀를 즐겁게 하는 데는 적합하지만, 나라를 다스리는 법에는 사용할 수가 없다. 따라서 좋기는 하지만 실행할 수가 없다고 말한 것이다"라고 풀이했다.

90_ 이 내용은 현행본 『노자』 제57장에 보인다. 자창(滋彰)은 점점 더 드러나는 것을 말한다.

康5-13

적전(翟煎)이 노자를 인용했으니, 이것은 노자의 학문으로 명가를 공격한 것이다.

翟煎引老子, 蓋是老學而攻名家者.

<이상 노자가 명가를 공격하다: 右老攻名家>

8. 노자가 법술가를 공격하다 [老攻法術家]

5-8-1

묻는 자가 말했다. "단지 권술[術]만 있고 법률[法]이 없거나,[91] 단지 법률만 있고 권술이 없으면 안 된다고 하는데, 무엇 때문인가?" 대답했다. "신불해(申不害)는 한(韓)나라 소후(昭侯)의 보좌관이었다. 한(韓)나라는 진(晉)나라에서 분리되어 나온 나라였다.[92] 진(晉)나라의 옛날 법이 아직 없어지지도 않은 상태에서 한(韓)나라의 새로운 법이 또 나왔으며, 앞 군주의 명령이 아직 철회되지도 않은 상태에서 뒷 군주의 명령이 또 내려졌다. 신불해는 법을 장악하지 못하고, 법령을 통합적으로 관리하지 못하여,[93] 간사한 자들의 교묘한 거짓이 많아졌다.[94] [간사한 자들

91_ 일반적으로 법가의 통치술을 법(法) · 술(術) · 세(勢)라고 한다. 즉 상앙의 법과 신불해의 술, 신도의 세라는 세 가지 논리이다. 여기에서 법은 성문화된 법을 말하고, 술은 군주가 신하를 다스리고 통제하는 권술(權術)에 해당되며, 세는 법과 술을 시행할 수 있도록 해주는 권력을 말한다.

92_ 『한비자신교주』에서 태전방(太田方)이 "진(晉)나라의 3명의 경(卿)인 한(韓) · 조(趙) · 위(魏)가 진나라를 나누어 소유했기 때문에 분리되어 나온 나라[別國]라고 했다"라고 했다.

은] 이익이 옛날 법이나 앞 군주의 명령에 있으면 그것을 말하고, 이익이 새로운 법이나 뒷 군주의 명령에 있으면 그것을 말했다.[95] 이익이 옛날의 법과 새로운 법이 서로 상반되고, 앞의 명령과 뒤의 명령이 서로 위배되니, 신불해가 비록 10번이나 소후(昭侯)에게 권술을 사용하도록 했지만, 간사한 신하들은 여전히 자신들의 말을 임기응변으로 속일 구석이 있었다.[96] 따라서 1만승의 강대국인 한나라를 맡아서 다스리면서 70년이 지나도록 [한나라의 군주가] 패왕에 이르지 못한 것은 비록 군주에게 권술을 사용하도록 했지만, 관리에게 법을 지키도록 힘쓰게 하지[97] 못했기 때문에 생긴 환란이다."

問者曰, "徒術而無法, 徒法而無術, 其不可何哉?" 對曰, "申不害, 韓昭侯之佐也. 韓者, 晉之別國也. 晉之故法未息, 而韓之新法又生, 先君之令未收, 而後君之令又下. 申不害不擅其法, 不一其憲令, 則姦多故. 利在故法前令則道之, 利在新法後令則道之. 利在故新相反, 前後相悖, 則申不害雖十使昭侯用術, 而奸臣猶有所譎其辭矣. 故託萬乘之勁韓, 七十年而不至于霸王者, 雖用術于上法, 不勤飾于官之患也."

93_ 천(擅)은 장악한다는 뜻으로, 법을 통합적으로 장악하지 못했다는 말이다. 헌령(憲令)은 법령(法令)을 말한다.

94_ 고(故)는 거짓이라는 뜻이다. 『한비자신교주』의 왕선신(王先愼)과 이운구의 번역본에서는 모두 '간다(姦多)'에서 구두를 끊었는데, 여기에서는 진기유의 주장에 따라 '간다고(姦多故)'로 대구를 끊었다. 진기유에 의하면, 『회남자』「주술훈(主術訓)」편의 "上多故, 則下多多詐."의 주에서 '고(故)는 교위(巧僞)'라고 한 것과 『여씨춘추』「청언(聽言)」편의 "此四士者之議皆多故矣." 등의 문장에 근거하여, 고(故)를 지고(智故) 또는 교위(巧僞)의 의미로 풀이했다.

95_ 도(道)는 왕선신이 도(導)의 의미라고 했는데, 진기유는 말하다[稱]는 의미로 풀이했다. 즉 간사한 사람은 옛날의 법이나 앞 군주의 명령이 이익이 되면 그것을 말하여 자신들의 이익을 챙기고, 새로운 법이나 뒷 군주의 명령이 이익이 되면 그것을 말하여 자신들의 이익을 챙긴다는 뜻이다.

96_ 휼(譎)은 임기응변하는 것으로, 진기유가 인용한 『설문』에는 음기응변으로 속이는 것[權詐]이라고 풀이했다.

97_ 근식(勤飾)은 힘을 다하는 것이다. 관리들에게 온 힘을 다해 법을 지키도록 하지 못했다는 말이다.

"공손앙(公孫鞅)이 진(秦)나라를 다스릴 때, 서로 감시하면서 고발하는 제도[98]를 설치하여 그 실상을 따지고, 열 집 혹은 다섯 집을 묶어 연좌하여[99] 그 죄를 함께 적용했다. 상(賞)은 후하면서도 믿을 만하게 베풀어졌고, 형벌은 무거우면서 반드시 집행되었다. 이 때문에 그 백성들은 노동이 힘들더라도 쉬지 않았고, 적과 싸우면서 위태롭더라도 물러서지 않았다. 따라서 그 나라는 부유해지고 군대는 강해졌다. 그러나 권술로써 간사한 신하를 파악하지 못했기 때문에 그 부강함은 신하들에게 도움을 줄 뿐이었다. 효공(孝公)과 상군(商君)이 죽고 혜왕(惠王)이 즉위하자, 진(秦)나라의 법이 아직 폐기되지 않았는데도 장의(張儀)가 진(秦)나라[의 부강함]을 이용하여 한(韓)나라와 위(魏)나라로부터 이득을 취했다.[100] 혜왕이 죽고 무왕(武王)이 즉위하자, 감무(甘茂)가 진나라[의 부강함]을 이용하여 주(周)나라로부터 이득을 취했다.[101] 무왕이 죽고 소양왕(昭襄王)이 즉위하자, 양후(穰侯)가 한(韓)나라와 위(魏)나라를 건

98_ 고좌(告坐)는 이웃 사람들끼리 서로 감시하면서 죄를 고발하도록 하는 제도를 말한다.

99_ 십오(什伍)는 열 집 혹은 다섯 집으로 구성된 편제의 단위이다. 십오지제(什伍之制) 또는 상좌지법(相坐之法)이라고도 하는 것은 백성들을 열 집 혹은 다섯 집으로 편제하여, 법에 어긋나는 행위를 감시하고 적발하도록 하고, 또한 그 단위의 구성원이 법을 어겼을 경우에 신고하지 않으면 처벌하는 연좌제이다. 『한서』「형법지(刑法志)」에 "秦用商鞅, 連相坐之法, 造參夷之誅, 增加肉刑大辟."이라는 기록이 보인다. 자세한 내용은 『사기』「상군열전(商君列傳)」 참조.

100_ 순(殉)은 구하다[求]는 뜻이다. 여기에서는 진(秦)나라의 부강함을 이용하여 다른 나라들로부터 이익을 구했다는 의미로 해석된다. 예를 들어 『사기』「진본기(秦本紀)」에 의하면, 혜왕 10년에 장의가 진나라의 재상이 되자, 위(魏)나라가 상군(上郡)의 15개의 현을 진나라에 헌상했고, 11년에는 초(焦)와 곡옥(曲沃)을 위나라에 돌려주었다고 한다. 이 과정에서 장의가 위나라나 한나라로부터 개인적인 이익을 취했다는 것이다.

101_ 『사기』「진본기」와 「감무열전(甘茂列傳)」에 의하면, 무왕 3년에 감무가 승상이 되자, 무왕은 수레를 타고 주(周)나라의 도성을 구경했으면 여한이 없다고 감무에게 말했다. 이에 감무는 진나라의 강한 군대를 이용하여 한(韓)나라의 의양을 함락시키고 주나라로 들어갔으며, 무왕은 결국 주나라로 들어가서 그곳에서 죽었다고 한다.

너서 동쪽으로 제(齊)를 공격했는데,[102] [그 이후로] 5년 동안 진나라는 조금의 땅도 더 늘어나지 않자, 도읍(陶邑)을 자신의 봉지로 만들었다.[103] 응후(應侯)[104]는 한(韓)나라를 공격한 지 8년 만에 여남(汝南)을 자신의 봉지로 만들었다. 이때 이후로 진나라에 등용된 여러 사람들은 모두 응후(應侯)나 양후(穰侯)와 같은 부류들이었다. 따라서 전쟁하여 승리하면 대신들[의 지위]만 높아지고, 영토를 늘리면 [대신들의] 개인 봉지만 세워지니, 군주가 권술로 간사한 신하들을 파악하지 못했기 때문이다. 공손앙이 비록 10번이나 그 법을 정비했지만, 신하들은 도리어 [그 법을] 자신의 밑천으로 사용했다. 따라서 강력한 진나라라는 토대를 타고도 수십 년 동안 제왕에 이르지 못했던 것은 법이 비록 관리들에게 [지켜지도록] 힘쓰더라도[105] 군주가 위에서 권술을 지니지 못했기 때문에 생긴 환란이다."(『한비자』「정법」)

"公孫鞅之治秦也, 設告相坐而責其實, 連什伍而同其罪. 賞厚而信, 刑重而必. 是以其民用力勞而不休, 逐敵危而不却. 故其國富而兵强. 然而無術以知奸, 則以其富强也資人臣而已矣. 及孝公·商君死, 惠王卽位, 秦法未敗也, 而張儀以秦殉韓·魏. 惠王死, 武王卽位, 甘茂

102_ 양후는 위염(魏冉)이라는 인물로, 「진본기」와 「양후열전(穰侯列傳)」에 의하면, 소양왕(昭襄王) 26년에 승상이 되었고, 32년에 위나라를 공격하여 4만 명의 머리를 베었다고 한다. 그리고 36년에는 객경(客卿) 조(竈)와 의논하여 제나라를 공격하여 강(剛)과 수(壽) 두 지역을 빼앗고, 자신의 영지인 도읍(陶邑)을 확장했다고 한다.

103_ 척토(尺土)는 얼마 되지 않는 땅으로, 척지(尺地)라고도 한다. 양후의 본래 영지는 양(穰) 지역인데, 제나라를 공격한 이후에 도읍(陶邑)이라는 봉지를 더해서 얻었다. 「양후열전」에 의하면, 양후는 도읍에서 죽어서 그곳에 묻혔고, 그 이후에 진나라는 도읍을 회수하여 군(郡)을 두었다고 한다. 한편 『한비자신교주』에서 왕선신이 『태평어람』에 근거하여 성(城)자를 성(成)자로 고쳤는데, 여기에서는 이에 따라 해석했다. 뒤에 나오는 성(城)자도 마찬가지이다.

104_ 응후(應侯)는 범저(范雎)를 말하는데, 『사기』「범저열전(范雎列傳)」에 의하면, 소왕(昭王) 28년에 범저에게 응(應) 땅을 봉해주고, 응후(應侯)라고 불렀다고 한다.

105_ 『한비자신교주』에서 고광기가 불(不)은 수(雖)가 되어야 한다고 했다.

以秦殉周. 武王死, 昭襄王卽位, 穰侯越韓·魏而東攻齊, 五年而秦不益尺土之地, 乃城其陶邑之封. 應侯攻韓八年, 城其汝南之封. 自是以來, 諸用秦者皆應·穰之類也. 故戰勝則大臣尊, 益地則私封立, 主無術以知奸也. 商君雖十飾其法, 人臣反用其資. 故乘强秦之資, 數十年而不至于帝王者, 法不勤飾于官, 主無術于上之患也."(『韓非子』「定法」)

5-8-2

묻는 자가 말했다. "군주가 신불해의 권술을 사용하고, 관리가 공손앙의 법률을 시행하면 괜찮겠습니까?" 대답했다. "신불해도 권술에는 아직 미진하고, 공손앙도 법률에는 아직 미진하다.[106] 신불해가 '일을 다스릴 때는 월권하지 않고, 비록 알더라도 말하지 않는다'라고 했다. 일을 다스릴 때 월권하지 않는다는 것은 직분을 지키라고 말한 것이므로 괜찮지만, 알더라도 말하지 않는다는 것은 [신하의] 과실을 보고하지 않는 것이다.[107] 군주는 온 나라 전체의 눈으로 보기 때문에 보는 것이 이보다 더 밝을 수는 없으며, 온 나라 전체의 귀로 듣기 때문에 듣는 것이 이보다 더 밝을 수는 없다. 지금 알더라도 말하지 않으면 군주가 어찌 [귀나 눈을] 빌어서 [보거나 들을] 수 있겠는가? 공손앙의 법률에서 '[적군의] 머리 한 개를 벤 자는 한 등급의 관작을 올리고, 관리가 되고자 하는 자는 50석의 관리로 삼는다. 머리 두 개를 벤 자는 두 등급

106_ 이 부분은 본래 "申子未盡于法也."로 되어 있는데, 고광기가 "申子未盡于術, 商君未盡于法也."가 되어야 한다고 했다. 뒤의 내용에 근거하면 고광기의 주장이 옳기 때문에 보충했다.

107_ 『공자개제고』와 『한비자』 원문에는 모두 "是謂過也."로 되어 있는데, 『한비자신교주』에 따라 "是不謂過也."로 고쳐서 해석했다. 즉 유사배(劉師培)는 위(謂)자가 알(謁)자의 잘못이며, 알(謁)자는 고(告)자의 의미로, 이 문장은 "신하의 과실을 군주에게 보고하지 않는다"는 뜻이라고 했다. 한편 진기유는 『설문해자』에서 "위(謂)는 보(報)"라고 해서, 위(謂)자 자체에 보고한다는 의미가 있기 때문에 다른 글자로 고칠 필요가 없다고 했다.

의 관작을 올리고, 관리가 되고자 하는 자는 100석의 관리로 삼는다'라고 했으니, 관작을 [위로] 옮기는 것은 머리를 벤 공적과 서로 걸맞는다. 만약 지금 법률에서 '머리를 벤 자는 의원이나 대장장이가 되도록 명령한다'라고 한다면 집은 만들어지지 않고, 병은 낫지 않을 것이다. 대장장이는 손재주가 있는 자이고, 의원은 약을 처방하는 자이다. 그런데 머리를 벤 공적으로 그 일을 시킨다면 그 재능에 걸맞지 않는 것이다. 지금 관직의 일을 다스리는 것은 지혜와 능력이며, 머리를 벤 것은 용기와 힘이 가해진 것이다. 용기와 힘이 가해진 공적으로 지혜와 능력이 필요한 관직의 일을 다스리도록 하는 것은 머리를 벤 공적으로 의원이나 대장장이가 되도록 하는 것이다. 따라서 '두 사람은 법률과 권술의 측면에서 모두 아직 완벽하게 좋지는 않다'라고 말한 것이다."
(『한비자』「정법」)

問者曰, "主用申子之術, 而官行商君之法, 可乎?" 對曰, "申子未盡于術, 商君未盡于法也. 申子言, '治不逾官, 雖知弗言.' 治不逾官, 謂之守職可也, 知而弗言, 是謂過也. 人主以一國目視, 故視莫明焉, 以一國耳聽, 故聽莫聰焉. 今知而弗言, 則人主尙安假借矣? 商君之法曰, '斬一首者, 爵一級, 欲爲官者, 爲五十石之官. 斬二首者, 爵二級, 欲爲官者, 爲百石之官.' 官爵之遷與斬首之功相稱也. 今有法曰, '斬首者, 令爲醫匠.' 則屋不成, 而病不已. 夫匠者, 手巧也, 而醫者, 齊藥也. 而以斬首之功爲之, 則不當其能. 今治官者, 智能也, 今斬首者, 勇力之所加也. 以勇力之所加, 而治智能之官, 是以斬首之功爲醫匠也. 故曰, '二子之于法術皆未盡善也.'"(『韓非子』「定法」)

康5-14

한비자는 신불해와 공손앙에게 배웠는데, 두 사람을 모두 공격했다. 그러나 군대에서의 공적으로 관리를 삼는 것은 지금까지도 그대로 따르고 있으니, 이것은 또한 이해할 수가 없다. 후세에 현명한 군주가 신하들을 부릴 때 많은 기술을 가지고 있었는데, 신불해의 후학인 [이 한비자의] 학문을 서로 전한 것이다.

韓非學于申・商, 而幷攻之. 然以軍功爲吏, 至今猶從焉, 是亦不可解矣. 後世英主駕馭臣下多有術, 相傳此申子之後學哉.

5-8-3

따라서 상앙(商鞅)은 [엄격한] 법을 세웠기 때문에 사지가 찢겨서 죽는 형벌을 받았고,[108] 오기(吳起)는 [법을] 가혹하게 시행했기 때문에 수레에 사지가 묶여 찢겨서 죽는 형벌을 받았다.[109] 나라를 다스리는 것은 비유하면 거문고 줄을 당기는 것과 같으니, 큰 줄이 팽팽하게 죄어지면[110] 작은 줄이 끊어진다.(『회남자』「무칭훈」)

故商鞅立法而支解, 吳起刻削而車裂. 治國辟若張琴, 大弦組則小弦絶矣.(『淮南子』「繆稱訓」)

<이상 노자가 법술가를 공격하다: *右老攻法術家*>

108_ 지해(支解)는 옛날에 사지를 찢어서 죽이던 형벌로, 거열(車裂)과 같은 말이다. 상앙이 진(秦)나라 효공(孝公)을 위해 법을 만들었는데, 백성들이 그를 원망하여 결국 사지를 찢어 죽이는 형벌로 죽임을 당했다고 한다. 『한비자』「화씨(和氏)」편에 "商君車裂於秦."이라는 기록이 보인다. 한편 『회남자집석』에서 인용한 『한시외전(韓詩外傳)』에는 "商鞅峻法而支解."라고 기록되어 있다.

109_ 거열(車裂)은 수레에 죄인의 몸을 묶어서 찢어 죽이는 형벌로, 지해(支解)와 같은 말이다. 『전국책』「진책(秦策)」에 "吳起 … 功已成矣, 卒支解."라는 기록이 보인다. 각삭(刻削)은 가혹하다는 뜻이다.

110_ 탄(組)은 『회남자집석』에서 왕염손이 긍(緪)자의 잘못이라고 했다. 긍(緪)은 현악기의 줄을 팽팽하게 바짝 죄는 것을 말한다.

9. 노자가 형명가 · 법술가 · 종횡가를 공격하다 [老攻刑名 · 法術 · 縱橫家]

5-9-1

공손룡(公孫龍)은 말을 유창하게 잘하여 명칭을 어지럽혔고,[111] 등석(鄧析)은 변론을 교묘하게 잘하여 법을 어지럽혔으며,[112] 소진(蘇秦)은 유세를 잘하여 몸을 망쳤다.[113] 그러한 도를 따르면 선(善)이 드러나지 않고, 그러한 이치를 따르면 교묘함이 드러나지 않는다.[114](『회남자』「전언훈」)

111_ 고유는 "공손룡이 흰 말은 말이 아니다는 명제와 얼음은 차갑지 않다는 명제 등으로 논리를 삼았기 때문에 무(貿)라고 했다"라고 했고, 마종곽은 무(貿)가 난(亂)의 뜻이라고 했다. 이러한 명제에 대해서는 『공손룡자(公孫龍子)』「명실(名實)」편에서 다양한 사례를 볼 수 있다. 『장자』「천하」편에서는 "환단(桓團)과 공손룡은 변론자의 무리이다. 사람의 마음에 맞추어 꾸며서 사람들의 뜻을 바꾸게 하여, 말로는 다른 사람을 이길 수 있었지만, 마음으로는 그 사람을 복종시키지 못했으니, 이것이 변론자들의 한계이다[桓團 · 公孫龍辯者之徒. 飾人之心, 易人之意, 能勝人之口, 不能服人之心, 辯者之囿也.]"라고 평가했다.

112_『여씨춘추』「이위(離謂)」편에 다음과 같은 기록이 보인다. "자산(子產)이 정(鄭)나라를 다스릴 때, 등석(鄧析)이 그를 비판하려고 애를 썼다. 그래서 백성들 중에 소송이 있는 자와 약속하여 큰 소송에는 웃옷 한 벌, 작은 소송에는 저고리와 바지 한 벌[을 받고 소송 방법을 알려주었다]. 백성들 중에 웃옷과 저고리, 바지를 바치고 소송 방법을 배우려는 자가 이루 헤아릴 수 없을 정도로 많았다. 등석은 틀린 것을 옳다고 하고 옳은 것을 틀리다고 하여, 옳고 그름이 일정한 표준이 없으니, 그렇게 해도 되는 옳은 일과 그렇게 해서는 안 되는 틀린 일이 날마다 변했다. 재판에서 이기고자 하면 곧 그것[등석의 말] 때문에 이겼고, 형벌을 주고자 하면 곧 그것[등석의 말] 때문에 형벌을 주었다[子產治鄭, 鄧析務難之. 與民之有獄者約, 大獄一衣, 小獄襦袴. 民之獻衣襦袴而學訟者, 不可勝數. 以非爲是, 以是爲非, 是非無度, 而可與不可日變. 所欲勝因勝, 所欲罪因罪.]"

113_ 고유가 "소진은 제(齊)나라에서 죽었다"라고 했다. 왕염손은 고유의 주에 근거하여, 망국(亡國)은 망신(亡身)이 되어야 한다고 했는데, 여기에서는 왕염손의 주장에 따라 해석했다.

公孫龍粲于辭而貿名, 鄧析巧辯而亂法, 蘇秦善說而亡國. 由其道, 則善無章, 修其理, 則巧無名.(『淮南子』「詮言訓」)

5-9-2

오기(吳起)와 장의(張儀)는 지혜가 공자나 묵자보다 못하면서, 만승(萬乘)의 군주와 다투었으니, 이것이 수레에 사지가 묶여 찢겨서 죽는 형벌을 받은 이유이다.[115](『회남자』「주술훈」)

吳起 · 張儀智不若孔 · 墨, 而爭萬乘之君, 此其所以車裂支解也.(『淮南子』「主術訓」)

5-9-3

지금 상앙(商鞅)의 계색(啓塞) 술수,[116] 신불해(申不害)의 삼부(三符) 술수,[117] 한비자(韓非子)의 「고분(孤憤)」,[118] 장의(張儀)와 소진(蘇秦)의 합종(合縱)과 연횡(連橫) 정책[119] 등은 모두 빼앗아서 취하는 권모술수이자 술수의 한

114_ 수(修)는 왕염손이 순(循)이라고 했다. 장(章)과 명(名)은 모두 밝게 드러난다는 뜻이다.

115_ 『회남자집석』의 여러 주석에 의하면, 장의가 사지가 찢어져서 죽는 형벌을 받았다는 기록이 없기 때문에 이것은 소진(蘇秦)이나 상앙(商鞅)을 잘못 적은 것이라고 했다. 앞에서 다룬 『회남자』「무칭훈(繆稱訓)」편에서도 오기와 상앙이 그 형벌을 받고 죽었다고 기록되어 있다.

116_ 고유에 의하면, 이익으로써 열어주고 법령으로써 차단하는 것이 상앙의 정책이었다고 한다.

117_ 고유에 의하면, 신불해가 한(韓)나라를 다스릴 때 세 가지 부험(符驗)으로 다스리는 술책이 있었다고 한다.

118_ 『사기』「한비열전(韓非列傳)」에 의하면, 한비자가 「고분(孤憤)」 · 「오두(五蠹)」 · 「내 · 외저(內 · 外儲)」 · 「세림(說林)」 · 「세난(說難)」 등 10여 만 글자의 글을 지었다고 한다. 『사기색은』에서 "고분(孤憤)은 혼자서 지키는 바른 뜻이 세상에 용납되지 않는 것을 분개한다"라는 뜻이라고 했다.

119_ 소진은 전국시대 칠웅(七雄) 중에서 진(秦)나라를 제외한 나머지 6국이 남북으

가지 사례로,[120] 정치의 큰 근본이나 일의 일정한 법칙으로써 널리 받아들여서 전할 수 있는 것이 아니다.[121](『회남자』「태족훈」)

今商鞅之啓塞, 申子之三符, 韓非之「孤憤」, 張儀·蘇秦之從橫, 皆掇取之權, 一切之術也, 非治之大本, 事之恒常, 可博聞而世傳者也.(『淮南子』「泰族訓」)

康5-15

형명(刑名)·법술(法術)·종횡(縱橫)의 술수가 한 시대에는 시행되었지만, 후세에 실행될 수는 없는 것이다. 권모술수로 말단을 쫓는 것, 예를 들어 오훼(烏喙)와 천웅(天雄)은 항상 복용할 수 있는 약이 아닌 것과 같다.[122] 천하를 다스리는 큰 근본과 일의 일정한 법칙으로써 널리 받아들여서 전할 수 있는 것은 유학의 도이다. 앞의 내용들은 유학을 존중하고, 형명가·법술가·종횡가를 공격한 것이다.

刑名·法術·縱橫之術, 施之于一時, 而不能行于後世者. 以其權術逐末, 如烏喙·天雄, 非可常服. 治天下之大本, 事之恒常, 可博聞而世傳者, 儒道也. 此尊儒而攻刑名·法術·縱橫家者.

<이상 노자가 형명가·법술가·종횡가를 공격하다: 右老攻刑名·法術·縱橫家>

로 연합하여 진나라와 대항하자는 합종책을 주장했고, 장의는 6국이 각각 진나라와 동서로 맹약을 맺어야 한다는 연횡책을 주장했다.

120_ 일체(一切)는 우성오(于省吾)에 의하면, 『사기』「이사열전(李斯列傳)」의 "請一切逐客."에 대한 『사기정의』에서 "일체(一切)는 일례(一例)와 같다"라고 했다.

121_ 하녕이 문(聞)은 내(內)자의 잘못으로, 그 뜻은 납(納)이며, "널리 받아들여서 그것을 대대로 전하는 것"이라는 의미라고 했다. 『도장』 판본과 송나라 판본에는 모두 내(內)자로 되어 있다고 한다.

122_ 오훼(烏喙)와 천웅(天雄)은 모두 독이 있어서 마취제로도 쓰이고, 극약으로도 사용되는 풀이다. 『회남자』「무칭훈(繆稱訓)」편에 "물건은 사용되지 않는 것이 없다. 천웅과 오훼는 약 중에서도 흉독(凶毒)을 가진 것인데, 훌륭한 의사는 그것으로 사람을 살린다[莫無所不用, 天雄·烏喙, 藥之凶毒也, 良醫以活人.]"라는 기록이 보인다.

10. 노자가 제자백가를 공격하다 [老攻諸子]

5-10-1

또한 저 세상의 어리석은 학자들은 모두 치란(治亂)의 실정[123]을 모르면서 옛날의 책을 수다스럽게 쓸데없이[124] 많이 읊어대며 당대의 정치를 어지럽힌다. 그리고 지혜로운 사려가 부족하여 함정[125]에 빠지는 것도 피하지 못하면서 또한 법술을 가진 선비를 함부로 비난한다. 그들의 말을 받아들이는 자는 위태롭게 되고, 그들의 계략을 사용하는 자는 혼란스럽게 된다.[126] 이것은 또한 가장 큰 어리석음이자 가장 심한 근심거리이다. 그들은 모두 법술을 가진 선비들과 마찬가지로 담론으로 유명하지만,[127] 사실은 서로 엄청난 거리가 있다. 이것은 명칭은 같지만 실질이 다른 것이다.[128] 저 세상의 어리석은 학자들을 법술을 가진 선비들과 비교하는 것은 개밋둑[129]을 큰 구릉에 비교하는 것과 같으니, 서로의 거리가 멀다.(『한비자』「간겁시신」)

123_ 왕선신이 정(情)은 실정[實]이라고 했다.

124_ 왕선신에 의하면, 『설문해자』에서 섭(讘)은 말이 많은 것[多言]이고, 겹(詼)은 쓸데없이 말하는 것[妄語]이라고 했다.

125_ 정정(穽井)은 짐승을 잡기 위해 파놓은 구덩이로, 함정이나 위험한 지경을 말한다.

126_ 『한비자신교주』에서 왕선신은 "옛날 습관에 빠져서 신법(新法)을 가볍게 어기고, 옛날을 본받고 예법을 따르면서 감히 고칠 줄을 모른다"라고 했다.

127_ 왕선신은 원문의 여(與)자를 위(爲)자의 의미로 보아서, "세상의 어리석은 학자들과 법술의 선비가 모두 법술을 가진 선비로 유명하지만, 사실은 같지 않다"라고 해석하기도 했다.

128_ 유(有)자는 진기유가 연문이라고 했다.

129_ 의질(蟻垤)은 개밋둑 또는 개미무덤을 말한다.

且夫世之愚學, 皆不知治亂之情, 讘詼[130]多誦先古之書, 以亂當世之治. 智慮不足以避穽井之陷, 又妄非有術之士. 聽其言者危, 用其計者亂. 此亦愚之至大, 而患之至甚者也. 俱與有術之士, 有談說之名, 而實相去千萬也. 此夫名同而實有異者也. 夫世愚學之人比有術之士也, 猶螘垤之比大陵也, 其相去遠矣.(『韓非子』「姦劫弑臣」)

5-10-2[131]

사건이 일어나기 전에 먼저 행동하고, 이치가 드러나기 전에 먼저 움직이는 것을 미리 아는 것[前識]이라고 한다. 미리 아는 것이란 아무런 근거도 없이 제멋대로 억측하여 헤아리는 것이다. 무슨 이유로 그렇게 말하는가? 첨하(詹何)가 앉아 있고, 제자가 옆에서 모시고 있었는데, 문 밖에서 소가 우는 소리가 들렸다. 제자가 "이것은 검은색의 소이면서 이마가 흰색입니다"라고 했다. 첨하가 "그렇다. 이것은 검은색의 소이다. 그러나 흰색은 그 뿔에 있다"라고 했다. 사람을 시켜서 그것을 살펴보도록 했는데, 과연 검은색의 소이면서 [흰색] 천으로 그 뿔을 감싸고 있었다. 첨하의 술수를 가지고 일반 대중들의 마음을 끌어당긴다면 [미리 안 것은] 화려하게 보이지만, 위태로울 것이다. 따라서 '도(道)의 [겉치레의] 화려함'이라고 한다. 만약 시험삼아 첨하의 예측 능력을 내버려둔 채, 어리석은 어린아이를 시켜서 그것을 살펴보도록 하더라도, 또한 그것이 검은색의 소이면서 흰색 천으로 그 뿔을 감싸고 있다는 것을 알 수 있을 것이다. 따라서 첨하의 예측 능력을 가지고 마음을 쓰고 정신을 괴롭히더라도 나중에는 [결과적으로] 어리석은 어린아

130_ 협(詼)이 『공자개제고』에는 담(談)으로 되어 있는데, 『한비자』 원문에 따라 고쳤다.

131_ 이하에서 인용한 『한비자』 「해로」편의 내용은 이 책의 제2권 제13절〈2-13-13〉에서 이미 인용했다. 자세한 주석은 앞의 내용을 참조 바람.

이와 똑같은 효과일 뿐이다. 이 때문에 '어리석음의 시초'라고 한다. 따라서 '미리 아는 것은 도의 [겉치레의] 화려함이고, 어리석음의 시초이다'라고 했다.(『한비자』「해로」)

先物行先理動之謂前識. 前識者, 無緣而忘意度也. 何以論之. 詹何坐, 弟子侍, 有牛鳴于門外. 弟子曰, "是黑牛也, 而白題." 詹何曰, "然. 是黑牛也. 而白在其角." 使人視之, 果黑牛而以布裹其角. 以詹子之術, 嬰衆人之心, 華焉殆矣. 故曰'道之華也.' 嘗試釋詹子之察, 而使五尺之愚童子視之, 亦知其黑牛而以布裹其角也. 故以詹子之察, 苦心傷神, 而後與五尺之愚童子同功. 是以曰'愚之首也.' 故曰'前識者, 道之華也, 而愚之首也.'(『韓非子』「解老」)

康5-16

첨하(詹何)가 미리 아는 학문을 한 것은 노자와는 또한 같지 않다. 따라서 한비자가 그것을 공격했다.

詹何爲前識之學, 與老又不同. 故韓非攻之.

5-10-3[132]

인(仁)을 쓸데없이 주장하는 자는 타고난 본래의 덕성을 제거하고 자연적인 본성을 막아버림으로써 명성(名聲)을 얻으려고 하여 천하 사람들에게 정신없이 떠들면서 현혹되어 [그들의 능력으로는] 미칠 수 없는 법도를 받들게 하니, [그렇지] 않는가? 증삼(曾參)과 사추(史鰌)가 바로 그런 사람이다. 변론에 쓸데없이 지나친 자는 기왓장을 겹겹이 쌓고 새끼의 매듭을 만들 듯이 [쓸데없는 말을 더하고] 문장을 제멋대로 천착

132_ 이하에서 인용한 『장자』「변무」편의 내용은 이 책의 제2권 제1절〈2-1-10〉에서 이미 인용했다. 자세한 주석은 앞의 내용을 참조 바람.

하여, 견백(堅白)이나 동이(同異)와 같은 변론에 푹 빠져서 눈앞의 일시적인 명예와 쓸데없는 말에 정신이 피폐해지니, [그렇지] 않는가? 양주(楊朱)와 묵적(墨翟)이 바로 그런 사람이다.(『장자』「변무」)

枝于仁者, 擢德塞性, 以收名聲, 使天下簧鼓以奉不及之法, 非乎? 而曾·史是已. 駢于辯者, 纍瓦結繩竄句, 游心于堅白·同異之間, 而敝跬譽無用之言, 非乎? 而楊·墨是已.(『莊子』「駢拇」)

5-10-4

증삼(曾參)과 사추(史鰌)의 행동을 배척하고, 양주(楊朱)와 묵적(墨翟)의 입을 다물게 하고,[133] 인의(仁義)를 물리쳐 버리면 천하의 덕이 비로소 현묘하게 같아질 것이다.[134](『장자』「거협」)

削曾·史之行, 鉗楊·墨之口, 攘棄仁義, 而天下之德始玄同矣.(『莊子』「胠篋」)

5-10-5

따라서 장홍(萇弘, ?~B.C.492)과 사광(師曠)[135]은 화복(禍福)을 앞서서 알고, 말에도 잘못된 계책이 없었지만,[136] 다른 무리들과는 일을 같이할 수

133_ 삭(削)은 깎아버린다는 말로, 배척한다는 의미이다. 겸(鉗)은 입을 다물게 하는 것이다.

134_ 현동(玄同)은 천지만물과 하나가 되는 것으로, 피아(彼我)의 차별이 없는 것을 말한다. 성현영은 현도(玄道)와 뒤섞여 같아지는 것이라고 풀이했다. 『노자』 제56장에 "知者不言, 言者不知. 塞其兌, 閉其門, 挫其銳, 解其忿, 和其光, 同其塵, 是謂玄同."이라는 기록이 보인다.

135_ 장홍(萇弘)은 춘추시대 주(周)나라의 경대부로, 공자가 일찍이 그에게 음악을 배웠다고 한다. 또 다른 일설에는 주나라 영왕(靈王) 때의 사람으로, 천문(天文)을 잘하고, 귀신의 일에 밝았다고 한다. 사광(師曠)은 춘추시대 진(晉)나라 평공(平公) 때의 악사(樂師)인데, 태어날 때부터 눈이 멀었는데, 소리를 잘 분별했다고 한다. 『맹자』「이루 상」편에 "師曠之聰, 不以六律, 不能正五音."이라는 기록이 보인다.

가 없었고, 공손룡(公孫龍)은 논쟁하고 변론하면서 심오한 말을 하고,[137] 동이(同異)를 구별하고 견백(堅白)을 분리했지만, 다른 무리들과는 도를 같이할 수가 없었다. 북인무택(北人無擇)[138]은 순임금을 비난하고, 스스로 맑고 찬 연못에 투신했지만, 그를 세상의 모범으로 삼을 수는 없었고, 노반(魯般)과 묵자(墨子)가 나무를 가지고 연을 만들었는데, 그것을 3일 동안 날려도 떨어지지 않았지만, 그들을 공인(工人)으로 삼을 수는 없었다.[139] 따라서 높아서 미칠 수 없는 것을 사람들의 표준으로 삼을 수가 없고, 행하여 도달할 수 없는 것을 나라의 풍속으로 삼을 수가 없다.[140](『회남자』「제속훈」)

故萇弘·師曠先知禍福, 言無遺策, 而不可與衆同職也, 公孫龍折辯抗辭, 別同異, 離堅白, 不可與衆同道也. 北人無擇非舜而自投淸泠之淵, 不可以爲世儀, 魯般·墨子以木爲鳶而飛之, 三日不集, 而不可使

136_ 유책(遺策)은 잘못된 계책을 말한다. 『좌씨전』「양공(襄公)」 19년의 기록에 의하면, 초(楚)나라가 정(鄭)나라를 정벌하려고 했는데, 사광이 그 소식을 듣고 다음과 같이 말했다고 한다. "우리에게 해로울 것이 없다. 내가 여러 차례 북방의 악곡을 노래하고, 또 남방의 악곡을 노래했는데, 남방의 악곡은 소리가 강하지 못하고 애절한 소리가 많으니, 초나라는 반드시 성공하지 못할 것이다."

137_ 절변(折辯)은 남들과 다투면서 변론하는 것이고, 항사(抗辭)는 고상하고 심오한 말이다.

138_ 북인무택(北人無擇)은 『회남자집석』의 고유에 의하면, 고대의 은사(隱士)인데, 순임금의 덕이 쇠퇴함을 비난했다고 한다. 북인무택과 관련된 일은 『장자』「양왕(讓王)」편과 『여씨춘추』「이속(離俗)」편에 보인다.

139_ 노반(魯般)은 노반(魯班)이라고도 하며, 춘추시대에 뛰어난 기술을 가졌던 목공이다. 『회남자집석』에서 상종노(向宗魯)는 다음과 같이 말했다. "묵자가 나무 연을 만든 일은 『한비자』「외저설 좌상(外儲說 左上)」편과 『열자』「탕문(湯問)」편에 보이는데, 노반이 나무 연을 만들었다는 말은 듣지 못했으니, 묵자와 이어서 함께 언급했을 뿐이다. 『논형』「유증(儒增)」편에서 '노반과 묵자는 기술이 뛰어나서 나무를 깎아서 연을 만들었는데, 3일 동안 날려도 떨어지지 않았다'라고 한 것은 바로 여기 『회남자』의 문장을 그대로 따른 것이다."

140_ 이상은 미리 아는 지혜나 원대한 견해, 뛰어난 말재주, 청렴결백, 신기한 기교 등은 모두 사람의 뛰어난 모습이나 행동이지만, 현명한 군주는 이와 같은 것으로 백성을 다스리지 않는다는 주장에 대한 사례를 제시한 것이다.

爲工也. 故高不可及者, 不可以爲人量, 行不可逮者, 不可以爲國俗.(『淮南子』「齊俗訓」)

康5-17

지극한 이치와 정밀한 말 중에서 인정상으로는 되지 않는 모든 것은 결코 대대적으로 실행될 수가 없다. 불교에서 은미하고 오묘한 [이치를] 말하지만, 사람들이 그것을 다 따를 수는 없다. 유가의 학술에서는 사람으로서 사람을 다스리기 때문에 사람들이 모두 따를 수 있다.

至理精言, 凡不可乎人情者, 必不能大行. 佛說微妙, 而不能盡人從之. 儒術以人治人, 故人人可從.

<이상 노자가 제자백가를 공격하다: *右老攻諸子*>

11. 유가 및 도가가 법술가를 공격하다 [儒 · 道攻法術家]

5-11-1

『주서(周書)』[141]에서 "꿩을 잡으려다가 잡지 못하면 다시 그 바람이 부는 쪽을 따른다"라고 했다.[142] 지금 저 신불해와 한비자, 상앙의 정치와

141_ 『주서(周書)』는 주나라의 역사를 기록한 책으로, 현재는 전하지 않는다. 이 내용은 『회남자』가 최초의 기록이다.

142_ 상풍(上風)은 바람이 불어오는 쪽이다. 『회남자집석』에서 고유는 다음과 같이 풀이했다. "꿩을 잡는 것은 비록 하지 못했지만, 당연히 다시 바람이 불어오는 쪽을 따르니, 도리를 따른다는 말이다. 즉 실행할지의 여부는 도덕을 근본으로 삼아야 함을 말한 것이니, 신불해와 한비자의 법은 도덕을 상실했음을 비유한 것이

같은 경우는 그 [도덕의] 뿌리를 뽑아버리고, 그 [도덕의] 근본을 없애버리며,[143] 그 [도덕의] 유래를 깊이 연구하지 않는다. 무엇 때문에 이러한 지경에 이르렀는가? 다섯 가지 형벌[五刑][144]을 시행하고 가혹한 법률을 만드니,[145] 이에 도덕의 근본을 위배하면서 아주 작은 이익을 다투고,[146] 백성들을 베어 죽여서 남김없이 대부분 없애버려 놓고도,[147] 만족스럽게 항상 정치가 잘된다고 여긴다. 이것은 땔나무를 안은 채 불을 끄려는 것이나 구멍을 뚫으면서 물을 막으려는 것과 같다.[148](『회남자』「남명훈」)

『周書』曰, "掩雉不得, 更順其風." 今若夫申·韓·商鞅之爲治也, 捽拔其根, 蕪棄其本, 而不窮究其所由生. 何以至此也? 鑿五刑, 爲刻削, 乃背道德之本, 而爭于錐刀之末, 斬艾百姓, 殫盡大半, 而忻忻然常自以爲治. 是猶抱薪而救火, 鑿竇而出水.(『淮南子』「覽冥訓」)

다." 한편 하녕은 고유가 '신불해와 한비자'라고 한 것은 '신불해와 상앙'이 되어야 한다고 했다. 즉 신불해와 한비자는 『사기』에서 같은 열전이고, 둘 모두 황로학을 근본으로 하기 때문에 세상에서는 둘을 함께 부르는데, 신불해가 한비자를 포괄할 수 있기 때문에 신불해와 상앙이라고 말하면 신불해와 한비자, 상앙을 모두 포괄한다는 것이라고 했다.

143_ 발발(捽拔)은 뽑아내는 것이고, 무기(蕪棄)는 황폐하게 만들어서 없애버리는 것이다.

144_ 오형(五刑)은 중국 고대의 대표적인 다섯 가지 형벌로, 신체상에 직접 형벌을 가하는 육형(肉刑)이다. 묵형(墨刑)은 얼굴에 글씨를 새기는 것이고, 의형(劓刑)은 코를 베는 것이며, 비형(剕刑)은 발뒤꿈치를 자르는 것이고, 궁형(宮刑)은 거세하는 것이며, 대벽(大辟)은 사형을 말한다.

145_ 착(鑿)은 열어서 개척하다는 말로, 시행한다는 의미이며, 각삭(刻削)은 가혹한 법률을 말한다.

146_ 추도(錐刀)는 끝이 뾰족한 작은 칼로, 아주 작은 것을 비유한다. 추도지말(錐刀之末)은 추도지리(錐刀之利)와 같은 의미로, 아주 작은 이익을 말한다. 고유도 작은 이익[小利]이라고 했다.

147_ 참예(斬艾)는 베어서 죽이는 것이고, 탄진(殫盡)은 남김없이 모두 없어지는 것이다.

148_ 출(出)은 왕염손이 지(止)자가 되어야 한다고 했다. 즉 물을 막으려고 하면서 구멍을 뚫으니, 물이 구멍으로부터 들어와서 더욱더 막을 수 없다는 뜻이다.

康5-18

이것은 유가와 도가가 법술가를 공격한 이론이다.

此儒·道攻法術之說.

<이상 유가 및 도가가 법술가를 공격하다: 右儒·道攻法術家>

12. 유가 및 도가가 제자백가를 공격하다 [儒 · 道攻諸子]

5-12-1

제자백가의 서로 다른 주장은 각각 나오는 근원이 있다. 저 묵적(墨翟)·양주(楊朱)·신불해(申不害)·상앙(商鞅)[의 주장]은 정치의 도리라는 측면에서 [그 주장이 없더라도] 마치 수레덮개에 뼈대 하나가 없거나 수레바퀴에 바퀴살 하나가 없는 것과 같다.[149] 그것들이 있어야 [수레덮개와 수레바퀴가] 완전한 숫자를 갖출 수 있지만, 그것들이 없어도 사용하는 데는 지장이 없다.[150] 그런데 [제자백가들은] 자신들이 정치의 도리를 혼자서 독단하고 있다고 생각하니, 천지의 실정과는 통하지 않는다.(『회남자』「숙진훈」)

149_ 개(蓋)는 수레덮개이고, 로(橑)는 수레덮개의 뼈대이며, 륜(輪)은 수레바퀴이고, 복(輻)은 수레바퀴의 살이다.

150_ 『회남자집석』에서 왕선겸은 '蓋之無一橑, 而輪之無一輻.'은 본래 '蓋之一橑, 而輪之一輻.'으로 되어 있고, 여기에서는 단지 '一橑一輻'만을 말했고, 그 다음 문장에서 "그것의 유무는 이해(利害)와는 아무런 관련이 없다"라고 말한 것이라고 했다. 왕선겸의 주장에 따라 해석하면 더욱 매끄럽지만, 기존의 문장으로도 해석이 가능하므로 그대로 해석했다.

百家異說，各[151]有所出．若夫墨・楊・申・商之於治道，猶蓋之無一橑，而輪之無一輻.[152] 有之可以備數，無之未有害於用也．己自以爲獨擅之，不通之于天地之情也.(『淮南子』「俶眞訓」[153])

<이상 유가 및 도가가 제자백가를 공격하다: 右儒・道攻諸子>

13. 명가와 법가가 서로 공격하다 [名・法家交攻]

5-13-1

백규(白圭)가 위(魏)나라 혜왕(惠王)에게 말했다. “시구(市邱)의 큰 솥으로 닭을 삶을 때,[154] 국물을 많이 만들면 싱거워서 먹을 수가 없고, 국물을 적게 만들면 타버려서 고기가 익지 않았습니다.[155] 그래서 보기에는 잘 꾸며서 아름답지만,[156] 쓸 만한 곳이 없습니다. 혜시(惠施)의 말이 이

151_ 각(各)이 『공자개제고』에는 명(名)으로 되어 있는데, 『회남자』 원문에 따라 고쳤다.

152_ 폭(輻)이 『공자개제고』에는 폭(幅)으로 되어 있는데, 『회남자』 원문에 따라 고쳤다.

153_ 숙진훈(俶眞訓)이 『공자개제고』에는 원도훈(原道訓)으로 되어 있는데, 『회남자』 원문에 따라 고쳤다.

154_ 『여씨춘추교석』에서 고유가 “시구(市邱)는 위나라의 읍이고, 정(鼎)은 큰 솥으로, 작은 것을 삶는 데 적당하지 않다. 게(洎)는 고깃국의 국물이다. 국물이 너무 맛이 없기 때문에 먹을 수가 없다”라고 했다. 진기유에 의하면, 이 솥은 클 뿐만 아니라 외관도 아름다우며, 시구(市邱)의 특산품이다.

155_ 진기유가 “솥 속에 물이 적으면 순식간에 타서 말라버리기 때문에 닭이 아래에는 타버리고, 위는 익지 않는다”라고 했다.

156_ 구(蟵)는 손이양이 구(竘)와 같다고 했다. 『방언(方言)』에서 오나라와 월나라에서는 모양을 꾸미는 것을 구(竘)라고 한다고 했다.

와 비슷한 점이 있습니다." 혜시가 이 말을 듣고서 말했다. "그렇지 않다. 만약 삼군(三軍)의 군대가 굶주린 상태에서 솥 옆에 있는데, 때마침 그들에게 시루[157]를 만들어 주어야 한다면 이 솥보다[158] 더 적당한 것이 없다." 백규가 그 말을 듣고 말했다. "쓸 만한 곳이 없다는 것은 [닭을 삶을 경우를 말한 것인데], 생각한 것이 쓸데없이 시루라는 것을 덧붙여서 말하는가?"[159] 백규의 논리는 스스로 모순이 되고, 그가 위나라 임금을 가볍게 여긴 것이 너무 심하다. 혜시의 말이 잘 꾸며서 아름답지만 쓸 만한 곳이 없는 것이라면 이것은 위나라 임금이 말에 쓸모가 없는 혜시를 중부(仲父)로 삼은 것이 되고,[160] 말에 쓸모가 없는 혜시를 아름답게 여긴 것이 된다.(『여씨춘추』「응언」)

白圭謂魏王曰, "市丘之鼎以烹鷄, 多洎之, 則淡而不可食, 少洎之, 則焦而不熟. 然而視之蝺焉美, 無所可用. 惠子之言有似于此." 惠子聞之曰, "不然. 使三軍饑而居鼎旁, 適爲之甑, 則莫宜之此鼎矣." 白圭聞之曰, "無所可用者, 意者徒加其甑邪?" 白圭之論自悖, 其少魏王大甚. 以惠子之言蝺焉美無所可用, 是魏王以言無所可用者爲仲父也, 是以言無所用者爲美也.(『呂氏春秋』「應言」)

5-13-2

[남의 말을 올바로 들을 수 있는 이치를] 깨닫는 방법은 다음의 사례에

157_ 증(甑)은 떡이나 쌀을 찌는 데 사용하는 시루를 말한다.

158_ 의지(宜之)의 지(之)자는 범경연(范耕研)이 『대학』의 "人之所親愛而辟焉."에서의 지(之)자와 같이 어(於)자의 의미라고 했다.

159_ 진기유가 다음과 같이 풀이했다. "내가 솥이 쓸 만한 곳이 없다고 말한 것은 곧 닭을 삶는 것을 말한 것인데, 지금 또 쓸데없이 시루를 덧붙여서 이야기하니, 시루는 또한 어찌 사용할 수 있겠는가?"

160_ 중부(仲父)는 임금이 재상 등의 중신을 높여서 부르는 호칭이다. 진기유에 의하면 당시에 위나라 혜왕이 혜시를 중부(仲父)로 삼았다고 한다.

있다.[161] 백규(白圭)가 혜시(惠施)를 비방한 일,[162] 공손룡(公孫龍)이 군비를 폐지하도록 연(燕)나라 소왕(昭王)을 설득한 일과 [진(秦)나라와 조(趙)나라의] 공락(空洛)의 회맹에 대응한 일,[163] 공천(孔穿)이 공손룡(公孫龍)을 논박한 일,[164] 적전(翟翦)이 혜시(惠施)가 만든 법을 비난한 일[165] 등이다. 이 네 선비들의 의론은 모두 대부분이 지혜롭고 교묘하니, 깊이 이해하여 변별하지 않으면 안 된다.[166](『여씨춘추』「청언」)

解在乎白圭之非惠子也, 公孫龍之說燕昭王以偃兵及應空洛之遇也, 孔穿之議公孫龍, 翟翦之難惠子之法. 此四士者之議皆多故矣, 不可不獨論.(『呂氏春秋』「聽言」)

161_ 해(解)는 이해하고 깨닫는 것으로, 남의 말을 올바로 들을 수 있는 이치를 깨닫는 것을 말한다. 즉 이 부분에서는 남의 말을 듣는 일에 노력해야 한다고 주장했다. 그리고 배우지 않고서는 남이 하는 말을 올바로 들을 수 없는데, 이하의 사례를 통해서 그 이치를 이해하고 깨달을 수 있다고 말한 것이다.

162_ 이와 관련된 내용은 아래에서 인용한 『여씨춘추』「불굴(不屈)」편에 자세하게 보인다.

163_ 언병(偃兵)은 군비를 폐지하고 전쟁을 그치는 것을 말한다. 이것은 공손룡이 군비를 폐지하자고 주장한 것으로, 『여씨춘추』「응언(應言)」편에 자세하게 보인다. 공락(空洛)은 지명으로, 『여씨춘추』「음사(淫辭)」편에는 공웅(空雄)으로 되어 있다. 이것은 진(秦)나라와 조(趙)나라가 공웅에서 회맹하여 상호 협조를 맹약한 일이다. 그 후에 진나라가 위(魏)나라를 공격했을 때, 조나라는 맹약을 깨고 위나라를 도와주자 진나라에서 항의했다. 이때 공손룡은 조나라 군주에게 조나라가 위나라를 도와줄 때 진나라는 맹약에 따라 오히려 조나라를 도와주어야 하는데 그렇게 하지 않았다고 반박하도록 조언했다고 한다.

164_ 이 내용은 『여씨춘추』「음사」편에 자세하게 보인다. 공손룡이 '양의 귀가 3개'라는 명제를 변론했는데, 공천이 말을 어렵게 했을 뿐 결국은 잘못된 사실임을 논박함으로써 평원군(平原君)을 설득한 일을 말한다.

165_ 이 내용도 『여씨춘추』「음사」편에 자세하게 보인다. 혜시가 위(魏)나라 혜왕(惠王)을 위하여 법을 만들었는데, 혜왕과 백성들이 모두 좋다고 했다. 그런데 적전(翟翦)만이 그 법이 위나라의 실정에는 맞지 않는다는 이유로 실행해서는 안 된다고 주장했다고 한다.

166_ 고(故)는 진기유가 지교(智巧)와 같다고 했다. 독(獨)은 허유휼이 숙(孰)과 같으며, 숙(孰)은 숙(熟)과 같다고 했다. 숙론(熟論)은 깊이 이해하고 변별하는 것이다.

5-13-3

위(魏)나라 혜왕이 혜시에게 말했다. "먼 옛날 시대에 나라를 소유했던 사람은 반드시 현명한 사람이었을 것입니다. 지금 과인은 실로 선생만 같지 못하니, 나라를 전해줄 수 있기를 원합니다." 혜시가 사양했다. 혜왕이 또 재삼 요청하면서 말했다. "과인은 지금 시점에서 이[167] 나라를 소유할 수 없는 사람인데, 만약[168] 그것을 현명한 사람에게 전해준다면 욕심내고 다투는 백성들의 마음이 종식될 것입니다. 이러한 이유로 선생이 과인의 말을 따라주기를 바랍니다." 혜시가 말했다. "임금님의 말과 같다면 저는 듣고 따를 수가 없습니다. 임금님은 본래 만승(萬乘) 국가의 주인이기 때문에 나라를 다른 사람에게 준다면 그나마 [욕심내고 다투는 마음을 종식시킬] 수 있습니다.[169] 그런데 지금 저는 일반 백성의 신분으로, 만승의 국가를 소유할 수 있는데도 사양한다면 이것은 욕심내고 다투는 마음을 종식시키는 결과가 더욱더 클 것입니다." 혜왕이 혜시에게 말했다. "옛날에 나라를 소유했던 사람은 반드시 현명한 사람이었을 것입니다." [나라를] 전해 받음으로써 현명한 사람이 된 자는 순임금이니, 이것은 혜시가 순임금이 되기를 [혜왕이] 바란 것이다. [나라를] 사양함으로써 현명한 사람이 된 자는 허유(許由)이니, 이것은 혜시가 허유가 되고자 한 것이다. [나라를] 전해줌으로써 현명한 사람이 된 자는 요임금이니, 이것은 혜왕이 요임금이 되고자 한 것이다. 요임금과 순임금, 그리고 허유가 한 일은 단지 [요임금이] 순임금에게 전해주었는데 [순임금은 그것을 받고], [요임금이 허유에게 전

167_ 지국(之國)의 지(之)자는 『여씨춘추교석』에서 오여륜(吳汝綸)이 시(是)자와 같다고 했다.

168_ 이(而)는 진기유가 약(若)자와 같다고 했다.

169_ 도홍경(陶鴻慶)은 유상가(猶尙可)의 뒤에 "止貪爭之心."이라는 다섯 글자가 있어야 한다고 했다. 앞뒤의 문맥상 이 다섯 글자가 포함되어야 의미가 통할 수 있기 때문에 포함시켜서 해석했다.

해주었는데] 허유는 사양한 사실뿐만이 아니라, 다른 행위들도 이러한 일과 걸맞을 [정도로 뛰어났다.][170] 지금 [혜왕과 혜시는] 다른 행위는 없으면서 요임금이나 순임금, 그리고 허유가 되고자 한다. 따라서 혜왕은 베로 만든 상복의 관을 쓰고 견읍(鄄邑)에 구금되었는데, 제(齊)나라 위왕(威王)이 [항복을] 거의 수락하지 않을 뻔했다.[171] 그리고 혜시는 옷을 바꿔 입고 관을 다른 것으로 쓴 채 수레를 타고 달아났는데, 위나라 국경을 거의 빠져 나가지 못할 뻔했다. 스스로의 행동에서 요행을 바래서는 안 되며, 반드시 진심으로 해야 한다.[172]

魏惠王謂惠子曰, "上世之有國, 必賢者也. 今寡人實不若先生, 願得傳國." 惠子辭. 王又固請曰, "寡人莫有之國于此者也, 而傳之賢者, 民之貪爭之心止矣. 欲先生之以此聽寡人也." 惠子曰, "若王之言, 則施不可而聽矣. 王固萬乘之主也, 以國與人猶尙可. 今施, 布衣也, 可

170_ 전순이유사(傳舜而由辭)는 진기유에 의하면 다음과 같은 문장이 축약된 것이다. "요임금이 순임금에게 전해주었는데 순임금은 받았고, 요임금이 허유에게 전해주었는데 허유는 사양했다." 그리고 타행칭차(他行稱此)는 진기유가 "다른 행위들도 이러한 일과 서로 걸맞은 이후에 성현(聖賢)이라고 말할 수 있다"라고 풀이했다.

171_ 포관(布冠)은 거상 중에 쓰는 베로 만든 관인데, 나라를 잃었을 때의 복장이기도 하다. 견(鄄)은 위나라의 읍 이름인데, 진기유에 의하면 『죽서기년(竹書紀年)』이나 『사기』에 기록된 관(觀) 땅에 소속된 읍의 이름이다. 위왕(威王)은 전화(田和)의 손자로 『맹자』에 보이는 제나라 선왕(宣王)의 부친이다. 구(拘)는 구금되어 유폐된 것을 말하는데, 진기유가 인용한 『죽서기년』과 『사기』 「위세가(魏世家)」와 「전제세가(田齊世家)」 등에 의하면, 위나라 혜왕 2년에 제나라 위왕이 위나라 관(觀) 땅을 포위했는데, 이때 혜왕이 그곳에 구금되어 유폐된 사건이다. 그 이후 혜왕이 관 땅을 제나라에 바쳐서 항복하자, 제나라가 수락하여 목숨을 건질 수 있었다고 한다.

172_ 이 문장은 진기유가 "凡自行不可以幸, 爲必誠."으로 구두를 끊고, 행(行)은 위(爲)와 같다고 했다. 그리고 그 의미는 "모든 행위에는 요행을 바라는 마음을 가져서는 안 되며, 그것을 행하는 데에는 반드시 진실된 뜻으로 해야 한다"라고 했다. 여기에서는 진기유의 구두에 따라 해석했다. 한편 요행을 바라는 마음에 대해서는 고유가 "혜왕은 나라를 전해주었다는 명성을 누리려는 요행을 바랬고, 혜시는 나라를 받지 않았다는 명성을 누리려는 요행을 바랬다"라고 풀이했다.

以有萬乘之國而辭之, 此其止貪爭之心愈甚也." 惠王謂惠子曰, "古之有國者, 必賢者也." 夫受而賢者, 舜也, 是欲惠子之爲舜也. 夫辭而賢者, 許由也, 是惠子欲爲許由也. 傳而賢者, 堯也, 是惠王欲爲堯也. 堯・舜・許由之作, 非獨傳舜而由辭也, 他行稱此. 今無其他, 而欲爲堯・舜・許由. 故惠王布冠, 而拘于鄄, 齊威王幾弗受. 惠子易衣, 變冠, 乘輿而走, 幾不出乎魏境. 凡自行不可以幸, 爲必誠.

광장(匡章)[173]이 위(魏)나라 혜왕(惠王)의 앞에서 혜시에 대해 말했다. "식물을 갉아먹는 누리와 마디충[174]은 농부들이 잡아서 죽이는데, 무슨 까닭이겠습니까? 그것이 농사에 해를 끼치기 때문입니다. 지금 혜시가 움직일 때에는 많게는 수백 대의 수레에, 걸어서 따르는 자가 수백 명이고, 적게는 수십 대의 수레에, 걸어서 따르는 자가 수십 명에 이릅니다. 농사를 짓지 않고 먹기만 하는 이러한 자들은 농사에 해를 끼치는 것이 또한 [누리나 마디충보다 더] 심합니다."[175] 혜왕이 말했다. "혜시 선생님[176]은 말을 가지고 그대와 서로 대응하기는 어려울 것이다. 비록 그렇지만, [내가 대신] 그의 뜻을 말해 주겠다. 혜시가 다음과 같이 말한 적이 있다. '지금 성을 쌓을 경우, 어떤 사람은 성 위에서 큰 공이를 잡고서 [흙을 다지고], 어떤 사람은 성 아래에서 삼태기를 지고서 바삐 다니며,[177] 어떤 사람은 표준 말뚝을 잡고서 [성의 격식이 맞는지]

173_ 광장(匡章)은 제(齊)나라 사람으로, 맹자의 친구이다. 『맹자』「등문공 하」편에 광장과 맹자의 대화 장면이 나오며, 「이루 하」편에서는 당시 불효자로 소문이 난 인물로 묘사되고 있다.

174_ 황명(蝗螟)은 누리와 마디충이다. 누리는 벼의 잎을 갉아먹고, 마디충은 식물의 줄기 속을 파먹는 벌레이다. 황충과 명충이라고도 한다.

175_ 고유가 누리나 마디충보다 더 심하다고 했다.

176_ 혜자시(惠子施)는 고유에 의하면, 혜시에 대한 존칭이다. 즉 혜왕이 혜시를 현자로 여겨서 나라를 양보하려고 했고, 또 혜시를 존중하여 중부(仲父)로 삼으려고 했기 때문에 그를 그렇게 부르는 것이 마땅하다는 것이다.

177_ 축(築)은 흙을 다질 때 사용하는 공구로, 공이라고 한다. 분(畚)은 흙을 담는 그

잘 살펴봅니다.[178] 저와 같은 경우는 표준 말뚝을 잡고 있는 사람입니다. 실을 짜는 일을 하는 여자에게 실을 뽑는 일로 바꾸게 하면 실을 제대로 손질할 수가 없으며, 집을 짓는 장인에게 나무를 베는 일로 바꾸게 하면 나무를 제대로 벨 수 없으며, 성인에게 농부의 일로 바꾸게 하면 농부의 일을 제대로 할 수 없습니다. 저는 바로[179] 농부의 일을 하는 사람입니다.' 그런데 그대는 무슨 일 때문에 혜시를 누리나 마디충에 비교하는 것인가?" 혜시가 위나라를 다스릴 때 [거시적 관점에서의 법술(法術)을] 근본으로 삼았는데,[180] 그 정치가 제대로 다스려지지 않았다. 혜왕의 시대에 50번의 전쟁에서 20번을 패배하여 죽은 자가 이루 헤아릴 수 없이 많았고, 대장군이나 [위왕의] 자식들 중에 포로가 된 자도 있었다. 거시적 관점에서의 법술의 어리석음은 천하의 웃음거리가 되었고, 그는 싫어하고 미워하는 대상으로 거론되었기 때문에[181] 주(周)나라 태사(太史)에게 [중부(仲父)라는 명칭을] 고쳐서 기록해 줄 것을 요청했다.[182] 3년 동안 [조(趙)나라의 수도인] 한단(邯鄲)[183]을 포위하

릇으로, 삼태기라고 한다.

178_ 표철(表掇)은 표철(表綴)로도 쓰며, 본보기나 표준을 말한다. 고형(高亨)은 표얼(標臬), 즉 표준이 되는 말뚝이라고 했다. 희(睎)는 망(望)과 마찬가지로 바라본다는 뜻이다. 고유는 "쌓고 있는 성이 격식에 맞는지의 여부를 살펴보는 것"이라고 했다.

179_ 이(而)는 왕염손이 내(乃)자와 같다고 했다.

180_ 이 문장은 의미가 잘 통하지 않는다. 고유는 아래 글 중에 '대술지우(大術之愚)'라는 문장이 나오는 것에 근거하여, 이 문장이 "惠子之治魏, 以大術爲本."이 되어야 한다고 했다. 여기에서는 고유의 주장에 따라 해석했다. 대술(大術)은 진기유가 거시적 관점에서의 법술[大觀之術]이라고 풀이했다. 즉 술(術)은 법술(法術)로, 정치의 도리를 가리키며, 『장자』「천하」편에서 장자가 혜시의 학문에 대해 "지극히 커서 밖이 없는 것을 대일(大一)이라 한다[至大無外, 謂之大一.]"라고 말한 것이 바로 대술(大術)의 내용이다.

181_ 휘(諱)는 고유가 "그를 싫어하고 미워하는 대상으로 기록하게 되었다"라고 했고, 김근의 번역본에서는 "기피해야 하는 말로 들먹여지게 되었다"라고 풀이했다.

182_ 고유에 의하면, 혜왕은 당시 혜시를 관중(管仲)에 비교하여 중부(仲父)라고 높여서 불렀는데, 이러한 일을 당하고 나서는 그 중부라는 명칭을 고쳐서 기록하려

고도 탈취하지 못하자, 백성들은 피로하여 지쳐버렸고, 국가의 창고는 고갈되었으며,[184] 천하의 [제후국] 군대가 사방에서 이르렀다. 백성들은 비방하고, 제후들은 도와주지 않았기 때문에[185] 적전(翟翦)[186]에게 사죄하고 그의 계책을 다시 따른 뒤에야 사직이 이에 보존될 수 있었다.[187] 유명한 보물들은 [이웃 나라의 뇌물로] 흩어져 나갔고, 토지는 사방[의 국가들]에게 침탈되었기 때문에[188] 위나라는 이때부터 쇠퇴했다. 중부(仲父)는 큰 명분이고, 나라의 선양은 큰 실질이다. 그런데 [혜시는] 받아들이지 않는 것으로 설득하여 [선양은 하지 않았고], [자신이] 믿을 만하지 않다는 것으로 설득하여 [중부라는 큰 명칭은 얻었다.] 설득했는데도[189] [그 결과가] 이와 같다면 뛰어난 설득이라고 할 수 없다. 뛰어나지도 않으면서 나라를 다스리면 천하를 해치는 것이 이보다 더 큰 것이 없는데, 다행히 [혜시의 말이] 오직 위나라에서만 받아들

고 했다.

183_ 한단(邯鄲)은 지금의 하북성(河北省)에 있는 지역으로, 춘추시대에는 위(衛)나라의 읍이었고, 전국시대에는 조(趙)나라의 수도였다.

184_ 파로(罷潞)는 피로하여 지쳤다는 의미이다. 공허(空虛)는 고유가 국가의 창고가 고갈된 것이라고 했다.

185_ 예(譽)는 우성오(于省吾)에 의하면, 여(與)자와 같고, 여(與)자는 조(助)자의 의미라고 했다. 즉 안으로는 백성들이 비방하고, 밖으로는 제후들이 도와주지 않는다는 뜻이다.

186_ 적전(翟翦)은 적황(翟黃)이라는 사람의 후손인데, 적황은 위(魏)나라 문후(文侯)의 상경(上卿)이었다. 『여씨춘추』「음사」편에 의하면, 혜시가 위(魏)나라 혜왕(惠王)을 위하여 법을 만들었는데, 혜왕과 백성들이 모두 좋다고 했다. 그런데 적전(翟翦)만이 그 법이 위나라의 실정에는 맞지 않는다는 이유로 실행해서는 안 된다고 주장했다고 한다.

187_ 『사기』「위세가(魏世家)」에 의하면, 위나라 혜왕 17년에 조나라의 한단을 포위했는데, 조나라가 제(齊)나라에 구원을 요청했고, 19년에는 제후들이 조나라를 구하기 위해 출병하여 위나라를 포위했다. 20년에 마침내 한단을 돌려주고 장수(漳水) 가에서 맹약을 맺었다고 한다.

188_ 고유가 "유명한 보물들은 흩어져 나가서 이웃 나라에 뇌물로 사용되었고, 토지는 사방의 국가들에게 침탈되었다"라고 했다.

189_ 청(聽)은 진기유가 설(說)이 되어야 한다고 했다.

여졌다. [혜시가] 실질적으로는 천하를 해쳤고, 명분상으로만 천하를 다스렸으니, 광장의 비판이 또한 옳지 않겠는가?

匡章謂惠子于魏王之前曰, "蝗螟, 農夫得而殺之, 奚故? 爲其害稼也. 今公行, 多者數百乘, 步者數百人, 少者數十乘, 步者數十人. 此無耕而食者, 其害稼亦甚矣." 惠王曰, "惠子施也, 難以辭與公相應. 雖然, 請言其志. 惠子曰, '今之城者, 或者操大築乎城上, 或負畚而赴乎城下, 或操表掇以善睎望. 若施者, 其操表掇者也. 使工女化而爲絲, 不能治絲, 使大匠化而爲木, 不能治木, 使聖人化而爲農夫, 不能治農夫. 施而治農夫者也.' 公何事比施于螣螟乎?" 惠子之治魏爲本, 其治不治. 當惠王之時, 五十戰而二十敗, 所殺者不可勝數, 大將愛子有禽者也. 大術之愚, 爲天下笑, 得擧其諱, 乃請令周太史更著其名. 圍邯鄲三年而弗能取, 士民罷潞, 國家空虛, 天下之兵四至. 衆庶誹謗, 諸侯不譽, 謝于翟剪而更聽其謀, 社稷乃存. 名寶散出, 土地四削, 魏國從此衰矣. 仲父, 大名也, 讓國, 大實也. 說以不聽不信. 聽而若此, 不可謂工矣. 不工而治, 賊天下莫大焉, 幸而獨聽于魏也. 以賊天下爲實, 以治之爲名, 匡章之非, 不亦可乎?

백규(白圭)가 처음으로 혜시와 서로 만났는데, 혜시가 뛰어난 구변과 변론[190]으로 설득하니, 백규가 대응할 방법이 없었다. 혜시가 나가자, 백규가 다른 사람에게 말했다. "어떤 사람이 처음으로 신부를 맞아들였는데, 신부가 [신랑집에] 이르러서는 마땅히 조용하고 엄숙한 자세로, 눈을 내리뜨고 천천히 걸어야 한다.[191] 그런데 어린 종이 들고 있는 횃불[의 불길]이 컸는데,[192] 신부가 '횃불이 너무 크다'라고 말했다. 대

190_ 강(彊)은 진기유가 뛰어난 구변과 변론[利口辯說]이라고 했다.

191_ 안긍(安矜)은 조용하고 엄숙한 것이고, 연시미행(煙視媚行)은 눈을 내리뜨고 천천히 걷는 것이다. 모두 단아하고 우아한 모습을 말한다.

192_ 수자(豎子)는 어린 종을 말하고, 초화(蕉火)는 섶나무에 지핀 불을 말하는데, 유

문 안으로 들어왔는데, 대문 안쪽에 구멍이 패여 있자,[193] 신부가 '구멍을 막아라. 다른 사람의 발을 다치게 할 수도 있다'라고 말했다. 이것은 그 집안을 편안하게 하려는 것이지만,[194] 너무 심한 감이 있다. 지금 혜시가 나를 만난 것이 오히려 처음인데, 그가 나를 설득하는 것은 너무 심한 감이 있다." 혜시가 그 말을 듣고 말했다. "그렇지 않다. 『시』에 '개제(愷悌)한 군자여, 백성들의 부모로다'라고 했다. 개(愷)는 크다[大]는 뜻이고, 제(悌)는 길다[長]는 뜻이다.[195] 군자의 덕은 길면서도 크기 때문에 백성들의 부모가 된다. 부모가 자식의 교육에 어찌 오랫동안 기다릴 수 있겠는가? 무엇 때문에 나를 새 신부에 비유한 것인가? 『시』에서 어찌 '개제(愷悌)한 새 신부여'라고 말했던가?" 자기에게 더러움이 있기 때문에 다른 사람의 더러움을 비방하고, 자기에게 편벽됨이 있기 때문에 다른 사람의 편벽됨을 비방하니,[196] 이것은 비방하는 자가 비방하는 대상과 똑같은 것이다. 백규가 "혜시가 나를 만난 것이 오히려 처음인데, 그가 나를 설득하는 것은 너무 심한 감이 있다"라고 말했는

월은 초화(焦火), 즉 횃불이라고 했다. 작화(爝火)라고도 하는데, 진기유는 상서롭지 못한 것을 제거하기 위해서 사용한다고 했다. 거(鉅)는 횃불의 불길이 크다는 뜻이다.

193_ 염(斂)은 『여씨춘추교석』의 주석에서 험(險) 또는 감(欿) 등과 같다고 했는데, 모두 함(陷)과 마찬가지로 바닥에 구멍이 패인 것을 말한다.

194_ 가씨(家氏)는 진기유가 가실(家室)과 같다고 했다. 그리고 편지가씨(便之家氏)는 『시』「도요(桃夭)」편의 '의기가실(宜其家室)'과 같은 의미라고 했다.

195_ 이 시는 「소아(小雅)」·형작(泂酌)」편에 보이는데, 진기유는 「청승(靑蠅)」편이라고 잘못 기록했다. 개제(愷悌)는 『시』에는 개제(豈弟)로 되어 있으며, 『시경집전』에서는 '즐거워하고 평이한 모습[樂易也]'이라고 풀이했다. 여기에서는 전혀 다른 의미로 풀이한 것에 대해, 진기유는 다음과 같이 말했다. "개제(愷悌) 또는 개제(豈弟)는 대(大)와 장(長)의 의미가 없다. 여기에서는 혜시가 개(豈)를 거(巨), 제(弟)를 제(帝)로 훈독했기 때문에 대(大)와 장(長)의 뜻으로 풀이한 것이다."

196_ 오(汚)는 더러움이고, 벽(辟)은 편벽됨이다. 이 문장은 진기유에 의하면, "因汙誹汙, 因辟誹辟."이 도치된 문장이다. 즉 "자기에게 더러움이 있기 때문에 다른 사람의 더러움을 비방하고, 자기에게 편벽됨이 있기 때문에 다른 사람의 편벽됨을 비방한다"는 뜻이다.

데, 혜시가 듣고는 그를 비방한 것은 자신이 그의 부모라고 스스로 생각했기 때문이다. 혜시의 비방은 '[혜시가 나를 설득하는 것은] 너무 심한 감이 있다'라고 말한 백규보다 더 심한 감이 있다.[197](『여씨춘추』「불굴」)

白圭新與惠子相見也, 惠子說之以彊, 白圭無以應. 惠子出, 白圭告人曰, "人有新取婦者, 婦至, 宜安矜, 煙視媚行. 豎子操蕉火而鉅, 新婦曰, '蕉火大鉅.' 入于門, 門中有斂陷, 新婦曰, '塞之. 將傷人之足.' 此非不便之家氏也, 然而有大甚者. 今惠子之遇我尙新, 其說我有大甚者." 惠子聞之曰, "不然. 『詩』曰, '愷悌君子, 民之父母.' 愷者, 大也, 悌者, 長也. 君子之德, 長且大者, 則爲民父母. 父母之敎子也, 豈待久哉? 何事比我于新婦乎? 『詩』豈曰'愷悌新婦'哉? 誹汙因汙, 誹辟因辟, 是誹者與所非同也. 白圭曰, "惠子之遇我尙新, 其說我有大甚者." 惠子聞而誹之, 因自以爲爲之父母. 其非有甚于白圭, 亦有大甚者.(『呂氏春秋』「不屈」)

康5-19

백규(白圭)는 묵자와 비슷하여 바탕을 숭상하고 형식을 숭상하지 않는 자이다. 그런데 공손룡(公孫龍)과 혜시(惠施)는 명가(名家)의 부류로, 형식을 숭상하고 바탕을 숭상하지 않는 자들이다. 공천(孔穿)은 공자의 6세손이니, 또한 유가이다. 백규와 혜시는 매우 강력하게 서로를 공격했는데, 한 사람은 형식을, 한 사람은 바탕을 [숭상하여], 핵심적인 요지가 같지 않았기 때문에 상호간에 비난했던 것이다. 이들은 모두 두루 갖추어 포괄하지 못한, 한쪽으로 치우친 선비들이다. 공자가 "형식과 바탕이 잘 조화된 이후에야 군자라고 할 수 있다"라고 했다.[198] 백규와

197_ 진기유에 의하면, 역(亦)은 지(之)자가 되어야 하며, 이 문장은 "其非有甚于白圭之有大甚者."라는 한 문장으로 해석해야 한다. 즉 "혜시의 비방은 '혜시가 나를 설득한 것은 너무 심한 감이 있다'라고 말한 백규보다 더 심한 감이 있다"는 의미이다.

혜시는 공자의 제도 개혁에서 형식과 바탕이 서로 관계되는 뜻을 알지 못했기 때문에 서로를 공격한 것이 이와 같았다.

白圭似墨子, 尙質而不尙文者. 而公孫龍·惠子名家者流, 尙文而不尙質者也. 孔穿爲孔子六世孫, 亦儒家者. 然而白圭·惠子相攻甚力, 以其一文一質, 宗旨不同, 所以交譏. 此皆不該不遍一曲之士也. 孔子云, "文質彬彬, 然後君子." 二子不知孔子改制文質相因之義. 故交攻如是.

<이상 명가와 법가가 서로 공격하다: *右名·法家交攻*>

14. 명가가 종횡가를 공격하다 [名家攻縱橫家]

5-14-1

조(趙)나라 혜왕(惠王, B.C.298~B.C.266)[199]이 공손룡(公孫龍)에게 말했다. "과인이 10여 년 동안 군비 폐지[200]에 노력했지만 성공하지 못했으니, 군비를 폐지할 수 없는 것인가?" 공손룡이 대답했다. "군비 폐지의 의미는 모든 천하 사람들을 두루 사랑하는 마음입니다. 모든 천하 사람들을 두루 사랑하는 것은 공허한 명분으로는 할 수 없으며, 반드시 실질이 있어야 합니다. 지금 [조나라의] 인(藺)과 이석(離石) 땅이 진(秦)나라

198_ 『논어』「옹야(雍也)」편에 "子曰, 質勝文則野, 文勝質則史, 文質彬彬, 然後君子."라는 기록이 보인다. 빈빈(彬彬)은 『논어집주』에서 반반(班班)과 같고, 사물이 서로 잘 섞여서 적절하게 어울리는 모습이라고 했다.

199_ 혜왕(惠王)은 조양자(趙襄子)의 7대 후손인 무령왕(武靈王)의 아들이다. 『사기』「조세가(趙世家)」와 『전국책』「조책(趙策)」에는 혜문왕(惠文王)으로 기록되어 있다.

200_ 언병(偃兵)은 군비를 폐지하고 전쟁을 그치는 것을 말한다.

로 들어갔을 때,[201] 임금님은 흰 상복에 베로 만든 관을 쓰고 머리카락을 묶고 있었습니다.[202] 그런데 동쪽으로 제(齊)나라를 공격하여 성을 얻었을 때, 임금님은 음식과 술을 차려놓고 잔치를 했습니다.[203] 진나라가 [조나라의] 땅을 얻었을 때는 임금님은 상복을 입었고, 제나라가 [조나라에게] 땅을 잃었을 때는 임금님은 잔치를 했으니, 이것은[204] 모든 천하 사람들을 두루 사랑하는 마음이 아니며, 이것이 바로 군비 폐지가 성공하지 못한 이유입니다." 지금 여기에 어떤 사람이 있는데, [자기는] 무례하고 가볍게 행동하면서[205] [남에게는] 공경하기를 요구하고, [자기는] 아부하고 편당을 지어서 공평하지 않으면서 [남에게는] 선량하기를 요구하며,[206] [자기는] 귀찮은 명령을 자주 바꾸면서 [남에게는] 조용하기를 요구하며, [자기는] 포악하고 탐욕스러우면서 [남에게는] 안정하기를 요구한다면 비록 황제라 하더라도 여전히 [조화가] 곤란할 것이니, [하물며 세속의 군주가 가능하겠는가?][207](『여씨춘추』「심응」)

201_ 인(藺)과 이석(離石)은 주나라의 현 이름으로, 조나라 혜왕 18년에 진(秦)나라에게 빼앗겼다. 다음 해인 19년에 제(齊)나라의 맥구(麥丘) 땅을 조나라가 얻었다.

202_ 호소(縞素)는 흰 상복을 말한다. 출(出)자는 필원이 포(布)자의 잘못이라고 했는데, 이에 따라 해석했다. 아래 문장의 출(出)자도 마찬가지이다. 포총(布總)은 상중에 쓰는 관인 포관(布冠)을 쓰고 머리카락을 묶는 것이다. 모두 나라를 잃었을 때 입는 복장이다. 두 현(縣)을 잃고 왕이 이러한 복장을 한 것은 상을 당한 것처럼 슬퍼했다는 뜻이다.

203_ 가선치주(加膳置酒)는 음식과 술을 차려놓고 잔치를 했다는 뜻이다.

204_ 소(所)는 금기원(金其源)이 시(是)와 같다고 했다.

205_ 만이(慢易)는 가볍게 행동하는 것이다.

206_ 아당불공(阿黨不公)은 아부하고 편당을 지어서 공평하지 않은 것이다. 령(令)은 선량하다는 뜻인데, 김근의 번역본에서 듣고 따르다는 의미로 해석한 것도 의미가 통한다.

207_ 곤(困)은 곤란하거나 힘들다는 뜻인데, 고유는 조화시킬 수 없다[不能諧]라고 풀이했다. 진기유는 이 문장 뒤에 빠진 내용이 있다고 했다. 예를 들어 「탕병(蕩兵)」편의 "而況於暴君乎", 「지도(知度)」편의 "而況俗主乎", 「신세(愼勢)」편의 "而況衆人乎" 등의 말이 있는 것을 근거로, 여기에는 "而況俗主乎"라는 문장이 있어야 된다고 했다.

趙惠王謂公孫龍曰, “寡人事偃兵十餘年矣而不成, 兵不可偃乎?” 公孫龍對曰, “偃兵之意, 兼愛天下之心也. 兼愛天下, 不可以虛名爲也, 必有其實. 今藺・離石入秦, 而王縞素出總. 東攻齊得城, 而王加膳置酒. 秦得地而王出總, 齊亡地而王加膳, 所非兼愛之心也, 此偃兵之所以不成也.” 今有人于此, 無禮慢易而求敬, 阿黨不公而求令, 煩號數變而求靜, 暴戾貪得而求定, 雖黃帝猶若困.(『呂氏春秋』「審應」)

康5-20

공손룡은 묵자의 제자이며, 견백론(堅白論)이라는 변론으로 떠들어댄 자이다.[208] 따라서 겸애(兼愛)에 대해서도 말한 것이다.

公孫龍爲墨子弟子, 以堅白鳴者. 故亦言兼愛.

<이상 명가가 종횡가를 공격하다: 右名家攻縱橫家>

15. 법가가 양주 학파를 공격하다 [法家攻楊學]

5-15-1

군주가 오직 삶을 온전히 보존하는 것[209]만을 좋아하면[210] 여러 신하들

208_ 견백론(堅白論)은 공손룡이 주장한 명제이다. ‘단단하다’는 것은 손의 감촉이고, ‘희다’는 것은 눈의 감각이기 때문에 단단하고 흰 돌[堅白石]이라는 것이 동시에 성립할 수 있는 개념이 아니라는 것이다. 『공손룡자』「견백론(堅白論)」편에서 자세하고 다루고 있다. 한편 『장자』「덕충부(德充符)」편에 장자가 혜시(惠施)에게 “하늘이 그대에게 육체를 베풀어 주었는데, 그대는 견백론(堅白論)이라는 변론으로 떠들어대고나 있다네[天選子之形, 子以堅白鳴.]”라는 내용이 보인다.

도 모두 자기의 삶을 온전히 보존하려고 하고, 또한 양생(養生)을 하려고만 한다. 양생이라는 것은 무엇인가?[211] 대답했다. 맛있는 음식, 좋은 음악과 아름다운 여색을 즐긴 이후에야 양생이 된다. 그렇게 되면 욕심대로 따르고 제멋대로 행동하며, 남녀 사이에 구별이 없어져서 금수의 상태로 돌아간다. 그렇게 되면 예의(禮義)와 염치(廉恥)가 확립되지 않아서 군주는 스스로를 지킬 방법이 없다. 따라서 "삶을 온전히 보존하자는 주장이 우세하면 염치가 확립되지 않는다"라고 한다.(『관자』「입정구패해」)

人君唯無好全生, 則群臣皆全其生, 而生又養生. 養何也? 曰, 滋味也, 聲色也, 然後爲養生. 然則從欲妄行, 男女無別, 反于禽獸. 然則禮義廉耻不立, 人君無以自守也. 故曰, "全生之說勝, 則廉耻不立."(『管子』「立政九敗解」)

康5-21

삶을 온전히 보전하자는 주장은 양주의 학술이다.

全生之說, 則楊學也.

<이상 법가가 양주 학파를 공격하다: *右法家攻楊學*>

209_ 전생(全生)은 삶을 온전히 보전하는 것이다. 『여씨춘추』「귀생(貴生)」편에 "삶을 온전히 보존하는 것이 최상이다. … 따라서 이른바 삶을 존중하는 것은 삶을 온전히 보존하는 것을 말한다[全生爲上. … 故所謂尊生者, 全生之謂.]"라고 했다.

210_ 무(無)는 『관자전역』에서 인용한 대망(戴望)이 발성(發聲)의 어조사라고 했고, 또 송나라 판본에는 무(毋)자로 되어 있다고 했다. 즉 무호(無好)는 곧 호(好)와 같은 의미이다.

211_ 이 문장은 『관자전역』에서 인용한 요영개(姚永概)가 "而又養生, 養生何也."가 되어야 한다고 했는데, 여기에서는 요영개의 주장에 따라 해석했다.

제6권 | 묵자 및 노자의 제자와 후학: 도표 부록

墨·老弟子後學考: 表附

An Annotated Translation of "Confucius as a Reformer"

제6권 머리글

큰 교설[大敎][1]이 시행될 때에는 각 교설마다 뛰어난 인물[龍象][2]이 있다. 그 교설이 강력하게 전파된 것은[3] 모두 총명하고 민첩하며 굳세고 강인한 인물들이 있어서, 그 [교설의 전파를] 위해 앞과 뒤에 포진하여 스승과 제자의 매개 역할을 하고, 동분서주하면서 교설을 펼치면서 외부의 다른 교설의 공격을 방어했기 때문이다.[4] 비록 그렇지만, 요(遼)나라와 금(金)나라, 그리고 대리(大理)[5]와 남조(南詔)[6]의 책들을 살펴보면, 그 나라의 인재들은 겨우 사람들의 입으로만 구전될 뿐, 역사적으로 칭송받는 사람은 드물다. 마치 왕맹(王猛)[7] · 모용각(慕容恪)[8] · 왕박(王樸)[9]과 같

1_ 대교(大敎)는 중요한 교육과 훈계를 가리키는 말이다. 『예기』 「악기(樂記)」편에 "이 다섯 가지는 천하의 대교(大敎)"라는 기록이 보인다. 이 글에서 대교는 종교적 가르침과 학문적 가르침 및 종교와 학문을 두루 호칭하는 용어로 사용되었다.

2_ 용상(龍象)은 불교의 고승(高僧)을 가리키는 말이다. 여기에서는 뛰어난 인물, 학덕이 높은 인물을 가리킨다.

3_ 허흡(嘘吸)은 숨을 쉬는 것으로, 호흡(呼吸)과 같은 말이다. 여기에서는 가르침이 전개되어 널리 전파되는 것을 의미한다.

4_ 소부(疏附)는 아랫사람을 거느리고 윗사람을 가까이 하는 것으로, 앞의 스승과 뒤의 제자 사이에서 매개 역할을 한다는 의미이다. 분주(奔走)는 일정한 목적을 위해 바쁘게 움직이는 것으로, 교설의 전파를 위해서 동분서주한다는 의미이다. 어모(禦侮)는 외부의 업신여김을 방어하는 것이다. 『시』 「소아 · 상체(常棣)」편에서 "형제가 담 안에서 싸울지라도 밖으로는 그 업신여김을 막는다[兄弟鬩于牆, 外禦其務.]"라고 했는데, 『시경집전』에서 "밖에서 업신여김이 있다면 한마음으로 그것을 방어한다"라고 풀이했다. 여기에서는 외부의 다른 교설의 공격을 방어한다는 의미이다.

5_ 대리(大理)는 남방의 실크로드가 지나가는 길목으로, 백족(白族)에 의해 얼하이 문화가 성립된 곳이다. 중국의 송나라 때는 대리국(大理國)이 세워지기도 했다.

6_ 남조(南詔)는 당나라 때 건국된 나라로, 대리국(大理國)과 같은 계통이다.

7_ 왕맹(王猛)은 오호십육국 시대의 전진(前秦)의 재상으로, 오호(五胡)를 통일하는 데 결정적 역할을 했던 인물이다.

8_ 모용각(慕容恪)은 오호십육국 시대의 전연(前燕) 사람이다. 모용위(慕容暐)가 즉위했지만, 나이가 어려서 모용위의 백부(伯父)인 모용각(慕容恪)이 섭정을 해서 선정(善政)을 펼쳤다.

은 부류들은 그 재능과 지략이 고금의 으뜸이지만, 유독 소하(蕭何)・장량(張良)・방관(房琯)[10]・위징(魏徵)[11]과 같이 공신으로서의 대접을 누릴 수가 없었으니, 하물며 범증(範增)[12]・순욱(荀彧)[13]과 같은 인물은 말할 필요가 있겠는가! 슬프도다! 섬길 만하지 않은 군주를 섬겨서,[14] 공적과 명성이 일찍 사라지고 말았으니,[15] 스승을 섬기고 가르침을 따르면서 만세에 [공적과 명성을] 드리운 자들과 비교할 수 있겠는가? 안연(顏淵)・염구(冉求)・자로(子路)・자로(子路)과 같은 무리들은 [그들에 대한] 제사에 제물이 풍성하고,[16] 음악과 무용은 화려하고 성대하며,[17] 삶은 소와 살찐 양의 희생물을 사용하고,[18] 제물의 향기가 진동한다.[19] 장엄하고 정연한 학교[에서 제사를 받들되],[20] 사방의 온 나라에서 엄숙하

9_ 왕박(王樸)은 오호십육국 시대의 후주(後周) 사람이다. 후주의 세종(世宗)을 도와서 공적을 세웠던 인물이다.

10_ 방관(房琯)은 당나라 때의 재상으로, 안록산(安祿山)의 난 때 현종(玄宗)을 뒤따라 종군하여 공적을 세운 인물이다.

11_ 위징(魏徵)은 당나라 초기의 공신이자 재상을 지낸 인물이다.

12_ 범증(範增)은 초(楚)나라 항우(項羽)의 책략가이다.

13_ 순욱(荀彧)은 조조(曹操)의 책략가이다.

14_ 비기주(非其主)는 『맹자』 「공손추 상」편에서 "섬길 만한 군주가 아니면 섬기지 않으며, 부릴 만한 백성이 아니면 부리지 않아서 세상이 다스려지면 나아가고 어지러워지면 물러나는 것은 백이였다[非其君不事, 非其民不使, 治則進, 亂則退, 伯夷也.]"에서의 '비기군(非其君)'과 같은 의미이다.

15_ 요왕(夭枉)은 명이 짧아서 일찍 죽거나 일이 중도에 실패하는 것을 말한다.

16_ 조두(俎豆)는 제사에 사용되는 제기인데, 제사를 지내는 것을 말한다. 신신(莘莘)은 많고 무성한 모양으로, 제사의 제물이 풍성한 것을 말한다.

17_ 갱장(鏗鏘)은 금이나 옥 등이 부딪치는 소리로, 악기 소리가 큰 것을 말하는데, 여기에서는 음악과 무용이 화려하고 성대함을 말한다.

18_ 팽우신양(烹牛莘羊)은 삶은 소와 살찐 양으로, 제사에 사용하는 희생을 말한다.

19_ 필분(苾芬)은 제사의 제물이 향기로운 것을 말한다.

20_ 익익(翼翼)은 장엄하고 정연하다는 말이다. 『시』 「대아・면(緜)」편의 "지어진 사당이 장엄하도다[作廟翼翼.]"에 대한 『시경집전』에서 "익익(翼翼)은 엄정(嚴正)의 뜻"이라고 했고, 「상송(商頌)・은무(殷武)」편의 "은나라의 도읍이 정연하니 사방의 표본이도다[商邑翼翼, 四方之極.]"에 대한 『시경집전』에서는 "질서정연한 모습[整敕貌]"이라고 했다. 고종(瞽宗)은 은나라 때의 학교 명칭으로, 후대에는 학교를

면서 큰 규모로 임금이나 학자 모두가[21] 온 힘을 다해 성대하게 받든다.[22] 제자백가의 경우 후세에 기록할 만한 자가 몇 사람이나 되겠는가! 남겨진 것을 모으고 없어진 것을 보충하여 뒷부분에 표를 만들어 부록해 두었다. 이들은 모두 당시에 용의 비늘에 달라붙거나 봉황의 날개에 매달리는 것[23]을 잘하지 못했던 자들로, 대체로 초야에 묻혀 역사 속으로 사라져[24] 거론되지 않은 지가 오래되었다. 의존할 만한 청운지사(靑雲之士)를 어찌 잘 선택하지 않을 수 있겠는가![25]

大敎之行, 各有龍象. 其敎力之所噓吸, 皆有聰敏堅强之士爲之先後·疏附·奔走·禦侮焉. 雖然, 讀遼·金·大理·南詔之書, 其人才光誦于口, 膾炙于時者寡矣. 若王猛·慕容恪·王樸之流, 才略冠古今, 獨不能與蕭·張·房·魏爭功臣之享, 況範增·荀彧者哉! 嗟夫! 仕非其主, 功名夭枉, 況事師從敎, 垂于萬世者乎? 顔·冉·由·賜之

지칭하는 용어로 사용되었다. 이곳에서 선성(先聖)과 선사(先師)의 제사를 함께 지냈다고 한다.

21_ 용곤(龍袞)은 용을 수놓은 천자의 제복이다. 봉액(縫掖)은 소매가 크고 겨드랑이를 터놓지 않은 도포로, 고대에 유생들이 입던 복장이다. 후대에는 유학자를 가리키는 용어로 사용되었다. 여기에서는 임금이나 학자 모두를 의미한다.

22_ 포복(匍匐)은 온 힘을 다하는 것이고, 진진(振振)은 성대한 모양이다.

23_ 반용린(攀龍鱗)은 용의 비늘에 달라붙는 것이고, 부봉익(附鳳翼)는 봉황에 날개에 매달린다는 말로, 뛰어난 인물에게 붙어서 명성을 얻는다는 뜻이다. 이것은 『법언(法言)』「연건(淵騫)」편에 나오는 말이다. 안연(顔淵)과 민자건(閔子騫)이 용이나 봉황에 비유되는 공자의 제자라는 이유로 명성을 얻었다는 의미이다.

24_ 인몰(湮沒)은 사라져서 없어진다는 말이고, 암문(闇汶)은 깜깜해서 밝지 않은 모습으로, 역사 속으로 사라졌다는 의미이다.

25_ 청운(靑雲)은 지위가 높고 현달한 사람으로, 후세에 칭송되는 성현을 말한다. 이 말은 『사기』「백이열전(伯夷列傳)」에 나오는 말이다. 백이와 숙제, 그리고 안연이 비록 현인이기는 하지만, 공자라는 청운지사(靑雲之士)를 만났기 때문에 그 명성이 더 커졌다는 것이다[伯夷·叔齊雖賢, 得夫子而名益彰. 顔淵雖篤學, 附驥尾而行益顯.] 따라서 『사기』에서는 "일반 백성들 중에서 덕행을 연마하여 명성을 세우고자 하는 자가 청운지사(靑雲之士)에 의존하지 않는다면 어떻게 자신의 명성을 후세에 전할 수 있겠는가?[閭巷之人, 欲砥行立名者, 非附靑雲之士, 惡能施于後世哉?]"라고 했다.

徒, 俎豆莘莘, 樂舞鏗鏘, 烹牛莘羊, 旣苾旣芬. 翼翼簪宗, 萬方嚴宏, 龍袞縫掖, 匍匐振振. 若諸子後世可述者, 其有幾人哉! 拾遺補墜, 表附于後. 此皆當時之誤于攀龍鱗 · 附鳳翼者, 蓋湮沒暗汶于草土不齒數者久矣. 士靑雲之附, 豈可不善擇耶!

1. 묵자의 제자와 후학 [墨子弟子後學]

6-1-1

공자의 제자는 70명이고, 후학의 무리[26]는 3천명이니, 그들은 모두 집에 들어와서는 효행을 실천하고 나가서는 공경스러운 태도를 보였으며, 그들의 말은 예악제도[文章][27]를 이루었고, 행동은 모범[28]이 되었으니, 가르침에 의한 결과이다. 묵자의 제자들[29]은 180명인데, 모두 불구덩이에 나아가고 칼날을 밟게 할 수 있어서 죽음에 직면해서도 뒷걸음치지 않았으니,[30] 교화에 의한 결과이다.(『회남자』「태족훈」)

26_ 양도(養徒)는 교육을 받은 제자들을 뜻한다. 본문에서는 문맥상 후학의 무리로 번역했다.

27_ 문장(文章)은 예악(禮樂) 제도를 뜻한다. 『예기』「대전(大傳)」편에 "문장(文章)을 고찰하고, 정삭(正朔)을 수정한다"라는 기록이 보이는데, 이에 대해 정현이 "문장은 예법(禮法)"이라고 풀이했고, 『순자집해』에서 손희단(孫希旦)이 "문장은 예악제도(禮樂制度)"라고 풀이했다. 또한 『논어』「태백(泰伯)」편에도 "높고 높은 그 공적을 이룸이여! 찬란하게 그 문장(文章)을 이루었도다!"라는 기록이 있는데, 이에 대해 『논어집주』에서는 "문장은 예악 법도"라고 풀이했다.

28_ 의표(儀表)는 사람의 외관, 자태 등을 뜻하며, 법식(法式)을 뜻하기도 한다. 또한 법식에 따라 자신의 몸가짐을 바로잡는 것 또한 의표이다. 여기에서는 다른 사람에게 행동의 모범이 되었다는 말이다.

29_ 복역(服役)은 제자(弟子)와 같은 말이다. 『장자(莊子)』「어부(漁父)」편에 그 용례가 보인다.

孔子弟子七十, 養徒三千, 人皆入孝出悌, 言爲文章, 行爲儀表, 教之所成也. 墨子服役者百八十人, 皆可使赴火蹈刃, 死不還踵, 化之所致也.(『淮南子』「泰族訓」)

康6-1

[묵자의 제자] 180명이 죽음에 직면해서도 뒷걸음치지[31] 않았다는 것은 아마도 맹승(孟勝)의 고사[32]를 묵자에게 결부시킨 듯하다. 『회남자』에서 공자의 무리에 대해서는 '효제(孝悌)'나 '문장(文章)', '의표(儀表)'라고 말하고, 묵자의 무리에 대해서는 '불구덩이에 나아가고 칼날도 밟는다', '죽음에 직면해서도 뒷걸음치지 않는다'라고 말한 것을 살펴보면, 맹승이 거자(巨子)[33]의 직위를 전해주었던 일이나 묵자가 전쟁에 나아가 죽은 아들의 아버지에게 대답했던 일[34]과 합치하니, 묵자가 [남을

30_ 환종(還踵)은 몸을 사리며 뒷걸음치거나 도망친다는 뜻이다. 『한서』「조조전(晁錯傳)」에 "상을 후하게 내려서 권면하고, 형벌을 엄중하게 내려서 위엄을 세운다면 죽음에 직면해서도 환종(還踵)하지 않는다"라는 기록이 보인다. 이에 대해 안사고가 "이때의 환(還)자는 선(旋)자로 풀이하니, 환종(還踵)이라는 것은 그 발걸음을 돌린다는 뜻이다"라고 했다.

31_ 선종(旋踵)은 앞에 나온 환종(還踵)과 마찬가지로, 발걸음을 돌려 뒷걸음치는 것이다.

32_ 맹승(孟勝)은 춘추 말기 때 사람으로, 묵가학파의 거자(巨子)를 지냈다. 그에 대한 기록은 『사기』「오기열전(吳起列傳)」 및 『여씨춘추』「상덕(上德)」편에 보인다. 『여씨춘추』「상덕」편에 의하면, 당시 묵가의 거자였던 맹승이 양성군(陽城君)의 부탁을 받고 제자 183명과 함께 성을 방어했다. 성을 방어하는 데 실패하자, 맹승은 자결했고, 제자 180명도 뒤따라 자결했다. 나머지 3명은 전양자(田襄子)에게 가서 맹승이 거자의 자리를 전양자에게 물려준다는 명령을 전달하고, 되돌아와서 자결했다고 한다.

33_ 거자(巨子)는 거자(鉅子)라고도 하며, 묵가학파의 수장(首長)을 지칭한다. 『장자금주금역』에서 인용한 량치차오에 의하면, 거자의 이름이 옛날 책 속에 보이는 것이 세 번인데, 『여씨춘추』「상덕」편의 맹승(孟勝)과 전양자(田襄子), 그리고 「거추(去秋)」편의 복돈(腹䵍)이라고 한다.

34_ 이 고사는 『묵자』「노문(魯問)」편에 보인다. 노(魯)나라 사람 중에 묵자에게 교

위한] 죽음을 가르침으로 삼은 것이 협객의 전통이 된 것이 분명하구나![35] 기독교 및 대승불교의 말기 제자들은 겨우 12명이었는데도 오히려 크게 가르침을 이룰 수 있었는데, 하물며 묵가와 같이 180명이나 되는데 있어서랴?

百八十人, 死不旋踵, 疑卽孟勝之事附于墨子者. 觀其稱孔子之徒曰'孝悌'·'文章'·'儀表', 而稱墨子之徒曰'赴火蹈刃'·'死不還踵', 合于孟勝之傳巨子, 墨子之答戰死者之父, 則墨子以死爲敎, 確乎其爲任俠之傳哉! 耶蘇及摩呵末徒衆僅十二, 猶能大成, 況此百八十乎?

6-1-2

공구(孔丘)와 묵적(墨翟)은 앞선 성인의 학술을 닦고, 육예(六藝)[36]의 논의에 능통하여 입으로는 성인의 말을 진술하고, 몸으로는 성인의 뜻을 실천했는데, 그 뜻을 흠모하고 교화[37]를 좇아서 그들의 제자가 된 자는 수십 명에 지나지 않았다. 만약 그들이 천자의 지위에 있었다면, 천하는 온통[38] 유가나 묵자였을 것이다.(『회남자』「주술훈」)

孔丘·墨翟, 修先聖之術, 通六藝之論, 口道其言, 身行其志, 慕義從風, 而爲之服役者, 不過數十人. 使居天子之位, 則天下徧爲儒·墨

육을 받은 사람이 있었는데, 그가 전쟁에 참여했다가 전사하게 되었다. 그러자 그의 아버지가 묵자를 찾아와 자식의 죽음에 대한 책임을 추궁하게 되었는데, 묵자는 그가 교육을 제대로 받았기 때문에 전쟁에 나아가 죽은 것이라고 설명했다.

35_ 캉유웨이는 제5권의 「노자의 유가 및 묵가 공격[老攻儒墨]」에서 "묵자의 학문은 [남을 위한] 죽음을 의롭게 여기고, 남을 구제하는 것을 일로 삼았으니, 협객은 곧 묵자의 유파이다[墨子之學, 以死爲義, 以救人爲事, 俠卽其流派.]"라고 하여, 협객을 묵가의 후학으로 여겼다.

36_ 육예(六藝)는 일반적으로는 예악사어서수(禮樂射御書數)의 여섯 가지 교양 덕목을 말하는데, 여기에서는 육경(六經), 즉 성인의 학문을 말한다.

37_ 『회남자집석』에서 고유가 풍(風)은 화(化)라고 했다. 화(化)는 교화(敎化)라는 뜻이다.

38_ 고유가 편(徧)은 진(盡)이라고 했다.

矣.(『淮南子』「主術訓」)

6-1-3

공자 및 묵자의 후학들 중에는 천하에서 성공하여 영화를 누린[39] 자들이 많다. 그 수를 이루 다 헤아릴 수가 없다.(『여씨춘추』「당염」)

孔·墨之後學, 顯榮于天下者衆矣. 不可勝數.(『呂氏春秋』「當染」)

6-1-4

제후들이 제멋대로 날뛰고, 초야에 묻혀 사는 선비들이 제멋대로 의론하니, 양주와 묵적의 말이 천하에 가득하여, 천하의 말이 양주에게 돌아가지 않으면 묵적에게로 돌아간다.(『맹자』「등문공 하」)

諸侯放恣, 處士橫議, 楊朱·墨翟之言盈天下, 天下之言不歸楊則歸墨.(『孟子』「滕文公 下」)

康6-2

맹자는 묵자 및 양자와의 거리가 시간적으로 멀지 않는데도, 그 무리들이 천하에 가득찼다고 했으니, 그들의 교설 또한 성행했다고 말할 수 있다.

孟子去墨子·楊子爲時不遠, 而其徒盈天下, 其道亦可謂盛矣.

39_ 현영(顯榮)은 입신출세하여 영화를 누린다는 뜻이다.

6-1-5

글로 전수된 것 중에 미묘한 것[40]은 오직 성인만이 그것을 알 수 있다.[41] 지금 새로이 성인의 글을 가져다가 거기에 공자와 묵자라는 명칭을 붙여두면, 그들의 제자들 중에 삼가고 공경스럽게[42] 전수받는 자들이 반드시 많을 것이다.[43](『회남자』「수무훈」)

書傳之微者, 惟聖人能論之. 今取新聖人書, 名之孔 · 墨, 則弟子句指而受者, 必衆矣.(『淮南子』「修務訓」)

康6-3

당시에는 공자나 묵자를 성인이라고 부른 지가 오래되었으리라! 그 이름에 가탁하여 전수받은 자가 반드시 많았을 것이니, 그렇다면 제자백가들의 제도 개혁이 선왕에게 가탁한 것도 이유가 있는 것이다!

蓋當時孔 · 墨之號爲聖人久矣! 託于其名, 受者必衆, 然則諸子改制之託于先王, 有以夫!

<이상 묵자의 제자와 후학: 墨子弟子後學>

40_ 고유가 미(微)는 묘(妙)라고 했다. 의미가 미묘하여 알기 어렵다는 뜻이다.

41_ 논(論)은 고유가 서(叙)로 풀이했는데, 하녕은 고유가 말한 서(叙)자는 지(知)자의 오자라고 했다. 즉 『회남자』「제속(齊俗)」편의 '이근지원(以近知遠)'이라는 문장이 「설산(說山)」편에는 '이근논원(以近論遠)'으로 기록되어 있다는 것이다.

42_ 구지(句指)는 삼가고 공경하는 모양이다.

43_ 고유가 "공자나 묵자라는 명성에 눈이 멀어서 후학들에게 공자나 묵자의 글이라고 전수하지만, 실질적으로 이것이 공자나 묵자의 저작이 아니라는 사실을 알지 못한다"라고 풀이했다.

2. 전국시대 묵자의 후학 [戰國墨子後學]

① 금골리(禽滑釐) [허범(許犯), 전계(田繫), 색로삼(索盧參)]

6-2-1

금골리(禽滑釐)[44]는 묵자에게 배웠고, 허범(許犯)[45]은 금골리에게 배웠으며, 전계(田繫)[46]는 허범에게 배웠다.(『여씨춘추』「당염」)

禽滑釐學于墨子, 許犯學于禽滑釐, 田繫學于許犯.(『呂氏春秋』「當染」)

康6-4

장자는 묵자에 대해 말하면서 또한 금골리도 함께 말했으니,[47] 금골리는 대체로 묵자가 첫 번째로 도를 전한 거자(巨子)이며, 허범과 전계는 마땅히 또한 두 번째와 세 번째 거자일 것이다.

44_ 금골리(禽滑釐)는 춘추시대 위(魏)나라 사람으로 알려져 있다. 그는 처음에는 유가에 입문하여 자하(子夏)에게서 수학했는데, 이후 묵자에게 가르침을 받고 묵학(墨學)에 전념했다고 전해진다. 『묵자』에는 금골리와 묵자의 문답이 기록되어 있고, 『장자』「천하」편에도 금골리에 대한 기록이 일부 남아 있다.

45_ 허범(許犯)은 묵자의 후학으로 알려져 있으나, 자세한 사적은 보이지 않는다.

46_ 전계(田繫)는 묵자의 후학으로 알려져 있으나, 자세한 사적은 보이지 않는다.

47_ 『장자』「천하(天下)」편에 "후세 사람들에게 사치하지 않게 하고, 만물을 낭비하지 않게 하며, 구체적인 법도를 화려하게 꾸미지 않게 하고, 규율로써 스스로를 엄격하게 규제하여 세상의 위급한 상황에 대비하니, 옛날의 도술 중에 이러한 방면에 속하는 학풍이 있었다. 묵적(墨翟)과 금골리(禽滑釐)는 그 학풍을 듣고서 기뻐하여 실천을 너무 지나치게 했고, 절제를 너무 심하게 했다[不侈於後世, 不靡於萬物, 不暉於數度, 以繩墨自矯而備世之急, 古之道術有在於是者. 墨翟禽滑釐聞其風而說之, 爲之大過, 已之大循.]"라는 기록이 보인다.

莊子稱墨子亦幷稱禽滑釐，禽蓋墨子第一傳道巨子，許犯・田繫當亦再三傳之巨子也.

6-2-2

[초(楚)나라 왕에게] 묵자가 말했다. "공수자(公輸子)[48]의 의도는 단지 저를 죽이고자 하는 것에 지나지 않습니다. 저를 죽인다면 송(宋)나라는 수비를 할 수가 없기 때문에 [초나라가 송나라를] 공격할 수 있습니다. 그러나 저의 제자 금골리를 비롯한 300명이 이미 제가 고안한 방어용 무기를 가지고 송나라의 성 위에서 초나라의 군대를 기다리고 있습니다."(『묵자』「공수」)

子墨子曰, "公輸子之意, 不過欲殺臣. 殺臣, 宋莫能守, 可攻也. 然臣之弟子禽滑釐等三百人, 已持臣守圉之器, 在宋城上, 而待楚寇矣."(『墨子』「公輸」)

6-2-3

금골리가 묵자를 섬긴 지 3년이 되자 손발에 굳은살[49]이 생기고, 얼굴은 검게 그을렸는데, 자기 몸을 노역하여 섬기면서도[50] 감히 자신이 바라는 것을 물어서 배우려고 하지 않았다.(『묵자』「비제」)

禽滑釐之事子墨子，三年，手足胼胝，面目黧黑，役身給使，不敢問欲.(『墨子』「備梯」)

48_ 공수자(公輸子)는 공수반(公輸盤)을 가리킨다. 노(魯)나라 사람으로 알려져 있으며, 공수반(公輸般)・공수반(公輸班)・노반(魯班) 등으로 불리며, 당대의 유명한 기술자였다. 초나라가 송나라를 공격할 수 있도록 공격 무기를 고안해낸 인물로 알려져 있다.

49_ 변지(胼胝)는 장시간의 노동으로 인해 손과 발에 생기는 굳은살을 뜻한다.

50_ 급사(給使)는 남의 일을 해주거나 섬기는 것을 말한다.

康6-5

금골리가 묵자를 섬긴 것이 이와 같았으니, 소옹(邵雍, 1011~1077)[51]이 이지재(李之才, ?~1045)[52]를 섬긴 것과 황간(黃榦, 1152~1221)[53]이 주자(朱子)를 찾아뵌 것과 마찬가지로, 모두가 지극히 진실되고 노력하는 모습을 갖추고 있으니, 금골리가 묵가 문하를 대표하는 것이 마땅하다.

禽滑釐之事墨子如此, 與邵子之事李之才, 黃勉齋之見朱子, 皆備極眞實刻苦, 宜其冠墨門也.

6-2-4

색로삼(索盧參)[54]은 동방의 큰 협잡꾼[55]이었는데, 금골리에게 배웠다.(『여씨춘추』「존사」)

索盧參, 東方之鉅狡也, 學于禽滑黎.(『呂氏春秋』「尊師」)

51_ 소자(邵子)는 소옹(邵雍), 즉 소강절(邵康節)을 가리킨다. 북송(北宋) 때의 학자이며, 상수역학(象數易學)으로 유명하다. 자는 요부(堯夫)이고, 자호(自號)는 안락(安樂) 또는 백천(百泉)이며, 시호(諡號)는 강절(康節)이다. 북해(北海)의 이지재(李之才)로부터 선천상수학(先天象數學)을 전수받았다고 한다.

52_ 이지재(李之才)는 북송시대 산동성 청사(青社) 사람이다. 자는 정지(挺之)이고, 목수(穆修)로부터 『역』을 공부했고, 이것을 소옹에게 전수했다고 한다.

53_ 황간(黃榦)은 면재황씨(勉齋黃氏)·황직경(黃直卿)·삼산황씨(三山黃氏) 등으로도 불린다. 남송(南宋) 때의 학자이며, 자는 직경(直卿), 호는 면재(勉齋)이다. 주자에게서 학문을 배웠으며, 이후 주자의 사위가 되었다.

54_ 색로삼(索盧參)은 묵자의 후학으로 알려져 있으나, 자세한 사적은 보이지 않는다.

55_ 고유가 거(鉅)는 대(大), 즉 크다는 의미이고, 교(狡)는 활(滑), 즉 교활하다는 의미라고 했다.

② 맹승(孟勝) [전양자(田襄子), 서약(徐弱)]

6-2-5

묵가 학파의 거자인 맹승(孟勝)은 형(荊)[56]나라의 양성군(陽城君)과 친했다. 양성군은 [맹승을] 자기 나라[57]의 수비 담당 책임자로 임명하고, 황(璜)[58]을 잘라서 부절[59]로 삼고는, "부절이 합치되어야 명령을 따른다"라고 약속했다. 초나라 도왕(悼王)[60]이 죽자, 여러 신하들이 오기(吳起)를 공격하여 왕의 빈소에서 병기를 휘둘렀는데,[61] 양성군도 이 일에 참여했다. [이후에] 형나라에서 그들을 처벌했는데,[62] 양성군은 도주했다. 형나라에서 양성군의 식읍을 몰수하자, 맹승이 다음과 같이 말했다. "다른 사람의 국가를 맡아서 그와 부절의 약속이 있는데,[63] 지금 부절

56_ 형(荊)은 춘추시대 초(楚)나라의 옛 명칭이다. 『춘추』 「장공(莊公)」 10년에 "가을 9월에 형(荊)나라가 신(莘) 땅에서 채(蔡)나라 군대를 무찔렀다"라는 기록이 보인다. 이에 대한 두예(杜預)의 주에서 "형은 초나라의 본호(本號)이다. 후대에 개칭하여 초라고 했다"라고 풀이했다.

57_ 『여씨춘추역주(呂氏春秋譯注)』에서 "이때의 국(國)은 형(荊), 즉 초나라 전체를 가리키는 것이 아니라, 양성군의 식읍(食邑)을 지칭한다"라고 했다.

58_ 『여씨춘추역주』에서 "황(璜)은 고대 옥(玉)으로 된 기물의 명칭이다. 형태는 둥근 옥인 벽(璧)과 같다"라고 했다.

59_ 『여씨춘추역주』에서 "부(符)는 명령을 전달하거나 그 신분을 증명하기 위해 사용된 기물이다. 동이나 옥, 대나무나 나무 등으로 제작되었는데, 중간 부분을 두 쪽으로 갈라서 쌍방이 각각 하나씩 보관하고, 나중에 그것을 합치시켜서 신표(信標)로 삼는 것이다"라고 했다.

60_ 진기유가 형왕(荊王)은 당시의 초나라 왕이던 도왕(悼王)이라고 했다.

61_ 『여씨춘추역주』에서 "왕의 빈소에서 병장기를 휘둘렀다는 뜻이다. 초나라 도왕이 죽자 옛날 귀족들은 오기를 화살로 쏘아 공격했고, 오기는 결국 도왕의 시신 위에 엎어져 죽었다"라고 했다.

62_ 『여씨춘추역주』에서 "형나라에서 그들을 처벌했다는 뜻이다. 초나라 도왕이 죽고 숙왕(肅王)이 즉위를 했는데, 옛날 귀족들이 오기를 죽이기 위해 도왕의 시신을 욕보인 것을 계기로 대대적인 처벌을 감행하게 된다. 이 기록은 그 사건을 기록한 것이다"라고 했다.

을 맞출 수도 없고, 힘으로도 [형나라의 공격을] 막을 수가 없으니, 죽지 않을 수가 없다." 그런데 제자인 서약(徐弱)[64]이 맹승에게 간언했다. "죽어서 양성군에게 보탬이 된다면 죽는 것도 괜찮습니다. 그러나 무익하면서도 세상에 묵가학파의 전수를 단절시키는 것은 안 됩니다." 맹승이 말했다 "그렇지 않다. 나는 양성군에 대해서 스승이 아니라면 친구이고, 친구가 아니라면 신하이다. [내가] 죽지 않는다면 지금 이후부터는 엄격한 스승을 구할 때에 결코 묵가 학파에서 구하지 않을 것이고, 현명한 친구를 구할 때에도 결코 묵가 학파에서 구하지 않을 것이며, 어진 신하를 구할 때에도 결코 묵가 학파에서 구하지 않을 것이다. 그를 위해 죽는 것이 묵가 학파의 의리를 실천하고 그 과업을 계승하는 방법이다. 나는 장차 거자[의 직책]을 송나라의 전양자(田襄子)[65]에게 맡기려고 한다.[66] 전양자는 현명한 사람이니, 어찌 묵가 학파의 전수가 세상에서 단절될 것을 걱정하겠는가?" 서약이 "만약 선생님의 말씀이 그렇다면, 저 서약이 청컨대 먼저 죽음으로써 길을 열어 놓겠습니다"[67]라고 말하고, 돌아서서 맹승의 앞에서 목을 베었다.[68] 맹승은 이 일을 계기로 두 사람을 시켜서 전양자에게 거자의 직책을 전하도록 했다. 맹승이 죽자, 제자들 중에서 함께 죽은 자가 180명이었다. 맹승

63_ 여지유부(與之有符)는 고유가 "양성군과 부절의 약속이 있다"는 뜻이라고 했다.

64_ 서약(徐弱)은 묵자의 후학으로, 맹승의 제자로 알려져 있으나, 자세한 사적은 보이지 않는다.

65_ 전양자(田襄子)는 맹승의 뒤를 이어 묵가 학파의 거자를 맡았던 인물이다. 『여씨춘추』「상덕」편에는 맹승이 전양자에게 거자의 직위를 물려주게 된 배경이 설명되어 있다. 한편 『설원(說苑)』「존현(尊賢)」편에 위왕(衛王)과 전양(田讓)이라는 인물의 대화가 기록되어 있다. 『여씨춘추교석』에서 손이양은 『설원』에 나오는 전양이 전양자일 것이라고 했다.

66_ 촉(屬)은 맡긴다는 뜻으로, 거자의 자리를 물려준다는 말이다.

67_ 제로(除路)는 『여씨춘추역주』에서 "길을 깨끗하게 청소한다는 뜻이다. 서약이 맹승을 위해 길을 열어 놓는다는 것은 일을 시행함에 앞서 그 의지를 굳건하게 하여, 맹승의 의지가 관철되게 한다는 뜻이다"라고 했다.

68_ 환몰두전어(還歿頭前於)는 마서륜이 '還歿頭於孟勝前'이 되어야 한다고 했다.

에게 명령을 받은 두 사람은 전양자에게 명령을 전달하자마자,[69] 형 땅으로 되돌아가서 맹승을 따라 죽으려고 했다. 전양자가 그들을 제지하면서, "맹승이 이미 거자의 직책을 나에게 물려주었으니, 마땅히 [나의 명령을] 따르라"고 했다. 그러나 [명령을 듣지 않고] 결국은 되돌아가서 맹승을 따라 죽었다. [후대의] 묵가에서 이들이 거자의 명령을 따르지 않았다고 여긴 것은 [일의 이치를] 자세히 살피지 못한 것이다.[70] 엄중한 형벌을 내리거나 후한 상을 주더라도 [두 사람과 같은] 상태에 이르게 할 수는 없다. 지금 세상에서 말하는 정치는 대부분 엄중한 형벌을 내리거나 후한 상을 주는 것을 일삼지만, 이것은 상고시대[의 입장에서는] 고통이나 해로움이다.[71](『여씨춘추』「상덕」)

墨者巨子孟勝, 善荊之陽城君. 陽城君令守於國, 毁璜以爲符, 約曰, "符合聽之." 荊王薨, 群臣攻吳起, 兵於喪所, 陽城君與焉. 荊罪之, 陽城君走. 荊收其國, 孟勝曰, "受人之國, 與之有符, 今不見符, 而力不能禁, 不能死, 不可." 其弟子徐弱諫孟勝曰, "死而有益陽城君, 死之可矣. 無益也, 而絶墨者于世, 不可." 孟勝曰, "不然. 吾于陽城君也,

---

69_ 삼인(三人)은 오개생(吳闓生)이 이인(二人)의 오자라고 했다. 『여씨춘추역주』에서 "이인(二人)의 오자이다. 바로 앞 문장에서 맹승이 두 사람에게 명령을 전달하도록 지시했기 때문이다"라고 했다. 이(以)자는 필원이 이(已)자와 같다고 했다.

70_ 진기유가 찰(察)은 일의 이치를 자세히 살피는 것으로, 두 사람의 거자는 맹승이지 전양자가 아니기 때문에 전양자의 명령을 따르지 않은 것이라고 했다. 즉 후대의 묵가들이 두 사람은 거자의 명령을 따르지 않았다고 여긴 것은 일의 이치를 자세히 살피지 못한 것이라고 했다.

71_ 약객(若客)에 대해서는 여러 주장들이 있고 정론이 없다. 쿠스야마 하루키(楠山春樹)의 『여씨춘추』 중권(中卷)에 여러 주장들이 소개되어 있다. 허유휼은 자형(字形)이 유사한 점을 근거로, 약객을 가찰(苛察)로 풀이했는데, 가찰(苛察)은 세밀하고 명확하게 각인시켜 훤히 알 수 있다는 뜻이다. 또 임품석(林品石)은 약객을 막용(莫容)으로 풀이했는데, 막용(莫容)은 용납될 수 없다는 뜻이다. 한편 진기유는 약객을 고해(苦害)로 보고, "지금 세상에서 말하는 정치는 대부분 엄중한 형벌을 내리거나 후한 상을 주는 것을 일삼는데, 상고시대는 덕으로써 정치를 했기 때문에 이러한 엄중한 형벌을 내리거나 후한 상을 주는 정치는 고통이나 해로움으로 여긴다"라고 해석했다. 여기에서는 진기유의 주장에 따랐다.

非師則友也, 非友則臣也. 不死, 自今以來, 求嚴師, 必不于墨者矣, 求賢友, 必不于墨者矣, 求良臣, 必不于墨者矣. 死之, 所以行墨者之義而繼其業者也. 我將屬巨子于宋之田襄子. 田襄子, 賢者也, 何患墨者之絶世也?" 徐弱曰, "若夫子之言, 弱請先死以除路." 還歿頭前於. 因使二人傳巨子于田襄子. 孟勝死, 弟子死之者百八十. 三人以致令于田襄子, 欲反死孟勝于荊. 田襄子止之曰, "孟子已傳巨子于我矣, 當聽." 遂反死之. 墨者以爲不聽巨子不察. 嚴罰厚賞, 不足以致此. 今世之言治, 多以嚴罰厚賞, 此上世之若客也.(『呂氏春秋』「上德」)

康6-6

묵가의 교설에서는 의협심을 숭상했기 때문에 [맹승은] 친구가 나라를 잃었다는 이유로 그를 위해 죽었고, 제자들은 자기 스승[이 죽었다는] 이유로 그를 위해 죽은 자가 100여 명에 이르렀으니, 자기 개인을 가볍게 여기고 기상을 숭상한 것이 기독교의 13명의 제자들[72]이 모두 사자의 먹이가 된 것과 대략 같다. 오로지 용맹함으로써 승리하면 그만이지 그것이 정밀한 의리일 필요는 없다. 그러나 용맹함은 두려워할 만한 것이다. 유학자들은 자기 스스로 대현(大賢)이라고 자부하는[73] 자도 없고, 또한 사람을 보내서 [학문을] 전수하는 자도 없다.[74] 묵가 학파의 거자 직책은 전수하는 경우가 있으니, 사람을 보내서 전수했을 경우에는 반드시 의발(衣鉢)[75]이나 인수(印綬)[76]와 같은 종류가 있었을 것이다.

72_ 실제로는 12명의 제자이며, 예수를 포함해서 희생된 사람이 13명이다.

73_ 자명(自命)은 스스로 훌륭하다고 인정하는 것으로, 스스로에 대한 자부심이 강한 것을 말한다.

74_ 재송(賫送)은 물건을 주어 보낸다는 말인데, 여기에서는 사람을 보내 거자의 직책을 물려주는 것처럼, 다른 사람에게 사람을 보내 자신의 학문을 전수한다는 의미이다.

75_ 의발(衣鉢)은 가사와 바리때를 말한다. 불교의 선종(禪宗)에서 의발을 전수함으

죽은 이후에 전수되니, [두 사람의 거자가] 나란히 공존하지 않는다. 이것은 마치 불교에 달라이(達賴) 라마나 판첸(班禪) 라마가 있거나, 천주교에 교황이 있는 것과 같다. 따라서 중국의 묵가 학파가 만약 계속 활동했다면 반드시 교황이 출현했을 것이라고 말한다. 이것이 [묵자의 학문이] 공자의 도와 다른 이유인가?

墨道尙俠, 以友失國之故而爲之死, 弟子以其師故而爲死者至百餘人, 輕身尙氣, 與西敎之十三傳弟子皆喪身獅口略同. 蓋專以悍勝, 不必其精義也. 然悍, 則可畏矣. 儒者無自命爲大賢者, 亦無人賫送之者. 墨子巨子有傳授, 有賫送, 則必有衣鉢 · 印綬之類矣. 死而後傳, 則不幷立. 此如佛之有達賴 · 班禪, 天主之有敎皇矣. 故謂中國墨學若行, 必有敎皇出焉. 此所以異于孔子之道乎?

③ 상리근(相里勤), 오후(五侯), 고획(苦獲), 이치(已齒), 등릉자(鄧陵子), 상부씨(相夫氏)

6-2-6[77]

상리근(相里勤)의 제자와 오후(五侯)의 무리, 남방의 묵가인 고획(苦獲)과 이치(已齒)와 등릉자(鄧陵子)의 부류들이 모두 묵가의 경전을 익혔지만, [그 이론이] 어긋나고 갈라져서 같지 않았고, 서로를 [정통이 아닌] 별개의 묵자라고 비판했다. 견백(堅白)과 동이(同異)의 변론을 가지고 서로

로써 선사(禪師)의 직위를 물려준 것에서 기인하여 학문의 도리를 전수한다는 의미를 포함하고 있다.

76_ 인수(印綬)는 관료가 되었을 때, 군주로부터 받는 관인(官印)과 관인을 몸에 차는 끈을 합쳐 부르는 말이다. 인수는 군신관계가 성립되었다는 증표이자 개인의 신분과 관직 등급을 대변해주는 신표가 된다.

77_ 이하에서 인용한 『장자』「천하」편의 내용은 이 책의 제2권 제1절〈2-1-2〉에서 이미 인용했다. 자세한 주석은 앞의 내용을 참조 바람.

비난하고, 서로 맞지 않는 기우(奇偶)의 말을 가지고 대응했다. 거자(巨子)를 성인이라고 여기고, 모두가 그러한 주인이 되어 묵자의 후계자가 되기를 바라니, 지금까지도 분쟁이 해결되지 않고 있다. 묵적(墨翟)과 금골리(禽滑釐)의 의도는 옳지만, 그 행동은 잘못되었다.(『장자』「천하」)

相里勤之弟子五侯之徒, 南方之墨者苦獲·已齒·鄧陵子之屬, 俱誦墨經, 而倍譎不同, 相謂別墨. 以堅白同異之辯相訾, 以觭偶不仵之辭相應. 以巨子爲聖人, 皆願爲之尸, 冀得爲其後世, 至今不決. 墨翟·禽滑釐之意則是, 其行則非也.(『莊子』「天下」)

康6-7

상리근(相里勤), 등릉자(鄧陵子), 상부씨(相夫氏)[78] 세 학자에 대해서는 『한비자(韓非子)』에 보이는데,[79] 진실로 당시의 대종(大宗)이었다. 그러나 "[그 이론이] 어긋나고 갈라져서 같지 않아서", 후세[의 대종이 되려고] 다투었으니, 마치 유가의 맹자와 순자, 주자와 육구연과 같다. 한 명의 스승 문하에서 마치 시장 바닥처럼 시끄럽게 다투는 것은 모든 교설이 다 그와 같아서 그 교설의 주인이 되려고 다투니, 마치 송(宋)나라 학자들이 도통(道統)[80]을 논변한 것과 같다. 묵가 학파에 거자가 있는 것은 마치 천주교에 교황이 있는 것과 같기 때문에 그 분쟁이 더욱더 심했을 것이리라! 견백(堅白)과 동이(同異)의 이론[만 놓고 보면], 공손룡(公孫

78_ 상부씨(相夫氏)는 백부씨(伯夫氏)라고도 하며, 묵가 학파의 인물이다. 그에 대한 자세한 사적은 보이지 않는다.

79_『한비자』「현학(顯學)」편에 나오는데, 그 내용은 다음 단락에 보인다.

80_ 도통(道統)은 도의 전통적 전수 계보를 의미하는 것으로, 주자가 『중용장구』「서문」에서 처음으로 제기했다. 유학의 도(道)가 요(堯)·순(舜)·우(禹)·탕(湯)·문왕(文王)·무왕(武王)·주공(周公)·공자(孔子)를 거쳐, 증자(曾子)·자사(子思)·맹자(孟子)로 이어졌고, 이후 당나라 말기 거쳐 정호(程顥)·정이(程頤)·주자(朱子)로 이어졌다는 주장이다.

龍)[81]도 묵가 학파의 대종이다.

> 相裏·鄧陵·相夫三家, 見于韓非, 誠爲當時大宗矣. 而“倍譎不同”, 爭爲後世, 如儒之孟·荀·朱·陸然. 一師之門, 其鬩如市, 諸敎皆然, 爭爲之屍, 如宋人之論道統然. 墨氏有巨子, 如天主之有敎皇, 故其爭尤甚哉! 堅白同異之說, 則公孫龍亦墨子之大宗也.

6-2-7

묵자가 죽은 이후로 상리근(相里勤) 계통의 묵가가 있었고, 상부씨(相夫氏) 계통의 묵가가 있었으며, 등릉자(鄧陵子) 계통의 묵가가 있었다. 따라서 공자와 묵자가 이후에 유가는 8개의 분파로 나누어졌고, 묵가는 3개의 분파로 분리되었다.(『한비자』「현학」)

> 自墨子之死也, 有相里氏之墨, 有相夫氏之墨, 有鄧陵氏之墨. 故孔·墨之後, 儒分爲八, 墨離爲三.(『韓非子』「顯學」)

④ 공손룡(公孫龍), 환단(桓團), 혜시(惠施), 황료(黃繚)

6-2-8[82]

환단(桓團)과 공손룡(公孫龍)은 변론자의 무리이다. 사람의 마음에 맞추어 꾸며서 사람들의 뜻을 바꾸게 하여 말로는 다른 사람을 이길 수는 있었지만, 마음으로는 그 사람을 복종시키지 못했으니, 이것이 변론자

81_ 공손룡(公孫龍)은 전국시대 조(趙)나라의 학자로 알려져 있다. 『한서』「예문지」에는 공손룡의 저작이 14권이 있다고 기록되어 있지만, 현존하는 것은「적부편(跡府篇)」·「백마편(白馬篇)」·「지물론(指物論)」·「통변론(通變論)」·「견백론(堅白論)」·「명실론(名實論)」 등 6편이다.

82_ 이하에서 인용한 『장자』「천하」편의 내용은 이 책의 제2권 제1절〈2-1-2〉에서 이미 인용했다. 자세한 주석은 앞의 내용을 참조 바람.

들의 한계이다. 혜시는 날마다 자신의 지혜를 이용하여 다른 사람과 변론하면서 독자적으로 천하의 변론자들과 괴이한 이론을 만들었으니, 이것이 그의 대략적인 모습이다. 그런데 혜시의 말재주는 자기 스스로 가장 뛰어나다고 생각하여, "천지는 장대하구나!"라고 했다. 혜시가 웅대한 뜻을 가지고 있었지만 [구체적인 실천] 방법이 없었다. 남쪽 지방에 기이한 사람이 있었는데, 황료(黃繚)라고 하였다. [그가 혜시에게] 하늘과 땅이 추락하지도 무너지지도 않는 이유와 바람, 비, 천둥이 일어나는 이유를 물었다. 혜시는 사양하지도 않고 응하고, 숙고하지도 않고 대답했는데, 만물에 대해 두루 설명했다.(『장자』「천하」)

桓團·公孫龍辯者之徒. 飾人之心, 易人之意, 能勝人之口, 不能服人之心, 辯者之囿也. 惠施日以其知與人之辯, 特與天下之辯者爲怪, 此其柢也. 然惠施之口談, 自以爲最賢, 曰"天地其壯乎!" 施存雄而無術. 南方有倚人焉曰黃繚. 問天地所以不墜不陷, 風雨雷霆之故. 惠施不辭而應, 不慮而對, 遍爲萬物說.(『莊子』「天下」)

6-2-9

공천(孔穿)[83]과 공손룡(公孫龍)이 평원군(平原君)[84]의 처소에서 서로 논쟁을 했는데, 논쟁이 심오하고 변론을 잘하다가, '양의 귀는 세 개다[藏三牙]'[85]

83_ 공천(孔穿)은 자가 자고(子高)이고, 공자의 6세손으로 알려져 있다.

84_ 평원군(平原君)은 조승(趙勝)으로, 전국시대 조(趙)나라의 귀족이다. 혜문왕(惠文王)의 동생으로, 동무성(東武城)에 분봉을 받았으며, 조나라의 재상을 역임했다. 그의 집에는 문객들이 수천 명에 이르렀다고 전해진다.

85_ 필원에 의하면, 이 글은 『공총자(孔叢子)』「공손룡」편에 보이며, 아(牙)는 이(耳)자의 오자라고 한다. 그리고 장(藏)은 양(羊)의 의미라고 했다. 한편 『여씨춘추역주』에서는 다음과 같이 풀이했다. "이것은 '양의 귀가 세 개'라는 뜻이다. 『공총자(孔叢子)』「공손룡」편에는 장삼이(臧三耳)라는 기록이 있는데, 여기에 근거하면 장(藏)자는 장(臧)자가 가차된 것이고, 장(臧)자는 장(牂)자와 통용된다. 따라서 이것은 암컷 양을 의미한다. 그렇기 때문에 '양의 귀가 세 개'라는 해석이 가능하

라는 명제에 도달했다. 공손룡이 양의 귀가 세 개라는 명제에 대해 말한 것이 변론이 매우 뛰어나서 공천은 응답하지 못했다. 잠시 있다가[86] 공천은 인사를 하고 나가버렸다. 다음날 공천이 [평원군을] 배알하자, 평원군은 공천에게, "어제 공손룡의 말은 변론이 매우 뛰어났다" 라고 말했다. 그러자 공천이 대답했다. "그렇습니다. 양으로 하여금 거의 세 개의 귀를 가지게 할 만했습니다. 비록 그렇지만, 그 명제는 거의 성립하기가 어렵습니다.[87] 원컨대 당신에게 질문이 있습니다. 양의 귀가 세 개라는 것은 설명하기는 매우 어렵지만 실제로는 잘못된 것이며, 양의 귀가 두 개라는 것은 설명하기는 매우 쉽지만 실제로는 옳은 것입니다. 잘 모르겠지만, 당신은 장차 쉬우면서도 옳은 것을 따르겠습니까? 아니면 어려우면서도 잘못된 것을 따르겠습니까?" 평원군이 대답하지 못했다. 다음날 [평원군은] 공손룡에게 "그대는 공천과 논변을 하지 마시오!"라고 했다.(『여씨춘추』「음사」)

孔穿・公孫龍相與論于平原君所, 深而辯, 至于'藏三牙'. 公孫龍言藏之三牙甚辯, 孔穿不應. 少選, 辭而出. 明日, 孔穿朝, 平原君謂孔穿曰, "昔者, 公孫龍之言甚辯." 孔穿曰, "然. 幾能令藏三牙矣. 雖然, 難. 願得有問于君. 謂藏三牙甚難而實非也, 謂藏兩牙甚易而實是也. 不知君將從易而是者乎? 將從難而非者乎?" 平原君不應. 明日, 謂公孫龍曰, "公無與孔穿辯!"(『呂氏春秋』「淫辭」)

다"라고 했다. '양의 귀가 세 개'라는 말은 양에게는 외형상의 두 개의 귀와 실제적으로 듣는 기능을 하는 하나의 귀를 합쳐서 세 개가 된다는 의미이다. 이 외에도 쿠스야마 하루키(楠山春樹)의 『여씨춘추』 중권에서는 장삼아(藏三牙)를 장삼호(藏三互)로 보고, 이 문장은 공손룡의 견백론(堅白論)에서 주장하는 석(石)・견(堅)・백(白)이라는 세 요소가 서로 상관관계가 있다는 것을 말한 것이라는 해석도 소개하고 있다.

86_ 소선(少選)은 잠깐 동안이다. 고유는 잠시[須臾]라는 뜻이라고 했다.

87_ 난(難)은 고유가 "양의 귀가 세 개라는 명제는 거의 성립하기가 어렵다"라고 풀이했다.

康6-8

공손룡의 명가(名家)[88]의 학문은 『묵자』 「경 상(經 上)」과 「경 하(經 下)」편에 근거하고 있다. 장자가 또한 묵가 학문을 공부하는 자들이 "서로 맞지 않는 기우(奇偶)의 말을 가지고 서로 대응했다"[89]라고 평가한 것도 바로 이러한 뜻이다.

公孫龍, 名家之學, 本于『墨子』「經上」·「經下」. 莊子亦以爲學墨者"以觭仵不偶之辭相應"是也.

6-2-10[90]

조(趙)나라 혜왕(惠王, B.C.298~B.C.266)이 공손룡(公孫龍)에게 말했다. "과인이 10여 년 동안 군비 폐지에 노력했지만 성공하지 못했으니, 군비를 폐지할 수 없는 것인가?" 공손룡이 대답했다. "군비 폐지의 의미는 모든 천하 사람들을 두루 사랑하는 마음입니다. 모든 천하 사람들을 두루 사랑하는 것은 공허한 명분으로는 할 수 없으며, 반드시 실질이 있어야 합니다. 지금 [조나라의] 인(藺)과 이석(離石) 땅이 진(秦)나라로 들어갔을 때, 임금님은 흰 상복에 베로 만든 관을 쓰고 머리카락을 묶고 있었습니다. 그런데 동쪽으로 제(齊)나라를 공격하여 성을 얻었을 때, 임금님은 음식과 술을 차려놓고 잔치를 했습니다. 진나라가 [조나라

88_ 명가(名家)는 제자백가 중의 하나로, 사마담(司馬談)이 전국시대의 학파를 분류할 때 명가라는 명칭을 사용한 데에서 유래한다. 명(名), 즉 명칭이나 개념을 바로잡고, 실(實), 즉 내용이나 실체와 명칭의 일치 및 불일치 관계를 변론했던 학파이다. 공손룡 · 등석(鄧析) · 윤문(尹文) · 혜시(惠施) 등이 이 학파에 속한다.

89_ 앞에서 다룬 『장자』 「천하」편에서 묵자의 후학들에 대해 "견백(堅白)과 동이(同異)의 변론을 가지고 서로 비난하고, 서로 맞지 않는 기우(奇偶)의 말을 가지고 서로 대응했다"라고 평가했다.

90_ 이하에서 인용한 『여씨춘추』 「심응」편의 내용은 이 책의 제5권 제14절〈5-14-1〉에서 이미 인용했다. 자세한 주석은 앞의 내용을 참조 바람.

의] 땅을 얻었을 때는 임금님은 상복을 입었고, 제나라가 [조나라에게] 땅을 잃었을 때는 임금님은 잔치를 했으니, 이것은 모든 천하 사람들을 두루 사랑하는 마음이 아니며, 이것이 바로 군비 폐지가 성공하지 못한 이유입니다." 지금 여기에 어떤 사람이 있는데, [자기는] 무례하고 가볍게 행동하면서 [남에게는] 공경하기를 요구하고, [자기는] 아부하고 편당을 지어서 공평하지 않으면서 [남에게는] 선량하기를 요구하며, [자기는] 귀찮은 명령을 자주 바꾸면서 [남에게는] 조용하기를 요구하며, [자기는] 포악하고 탐욕스러우면서 [남에게는] 안정하기를 요구한다면 비록 황제라 하더라도 여전히 [조화가] 곤란할 것이니, [하물며 세속의 군주가 가능하겠는가?](『여씨춘추』「심응」)

趙惠王謂公孫龍曰, "寡人事偃兵十餘年矣而不成, 兵不可偃乎?" 公孫龍對曰, "偃兵之意, 兼愛天下之心也. 兼愛天下, 不可以虛名爲也, 必有其實. 今藺・離石入秦, 而王縞素出總. 東攻齊得城, 而王加膳置酒. 秦得地而王出總, 齊亡地而王加膳, 所非兼愛之心也, 此偃兵之所以不成也. 今有人于此, 無禮慢易而求敬, 阿黨不公而求令, 煩號數變而求靜, 暴戾貪得而求定, 雖黃帝猶若困.(『呂氏春秋』「審應」)

康6-9

공손룡이 겸애(兼愛)를 말했으니, 당연히 묵가의 학파라는 것은 의심의 여지가 없다.

公孫龍言兼愛, 當爲墨學無疑.

⑤ 정번(程繁)

6-2-11[91]

정번(程繁)이 묵자에게 물었다. "선생님께서는 '성왕들은 음악을 연주하지 않았다'라고 했는데, 옛날 제후들은 정치를 하다가 지치면 종과 북으로 연주하는 음악을 들으면서 쉬었습니다. 사대부들은 정치를 하다가 지치면 피리와 거문고로 연주하는 음악을 들으면서 쉬었습니다. 농부들은 봄에는 밭을 갈고 여름에는 김을 매며, 가을에는 거두어들이고 겨울에는 저장하는데, 옹기그릇과 질장구로 연주하는 음악을 들으면서 쉬었습니다. 지금 선생님께서 '성왕들은 음악을 연주하지 않았다'라고 했는데, 그것은 비유하자면 말에 멍에를 메워놓은 채 풀지 않거나 활을 당긴 채 놓지 않는 것과 같으니, 혈기를 가진 사람이 이를 수 없는 상태가 아니겠습니까?"(『묵자』「삼변」)

程繁問于子墨子曰, "夫子曰, '聖王不爲樂.' 昔諸侯倦于聽治, 息于鐘鼓之樂. 士大夫倦于聽治, 息于竽瑟之樂, 農夫春耕·夏耘·秋斂·冬藏, 息于聆缶之樂. 今夫子曰, '聖王不爲樂.' 此譬之猶馬駕而不稅, 弓張而不弛, 乃非有血氣者之所不能至邪?"(『墨子』「三辯」)

6-2-12

정번이 말했다. "선생님이 '성왕들은 음악이 없었다'라고 했는데, [선생님이 말한] 그것들도 음악입니다. 그런데도 어찌하여 '성왕들은 음악이 없었다'라고 말한 것입니까?"(『묵자』「삼변」)

程繁曰, "子曰, '聖王無樂.' 此亦樂已. 若之何其謂'聖王無樂'也?"(『墨

91_ 이하에서 인용한 『묵자』「삼변」편의 내용은 이 책의 제4권 제2절〈4-2-7〉에서 이미 인용했다. 자세한 주석은 앞의 내용을 참조 바람.

子』「三辯」)

康6-10

묵자가 음악을 비판했는데, 묵자의 무리였던 정번조차도 [음악 비판에 대해] 마음속에 편하지 않은 점이 있었다.

墨子非樂, 其徒程繁亦有不安于心者.

⑥ 형경주(荊耕柱)

6-2-13

묵자가 형경주자(荊耕柱子)[92]를 초(楚)나라에 파견했다.[93] 묵자의 제자 두세 사람이 그곳을 지나가면서 [그에게 들렀는데], 그들에게 석 되[94]의 양식만을 먹여주고, 손님으로 후하게 대접하지 않았다. 그들이 묵자에게 돌아와서 말했다. "경주자(耕柱子)는 초나라에 거처하더라도 아무런 보탬이 없습니다. 저희들이 그곳을 지나가면서 [그에게 들렀는데], 저희들에게 석 되의 양식만을 먹여주고, 손님으로 후하게 대접하지 않

92_ 왕염손이 "경주자(耕柱子) 위에 초(楚)나라를 뜻하는 형(荊)자가 있어서는 안 되는데, 형(荊)과 경(耕)이 소리가 서로 비슷하니, 아마도 형(荊)은 경(耕)이 잘못 기록된 연문인 듯하다"라고 했다. 그러나 캉유웨이가 형경주(荊耕柱)를 인명(人名)으로 기술했기 때문에 그에 따라 해석했다.

93_ 유(游)는 필원이 "그 명성을 선양하기 위해서 사람을 시켜 그곳에서 벼슬살이를 시킨 것이다"라고 했다.

94_ 삼승(三升)은 『묵자한고』에서 "삼승(三升), 즉 석 되라는 것은 매 끼니마다의 수치를 말한다. 『설원』「존현(尊賢)」편에는 전수(田需)가 종위(宗衛)에게 '석 되의 곡식은 사(士)에게는 부족하다'라고 말한 기록이 있다. 또 염약거는 고대의 도량 단위 중 다섯 되는 지금의 한 되에 해당하니, 석 되라는 것은 지금의 반 되를 조금 넘을 따름이라고 한다. 이로써 본다면 석 되라는 것이 배불리 먹기에는 부족했음을 알 수 있다"라고 했다.

았습니다" 그러자 묵자가 "아직 알 수 없다"[95]라고 했다. 얼마 지나지 않았는데, [형경주자가] 묵자에게 10금(金)[96]을 보내면서, "후생(後生)[97]인 저는 감히 죽지 못하고 살아 있으며,[98] 여기에 10금이 있으니, 원컨대 선생님께서 사용해주십시오"라고 했다.(『묵자』「경주」)

子墨子游荊耕柱子于楚. 二三子過之, 食之三升, 客之不厚. 二三子復于子墨子曰, "耕柱子處楚無益矣. 二三子過之, 食之三升, 客之不厚." 子墨子曰, "未可智也." 毋幾何, 而遺十金于子墨子曰, "後生不敢死, 有十金于此, 願夫子之用也."(『墨子』「耕柱」)

⑦ 관검오(管黔敖), 고석자(高石子)

6-2-14

묵자가 관검오(管黔敖)[99]에게 고석자(高石子)[100]를 위(衛)나라에 파견하도

95_ 지(智)는 필원이 다른 판본에는 지(智)가 지(知)로 되어 있다고 했다.

96_ 십금(十金)은 『묵자한고』에서 『맹자』「공손추」편의 조기(趙岐) 주를 인용하여, "고대에 1일(鎰)은 1금(金)이 되며, 모두 20냥이다. 필원은 '십금(十金)이 천금(千金)을 잘못 기록한 것'이라고 했다. 그러나 『전국책』「제책(齊策)」에도 십금(十金)이라는 기록이 있고, 그것에 대한 주석에서 20냥이 1금(金)이 된다고 했다. 묵자는 검약(儉約)을 중시했기 때문에 묵가 학파 내에서는 10금(十金), 즉 200냥이 적다고 여길 수 없기 때문에 본문 그대로 해석하는 것이 옳다"라고 했다.

97_ 후생(後生)은 『묵자한고』에서 "제자라는 칭호와 같은 것으로, 『묵자』「비유 하」편에는 제자후생(弟子後生)이라는 표현이 있다"라고 했다.

98_ 불감사(不敢死)는 필원이 "고대인들의 편지글에서 일상적으로 쓰는 문투로, 죽을 죄를 지은 사람이라는 뜻이다. 여기에서는 자신을 낮춰 부르는 겸사이다"라고 했다.

99_ 관검오(管黔敖)는 묵자의 제자이며, 제(齊)나라 사람으로 알려져 있다. 『예기』「단궁」편에 나오는 검오(黔敖)라는 사람과 동일 인물이다. 다른 판본에는 관검오(管黔敖)의 오(敖)자가 오(激)자로 기록되어 있다. 이에 대해 『묵자한고』에서 소시학은 "오(激)자는 유(游)자와 자형이 비슷하므로, 이것은 유(游)자가 잘못되어 연문된 것"이라고 했다. 그러나 필원은 "오(激)자는 아마도 오(敖)자가 잘못 기록된

록 시켰다. 위나라 군주는 그에게 매우 후한 녹봉을 주고, 그를 경(卿)의 자리에 앉혔다.[101] 고석자는 세 번 조회에 나가서 반드시 최선을 다해 발언했지만, 그의 말이 실행되지 않았다. [그는 위나라를] 떠나서 제(齊)나라로 가면서 묵자를 만나보고서 말했다. "위나라 군주는 선생님 때문에 저에게 매우 후한 녹봉을 주고, 저를 경의 자리에 앉혔습니다. 그래서 저는 세 번 조회에 나가서 반드시 최선을 다해 발언했지만, 말이 실행되지 않았습니다. 그 때문에 그곳을 떠난 것입니다. 그런데 위나라 군주가 저를 미쳤다고 여기지 않겠습니까?" 묵자가 대답했다. "그곳을 떠난 것이 진실로 도리가 있다면, 미쳤다는 취급을 받는 것이 무슨 해가 되겠는가?[102] 옛날에 주공(周公) 단(旦)은 관숙(關叔)을 피하여 삼공(三公)의 벼슬을 사양하고,[103] 동쪽으로 가서 상개(商蓋)[104] 땅에 거처했는데, 사람들은 모두 그를 미친 사람이라고 불렀다. 그러나 후세에서는 그의 덕을 칭송하고, 그의 이름을 찬양하여 지금까지도 그치지 않고 있다. 또한 내가 듣건대, 의로움의 실천은 비난을 피하고 명예로 나아가는 것이 아니니, 그곳을 떠난 것이 진실로 도리가 있다면 미쳤

것"이라고 했다. 여기에서는 필원의 주장에 따라 고쳤다.

100_ 고석자(高石子)는 묵자의 제자로 알려져 있으나, 자세한 사적은 보이지 않는다. 『묵자한고』에서는, 『묵자』「노문」편에 고손자(高孫子)라는 인물이 등장하고, 『여씨춘추』「존사(尊師)」편에는 묵자의 제자로 고하(高何)라는 인물이 기록되어 있는데, 이들이 고석자와 동일 인물인지는 알 수 없다고 했다.

101_ 설(設)은 『묵자한고』에서 『순자』「신도(臣道)」편에 기록된 양경의 주를 인용하여, 신하의 반열에 둔다는 뜻이라고 했다.

102_ 수광하상(受狂何傷)의 수(受)자는 『묵자한고』에서 위(爲)자의 오자라고 했는데, 글자 그대로 해석해도 별 무리가 없다.

103_ 주공(周公) 단(旦)은 주나라 무왕(武王)의 동생으로, 흔히 주공(周公)으로 부르는 인물이다. 관숙(關叔)은 주공의 동생 관숙(管叔)을 말한다. 필원이 관(關)자는 관(管)자를 가차하여 쓴 것이라고 했다. 관숙이 주공을 모함한 내용은 『서』「금등(金縢)」편에 보인다. 비(非)는 피하다[避]는 의미이다.

104_ 상개(商蓋)는 필원이 상엄(商奄)을 말하며, 『서』「금등」편에 "주공이 동쪽에서 2년간 머물렀다"라는 기록이 있다고 했다.

다는 취급을 받는 것이 무슨 해가 되겠는가?" 고석자가 말했다. "제가 그곳을 떠난 것이 어찌 감히 도리에 맞지 않겠습니까? 옛날에 선생님께서 '천하에 도가 없으면 어진 선비는 후한 [대우를 받는 곳에] 거처하지 않는다'라고 말했습니다. 지금 위나라 군주가 무도한데도 그의 녹봉과 관직을 탐낸다면 이것은 제가 구차하게 남이 주는 먹이에 빠져드는 것입니다."[105] 묵자가 기뻐하면서 자금자(子禽子)[106]를 불러서, "잠시 이 말을 들어보겠는가?"라고 했다.(『묵자』「경주」)

子墨子使管黔敖游高石子于衛. 衛君致祿甚厚, 設之于卿. 高石子三朝必盡言, 而言無行者. 去而之齊, 見子墨子曰, "君以夫子之故, 致祿甚厚, 設我于卿. 石三朝必盡言, 而言無行, 是以去之也. 衛君無乃以石爲狂乎?" 子墨子曰, "去之苟道, 受狂何傷? 古者, 周公旦非關叔, 辭三公, 東處于商蓋, 人皆謂之狂. 後世稱其德, 揚其名, 至今不息. 且翟聞之, 爲義非避毁就譽, 去之苟道, 受狂何傷?" 高石子曰, "石去之, 焉敢不道也? 昔者, 夫子有言曰, '天下無道, 仁士不處厚焉.' 今衛君無道, 而貪其祿爵, 則是我爲苟陷人長也." 子墨子說, 而召子禽子曰, "姑聽此乎?"(『墨子』「耕柱」)

105_ 구함인장(苟陷人長)은 필원이 함(陷)이 처(處)자로 된 판본도 있다고 했다. 필원의 주장에 따르면, 함(陷)은 거처하거나 머문다는 뜻이다. 손이양은 구함인장(苟陷人長)은 구함인사(苟陷人食)가 되어야 한다고 했다. 사(食)자와 장(長)자가 글자 형태가 유사하기 때문에 잘못 기록한 것이라고 했다. 한편 인장(人長)을 군상(君上)으로 해석하여, 구함인장(苟陷人長)을 '진실로 인군을 무도한 곳에 몰아넣다'라고 해석하는 경우도 있다.

106_ 자금자(子禽子)는 금골리(禽滑釐)이다. 금골리를 '자금자'라고 부른 기록은 『묵자』「공수」편에 보인다.

⑧ 고하(高何), 현자석(縣子石)

6-2-15

고하(高何)[107]와 현자석(縣子石)[108]은 제(齊)나라의 폭력배로, 시골구석에서도 지탄을 받았는데,[109] 묵자에게서 배웠다.(『여씨춘추』「존사」)

高何 · 縣子石, 齊國之暴者也, 指于鄉曲, 學于子墨子.(『呂氏春秋』「尊師」)

6-2-16

현자석(縣子碩)이 묵자에게 물었다. "의로움의 실천에 무엇을 가장 힘써야 합니까?" 묵자가 대답했다. "비유하자면 담을 쌓는 것과 같으니, 잘 쌓는 사람은 쌓는 일을 하고, 흙을 잘 퍼서 담는 사람은 퍼서 담는 일을 하며, 힘이 센 사람은 힘을 쓰는 일을 하니,[110] 그런 이후에야 담장이 완성된다."(『묵자』「경주」)

縣子碩問于子墨子曰, "爲義, 孰爲大務?" 子墨子曰, "譬若築墻然, 能

107_ 고하(高何)는 묵자의 제자로 알려져 있으나, 자세한 사적은 보이지 않는다.

108_ 현자석(縣子石)은 묵자의 제자로 알려져 있으나, 자세한 사적은 보이지 않는다. 『묵자』「경주(耕柱)」편에도 보이는데, 『묵자한고』에서 "『여씨춘추』「존사」편에 현자석(縣子石)이라는 인물이 기록되어 있는데, 묵자에게 배웠다고 하니, 이 인물이 바로 여기에서 말하는 현자석(縣子碩)이다"라고 했다. 한편 소시학은 "『예기』「단궁」편에 현자쇄(縣子瑣)라는 인물이 나오는데, 이 인물이 현자석(縣子碩)인 듯하지만, 고증할 방법이 없다"라고 했다.

109_ 향곡(鄉曲)은 향리(鄉里), 즉 후미진 시골구석이나 벽촌을 말한다. 지(指)는 손가락질을 받는 것으로, 지탄을 받는 것을 말한다.

110_ 흔(欣)은 짐승이 힘이 센 것을 말한다. 『묵자한고』에서 "힘이 센 사람이 흙을 쌓는 일을 하는데, 흙을 퍼 담는 데에도 힘이 필요하다. 동물들 중에서도 힘이 센 것을 흔(欣)이라고 하니, 힘이 센 소를 흔우(欣牛) 또는 흔가(欣豭)라고 하는 것과 같은 용례이다"라고 했다.

築者築, 能實壤者實壤, 能欣者欣, 然後墻成也."(『墨子』「耕柱」)

康6-11

살펴보건대, [『묵자』에 나오는] 현자석(縣子碩)이 곧 [『여씨춘추』에 나오는] 현자석(縣子石)이다.

按, 縣子碩卽縣子石.

⑨ 낙골리(駱滑氂)

6-2-17

묵자가 낙골리(駱滑氂)[111]에게 말했다. "나는 그대가 용맹을 좋아한다고 들었다." 낙골리가 대답했다. "그렇습니다. 저는 어느 마을에 용맹한 전사가 있다는 소문을 들으면, 반드시 쫓아가서 그를 죽입니다." 묵자가 말했다. "천하 사람들 중에 자신이 좋아하는 것을 흥기시키고, 자신이 싫어하는 것을 없애려고 하지 않는 자가 없다.[112] 그런데 지금 그대는 어느 고을에 용맹한 전사가 있다는 소식을 들으면 반드시 쫓아가서 그를 죽인다고 하니, 이것은 용맹을 좋아하는 것이 아니라, 용맹을 싫어하는 것이다."(『묵자』「경주」)

子墨子謂駱滑氂曰, "我聞子好勇." 駱滑氂曰, "然. 我聞其鄕有勇士焉, 吾必從而殺之." 子墨子曰, "天下莫不欲與其所好・度其所惡. 今子聞其鄕有勇士焉, 必從而殺之, 是非好勇也, 是惡勇也."(『墨子』「耕柱」)

111_ 낙골리(駱滑氂)는 낙골리(駱滑釐)라고도 한다. 묵자의 제자로 알려져 있으나, 자세한 사적은 보이지 않는다.

112_ 필원이 도(度)는 도거(渡去), 즉 피한다는 뜻이라고 했다. 한편 왕인지는 여(與)는 흥(興)이 되어야 하고, 도(度)는 폐(廢)가 되어야 한다고 했는데, 여기에서는 왕인지의 주장에 따라 해석했다.

⑩ 현당자(弦唐子)

6-2-18

묵자가 남쪽으로 유세하면서 위(衛)나라로 사신을 갔는데, 수레 속에[113] 실려 있는 책이 매우 많았다. 현당자(弦唐子)[114]가 그것을 보고 괴이하게 여겨서 말했다. "우리 선생님께서는 공상과(公尙過)[115]를 가르치면서 '굽고 곧음을 [직접] 헤아려 볼 따름이다'[116]라고 하셨는데, 지금 선생께서는 책을 실은 것이 매우 많은 것은 무슨 이유가 있습니까?"(『묵자』「귀의」)

子墨子南游使衛, 關中載書甚多. 弦唐子見而怪之曰, "吾夫子教公尙過曰, '揣曲直而已.' 今夫子載書甚多, 何有也?"(『墨子』「貴義」)

康6-12

주자가 육사산(陸梭山)[117]에 대해 평가하면서 말했다. 그의 제자들은 조

113_ 관중(關中)은 필원이 경중(扃中)과 같은 말로, 관(關)과 경(扃)은 소리가 서로 비슷하기 때문에 통용해서 사용했다고 했다. 또한 『문선』에 수록된 장형(張衡)의 「서경부(西京賦)」에도 '불탈경(不脫扃)'이라는 말이 있는데, 이에 대한 설종(薛綜)의 주에서 "경(扃)은 관(關)"이라고 했다. 고대의 수레에는 양쪽에 기둥을 세우고, 그 사이에는 나무판으로 판막이를 했다. 그리고 그 속에는 물건들을 올려놓을 수 있게 했는데, 바로 이 공간을 경(扃) 혹은 관(關)이라고 부른다.

114_ 현당자(弦唐子)는 묵자의 제자로 알려져 있으나, 자세한 사적은 보이지 않는다. 『묵자한고』에 의하면, 『풍속통(風俗通)』에서는 현자(弦子)의 후손이라고 했고, 『좌씨전』에서는 정(鄭)나라 상인(商人) 중에 현고(弦高)라는 사람이 있었다고 한다.

115_ 공상과(公尙過)는 묵자의 제자로 알려져 있으나, 자세한 사적은 보이지 않는다. 『묵자한고』에 의하면, 『여씨춘추』「고의(高義)」편에서 공상과(公尙過)를 공상과(公上過)로 기록하고 있는데, 고유가 묵자의 제자라고 했다. 왕부(王符)의 『잠부론(潛夫論)』「지씨성(志氏姓)」편을 살펴보면, 위(衛)나라 공족(公族) 중에는 공상씨(公上氏)가 있었다고 한다. 따라서 공상과(公尙過)는 위나라 사람일 것이다.

116_ 췌(揣)는 『묵자한고』에 의하면, 『설문해자』에서 량(量)의 뜻이라고 했다.

용하게 밤새도록 잠도 자지 않고 독서를 하는데, [그는] 남을 가르칠 때 책을 한 쪽에 밀쳐둔 채,[118] 고금(古今)의 서적을 살펴보지 않는다고 했다. 육조(六朝) 혜능도 글자를 모른다고 스스로 말했다. 교주들은 대부분 이와 같은 부류였으니, 묵자도 그런 점이 있었다.

朱子謂陸梭山, 言其弟子靜竟夜不寢讀書, 而教人束書不觀古今. 六祖自謂不識字. 敎主多此類, 墨子有焉.

⑪ 질비(跌鼻)

6-2-19

묵자가 병에 걸렸는데, 질비(跌鼻)[119]가 찾아와서 물었다. "선생님께서는 귀신은 총명하여 [사람들에게] 화와 복을 내릴 수 있기 때문에 선한 사람에게는 상을 주고, 선하지 않은 짓을 한 사람에게는 벌을 준다고 했습니다. 지금 선생님은 성인이신데, 어떤 이유로 병에 걸리신 겁니까? 아마도[120] 선생님의 말씀 중에 선하지 않은 것이 있기 때문입니까? 아니면 귀신이 밝게 알지 못하기 때문입니까?"(『묵자』「공맹」)

子墨子有疾, 跌鼻進而問曰, "先生以鬼神爲明, 能爲禍福, 善者賞之, 爲不善者罰之. 今先生聖人也, 何故有疾? 意者先生之言有不善乎?

117_ 육사산(陸梭山)은 육구소(陸九韶)로, 남송(南宋) 때의 학자이고, 자는 자미(子美)이다. 동생인 육구령(陸九齡)·육구연(陸九淵)과 함께 삼육자(三陸子)로 일컬어진다. 관직에 나가지 않고, 사산(梭山)에 은거하며 강학에만 힘썼기 때문에 육사산(陸梭山) 또는 사산선생(梭山先生)이라고 불렸다.

118_ 속서(束書)는 책들을 한쪽으로 밀쳐둔다는 뜻이다. 송나라 소식(蘇軾)이 쓴 『이씨산방장서기(李氏山房藏書記)』에 "과거를 치는 선비들은 모두 책을 한쪽으로 밀쳐두고 보지 않고[束書不觀] 청담이나 늘어놓지만, 근본이 없으니, 이것이 또한 어찌된 영문인가?"라는 기록이 보인다.

119_ 질비(跌鼻)는 묵자의 제자로 알려져 있으나, 자세한 사적은 보이지 않는다.

120_ 의자(意者)는 추측을 나타내는 말이다.

鬼神不明知乎?"(『墨子』「公孟」)

康6-13

묵자의 제자들은 모두 묵자를 성인(聖人)으로 여겼다.

墨子弟子皆以墨子爲聖人.

⑫ 공상과(公尙過)

6-2-20

묵자가 공상과(公尙過)를 월(越)나라에 파견했다.[121] 공상과는 월나라 왕[122]에게 유세를 했는데, 월나라 왕이 크게 기뻐하면서 공상과에게 말했다. "선생께서 만약 묵자 선생에게 월나라에 와서 과인을 가르치게 할 수 있다면, 청컨대 옛날 오나라[故吳][123]의 땅 사방 500리를 떼어서 묵자에게 분봉해주고자 합니다." 공상과가 허락했다. 마침내 월나라 왕은 공상과에게 수레 50승을 끌고 가서[124] 묵자를 노(魯)나라에서 모셔오게 했다. [공상과가 묵자에게] 말했다. "제가 선생님의 도로써 월나라 왕에게 유세를 했는데, 월나라 왕이 크게 기뻐하면서 저에게 '만약 묵자 선생에게 월나라에 와서 자신을 가르치게 할 수 있다면, 청컨

121_ 『묵자한고』에서 유(游)자 뒤에 어노(於魯) 두 글자가 빠져 있고, 과(過)자 뒤에 적(適)자가 빠져 있는 것 같다고 했다. 이 주장에 따르면, 본문은 "子墨子游於魯, 公尙過適于越."이 되어, "묵자는 노나라에서 유세를 했고, 공상과는 월나라로 갔다"라고 해석할 수 있다.

122_ 월왕(越王)은 필원이 구천(句踐)의 후손이라고 했다.

123_ 고오(故吳)는 『묵자한고』에 의하면, 당시에는 오(吳)나라가 이미 멸망하여 월(越)나라에 편입되었기 때문에 옛 오나라라고 표현한 것이라고 한다.

124_ 속(束)은 『묵자한고』에서 인용한 『설문』「속부(束部)」편에서 묶어서 맨다[縛]는 뜻이라고 했다. 여기에서는 수레 50승을 끌고 갔다는 의미로 해석했다.

대 옛 오나라의 땅 사방 500리를 떼어서 선생님에게 분봉해주겠다'라고 했습니다."(『묵자』「노문」)

子墨子游公尙過于越. 公尙過說越王, 越王大說, 謂公尙過曰, "先生苟能使子墨子于越而敎寡人, 請裂故吳之地方五百里, 以封子墨子." 公尙過許諾. 遂爲公尙過束車五十乘, 以迎子墨子于魯. 曰, "吾以夫子之道說越王. 越王大說, 謂過曰, '苟能使子墨子至于越而敎寡人, 請裂故吳之地方五百里, 以封子.'"(『墨子』「魯問」)

康6-14

묵자는 당시의 군주들에게 자신의 제자들을 적극적으로 천거했는데, 예를 들어 경주(耕柱)를 초(楚)나라에 파견했고,[125] 관검오(管黔敖)에게 고석자(高石子)를 위(衛)나라에 파견하도록 했으며,[126] 공상과(公尙過)를 월(越)나라에 파견했고,[127] 승작(勝綽)에게 항자우(項子牛)를 섬기도록 했다.[128] 그래서 그의 제자들은 녹봉을 받아서 자신들의 스승과 친구들을 매우 후하게 대우했다. 따라서 묵자의 무리들이 매우 많았던 것이다.

墨子極能薦其徒屬弟子于時王, 如游耕柱于楚, 使管黔敖游高石子于衛, 游公尙過于越, 使勝綽事項子牛. 而其弟子得祿, 待其師友極厚. 故其徒屬甚盛.

125_ 이 내용은 『묵자』「경주(耕柱)」편에 보인다.

126_ 이 내용은 『묵자』「경주」편에 보인다.

127_ 이 내용은 『묵자』「노문(魯問)」편에 보인다.

128_ 이 내용은 『묵자』「노문」편에 보인다.

⑬ 조공자(曹公子)

6-2-21

[묵자가] 조공자(曹公子)[129]에게 송(宋)나라에서 [관직 생활을 하도록 했는데],[130] 3년이 지나서 되돌아왔다. 묵자를 만나보고서 말했다. "처음에 제가 선생님의 문하에서 공부할 때에는 남루하고 조악한 옷[131]을 입고, 콩잎으로 만든 보잘것없는 국을 먹었는데,[132] 그것도 아침에 그 음식을 먹었으면 저녁에는 먹을 수가 없었고, 귀신에게 제사를 지낼 수도 없었습니다.[133] 그런데 선생님의 가르침[134] 덕분에 집안이 처음보다 넉넉해졌습니다. 집안이 넉넉해져서[135] 귀신에게 공손하게 제사를 지

129_ 조공자(曹公子)는 묵자의 제자로 알려져 있으나, 자세한 사적은 보이지 않는다.

130_ 이 문장은 원래 "子墨子出曹公子而於宋."이다. 왕염손은 "子墨子出曹公子於宋."으로 되어야 한다고 했고, 유월은 출(出)이 사(士)의 오자이며, 사(士)는 사(仕)와 통한다고 했다. 「귀의(貴義)」편에 "子墨子仕人於衛."라는 사례가 보인다.

131_ 단갈(短褐)은 필원이 단(短)은 수(裋)의 뜻이라고 했다. 수갈(裋褐)은 조악하고 남루한 옷으로 빈천한 사람들이 입던 옷이다.

132_ 곽갱(藿羹)은 콩잎으로 만든 보잘것없는 국을 말한다. 『묵자』 「일문(佚文)」편에도 "현미나 기장으로 만든 거친 밥과 명아주잎과 콩잎으로 만든 보잘것없는 국[糲粱之食, 藜藿之羹.]"이라는 말이 보인다.

133_ 『묵자한고』에서 이 문장에서는 부득(弗得)이라는 두 자가 중복된 것이라고 했다. 즉 본래의 문장은 "朝得之, 則夕弗得, 弗得祭祀鬼神."이다. 여기에서는 『묵자한고』에 따라 해석했다.

134_ 왕염손이 "제가 처음에는 집안이 가난했지만, 지금은 선생님의 가르침 때문에 집안이 처음보다 부유해졌다는 의미이다. 지금 판본에는 금(今)과 교(敎)가 빠져 있고, 교(敎)가 정(政)으로 잘못 기록되어 있어서 의미가 통하지 않는다"라고 했다. 또한 유월은 "정(政)은 고(故)의 오자이다. 묵자가 조공자를 송나라에 천거하여, 조공자는 송나라에서 녹봉을 받게 되었다. 따라서 조공자가 '선생님이 애써주신 이유[故] 때문에 집안이 처음보다 부유해졌습니다'라고 말한 것이다. 「경주」편에서도 '그대는 선생님이 애써주신 이유[故] 때문에 녹봉을 받아서 부유해졌다'라는 기록이 있다"라고 했다. 여기에서는 왕염손의 주장에 따라 해석했다.

135_ 『묵자한고』에서 후(厚)는 향(享)이 되어야 하고, 유(有)는 우(又)의 뜻이라고 했

낼 수 있게 되었습니다. 그러나 집안사람들 중 죽는 이들이 많아졌고, 가축들[136]이 번식하지 않았으며, 제 몸은 깊이 병이 들었습니다.[137] 그래서 저는 선생님의 도가 사용할 만한 것인지를 잘 모르겠습니다."(『묵자』「노문」)

曹公子而于宋, 三年而反. 睹子墨子曰, "始吾游于子之門, 短褐之衣, 藿羹, 朝得之, 則夕弗得, 祭祀鬼神. 而以夫子之政, 家厚于始也. 有家厚, 謹祭祀鬼神. 然而人徒多死, 六畜不蕃, 身湛于病. 吾未知夫子之道之可用也."(『墨子』「魯問」)

⑭ 팽경생자(彭輕生子)

6-2-22

팽경생자(彭輕生子)[138]가 말했다. "지나간 일은 알 수 있지만, 다가올 일은 알 수 없습니다." 묵자가 말했다. "너의 부모가 100리 밖에 계시다가 난리를 만났다고 가정해보자."[139](『묵자』「노문」)

다. 따라서 이 문장은 "또한 집안에서 향사(享祀)를 지내게 되다"로 해석될 수 있다. 『주례』에서는 인귀(人鬼)에게 지내는 제사를 향사(享祀)라고 하고, 『주서』「상맥(嘗麥)」편에는 "읍(邑)에서는 곧 백성들에게 명령을 하달하여 마침내 집안에서 향사를 지내게 한다"라는 기록이 보인다.

136_ 육축(六畜)은 본래 여섯 종류의 가축을 뜻한다. 『좌씨전』「소공(昭公)」 25년에 '육축'이라는 말이 나오는데, 두예(杜預)의 주에서 "육축은 말, 소, 양, 닭, 개, 돼지"라고 했다. 이후에는 각종 가축들을 두루 지칭할 때 사용된다.

137_ 담(湛)은 깊이 빠진다는 말로, 병에 깊이 걸렸다는 뜻이다. 『예기』「내칙(內則)」편에서 정현이 지(漬)와 같다고 했다.

138_ 팽경생자(彭輕生子)는 묵자의 제자로 알려져 있지만, 자세한 사적은 보이지 않는다.

139_ 자설(藉設)은 가정을 하거나 가설을 세운다는 뜻이다. 『묵자한고』에서는 적(籍)은 자(藉)의 가차라고 했다. 이 뒤에는 다음과 같은 내용이 이어진다. 만약 하루 만에 부모에게 가면 부모가 살 수 있고, 가지 못하면 돌아가시는 상황에서, 좋은

彭輕生子曰, "往者可知, 來者不可知." 子墨子曰, "藉設而親在百里之外, 則遇難焉."(『墨子』「魯問」)

⑮ 승작(勝綽), 고손자(高孫子)

6-2-23

묵자가 승작(勝綽)[140]에게 항자우(項子牛)[141]를 섬기도록 했다. 항자우가 세 번 노(魯)나라 땅을 침략했는데,[142] 승작이 세 번 모두 따라서 참전했다. 묵자가 그 소식을 듣고서는 고손자(高孫子)를 시켜 승작을 관직에서 물러나도록 요청했다.(『묵자』「노문」)

子墨子使勝綽事項子牛. 項子牛三侵魯地, 而勝綽三從. 子墨子聞之, 使高孫子請而退之.(『墨子』「魯問」)

康6-15

묵자는 공격을 비난하는 것[非攻]으로 논의를 세웠는데, 승작이 계율을 범했기 때문에 그를 관직에서 물러나게 한 것이다. 또한 묵자가 도를

말과 수레를 타지, 그렇지 못한 말과 수레를 타지 않을 것이다. 결국 이와 같이 미래에 어떻게 행동할지를 미리 알 수 있다는 것이 묵자의 논리이다.

140_ 승작(勝綽)은 묵자의 제자로 알려져 있지만, 자세한 사적은 보이지 않는다.

141_ 항자우(項子牛)는 제(齊)나라의 장수이다.

142_ 『묵자한고』에서 "몇 년도에 발생한 일인지는 알 수 없다. 그러나 『사기』에 기록된 「육국연표(六國年表)」와 「전제세가(田齊世家)」의 기록을 토대로 고증해보면, 노(魯)나라 원공(元公) 19년에 제(齊)나라가 노나라의 갈(葛) 및 안릉(安陵) 땅을 침략했고, 20년에는 노나라로부터 하나의 성(城)을 빼앗았다. 그리고 노나라 목공(穆公) 2년에는 제나라가 노나라를 침략하여 성(郕) 땅을 빼앗았고, 16년에는 다시 노나라를 침공하여 최(最) 땅을 빼앗았는데, 이 사건이 위에서 말한 노나라를 세 번 침략한 일에 해당하는 것일 수도 있다"라고 했다.

실천하는 것이 엄격했음을 알 수 있다.

墨子以非攻立義, 勝綽犯戒, 故退之. 亦可見墨子行道之嚴.

⑯ 위월(魏越)

6-2-24

묵자가 유세를 하고 있었는데, 위월(魏越)[143]이 말했다. "사방의 군주들을 찾아가 만나볼 수 있게 된다면 선생님은 장차 무슨 말을 먼저 하시겠습니까?"(『묵자』「노문」)

子墨子游, 魏越曰, "旣得見四方之君, 子則將先語?"(『墨子』「魯問」)

⑰ 송견(宋鈃), 윤문(尹文)

6-2-25[144]

세속에 얽매이지 않고, 외부 대상에 맞추어 꾸미지 않으며, 다른 사람에게 구차하게 굴지 않고, 대중에게 거스르지 않는다. 천하가 안정됨으로써 백성들의 생명이 활기차고, 남과 자신의 생활이 모두 풍족하기를 원할 뿐이다. 이러한 것으로 자신의 마음을 깨끗하게 만들었으니, 옛날의 도술 중에 이러한 방면에 속하는 학풍이 있었다. 송견(宋鈃)과 윤문(尹文)은 그 학풍을 듣고서 기뻐하여, 위와 아래의 폭이 균등한 관[華山之冠]을 만들어 [자신의 입장을] 스스로 표명하고, 만물과 접할 때는 선입견의 배제[別宥]를 출발점으로 삼았다. 마음이 [만물을] 포용하는

143_ 위월(魏越)은 묵자의 제자로 알려져 있지만, 자세한 사적은 보이지 않는다.

144_ 이하에서 인용한 『장자』「천하」편의 내용은 이 책의 제2권 제1절〈2-1-2〉에서 이미 인용했다. 자세한 주석은 앞의 내용을 참조 바람.

것을 말하면서 그것을 '마음의 행위[心之行]'라고 명명했다. 부드럽고 조화로운 태도로 [다른 사람들과] 기쁨을 함께 함으로써 온 천하를 조화롭게 만들되, '마음의 행위'를 그 중심에 두기를 요구했다. 모욕을 당해도 욕되게 여기지 않음으로써 백성들을 싸움으로부터 멀어지게 하려 했고, 공격을 금지하고 군대를 종식시킴으로써 세상을 전쟁으로부터 벗어나게 하려 했다. 이러한 주장을 가지고 천하를 두루 돌아다니면서 위로는 [군주를] 설득하고 아래로는 [백성들을] 가르치니, 비록 천하 사람들이 [그 주장을] 취하지 않더라도 억지로 떠들면서 그만두지 않는 자들이다.(『장자』「천하」)

不累於俗, 不飾於物, 不苟於人, 不忮於衆. 願天下之安寧以活民命, 人我之養畢足而止. 以此白心, 古之道術有在於是者. 宋鈃·尹文聞其風而悅之, 作爲華山之冠以自表, 接萬物以別宥爲始. 語心之容, 命之曰'心之行'. 以聏合驩, 以調海內, 請欲置之以爲主. 見侮不辱, 救民之鬥, 禁攻寢兵, 救世之戰. 以此周行天下, 上說下敎, 雖天下不取, 强聒而不舍者也.(『莊子』「天下」)

⑱ 이지(夷之)

6-2-26

묵가 학파의 이지(夷之)[145]가 서벽(徐辟)[146]을 통해서 맹자(孟子)를 만나보기를 요구했다.(『맹자』「등문공 상」)

墨者夷之因徐辟而求見孟子.(『孟子』「滕文公 上」)

145_ 이지(夷之)는 묵자의 제자로 알려져 있지만, 자세한 사적은 보이지 않는다. 『맹자주소(孟子注疏)』의 조기(趙岐) 주에서는 이지가 묵가의 학문을 연마한 사람이라고 했고, 손석(孫奭)의 소(疏)에서는 성은 이(夷)이고, 이름은 지(之)라고 했다.

146_ 서벽(徐闢)은 『맹자주소』와 『맹자집주』에서 모두 맹자의 제자라고 했는데, 자세한 사적은 보이지 않는다.

⑲ 복돈(腹䵍)

6-2-27

묵가 중에는 거자였던 복돈(腹䵍)[147]이라는 사람이 있었는데, 진(秦)나라에 거처하고 있을 때 그의 아들이 사람을 죽였다. 진나라 혜왕(惠王, B.C.337~B.C.311)[148]이 말했다. "선생의 나이가 연로하고, 다른 자식이 있는 것도 아니니, 과인이 이미 담당 관리에게 사형을 시키지 말라고 명령했습니다. 선생께서도 이 일에 대해서는 과인의 말을 따르길 바랍니다."[149] 그러자 복돈(腹䵍)이 대답했다. "묵자의 법에서는 '사람을 죽인 자는 사형에 처하고, 사람에게 상해를 입힌 자는 형벌을 준다'라고 했는데, 이것은 사람을 죽이거나 상해를 입히는 것을 금지하기 위해서입니다. 대체로 사람을 죽이거나 상해를 입히는 것을 금지하는 것은 천하의 큰 의리입니다. 왕께서 비록 그에게 은혜를 베풀어 관리에게 사형을 시키지 말라고 명령하더라도 저는 묵가의 법을 시행하지 않을 수 없습니다." 혜왕의 [요청을] 받아들이지 않고, 마침내 그 아들을 죽였다. 아들이란 사람이면 누구나 아끼는 대상이지만,[150] 아끼는 대상[의 죽음]을 참아내면서[151] 큰 의리를 실천했으니, 거자는 공평하다고 할만하다.(『여씨춘추』「거사」)

147_ 복돈(腹䵍)은 묵가 학파의 인물로 알려져 있지만, 자세한 사적은 보이지 않는다. 『여씨춘추역주』에서는 복(腹)이 성이고, 돈(䵍)이 이름이라고 했다.

148_ 진(秦) 혜왕(惠王)은 전국시대 진(秦)나라의 군주로, 효공(孝公)의 아들이며, 이름은 사(駟)이다.

149_ 『여씨춘추교석』에서 도홍경은 선생(先生) 앞에 욕(欲)자가 있어야 한다고 했다. 그리고 범경연(范耕硏)은 지(之)가 기(其)와 통용된다고 했다.

150_ 사(私)는 고유가 애(愛)의 뜻이라고 했다.

151_ 인(忍)은 『여씨춘추역주』에서 "인(忍)은 인심(忍心)을 뜻하는데, 여기에서는 자신의 아들을 죽이는 것을 참아낸다는 뜻이다"라고 했다. 즉 아픔을 참아내고 실행한다는 말이다.

墨者有巨子腹䵍, 居秦, 其子殺人. 秦惠王曰, "先生之年長矣, 非有他子也, 寡人已令吏弗誅矣. 先生之以此聽寡人矣." 腹䵍對曰, "墨者之法曰, '殺人者死, 傷人者刑.' 此所以禁殺傷人也. 夫禁殺傷人者, 天下之大義也. 王雖爲之賜, 而令吏弗誅, 腹䵍不可不行墨子之法." 不許惠王, 而遂殺之. 子, 人之所私也, 忍所私以行大義, 巨子可謂公矣.(『呂氏春秋』「去私」)

康6-16

묵가 학파의 거자들은 모두 높은 의리를 가지고 있었으니, 예를 들어 맹승(孟勝)이 친구를 위해 죽은 일[152]과 복돈(腹䵍)이 자식을 죽인 일은 마땅히 당시 세상 사람들을 감동시킬 수 있었을 것이다.

墨之巨子皆有高義, 如孟勝之死友, 腹䵍之殺子, 宜其能風動當世也.

⑳ 사자(謝子), 당고과(唐姑果)

6-2-28

동쪽 지방의 묵가인 사자(謝子)[153]가 장차 서쪽으로 가서 진(秦)나라 혜왕(惠王)을 만나보려고 했다.[154] 혜왕이 진나라에 있던 묵가인 당고과(唐姑果)[155]에게 [사자에 대해] 물었다. 당고과는 혜왕이 사자를 자신보다

152_ 이 내용은『여씨춘추』「상덕(上德)」편에 보인다.

153_ 사자(謝子)는 묵가 학파의 인물로 알려져 있지만, 자세한 사적은 보이지 않는다. 고유에 의하면, 관동(關東) 사람으로 묵자의 도를 배웠다고 한다. 그리고『여씨춘추역주』에서는 사(謝)가 성이고, 자(子)는 선생을 의미하는 존칭이라고 했다. 사자(射子)로 기록된 책도 있다고 한다.

154_ 사자(謝子)와 진혜왕(秦惠王) 사이에 있었던 이 고사는『회남자』「수무훈(脩務訓)」편과『설원』「잡언(雜言)」편에도 보인다.

현명하다고 여길 것[156]을 걱정하여, "사자는 동쪽 지방의 말재주 있는 선비입니다. 그 사람됨이 매우 간사하여 장차 태자(太子)를 설득시켜서 [환심을] 사는 데[157] 힘쓸 것입니다"라고 말했다. 혜왕은 그 때문에 노여움을 품고서 그를 기다렸다. 사자가 도착하여 왕에게 유세했지만, 왕은 듣지 않았다. 사자는 실망하여 마침내 작별을 하고 떠나갔다.(『여씨춘추』「거유」)

東方之墨者謝子將西見秦惠王. 惠王問秦之墨者唐姑果. 唐姑果恐王之親謝子賢于己也, 對曰, "謝子, 東方之辯士也. 其爲人甚險, 將奮于說以取少主也." 王因藏怒以待之. 謝子至, 說王, 王弗聽. 謝子不說, 遂辭而行.(『呂氏春秋』「去宥」)

㉑ 전구(田鳩)

6-2-29

묵가 중에 전구(田鳩)[158]라는 사람이 있었다.(『여씨춘추』「수시」)

墨者有田鳩.(『呂氏春秋』「首時」)

155_ 당고과(唐姑果)는 묵가 학파의 인물로 알려져 있지만, 자세한 사적은 보이지 않는다. 『여씨춘추역주』에는 "진(秦)나라에 머물렀던 묵가학파의 인물로, 다른 책에서는 당고(唐姑) 또는 당고량(唐姑梁)으로 기록되어 있다"라고 했다.

156_ 진기유가 친(親)은 시(視)의 오자라고 했다. 사자가 아직 혜왕을 본 적이 없는데, 친(親)이라고 말할 수는 없다는 것이다.

157_ 분(奮)은 고유가 힘쓰다[彊]는 뜻이라고 했다. 험(險)은 양수달이 섬(憸)의 의미라고 했다. 섬(憸)은 약삭빠르고 간사한 것을 말한다. 그리고 소주(少主)는 혜왕의 태자(太子)라고 했다. 취(取)는 『여씨춘추역주』에서 환심을 산다는 뜻이라고 했다.

158_ 전구(田鳩)는 묵가 학파의 인물로 알려져 있지만, 자세한 사적은 보이지 않는다. 고유는 제(齊)나라 사람으로 묵자의 학술을 배웠다고 했고, 진기유는 전구(田俅)라는 사람으로 『한서』「예문지」에 『전구자(田俅子)』 3편이 수록되어 있다고 했다.

㉒ 묵자사(墨者師)

6-2-30

사마희(司馬喜)[159]가 중산왕(中山王)[160] 앞에서 비공(非攻) [이론]을 가지고 묵자사(墨者師)[161]를 비난하면서, "선생의 학술은 비공(非攻)입니까?"[162]라고 말했다. 묵자사가 "그렇습니다"라고 대답했다. 사마희가 말했다. "지금 중산왕이 군대를 일으켜 연(燕)나라를 공격하려는데, 선생은 장차 왕을 비난할 겁니까?" 묵자사가 "그렇다면 재상께서는 연나라 공격이 옳다고 여깁니까?"라고 말했다. 사마희가 "그렇습니다"라고 대답했다. 묵자사가 "지금 조(趙)나라가 군대를 일으켜 중산국을 공격한다면, 재상께서는 장차 그것을 옳다고 여기겠습니까?"라고 말하자, 사마희는 응답할 방법이 없었다.(『여씨춘추』「응언」)

司馬喜難墨者師于中山王前以非攻曰, "先生之所術非攻夫?" 墨者師曰, "然." 曰, "今王興兵而攻燕, 先生將非王乎?" 墨者師對曰, "然則相國是攻之乎?" 司馬喜曰, "然." 墨者師曰, "今趙興兵而攻中山, 相國將是之乎?" 司馬喜無以應.(『呂氏春秋』「應言」)

159_ 사마희(司馬喜)는 쿠스야마 하루키(楠山春樹)의 『여씨춘추』 중권(中卷)에 의하면, 전국시대 중산국(中山國)의 재상이다. 『전국책』「중산책(中山策)」에 사마희가 중산국에서 3번 재상직을 맡았다는 기록이 보인다고 한다.

160_ 중산왕(中山王)은 쿠스야마 하루키(楠山春樹)에 의하면, 중산국(中山國)의 무공(武公)이다. B.C.414년에 제위에 올랐으며, 『한서』「고금인표(古今人表)」에는 무공과 사마희를 동시대의 인물로 기록하고 있다고 한다.

161_ 묵자사(墨者師)는 대부분의 주석에서는 묵가 학파의 유명한 명사(名師)로 해석했다. 즉 특정 인물의 이름이 아니라 일반적인 칭호로 보았다. 여기에서는 캉유웨이의 의도에 따라 묵가 학파의 인물로 해석했다.

162_ 소술(所術)은 진기유가 자신이 가지고 있는 법술(法術)이라고 했다. 『여씨춘추 역주』에서는 신봉하여 강력히 시행하고 있는 자신의 주장이라고 했다. 부(夫)는 범경연이 호(乎)와 같다고 했다.

康6-17

묵자사(墨者師)는 반드시 유가의 박사(博士)와 서양 종교의 목사나 신부[163]와 같은 부류일 것이다.

墨者師, 必如儒者之博士, 西教牧師 · 神甫之類.

㉓ 섭정(聶政), 형가(荊軻), 전광(田光), 고점리(高漸離)

6-2-31[164]

섭정(聶政)[165]은 지현(軹縣)의 심정리(深井里)[166] 사람이다. 사람을 죽이고서 원수로부터 피신했다. 복양(濮陽) 땅의 엄중자(嚴仲子)[167]는 한(韓)나라의 재상인 협루(俠累)[168]와 사이가 벌어지자,[169] 죽임을 당할까 두려워서

163_ 신보(神甫)는 신부(神父)를 말한다.

164_ 이하에서 인용한 문장은 축약문으로, 『사기』 「자객열전」의 원문이 상당 부분 생략되어 있다.

165_ 섭정(聶政)은 전국시대 위(魏)나라 사람으로, 협객(俠客)으로 잘 알려져 있다. 섭정이 실제 묵가 학파의 문인이었는지는 알 수 없다. 다만 의협(義俠) 정신과 연결시켜 전국시대 활약했던 협객들을 묵가의 후인들이라고 추정하는 주장들이 있는데, 캉유웨이도 이와 같은 입장이다.

166_ 『사기색은』에서 "「지리지(地理志)」에는 하내(河內)에 지현(軹縣)이란 곳이 있고, 심정(深井)은 지현에 속한 리(里)의 이름이다"라고 했다. 또 『사기정의』에서는 "심정리(深井里)는 회주(懷州) 제원현(濟源縣)에서 남쪽으로 30리 떨어진 곳에 있다"라고 했다.

167_ 엄중자(嚴仲子)는 『사기색은』에서 고유가 엄수(嚴遂)라는 사람으로, 자(字)는 중자(仲子)라고 했다.

168_ 협루(俠累)는 『사기색은』에서 이름이 괴(傀)라고 했다.

169_ 극(郤)은 틈이나 사이라는 뜻으로, 사이가 나빠서 틈이 생겼다는 뜻이다. 『사기색은』에서 "『전국책』에는 한괴(韓傀), 즉 협루가 한(韓)나라의 재상을 지냈고, 엄수(嚴遂), 즉 엄중자가 한나라의 군주로부터 신임을 얻고 있었는데, 두 사람은 서로를 비방했다. 한번은 엄수가 한괴의 잘못을 들먹거리자, 한괴는 조정에서 그를 꾸짖었고, 엄수가 검을 뽑아들고 그를 추적하여 원한을 풀고자 했다'라고 했는데,

협루에게 보복해줄 수 있는 사람을 구했다. 제(齊)나라에 도착하니, 제나라 사람 중에 어떤 이가 섭정을 이야기했다. 엄중자는 그의 집에 찾아가서 요청하기를 여러 번 반복했는데, 섭정은 "늙은 어머님이 살아계시니, 저의 몸을 감히 남에게 허락할 수가 없습니다"라고 말했다. 오랜 시간이 지나서, 섭정의 어머니가 죽었다. 그러자 [섭정은] 서쪽으로 가서 복양(濮陽) 땅에 도착하여 엄중자를 찾아보고서 말했다. "일전에 당신께 [제 몸을] 허락하지 않았던 것은 단지 모친이 살아계셨기 때문입니다. 지금 불행하게도 모친께서 천수를 누리고 돌아가셨습니다. 당신이 원수를 갚고자 하는 자는 누구입니까? 청컨대 그 일을 맡을 수 있기를 바랍니다." 그러자 엄중자는 "저의 원수는 한나라의 재상인 협루인데, 협루는 또한 한나라 군주의 숙부입니다"라고 구체적으로 말해주었다. 섭정은 이에 인사하고서 혼자 떠났으며, 칼을 차고 한나라에 도착했다. 한나라의 재상인 협루가 관부(官府)의 당상(堂上)에 앉아 있었는데, 무기를 들고 호위하는 자들이 매우 많았다. 섭정이 곧바로 뛰어 들어가서 계단을 올라가 협루를 찔러 죽였다.[170](『사기』「자객열전」)

聶政者, 軹深井里人也. 殺人避仇. 濮陽嚴仲子與韓相俠累有郤, 恐誅, 求人可以報俠累者. 至齊, 齊人或言聶政. 嚴仲子至門請, 數反, 聶政曰, "老母在, 政身未敢以許人也." 久之, 聶政母死. 乃西至濮陽, 見嚴仲子曰, "前日所以不許仲子者, 徒以親在. 今不幸母以天年終. 仲子所欲報仇者爲誰? 請得從事焉." 嚴仲子具告曰, "臣之仇韓相俠

이 일을 계기로 두 사람 사이에 틈이 생기게 되었다"라고 설명했다.

170_『사기집해』에서 서광이 "한(韓)나라 열후(烈侯) 3년 3월에, 도적이 한나라의 재상 협루를 죽였다. 협루의 이름은 괴이다. 『전국책』에는 '동맹(東孟) 땅에서 회합이 있었다'라고 하고, 또 '섭정이 한괴를 칼로 찔렀고, 아울러 한나라 애후(哀侯)도 찔렀다'라는 기록이 있다"라고 했다. 또 『사기색은』에서는 "『전국책』에서 '섭정이 곧바로 뛰어 들어가서 계단을 올라 한괴를 찔렀는데, 한괴가 달아나며 애후에게 안기니, 섭정이 뒤쫓아 가서 그를 다시 찌르자, 애후까지 함께 찔리게 되었다'는 기록이 있다"라고 했다.

累, 俠累又韓君之季父也.” 聶政乃辭獨行, 仗劍至韓. 韓相俠累方坐府上, 持兵戟而衛侍者甚衆. 聶政直入, 上階刺殺俠累.(『史記』「刺客列傳」)

6-2-32[171]

형경(荊卿)[172]은 독서와 검술을 좋아했고, 연(燕)나라의 개를 잡는 백정과 축(筑)[173]이라는 악기를 잘 타는 고점리(高漸離)를 좋아했다. 연나라의 처사(處士)였던 전광(田光) 선생은 형경이 보통 인물이 아님을 알았다. 전광이 굽은 몸을 이끌고 가서[174] 형가(荊軻)을 만나보고서 말했다. “내가 그대와 서로 친한 것은 연나라 사람 중에 모르는 사람이 없소. 지금 태자께서 나의 젊었을 때[의 활약상]만 듣고, 내 몸이 이미 그 때에 미치지 못함을 알지 못하고, 황송하게도 교지를 내려서 ‘연(燕)나라와 진(秦)나라는 양립할 수 없으니, 원컨대 선생께서 염두에 두시기를 바랍니다’라고 하셨소. 나는 감히 나와 무관한 일이라 여기지 않고,[175] 그대를 태자에게 말씀드렸으니, 원컨대 그대가 궁궐로 태자를 찾아가기를 바라오.” 형가가 “삼가 교지를 따르겠습니다”라고 대답했다. 전광이 말했다. “내가 듣기에, 나이든 자가 일을 실행할 때는 남으로 하여금 의심을 하지 않도록 해야 한다고 했소. 지금 태자께서 나에게 ‘[내가]

171_ 이하에서 인용한 문장은 축약문으로, 『사기』「자객열전」의 원문이 상당 부분 생략되어 있다.

172_ 형경(荊卿)은 전국시대 협객으로 알려져 있는 인물이다. 형가(荊軻)·경경(慶卿)·경가(卿軻)라고도 부른다. 형경은 본래 제(齊)나라의 경씨(慶氏) 후손이었는데, 이후에 위(衛)나라로 옮겨 살게 되면서 형씨(荊氏)로 성을 고쳤다고 한다.

173_ 축(筑)은 『사기색은』에서 “금(琴)과 유사한 것으로, 현(弦)이 있고, 대나무로 만든 막대를 이용해서 그것을 연주하기 때문에 축이라는 이름이 붙게 된 것이다”라고 했다.

174_ 루(僂)는 나이가 들어서 등이 굽은 것을 말한다. 즉 굽은 몸을 이끌고 찾아갔다는 의미이다.

175_ 자외(自外)는 스스로를 외부인으로 여긴다는 말로, 자기와는 상관이 없는 일로 여기는 것이다.

말한 것은 국가의 대사(大事)이니, 원컨대 선생께서는 발설하지 마십시오'라고 말했소. 이것은 태자께서 나를 의심한다는 뜻이오. 일을 실행하면서 남으로 하여금 의심을 하도록 하는 것은 절개가 있고 의협심이 있는 것이 아니오." 그렇게 말하고는 자결을 하여 형가를 분기시켰다. 형가가 마침내 태자를 만나보았다. [형가가] 진나라에 도착하여 진나라 왕이 [연나라의] 지도를 펼쳤는데, 지도가 다 펼쳐지자 비수가 드러났다. 왼손으로는 진나라 왕의 소매를 붙잡고, 오른 손으로는 비수를 쥐고서 왕을 찔렀다.[176] [비수가] 아직 왕의 몸에 닿지 않았는데, 진나라 왕이 [놀라서] 몸을 일으켰다. 이때에 좌우에 있던 신하들이 앞으로 나와서 형가를 죽였다. 그 다음해에 진나라는 천하를 병합했다. 태자 단(丹)과 형가의 무리들을 추격하니, 모두가 도망을 쳤다. 고점리는 성명을 바꾸고 남의 고용인[177]이 되어, 송자(宋子)[178]라는 곳에서 숨어서 일했다. 송자 지역에서는 돌아가면서 그를 빈객으로 대접했는데, [그 사실이] 진시황(秦始皇)에게 알려졌다. 진시황이 그를 불러들여 만나보게 되었는데, 사람들 중에 그를 알아보는 자가 있어서, 곧 "고점리입니다"라고 말했다. 진시황은 축을 잘 타는 그의 솜씨를 아깝게 여겨서 특별히 그를 사면해주고, 그에게 축을 연주하도록 했다. [진시황이] 점점 그를 가까이 대하자, 고점리는 곧 납덩어리를 축 속에 채워 넣고,[179] 축을 들어서 진시황을 내려쳤지만, 맞지 않았다. 이에 [진시황은] 마침내 고점리를 죽였다.(『사기』「자객열전」)

荊卿好讀書擊劍, 愛燕之狗屠及善擊筑者高漸離. 燕之處士田光先生

176_ 침(揕)은 칼로 찌른다는 뜻이다.

177_ 용보(庸保)는 잡일을 하는 사람을 말한다.

178_ 송자(宋子)는 『사기집해』에서 서광이 현(縣)의 이름으로, 지금의 거록(鉅鹿)에 속해 있는 지역이라고 했다. 또 『사기정의』에서는 송자의 고성(故城)이 조주(趙州) 평극현(平棘縣)의 북쪽 30리 떨어진 곳에 위치해 있다고 했다.

179_ 『사기색은』에서 "납을 채우는 것은 축이라는 악기를 무겁게 만들어서 사람을 내려치려는 것이다"라고 했다.

知其非庸人也. 僂行見荊軻, 曰, "光與子相善, 燕人莫不知. 今太子聞光壯盛之時, 不知吾形已不逮也, 幸而敎之曰, '燕·秦不兩立, 願先生留意也.' 光竊不自外, 言足下于太子也, 願足下過太子于宮." 荊軻曰, "謹奉敎." 田光曰, "吾聞之, 長者爲行, 不使人疑之. 今太子告光曰, '所言者, 國之大事也, 願先生勿泄.' 是太子疑光也. 夫爲行而使人疑之, 非節俠也." 因自殺以激荊卿. 荊卿遂見太子. 至秦, 秦王發圖, 圖窮而匕首見. 因左手把秦王之袖, 而右手持匕首揕之. 未至身, 秦王起. 于是左右前殺軻. 其明年, 秦并天下. 逐太子丹·荊軻之客, 皆亡. 高漸離變名姓爲人庸保, 匿作于宋子. 宋子傳客之, 聞于秦始皇. 秦始皇召見, 人有識者, 乃曰, "高漸離也." 秦皇帝惜其善築, 重赦之, 使擊築. 稍益近之, 高漸離乃以鉛置築中, 擧築撲秦始皇, 不中. 于是, 遂誅高漸離.(『史記』「刺客列傳」)

康6-18

전광(田光)이 의로움을 실행한 것이 맹승[이 친구를 위해 죽었던 것]과 대체적으로 같으니, [전광도] 당연히 묵가 학파이다.

田光之行義與孟勝略同, 當爲墨學.

6-2-33

태사공이 말했다. "내가 일찍이 설(薛)[180] 땅을 지나간 적이 있었는데, 그 풍속이 마을에 흉포하고 사나운[181] 젊은이들이 많아서 추(鄒)나라나 노(魯)나라와는 달랐다. 그 까닭을 물으니, '맹상군(孟嘗君)[182]이 천하의

180_ 설(薛)은 『사기정의』에서 설의 고성(故城)이 지금의 서주(徐州) 등현(滕縣) 남쪽으로 44리 떨어진 곳에 있다고 했다.

181_ 포걸(暴桀)은 흉포하고 사납다는 뜻이다.

협객들을 불러들였는데, 간사한 사람들이 설 땅으로 들어와서 대략 6만여 가구가 되었다'라고 했다."(『사기』「맹상군열전」)

太史公曰, "吾嘗過薛, 其俗閭里率多暴桀子弟, 與鄒·魯殊. 問其故, 曰, '孟嘗君招致天下任俠, 姦人入薛中, 蓋六萬餘家矣.'"(『史記』「孟嘗君列傳」)

康6-19

묵가의 후학인 협객들은 그 부류들 중에 간혹 흉포하고 사나운 자들도 있었다. 6만여 가구라고 하니, 매우 융성했던 것이다.

墨學任俠, 其流或爲强暴, 蓋有之. 六萬[183]余家, 蓋盛極矣.

<이상 전국시대의 묵자의 후학: 右戰國墨子後學>

3. 서한시대 묵자의 후학 [西漢墨子後學]

① 주가(朱家) [전중(田仲)]

6-3-1

노(魯)나라의 주가(朱家)[184]라는 사람은 한나라 고조(高祖)와 동시대의 인

182_ 맹상군(孟嘗君)은 전국시대 제(齊)나라 사람이다. 씨(氏)는 전(田)이며, 이름은 문(文)이다. 제나라의 종실(宗室) 대신이었다. 제나라 선왕(宣王) 때 재상을 지냈으며, 설(薛) 땅을 분봉받았다.

183_ 만(萬)이 원문에는 백(百)으로 되어 있는데, 중국인민대학출판사본(中國人民大學出版社本)(2007)의 교열에 따라 고쳤다.

물이다. 노나라 사람들은 모두 유학을 교육받았는데, 주가는 협객으로 유명했다. 그의 식객으로 있던[185] 호걸들이 100여 명이나 되었다.(『사기』「유협열전」)

魯朱家者, 與高祖同時. 魯人皆以儒敎, 而朱家用俠聞. 所藏活[186]豪士以百數.(『史記』「游俠列傳」)

6-3-2

초(楚)나라의 전중(田仲)[187]은 협객으로 유명했다. 검술을 좋아하고, 주가(朱家)를 아버지처럼 섬겼으며, 스스로 자신의 행실이 주가에게 미치지 못한다고 여겼다. 전중이 죽고 나자, 낙양(雒陽)에는 극맹(劇孟)[188]이라는 사람이 있었다. 주(周)나라 사람들은 장사에 자질이 있었는데, 극맹은 임협으로 제후들에게 알려졌다.(『사기』「유협열전」)

楚田仲以俠聞. 喜劍, 父事朱家, 自以爲行弗及. 田仲已死, 而雒陽有劇孟. 周人以商賈爲資, 而劇孟以任俠顯諸侯.(『史記』「游俠列傳」)

184_ 주가(朱家)는 노(魯)나라 사람으로, 진한 시대에 활약했던 협객이다. 호걸 및 일반 사람들을 도와주었지만, 대가를 바라지 않은 것으로 유명하다. 계포(季布)가 곤경에 처했을 때 그를 도와주웠는데, 이후 계포가 실권을 얻어 그에게 답례를 하려고 했지만, 만나주지 않았던 일화가 전한다.

185_ 장활(藏活)은 자기 집에 두고 먹여서 살리는 것으로, 식객을 두는 것이다.

186_ 장활(藏活)이 『공자개제고』에는 장(藏)으로 되어 있는데, 『사기』 원문에 따라 보충했다.

187_ 전중(田仲)은 전한 초기 초(楚)나라 사람이다. 협객으로 유명하다고 기록되어 있으나, 자세한 사적은 보이지 않는다.

188_ 극맹(劇孟)은 전한 시대 낙양(洛陽) 사람이다. 오초칠국(吳楚七國)의 난리 때, 주아부(周亞夫)가 태위(太尉)로 파견되었는데, 이때 하남(河南)에서 극맹을 만나 동료가 되었다. 주아부는 극맹을 얻은 것은 적국 하나를 얻은 것과 같은 것이라고 평가했다고 한다.

② 계포(季布) [계심(季心)]

6-3-3

계포(季布)[189]라는 사람은 초(楚)나라 사람이다. 그 기질이 용맹하고 의리가 있어서[190] 초나라에서 유명했다.(『사기』「계포난포열전」)

季布者, 楚人也. 爲氣任俠, 有名于楚.(『史記』「季布欒布列傳」)

6-3-4

계포(季布)의 동생[191] 계심(季心)[192]은 그 기질이 관중(關中)[193] 지역을 뒤덮을 정도였는데, 사람을 대할 때는 공손하고 정중하면서도 용맹하고 의리가 있어서 사방 수천 리 안에 있는 선비들이 모두 그를 위해 죽으려고 경쟁했다.(『사기』「계포난포열전」)

季布弟季心, 氣蓋關中, 遇人恭謹, 爲任俠, 方數千里, 士皆爭爲之

189_ 계포(季布)는 진한 시대 초(楚)나라 사람으로, 항우(項羽)의 다섯 대장군 중 한 명이었다고 한다.

190_ 임협(任俠)은 『사기집해』에서 맹강이 믿음 있게 교제하는 것을 임(任)이라고 한다고 했고, 여순이 "서로 신의를 지키는 것을 임(任)이라고 하고, 시비(是非)를 한결같이 지키는 것을 협(俠)이라고 한다. 또한 어떤 이들은 임(任)은 기력을 말하고, 협(俠)은 호협심이 있는 것을 말한다"라고 했다.

191_ 제(弟)는 『사기집해』에서 서광이 자(子)로 기록된 판본도 있다고 했다.

192_ 계심(季心)은 계포(季布)의 동생 또는 아들로 알려져 있다. 협객으로 명성이 자자했으며, 일찍이 사람을 죽이고 오(吳)나라로 망명하여, 원사(袁絲) 휘하에서 숨어 지냈다고 한다.

193_ 관중(關中)은 특정 지역을 가리키는 용어이지만, 그 범위에 대해서는 시대마다 차이가 있어서 지칭하는 지역들이 일치하지 않는다. 다만 『사기』의 용례에 따르면, 『사기』「항우본기(項羽本紀)」에 나오는 관중(關中)에 대해서, 『사기집해』에서 서광은 "동쪽으로는 함곡(函谷), 남쪽으로는 무관(武關), 서쪽으로는 산관(散關), 북쪽으로는 소관(蕭關)까지"라고 했다. 일반적으로 이 네 지역이 둘러싼 지역을 관중(關中)이라고 부른다.

死.(『史記』「季布欒布列傳」)

③ 극맹(劇孟), 왕맹(王孟), 간씨(瞯氏), 진씨(陳氏), 주용(周庸), 백씨(白氏), 한무벽(韓無辟), 설황(薛況), 한황(韓況), 한유(韓孺), 곽해(郭解) [적소공(籍少公), 번중자(樊仲子), 조왕손(趙王孫), 고공자(高公子), 곽공중(郭公仲), 노공유(鹵公孺), 예장경(兒長卿), 전군유(田君孺), 요씨(姚氏), 두씨(杜氏), 구경(仇景), 조타우(趙他羽), 조조(趙調)]

6-3-5

원앙(袁盎, B.C.200~B.C.150)[194]이 말했다. "극맹(劇孟)은 비록 노름꾼 무리이지만,[195] 그의 모친이 돌아가시자, 운구를 나르는 빈객의 수레가 1천 대가 넘었으니, 이것은 또한 다른 사람들보다 뛰어난 점이 있었기 때문이다. 또한 변고가 발생하는 것은 사람에게 항상 있는 일이다. 어느 날 위급한 용무로 문을 두드리면, 부모를 핑계 삼지 않고,[196] 삶과 죽음이 달린 문제라고 해서 변명하지 않아서[197] 천하 사람들이 우러러보는 자는 오직 계심(季心)과 극맹(劇孟)뿐이다."(『사기』「원앙조조열전」)

盎曰, "劇孟雖博徒, 然母死, 客送葬車千餘乘, 此亦有過人者. 且緩急人所有. 夫一旦有急叩門, 不以親爲解, 不以存亡爲辭, 天下所望者, 獨季心·劇孟耳."(『史記』「袁盎晁錯列傳」)

194_ 원앙(袁盎)은 진한 시대 때 초나라 사람이며, 자는 사(絲)이다. 강직하고 재주가 뛰어났으며, 문제(文帝) 때 중용되었지만, 수차례 직간을 하여 외직으로 쫓겨났다. 오초칠국의 난 때 공적을 세워 나중에 태상(太常)에 봉해졌다.

195_ 박도(博徒)는 『사기집해』에서 여순이 노름이나 하며 문란하게 행동하는 무리들[博盪]이라고 했다.

196_ 『사기집해』에서 장안은 부모가 허락하지 않는다고 핑계를 대지 않는 것이라고 했다.

197_ 존망(存亡)은 삶과 죽음이 달린 문제로, 죽을 수도 있기 때문에 변명하여 피하는 것을 말한다.

6-3-6

부리(符離)[198] 출신 사람인 왕맹(王孟)은 또한 협객으로 강수(江水)와 회수(淮水)[199] 사이에서 칭송을 받았다. 이 시기에 제남(濟南)의 간씨(瞯氏)[200]와 진씨(陳氏), 진(陳)의 주용(周庸)[201]도 호걸로 유명했는데, 경제(景帝, B.C.188~B.C.141)가 그것을 듣고서 사람을 보내 이들 무리를 모두 죽이게 했다. 그 이후에는 대군(代郡)[202]의 여러 백씨(白氏) 일족,[203] 양(梁)의 한무벽(韓無辟),[204] 양적(陽翟)의 설황(薛況),[205] 겹(郟)의 한유(韓孺)[206] 등이 여기저기에서 다시 출현했다.(『사기』「유협열전」)

符離人王孟亦以俠稱江·淮之間. 是時, 濟南瞯氏·陳氏·陳周庸亦以豪聞, 景帝聞之, 使盡誅此屬. 其後代諸白·梁韓無辟·陽翟薛兄·陝韓孺紛紛復出焉.(『史記』「游俠列傳」)

198_ 부리(符離)는 진(秦)나라 때 설치된 현(縣) 이름으로, 지금의 안휘(安徽) 숙현(宿縣) 동북쪽을 가리킨다.

199_ 강회(江淮)는 장강(長江)과 회수(淮水)를 가리킨다.

200_ 간씨(瞯氏)는 『사기색은』에서 간(瞯)은 간(閒)으로 읽고, 이후에 질도(郅都)에게 살해를 당했다고 한다.

201_ 주용(周庸)은 『사기색은』에서 진(陳)나라 사람으로, 성은 주(周)이고, 이름은 용(庸)이라고 했다.

202_ 대(代)는 『사기색은』에서 대군(代郡)이라고 했다.

203_ 제백(諸白)은 『사기색은』에서 "대군(代郡)의 사람들 중에 백씨(白氏)가 있었는데, 백씨의 집안에서 배출한 협객들이 한 사람이 아니기 때문에 제(諸)자를 붙여 말한 것이다"라고 했다.

204_ 양한무벽(梁韓無辟)은 『사기색은』에서 양(梁)나라 사람으로, 성은 한(韓)이고, 이름은 무벽(無辟)이라고 했다.

205_ 설황(薛況)은 현행본 『사기』에는 설형(薛兄)으로 되어 있는데, 『사기색은』에서 형(兄)을 황(況)으로 읽어야 한다고 한 것에 따라서 『공자개제고』의 원문 그대로 설황(薛況)으로 기록했다.

206_ 섬한유(陝韓孺)는 『사기집해』에서 서광이 "섬(陝)은 겹(郟)자가 되어야 한다. 영천(潁川) 가에는 겹현(郟縣)이라는 지역이 있다. 「남월전(南越傳)」에는 '겹(郟) 땅의 장사(壯士) 한천추(韓千秋)'라는 기록이 있다"라고 했다.

6-3-7[207]

곽해(郭解)는 지(軹)[208] 땅 사람으로, 자(字)는 옹백(翁伯)이고, 관상을 잘 보았던[209] 허부(許負)의 외손자이다. 곽해의 부친은 임협이라는 이유로 문제(文帝, B.C.203~B.C.157) 시기에 주살을 당했다. 곽해는 장성하자, 평소의 행실을 절제하고[210] 검약했으며, 덕으로써 원한에 보답했고,[211] 남에게 후하게 베풀면서 바라는 것은 매우 적었다. 그러나 스스로 의협적인 일을 하는 것을 매우 좋아했다.[212] 임진(臨晉)[213]의 적소공(籍少公)은 평소에 곽해를 알지 못했는데, 곽해는 가명을 대고[214] [적소공에게] 임진관(臨晉關)을 빠져 나가게 해 줄 것을 요청했다.[215] 적소공이 곽해를 내보내 주자, 곽해는 방향을 돌려 태원(太原)으로 들어갔다. 그런데 [곽해는] 그가 지나치던 곳마다 [머물렀던] 주인집에게 [가는 곳을] 알려주었기

207_ 이하에서 인용한 문장은 축약문으로, 『사기』「유협열전」의 원문이 상당 부분 생략되어 있다.

208_ 지(軹)는 『사기색은』에서 하내(河內)에 소속된 지현(軹縣)이라고 했다.

209_ 상인(相人)은 사람의 신체나 얼굴 모습을 관찰하여 길흉과 화복을 점치는 사람들을 뜻한다. 『좌씨전』「문공(文公)」 원년에 상인(相人)에 대한 사례가 보인다.

210_ 절절(折節)은 자기 스스로 절제하여 자신의 평소 행동과 생각을 고치는 것을 말한다. 『사기』「화식열전(貨殖列傳)」과 『남사(南史)』「순리전(循吏傳)」 등에 그 사례가 보인다.

211_ 『논어』「헌문」편에 "或曰, '以德報怨, 何如?' 子曰, '何以報德?? 以直報怨, 以德報德.'"이라는 말이 보인다. 『논어집주』에서 "어떤 사람이 말한 것은 현재 『노자』에 보인다. 덕(德)은 은혜(恩惠)를 말한다"라고 했다. 『노자』 제63장에 "大小多少, 報怨以德."이라는 구절이 보인다.

212_ 『사기색은』에서 소림(蘇林)이 "그의 성품이 의협적인 일을 실행하는 것을 좋아함을 말한다"라고 했다.

213_ 임진(臨晉)은 『사기정의』에서 임진의 고성(故城)이 동주(同州) 풍익현(馮翊縣)의 서남쪽 2리 떨어진 곳에 있다고 했다.

214_ 모(冒)는 가명을 댄다는 뜻이다.

215_ 곽해가 지(軹) 땅에서 살인의 누명을 쓰고 임진으로 도망을 갔는데, 적소공의 집에 머물렀을 때 자신의 신분을 숨기고 적소공에게 임진관을 빠져 나가게 해 달라고 요청한 일을 말한다.

때문에 관리들이 그를 추적하여 적소공의 집에까지 이르렀는데, 적소공이 자결했기 때문에 [곽해의 행선지를] 말해줄 사람이 끊어져 버렸다.[216](『사기』「유협열전」)

郭解, 軹人也, 字翁伯, 善相人者許負外孫也. 解父以任俠, 孝文時誅死. 及解年長, 折節爲儉, 以德報怨, 厚施而薄望. 然其自喜爲俠益甚. 臨晉籍少公素不知解, 解冒, 因求出關. 籍少公已出解, 解轉入太原. 所過輒告主人家, 吏逐之, 迹至籍少公, 少公自殺, 口絶.(『史記』「游俠列傳」)

6-3-8

[곽해가 죽은] 이후로[217] 협객이 된 자가 매우 많았지만, 모두 거만하여 협객으로 칠 만한 사람이 없었다. 그러나 관중(關中) 지역의 장안(長安)에 있던 번중자(樊仲子), 괴리(槐里)의 조왕손(趙王孫), 장릉(長陵)의 고공자(高公子), 서하(西河)의 곽공중(郭公仲), 태원(太原)의 노공유(鹵公孺),[218] 임회(臨淮)의 예장경(兒長卿), 동양(東陽)[219]의 전군유(田君孺)[220] 등은 비록 협객

216_ 곽해가 머물렀던 집을 추격하여 그의 다음 행선지를 알아낼 수 있었기 때문에 적소공의 집까지 도달했는데, 적소공이 자살했기 때문에 다음 행선지를 말해줄 사람이 끊어져 버렸다는 의미이다.

217_ 곽해가 체포되었을 때, 무죄임에도 불구하고 그 집안이 몰살을 당한 이후를 말한다.

218_ 노공유(鹵公孺)는 『사기집해』에서 서광이 안문(鴈門)에 노성(鹵城)이 있다고 했기 때문에 노공유(鹵公孺)는 이곳 출신으로 추정할 수 있다고 했다 그러나 『사기색은』에서는 태원노옹(太原鹵翁)을 『한서』에서는 노공유(魯公孺)라고 기록하고 있으므로 노(魯)가 곧 성(姓)이라고 했다.

219_ 동양(東陽)은 『사기정의』에서 패주(貝州) 역정현(歷亭縣)을 말하며, 춘추시대의 제(齊)나라 지역과 가깝기 때문에 동양(東陽)이라고 불렀다고 한다.

220_ 전군유(田君孺)는 『사기색은』에 의하면, 『한서』에는 전군유(田君孺)를 진군유(陳君孺)라고 기록했다. 그런데 진(陳)자와 전(田)자는 소리가 서로 비슷하기 때문에 이 둘은 같은 성씨라고 했다.

이었지만, 공손하고[221] 겸손한 군자의 풍모를 가지고 있었다. 그러나 장안의 북쪽 지방[222]의 요씨(姚氏), 서쪽 지방의 여러 두씨(杜氏) 일족, 남쪽 지방의 구경(仇景), 동쪽 지방의 조타우공자(趙他羽公子),[223] 남양(南陽)의 조조(趙調)와 같은 무리들의 경우는 모두 민간에 거주하는 도적일 뿐이니, 어찌 거론할 필요가 있겠는가! 이들은 바로 지난번에 주가(朱家)가 수치스럽게 여겼던 자들이다.(『사기』「유협열전」)

自是之後, 爲俠者極衆, 敖而無足數者. 然關中長安樊仲子, 槐里趙王孫, 長陵高公子, 西河郭公仲, 太原鹵公孺, 臨淮兒長卿, 東陽田君孺, 雖爲俠, 而逡逡有退讓君子之風. 至若北道姚氏, 西道諸杜, 南道仇景, 東道趙他羽公子, 南陽趙調之徒, 此盜跖居民間者耳, 曷足道哉! 此乃鄉者朱家之羞也.(『史記』「游俠列傳」)

④ 관부(灌夫)

6-3-9

관부(灌夫, ?~B.C.130)[224]는 학문을 좋아하지 않았지만, 의협심을 좋아했으며, 약속한 말은 반드시 지켰다.[225](『사기』「위기무안후열전」)

221_ 준준(逡逡)은 공손한 모습을 말한다.

222_ 북도(北道)는 『사기색은』에서 소림이 도(道)는 방(方)과 같은 말이라고 했고, 여순이 수도에서 네 방향으로 뻗어나가는 도로를 말한다고 했다.

223_ 조타우공자(趙他羽公子)는 『사기색은』에서 성은 조(趙)이고, 이름은 타우(他羽)이며, 공자(公子)는 그의 자라고 했다.

224_ 관부(灌夫)는 전한 시대 사람으로, 영양(潁陽) 출신이다. 『사기집해』에서는 『한서』를 인용하여, "관부의 자(字)는 중유(仲孺)이다. 관부는 오초칠국의 난리 때 부친과 함께 종군하여 공적을 세웠고, 그 공로를 인정받아 중랑장(中郎將)에 임명되었다. 이후 태복(太僕)에 임명되지만, 승상이었던 전분(田蚡)과 불화가 있어 이후에 불경죄로 일족 전체가 주살당했다"라고 했다.

225_ 이연낙(已然諾)은 『사기색은』에서 이전에 자신이 얘기했던 것을 반드시 지키는 것이라고 했다.

夫不喜[226]文學, 好任俠, 已[227]然諾.(『史記』「魏其武安侯列傳」)

⑤ 정당시(鄭當時), 급암(汲黯)

6-3-10

효문제(孝文帝, B.C.180~B.C.157) 시기에, 정당시(鄭當時)[228]는 임협을 스스로 즐겼는데, 위험한 상황에서 장우(張羽)[229]를 구해주어 명성이 양(梁)과 초(楚) 지역 사이에서 유명했다. 효경제(孝景帝, B.C.188~B.C.141) 시기에는 태자사인(太子舍人)[230]이 되었다. 5일마다 휴가를 갔는데,[231] 항상 역마를 내어 장안(長安)의 여러 교외[232]를 돌아다니면서 빈객들과 왕래하면서 교제했는데,[233] 하루 종일 이어져서 다음날 아침까지 이르러도 항상

226_ 희(喜)가 『공자개제고』에는 선(善)으로 되어 있는데, 『사기』 원문에 따라 고쳤다.

227_ 이(已)가 『공자개제고』에는 이(以)로 되어 있는데, 『사기』 원문에 따라 고쳤다.

228_ 정당시(鄭當時)는 전한 시대 사람으로, 자는 장(莊)이며, 춘추시대 정(鄭)나라 환공(桓公)의 19세손으로 알려져 있다.

229_ 장우(張羽)는 오초칠국의 난리 때 공적을 세운 장수이다. 『한서』에서 복건(服虔)은 장우가 양효왕(梁孝王)의 장수이며, 당시 초(楚)나라 재상의 동생이라고 했다.

230_ 태자사인(太子舍人)은 진(秦)나라 때 처음 설치된 관직으로, 양가의 자제 중에서 선발하여 태자를 가까이에서 모시는 관직이다. 낭중(郎中)과 유사한 관직으로, 200석 규모의 녹봉을 받았다.

231_ 세목(洗沐)은 원래 목욕을 하는 것인데, 여기에서는 휴식을 취한다는 의미이다. 한나라의 제도에서는 관리들은 5일에 한 번씩 목욕을 하며 휴식을 취하게 되어 있었다. 따라서 세목(洗沐)은 당시 관리들의 휴일 또는 휴가라고 할 수 있다.

232_ 교(郊)는 여순이 "교통로가 사방으로 발달된 곳으로, 이곳으로 간 것은 빈객들을 초청하기 편리하기 때문이다"라고 했다. 그런데 안사고는 장안성(長安城) 밖의 사방에 펼쳐져 있는 교(郊) 땅을 가리킨다고 했다. 즉 읍(邑)의 경계 바깥쪽을 교(郊)라고 부르는데, 그중에서도 근교(近郊)는 경계지점에서 직선거리로 20리 떨어진 곳이라고 했다.

233_ 청사(請謝)는 빈객들과 함께 왕래하면서 교제하는 것을 말한다.

두루 교제하지 못한 것을 걱정했다. 정당시는 황로학(黃老學)의 학설을 좋아했고, 그가 연장자를 공경한 것은 마치 그 사람의 의중을 헤아리지 못할까 걱정하는 듯이 했다.[234](『사기』「장풍급정열전」)

孝文時, 當時以任俠自喜, 脫張羽于阸, 聲聞梁·楚間. 孝景時, 爲太子舍人. 每五日洗沐, 常置驛馬長安諸郊, 請謝賓客, 夜以繼日, 至明旦, 常恐不遍. 當時好黃老言, 其慕長者, 如恐不稱.(『史記』「張馮汲鄭列傳」)

6-3-11

급암(汲黯, ?~B.C.112?)[235]은 사람됨이 거만하고 예의가 없었으며, 면전에서 남을 비판하고,[236] 남의 잘못을 용납할 줄 몰랐다. 자기와 맞는 자는 잘 대해주고, 자신과 맞지 않는 자는 보는 것조차 참지 못했다. 선비들도 이러한 이유로 그를 따르지 않았다. 그러나 학문을 좋아하고, 의협심이 있었으며, 기개와 절개를 지키고, 평소의 행동거지가 바르고 결백했으며,[237] 직간하기를 좋아하여 자주 군주[武帝]의 안색을 찌푸리게 했는데,[238] 항상 부백(傅柏)[239]과 원앙(袁盎)의 사람됨을 흠모했다.(『사기』

234_ 칭(稱)은 걸맞지 않는다는 말로, 연장자의 마음에 딱 들어맞지 않는다는 뜻이다. 『한서』 안사고의 주에서는 연장자의 의중을 헤아리지 못함을 걱정한다는 뜻이라고 했다.

235_ 급암(汲黯)은 전한 시대 복양(濮陽) 사람으로, 자는 장유(長孺)이다. 한무제 때 주작도위(主爵都尉)가 되어 구경(九卿)의 반열에 올랐다.

236_ 면절(面折)은 마주 대하고 꾸짖거나 비판하는 것을 말한다.

237_ 내행(內行)은 평소의 행동거지를 말하며, 수혈(修絜)은 바르고 결백하다는 뜻이다.

238_ 범안(犯顔)은 군주나 웃어른이 좋지 않은 낯빛을 하는데도 직간을 하는 것을 말한다.

239_ 부백(傅柏)은 『사기집해』에서 응소가 "양(梁)나라 사람으로, 양(梁)나라 효왕(孝王)의 장수를 지냈으며, 성품이 굳세고 강직했다"라고 했다. 또 『사기색은』에서는 부(傅)가 성이고, 백(柏)이 이름이라고 했다.

「장풍급정열전」)

黯爲人性倨, 少禮, 面折, 不能容人之過. 合己者, 善待之, 不合己者, 不能忍見. 士亦以此不附焉. 然好學, 游俠, 任氣節, 內行修絜, 好直諫, 數犯主之顔色, 常慕傅柏·袁盎之爲人也.(『史記』「張馮汲鄭列傳」)

⑥ 완협(宛俠), 야왕협(野王俠), 종대협(種代俠)[240]

6-3-12

완(宛) 지역도 하나의 도회지이다. 풍속이 복잡하고 일을 벌이는 것을 좋아했으며, 직업 중에서는 상인이 많았다. 그 지역의 의협 기질은 영천(潁川) 지역과도 서로 통하고 있었기 때문에 오늘날까지도 그들을 '하나라 사람[夏人]'이라고 부른다.[241](『사기』「화식열전」)

宛亦一都會也. 俗雜好事, 業多賈. 其任俠, 交通潁川, 故至今謂之'夏人'.(『史記』「貨殖列傳」)

6-3-13

야왕(野王) 지역은 기개를 좋아하고 의협 기질이 있었는데, 그것은 위(衛)나라의 유풍이다.(『사기』「화식열전」)

野王好氣, 任俠, 衛之風也.(『史記』「貨殖列傳」)

240_ 완(宛)·야왕(野王)·종대(種代)는 땅 이름이다. 완협(宛俠)·야왕협(野王俠)·종대협(種代俠)은 모두 사람 이름이 아니라, 그 땅의 협객들을 말한다.

241_「화식열전」에 의하면, 영천(潁川)이나 남양(南陽) 지역은 옛날 우임금이 다스리던 하나라 사람들이 거주하던 지역으로, 이 지역은 정치가 충실하고 소박하여 옛날 선왕들의 유풍이 그대로 남아 있었다고 한다.

6-3-14

종(種)[242] 지역과 대(代)[243] 지역은 석(石)[244] 땅의 북쪽에 위치하는데, 땅이 오랑캐의 주변에 있어서 자주 노략질을 당했다. 그곳 사람들은 으스대고 억세고 오만하며,[245] 기개를 좋아하고 의협 기질이 있다.(『사기』 「화식열전」)

種·代, 石北也, 地邊胡, 數被寇. 人民矜懻忮, 好氣, 任俠.(『史記』「貨殖列傳」)

康6-20

의협 기질의 풍속은 묵가 학파에서 열었기 때문에 여기에 기록된 의협 기질의 여러 사람들을 모두 묵자의 후학으로 나열했다.

游俠之風, 開于墨氏, 故所載游俠諸人, 皆列爲墨子後學.

⑦ 원섭(原涉) [두군오(杜君敖), 한유유(韓幼孺), 수군빈(繡君賓), 조중숙자소유(漕中叔子少游)[246]]

6-3-15

원섭(原涉)은 자(字)가 거선(巨先)이다. 조부(祖父)는 무제(武帝, B.C.156~B.C.87)

242_ 종(種)은 『사기정의』에서 항주(恆州)에 있는 석읍현(石邑縣) 북쪽에 위치하며, 지금의 울주(蔚州)에 해당한다고 했다.

243_ 대(代)는 『사기정의』에서 지금의 대주(代州)를 말한다고 했다.

244_ 석(石)은 『사기집해』에서 서광이 석읍현(石邑縣)을 말하며, 상산(常山)이 있는 곳에 위치한다고 했다.

245_ 긍기기(矜懻忮)는 으스대고 억세고 오만한 모습을 말한다.

246_ 조중숙자소유(漕中叔子少游)는 한 명의 인물이 아니라, 조중숙(漕中叔)과 그의 아들 조소유(漕少游)를 합쳐 부른 명칭이다.

시기에 호걸이라는 이유로 무릉(茂陵)으로 이주했다.[247] 그의 계부(季父)가 무릉의 진씨(秦氏)에게 살해되자, 원섭은 곡구(穀口)[248]에 거처한 지 반년 만에 스스로를 탄핵하여 관직을 떠나서 원수를 갚으려고 했다. 곡구의 호걸들이 그를 위해 진씨를 죽이자, 1년 남짓 다른 곳으로 가서 숨어 지내다가 사면을 받아서 다시 세상으로 나왔다. 군국(郡國)의 여러 호걸들과 장안(長安) 및 오릉(五陵)[249]의 기개와 절개가 있는 자들이 모두 그를 사모하여 모여들었다.(『한서』「유협열전」)

原涉, 字巨先. 祖父武帝時以豪桀徙茂陵. 季父爲茂陵秦氏所殺, 涉居穀口半歲所, 自劾去官, 欲報仇. 谷口豪桀爲殺秦氏, 亡命歲餘, 逢赦出. 郡國諸豪及長安·五陵諸爲氣節者, 皆歸慕之.(『漢書』「游俠列傳」)

6-3-16

애제(哀帝)와 평제(平帝) 연간에 군국(郡國) 곳곳에 호걸들이 있었지만, 호걸로 칠 만한 사람이 없었다. 그중 각 주군(州郡)에서 유명했던 자는 패릉(霸陵)의 두군오(杜君敖), 지양(池陽)의 한유유(韓幼孺), 마령(馬領)의 수군빈(繡君賓), 서하(西河)의 조중숙(漕中叔)이며,[250] 모두 겸손한 풍격을 가지

247_ 무릉(茂陵)은 한무제의 묘가 있는 능현(陵縣)이다. 원제(元帝) 이전에는 각 황제의 무덤이 있는 능현(陵縣)에 전국의 호걸들을 이주시켜서 모여 살도록 했다고 한다.

248_ 곡구(穀口)는 『한서』 안사고의 주에서 좌풍익(左馮翊)에 있는 현(縣)으로, 지금의 운양곡구(雲陽谷口)가 바로 이 지역이라고 했다.

249_ 오릉(五陵)은 안사고가 장릉(長陵)·안릉(安陵)·양릉(陽陵)·무릉(茂陵)·평릉(平陵)을 가리킨다고 했다. 반고(班固)의 「서도부(西都賦)」에서 '남쪽으로 두(杜)와 패(霸)를 바라보며, 북쪽으로는 오릉(五陵)을 바라본다'라고 했으므로 패릉(霸陵)과 두릉(杜陵)이 오릉에 포함되지 않는다는 것을 알 수 있다고 했다.

250_ 안사고가 마령(馬領)은 북지(北地)에 있는 현(縣)이고, 수(繡)와 조(漕)는 모두 성(姓)이라고 했다.

고 있었다.(『한서』「유협열전」)

自哀·平間, 郡國處處有豪桀, 然莫足數. 其名聞州郡者, 霸陵杜君敖, 池陽韓幼孺, 馬領繡君賓, 西河漕中叔, 皆有謙退之風.(『漢書』「游俠列傳」)

6-3-17

조중숙(漕中叔)의 아들 소유(少游)는 다시 협객으로 이름이 났다.(『한서』「유협열전」)

中叔子少游, 復以俠聞于世云.(『漢書』「游俠列傳」)

<이상 서한시대의 묵자의 후학: 右西漢墨子後學>

4. 동한시대 묵자의 후학 [東漢墨子後學]

① 유림(劉林)

6-4-1

당시에 조(趙)나라 무왕(繆王)의 아들 유림(劉林)[251]은 술수학(術數學)[252]을 좋아했고, 조(趙)나라와 위(魏)나라 사이에서 협객짓을 했는데, 대부분 사나운 무법자들과 교제했다.[253](『후한서』「왕유장이팽노열전」)

251_ 유림(劉林)은 범엽이 경제(景帝)의 7대손이라고 했다.

252_ 기수(奇數)는 점성술 등의 방술(方術)을 말하는데, 범엽이 술수(術數)라고 했다.

253_ 호활(豪猾)은 사납고 교활하여 법을 지키지 않는 무리들을 말한다.

時趙繆王子林好奇數, 任俠于趙 · 魏間, 多通豪猾.(『後漢書』「王劉張李彭盧列傳」)

② 외최(隗崔)

6-4-2

[외효(隗囂)의] 계부(季父)인 외최(隗崔)는 평소 호걸과 협객의 기질이 있어서 무리들을 얻을 수가 있었다.[254](『후한서』「외효공손술열전」)

季父崔, 素豪俠, 能得衆聞.(『後漢書』「隗囂公孫述列傳」)

③ 왕준(王遵)

6-4-3

왕준(王遵)은 젊어서부터 호걸과 협객의 기질이 있었고, 재능과 말재주가 있었다.(『후한서』「외효공손술열전」)

遵少豪俠, 有才辯.(『後漢書』「隗囂公孫述列傳」)

④ 두융(竇融)

6-4-4

[두융(竇融)은] 마을의 호걸들을 연합했고, 협객으로 유명했다.(『후한서』「두융열전」)

254_ 능득중문(能得衆聞)은 『후한서』에는 능득중(能得衆)까지만 구두가 끊어져 있고, 문(聞)은 뒷 문장과 연결되어 있다. 여기에서는 『후한서』에 따라 해석했다.

連結閭里豪杰, 以任俠爲名.(『後漢書』「竇融列傳」)

⑤ 마엄(馬嚴), 마돈(馬敦)

6-4-5

애초에 마엄(馬嚴)과 마돈(馬敦) 형제[255]는 모두 남을 헐뜯고 비난하기를 좋아했지만, 협객[256]들과 교제했다.(『후한서』「마원열전」)

初, 兄子嚴 · 敦并喜譏議, 而通輕俠客.(『後漢書』「馬援列傳」)

⑥ 두보(杜保)

6-4-6

두계량(杜季良)은 호걸과 협객의 기질이 있어서 의리를 좋아했으며, 남의 근심을 함께 걱정해주고, 남의 즐거움을 함께 즐거워했으며, 일의 시비 판단에 실수가 없었다.[257] 부친의 장례식에 조문객이 왔는데, 여러 군(郡)에서 다 몰려왔다.(『후한서』「마원열전」)

杜季良豪俠好義, 憂人之憂, 樂人之樂, 淸濁無所失. 父喪致客, 數郡畢至.(『後漢書』「馬援列傳」)

255_ 마엄(馬嚴)과 마돈(馬敦)은 범엽이 두 사람 모두 마여(馬余)의 자식이라고 했다.

256_ 경협객(輕俠客)은 다른 사람을 위하여 자신의 생명을 가볍게 여기고 의리를 중시하는 사람으로, 협객(俠客)이나 임협(任俠) 등과 같은 의미이다.

257_ 범엽이 일의 경중(輕重)이 합당함에 알맞게 된다는 뜻이라고 했다. 일의 시비 판단이 분명하다는 의미로 이해할 수 있다.

⑦ 두석(杜碩)

6-4-7

두독(杜篤)[258]의 아들 두석(杜碩)은 호걸과 협객의 기질이 있었으며, 재산을 많이 증식한 것으로 유명했다.(『후한서』「문원열전」)

杜篤子碩, 豪俠, 以貨殖聞.(『後漢書』「文苑列傳」)

⑧ 왕환(王渙)

6-4-8

왕환(王渙)은 젊어서부터 의협심을 좋아했고, 기력을 숭상했다.(『후한서』「순리열전」)

渙少好俠, 尙氣力.(『後漢書』「循吏列傳」)

⑨ 정립(鄭颯), 동등(董騰)

6-4-9

중상시(中常侍)[259]인 정립(鄭颯)[260]과 중황문(中黃門)[261]인 동등(董騰)은 모두

258_ 두독(杜篤)이라는 두 글자는 본래 『후한서』「문원열전」에는 없는 글자이다. 『공자개제고』에서 따로 첨부한 글자이다.

259_ 중상시(中常侍)는 일반적으로 환관이 맡았던 직책 중의 하나를 뜻한다. 최초에는 별도의 관직이 있었던 것이 아니라, 다른 관직을 맡은 관리가 겸직하는 형태를 취했다. 그리고 환관뿐만 아니라 일반 사인(士人) 계층들도 중상시에 임명되었는데, 후한 때부터 환관들로 채워지게 되었다. 그 후로 겸직이 아닌 별도의 관직명으로 독립하게 되었으며, 한직(閒職)이 아닌 1천석의 녹봉이 주어진 중요 직책이

의협 기질이 있었다.(『후한서』「장제팔왕열전」)

中常侍鄭颯, 中黃門董騰, 幷任俠.(『後漢書』「章帝八王列傳」)

<이상 동한시대 묵자의 후학: 右東漢墨子後學>

5. 노자의 제자와 후학 [老子弟子後學]

6-5-1[262]

근본의 도를 정미하다고 여기고, [유형의] 만물을 조잡하다고 여기며, [유형의 사물을] 축적하는 것을 충분하지 않다고 여겨서 담담하게 홀로 신명한 조화와 함께 머무니, 옛날의 도술 중에 이러한 방면에 속하는 학풍이 있었다. 관윤(關尹)과 노담(老聃)은 그 학풍을 듣고서 기뻐하여 상무(常無)와 상유(常有)의 이론을 세우고, 태일(太一)을 핵심으로 삼았으며, 유약(柔弱)과 겸하(謙下)를 외형적 도리로 삼고, 마음을 비워서 만물을 훼손시키지 않는 것을 실질적 도리로 삼았다.

以本爲精, 以物爲粗, 以有積爲不足, 澹然獨與神明居, 古之道術有在於是者. 關尹・老聃聞其風而悅之, 建之以常無有, 主之以太一, 以濡弱謙下爲表, 以空虛不毁萬物爲實.

되었고, 이후에는 2천석으로 높아졌다.

260_ 정립(鄭颯)은 범엽이 삽(颯)을 립(立)으로 읽는다고 했다.

261_ 중황문(中黃門)은 환관이 맡았던 직책 중 비교적 낮은 관직으로, 환관을 범칭하는 용어로도 사용되었다. 한나라 때에는 처음 1백석 정도의 녹봉이 주어졌다가, 이후 3백석으로 증액되었다.

262_ 이하 『장자』「천하」편의 내용은 이 책의 제2권 제1절〈2-1-2〉에서 이미 인용했다. 자세한 주석은 앞의 내용을 참조 바람.

관윤이 다음과 같이 말했다. “자기 주관에 집착하지 않으면 유형의 사물이 자연스럽게 그 모습을 드러낸다. 움직일 때는 마치 물과 같이 [만물의 변화에 따르고], 고요할 때는 마치 거울과 같이 [만물의 모습을 그대로 비추고], 반응할 때는 마치 메아리와 같이 [만물에 맞추어 호응한다]. 어렴풋하게 마치 없는 듯하고, 고요하게 마치 맑은 물과 같다. 이러한 경지에 동화되면 조화를 이룰 수 있고, 이러한 경지를 [억지로] 얻으려고 하면 [오히려] 잃어버리게 된다.” [그는] 일찍이 다른 사람보다 앞서 나간 적이 없었고, 항상 다른 사람에 맞추어 따라갔다.

關尹曰, “在己無居, 形物自著. 其動若水, 其靜若鏡, 其應若響. 芴乎若亡, 寂乎若淸. 同焉者和, 得焉者失.” 未嘗先人而常隨人.

노담은 다음과 같이 말했다. “수컷의 강함을 알면서 암컷의 유약함을 지키면 [만물이 모이는] 천하의 계곡이 되며, 순결함을 알면서 더러움을 지키면 [만물을 포용하는] 천하의 골짜기가 된다.” 따라서 사람들이 모두 남보다 앞서려고 다투는데, 자기만이 홀로 뒤에서 따라간다. “천하의 더러움을 받아들인다”라고 하니, 사람들은 모두 가득 채우기를 추구하는데, 자기만이 홀로 공허함을 추구한다. 저장함이 없기 때문에 남아돌고, 홀로 우뚝하게 여유가 있다. 몸을 움직여서 행동할 때는 천천히 여유가 있으면서 힘을 소비하지 않고, 인위적인 작위를 하지 않으면서 교묘한 행동을 비웃는다. 사람들은 모두 행복을 추구하는데, 자기만이 홀로 몸을 굽혀서 온전함을 추구하여, “진실로 허물에서 벗어나려고 한다”라고 말한다. 깊은 것을 근본으로 삼고, 간략함을 행동의 기강으로 삼고, “견고하면 파괴되고 날카로우면 부러진다”라고 하여, 항상 사물에 대해 관대하게 대하고, 다른 사람에게 모질게 굴지 않으니, 최상의 지극한 경지라고 할 만하다. 관윤과 노담이여, 옛날의 넓고 큰 진인(眞人)이로다!(『장자』「천하」)

老聃曰, “知其雄, 守其雌, 爲天下谿, 知其白, 守其辱, 爲天下谷.” 人皆取先, 己獨取後. 曰"受天下之垢", 人皆取實, 己獨取虛. 無藏也故有餘, 巋然而有餘. 其行身也, 徐而不費, 無爲也而笑巧. 人皆求福, 己獨曲全, 曰"苟免於咎". 以深爲根, 以約爲紀, 曰"堅則毁矣, 銳則挫矣." 常寬容於物, 不削於人, 可謂至極. 關尹・老聃乎, 古之博大眞人哉!(『莊子』「天下」)

<이상 노자의 제자와 후학: 老子弟子後學>

6. 전국시대 노자의 후학 [戰國老子後學]

① 관윤(關尹)

6-6-1[263]

노자는 도덕(道德)을 닦았고, 그의 학문은 스스로를 감추고 이름이 없는 것을 주요한 일로 삼았다. 주나라에 거처한 지 오래되었는데, 주나라가 쇠퇴하는 것을 보고는 마침내 그곳을 떠났다. 국경의 관문에 이르렀는데, 관문 수비책임자인 윤희(尹喜)가 "그대가 장차 은거하려고 하니, 저를 위해 억지로라도 책을 지어 주십시오"라고 했다. 노자는 이에 상하 두 편의 책을 지어서, 도덕(道德)의 의미에 대해 5,000여 글자를 기록하고서 떠나 버렸는데, 그의 최후를 아는 사람이 아무도 없다.(『사기』「노장신한열전」)

老子修道德, 其學以自隱無名爲務. 居周久之, 見周之衰, 乃遂去. 至

263_ 이하에서 인용한 『사기』「노장신한열전」의 내용은 이 책의 제2권 제13절 〈2-13-2〉에서 이미 인용했다. 자세한 주석은 앞의 내용을 참조 바람.

關, 關令尹喜曰, "子將隱矣, 强爲我著書." 于是, 老子乃著書上下篇, 言道德之意五千餘言而去, 莫知其所終.(『史記』「老莊申韓列傳」)

② 양주(楊朱) [맹손양(孟孫陽), 심도자(心都子)]

6-6-2

양자거(陽子居)[264]가 남쪽 패(沛) 땅으로 뒤쫓아 갔는데,[265] 노담(老聃)은 이미 서쪽으로 떠나 진(秦)나라로 가버렸기 때문에 패 땅의 교외(郊外)에서 노자를 찾다가[266] 양(梁)[267] 땅에 이르러서야 노자를 만날 수 있었다. 노자가 양자거와 함께 길을 가던 도중에 하늘을 우러러보며 탄식하면서, "나는 처음에 너를 가르칠 만한 사람으로 여겼는데, 이제 보니 그럴 수가 없구나"라고 말했다.[268] 양자거는 대답을 하지 못했다.[269] 숙소에 도착하자, 양자거는 노자에게 세숫물과 수건 및 빗 등을 바치고, 문밖에 신을 벗어놓고, 무릎걸음으로 노자 앞에 나아가 말했다. "이전부터 제자인 제가 선생님께 묻고 싶었는데, 선생님께서 길을 가는 도중

264_ 양자거(陽子居)는 왕선겸이 『열자(列子)』「황제(黃帝)」편에서는 양주(楊朱)로 기록되어 있다고 했다. 또 곽경번은 성현영과 『경전석문』에서 양자거의 성이 양(楊)이고, 이름이 주(朱)이며, 자(字)가 자거(子居)라고 했다고 풀이했다.

265_ 곽경번이 지(之)는 간다는 뜻이고, 패(沛)는 팽성(彭城)으로 지금의 서주(徐州)라고 했다.

266_ 왕선겸이 요(邀)는 약(約)의 뜻으로, 양자거가 패 땅의 교외에서 노자를 찾았다는 뜻이라고 했다. 곽경번은 요(邀)가 우(遇)의 뜻이라고 했다.

267_ 양(梁)은 왕선겸이 패(沛)의 교외지역에 있는 지역 명칭이라고 했다. 또 곽경번은 양국(梁國)으로, 지금의 변주(汴州)라고 했다.

268_ 곽경번이 "예전에 양자거를 처음 만났을 때에는 도심(道心)이 있다고 생각했는데, 지금 그가 거만하게 행동하는 모습을 보고서는 가르치기 어렵다는 것을 알게 되었다"라고 풀이했다.

269_ 성현영이 "스스로 자신이 잘못되었음을 알고 있었기 때문에 가만히 부끄러워하고 있었다"라고 했다.

이라 답할 겨를이 없을 것 같아서 감히 묻지 못했습니다. 지금은 한가하신 것 같으니, 감히 제 잘못된 점에 대해서 여쭙고 싶습니다." 노자가 말했다. "네가 눈을 부릅뜨고 매섭게 치켜보니,[270] 그러면 누가 너와 함께 하겠는가? 참으로 흰 것은 마치 더렵혀진 것처럼 보이고, 덕이 가득한 자는 마치 부족한 듯이 보인다."[271] 그러자 양자거는 무안한 듯 낯빛을 바꾸면서 "선생님의 말씀을 공경스럽게 따르겠습니다"라고 대답했다. 양자거가 집을 떠나서 이곳 숙소에 처음 왔을 때에는 그를 두려워하여 숙소에 머물고 있던 사람들이 그를 정중하게 맞이했고, 그곳의 주인은 자리를 집어들고 나왔으며, 여주인은 수건과 빗을 들고 나왔고, 머물던 사람들은 자리를 피해 주었으며, 불을 쬐고 있던 사람들도 따뜻한 곳을 피해 주었다. 그러나 그가 되돌아갈 때에는 [양자거가 자신의 잘못된 점을 고쳤기 때문에] 숙소에 머물던 사람들이 그와 더불어 자리를 다툴 정도였다.[272](『장자』「우언」)

陽子居南之沛, 老聃西游于秦, 邀于郊, 至于梁而遇老子. 老子中道仰天而嘆曰, "始以汝爲可敎, 今不可也." 陽子居不答. 至舍, 進盥漱巾櫛, 脫履戶外, 膝行而前, 曰, "向者, 弟子欲請夫子, 夫子行不閒, 是以不敢. 今閒矣, 請問其過." 老子曰, "而睢睢盱盱, 而誰與居? 大白若辱, 盛德若不足." 陽子居蹴然變容曰, "敬聞命矣." 其往也, 舍者迎將, 其家公執席, 妻執巾櫛, 舍者避席, 煬者避竈. 其反也, 舍者與之爭席矣.(『莊子』「寓言」)

270_ 왕선겸이 사납고 포악한 모습으로, 사람들이 두려워하여 그를 소원하게 대했다는 뜻이라고 했다.

271_ 『노자』 제41장에도 "大白若辱, 廣德若不足."이라는 기록이 보인다.

272_ 왕선겸이 양자거가 자신의 거만함을 없애버렸기 때문이라고 했다.

康6-21

'자거(子居, ziju)'는 '주(朱, zhu)'라는 글자의 음(音)이 전이된 것으로, [양자거는] 곧 양주(楊朱)이다. 『논어』의 '태사지(太師摯)'라는 말[273]이 『사기』에는 '태사자(太師疵)'로 기록되어 있다.[274] 또 『서』의 "서백(西伯)이 려(黎)를 정벌했다"라는 말[275]이 『사기』에는 "기(阢)를 정벌했다"로 기록되어 있다.[276] 이러한 종류의 글자 전이가 매우 많은데, 고대인들은 음(音)을 중첩시키지[277] 글자를 중첩시키지는 않았다. 따라서 양주는 곧 노자의 제자이다.

'子居'卽'朱'音轉, 蓋楊朱也. 『論語』'太師摯', 『史記』作'太師疵'. 『書』"西伯戡黎", 『史記』作"伐阢",[278] 此類書傳甚多, 古人重音不重字也. 故楊朱卽老子弟子.

6-6-3[279]

금골리(禽滑釐)가 양주(楊朱)에게 물었다. "선생님 몸의 털 하나를 제거함으로써 온 세상을 구제할 수 있다면 당신은 그것을 하겠습니까?" 양주가 말했다. "세상은 본래 털 하나로 구제할 수 있는 것이 아닙니다." 금

273_ 『논어』「미자」편에 "太師摯適齊, 亞飯干適楚."라는 기록이 보인다.

274_ 『사기』「주본기(周本紀)」에 "太師疵·少師彊抱其樂器而奔周."라는 기록이 보인다.

275_ 『상서』「서백감려(西伯戡黎)」편에 "西伯旣戡黎, 祖伊恐, 奔告于王."이라는 기록이 보인다.

276_ 『사기』「송미자세가(宋微子世家)」에 "及祖伊以周西伯昌之修德, 滅阢國."이라는 기록이 보인다.

277_ 중음(重音)은 한 글자에 두 개의 음이 있는 것을 말한다.

278_ 기(阢)가 『공자개제고』에는 기(饑)로 되어 있는데, 『사기』 원문에 따라 고쳤다.

279_ 이하에서 인용한 『열자』「양주」편의 내용은 이 책의 제5권 제3절 〈5-3-1〉에서 이미 인용했다. 자세한 주석은 앞의 내용을 참조 바람.

골리가 말했다. "가령 구제할 수 있다면 그것을 하겠습니까?" 양주가 응답하지 않았다. 금골리가 나와서 맹손양(孟孫陽)에게 이 이야기를 말하자, 맹손양이 말했다. "그대는 선생님의 마음을 이해하지 못했으니, 청컨대 제가 말씀드리겠습니다. 그대의 피부를 손상시켜서 만금을 얻을 수 있는 경우가 있다면 그대는 그것을 하겠습니까?" 대답했다. "그것을 합니다." 맹손양이 말했다. "그대의 몸 한 마디를 끊어서 한 나라를 얻을 수 있는 경우가 있다면 그대는 그것을 하겠습니까?" 금골리가 말을 하지 않고 한동안 가만히 있었다. 맹손양이 말했다. "털 하나가 피부보다는 경미하고, 피부는 몸 한 마디보다 경미한 것은 분명합니다. 그러나 털 하나가 모여서 피부를 이루고, 피부가 모여서 몸 한 마디를 이룹니다. 털 하나는 본래 신체를 만 등분한 것 중의 하나의 물건이지만, 어찌 그것을 가볍게 여기겠습니까?" 금골리가 말했다. "나는 그대에게 대답할 방법이 없습니다. 그대의 말을 가지고 노자(老子)나 관윤(關尹)에게 물어본다면 그대의 말은 합당한 것이 됩니다. 그런데 나의 말을 가지고 우임금과 묵자에게 물어본다면 나의 말이 합당한 것이 됩니다." 맹손양은 [대답할 말이 없었기] 때문에 고개를 돌리고 자기의 제자들과 다른 일에 대해 이야기했다.(『열자』「양주」)

禽子問楊朱曰, "去子體之一毛以濟一世, 汝爲之乎?" 楊子曰, "世固非一毛之所濟." 禽子曰, "假濟, 爲之乎?" 楊子弗應. 禽子出語孟孫陽, 孟孫陽曰, "子不達夫子之心, 吾請言之. 有侵若肌膚獲萬金者, 若爲之乎?" 曰, "爲之." 孟孫陽曰, "有斷若一節得一國, 子爲之乎?" 禽子默然有間. 孟孫陽曰, "一毛微于肌膚, 肌膚微于一節, 省矣. 然則積一毛以成肌膚, 積肌膚以成一節. 一毛固一體萬分中之一物, 奈何輕之乎?" 禽子曰, "吾不能所以答子. 然則以子之言問老聃·關尹, 則子之言當矣. 以吾言問大禹·墨翟, 則吾言當矣. 孟孫陽顧與其徒說他事. (『列子』「楊朱」)

康6-22

[양주는] 털 하나를 뽑아서 천하를 구제할 수 있어도 하지 않았다. 유가가 공격하고 묵가도 공격했지만, 맹손양은 끝내 그 핵심 요지를 확대해서 주장함으로써 다른 사람을 물리칠 수 있었다. 양주가 이와 같이 든든한 후학[280]을 얻었기 때문에 노자의 학문이 천하에 보편화될 수 있었던 것이다!

拔一毛以濟天下不爲. 儒攻之, 墨亦攻之, 而孟孫陽竟能張其宗旨, 以絀人. 楊朱得此後勁, 老學所由遍天下哉!

6-6-4

양자(楊子)의 이웃 사람이 양을 잃어버렸는데, 얼마 있다가 자기 무리들을 이끌고 와서는 또한 양자의 종복을 빌려서 양을 추적하겠다고 요청했다. 양자가 말했다. "아! 양 한 마리를 잃어버렸는데, 어찌 추적하는 자가 이리도 많은가?" 그러자 이웃 사람이 "갈림길이 많아서 그렇습니다"라고 대답했다. 얼마 있다가 그들이 되돌아오자, [양자가] "양은 잡았는가?"라고 물었다. 이웃 사람은 "놓쳤습니다"라고 대답했다. "어찌하여 놓쳤는가?"라고 물으니, "갈림길 도중에 또 갈림길이 있어서 저는 어디로 가야 할지 몰라서 되돌아왔습니다"라고 대답했다. 그러자 양자는 슬픈 낯빛으로 변해서 말을 하지 않은 것이 한 시각을 지나고, 웃지 않은 것이 하루를 넘겼다. 문인들이 괴이하게 생각하여, "양은 천한 가축이고, 또한 선생님의 물건도 아닌데, 말씀도 하지 않고 웃지도 않는 것은 무슨 까닭입니까?"라고 물었다. 그래도 양자는 대답을 하지 않았다. 문인들은 양자의 의도를 이해할 수가 없었다. 제자인

280_ 후경(後勁)은 맨 뒤의 정예병을 말하는데, 여기에서는 든든한 후학이라는 의미이다.

맹손양이 밖으로 나와 심도자(心都子)에게 이 일을 알려주었다. 심도자는 다른 날 맹손양과 함께 들어가서 양자에게 물었다. "예전에 형제 세 사람이 있었는데, 제(齊)나라와 노(魯)나라 지역에 유학을 가서 한 스승 밑에서 공부를 했고, 인의(仁義)의 도를 깨우치고 고향으로 되돌아왔다고 합니다. 그러자 그들의 부친은 '인의의 도는 어떠한 것이냐?'라고 물었는데, 첫째는 '인의는 나로 하여금 자기 자신을 아끼고 명예를 뒤로 하게 하는 것입니다'[281]라고 대답했다고 합니다. 그리고 둘째는 '인의는 나로 하여금 자신을 희생하여 명예를 이루게 하는 것입니다'[282]라고 대답했다고 합니다. 마지막으로 셋째는 '인의는 나로 하여금 내 자신과 명예를 함께 보존하게 하는 것입니다'[283]라고 대답했다고 합니다. 그런데 저 세 사람이 말한 학문이 서로 상반되는데, 모두 유가에서 나온 것입니다. 그렇다면 누가 옳고 누가 잘못된 것입니까?" 양자가 대답했다. "사람들 중에 물가에 살고 있는 사람들은 물에 익숙하고, 헤엄을 잘 치기 때문에 배를 움직여서 운반하는 일을 생업으로 삼아서 많은 사람에게 이로움을 준다. 그래서 양식을 싸들고 먼 곳에서 찾아와 이 일을 배우려는 자가 많지만, 물에 빠져 죽는 자들이 절반에 달한다. 그것은 본래 헤엄치는 것은 배워도 물에 빠져 죽는 방법은 배우지 않았기 때문이니, 그 이로움과 해로움이 이와 같은 것이다. 너희들은 누가 옳고 누가 그르다고 생각하느냐?" 심도자는 아무 말 없이 밖으로 나왔다. 맹손양이 투덜거리면서 말했다. "어찌 그대의 질문도 엉뚱하고, 선생님의 대답도 엉뚱합니까? 저는 의혹이 더욱더 커졌습니다." 심도자가 말했다. "큰길에서는 다양한 갈림길 때문에 양을 잃게 되며,

---

281_ 『열자집석』에서 장담이 "이 말은 유가에서 '자신의 몸과 터럭이나 피부를 감히 훼손시킬 수 없다'는 말을 뜻한다"라고 했다.

282_ 장담이 "이 말은 유가에서 '자신의 생(生)을 탐하여 인(仁)을 해치지 않도록 한다. 자신을 희생해서 인을 이룬다'는 말을 뜻한다"라고 했다.

283_ 장담이 "이 말은 유가에서 '총명하고 또 지혜로움으로써 그 자신을 보존한다'는 말을 뜻한다"라고 했다.

배우는 자들은 다양한 방법들 때문에 생명을 잃게 됩니다. 학문이란 본래부터 다른 것이 아니며, 한 가지일 따름인데, 그 말단이 서로 다른 것이 이와 같습니다. 오직 [학문 본연의] 동일한 한 곳으로 돌아가야만 [도를] 잃지 않을 수 있습니다. 그대는 선생님의 문하에서 보낸 지가 오래되었고, 선생님의 학문을 배웠으면서도 선생님의 말뜻[284]을 이해하지 못했다니, 애석합니다!"(『열자』「설부」)

楊子之鄰人亡羊, 旣率其黨, 又請楊子之竪追之. 楊子曰, "嘻! 亡一羊, 何追者之衆?" 鄰人曰, "多岐路." 旣反, 問, "獲羊乎?" 曰, "亡之矣." 曰, "奚亡之?" 曰, "歧路之中又有歧焉, 吾不知所之, 所以反也." 楊子戚然變容, 不言者移時, 不笑者竟日. 門人怪之, 請曰, "羊, 賤畜, 又非夫子之有, 而損言笑者, 何哉?" 楊子不答. 門人不獲所命. 弟子孟孫陽出以告心都子. 心都子他日與孟孫陽偕入, 而問曰, "昔有昆弟三人, 游齊·魯之間, 同師而學, 進仁義之道而歸. 其父曰, '仁義之道若何?' 伯曰, '仁義使我愛身而後名.' 仲曰, '仁義使我殺身以成名.' 叔曰, '仁義使我身名幷全.' 彼三術相反, 而同出于儒. 孰是孰非邪?" 楊子曰, "人有濱河而居者, 習于水, 勇于泅, 操舟鬻渡, 利供百口. 裹糧就學者成徒, 而溺死者幾半. 本學泅, 不學溺, 而利害如此. 若以爲孰是孰非?" 心都子默然而出. 孟孫陽讓之曰, "何吾子問之迂, 夫子答之僻? 吾惑愈甚." 心都子曰, "大道以多歧亡羊, 學者以多方喪生. 學非本不同, 非本不一, 而末異若是. 唯歸同反一, 爲亡得喪. 子長先生之門, 習先生之道, 而不達先生之況也, 哀哉!"(『列子』「說符」)

康6-23

맹손양과 심도자는 모두 양주를 선생님이라고 부르고, 또한 양주의 뜻

284_ 황(況)은 장담이 "『경전석문』에서 황(況)은 사(詞), 즉 말이라고 했다"라고 했다.

을 천명하여 외부의 교설에 대항했으니, 당연히 양주의 양대 제자이다.

孟孫陽·心都子俱稱楊朱爲先生, 又能闡楊朱之意以拒外敎, 當爲楊朱兩大弟子.

③ 경상초(庚桑楚) [남영주(南榮趎)]

6-6-5

노담(老聃)의 제자[285] 중에 경상초(庚桑楚)[286]라는 사람이 있었는데, 노담이 가르친 도(道)를 두루 깨우치고,[287] 북쪽으로 가서 외루(畏壘)라는 산[288]에서 거처했다.(『장자』「경상초」)

老聃之役有庚桑楚者, 偏得老聃之道, 以北居畏壘之山.(『莊子』「庚桑楚」)

285_ 역(役)은 왕선겸이 학도(學徒) 또는 제자(弟子)라고 했다. 또 곽경번은 "역(役)은 문인(門人)을 지칭하는 말이다. 고대에는 스승을 섬길 때, 궂은일도 마다하지 않았고, 위험한 일도 꺼리지 않았기 때문에 제자를 역(役), 즉 하인이라고 했다"라고 했다.

286_ 경상초(庚桑楚)는 왕선겸이 "『열자』「중니(仲尼)」편에서 '노담의 제자 중에는 항창자(亢倉子)라는 자가 있다'라고 했는데, 『열자집석』에서 장담이 '항창(亢倉)은 음이 경상(庚桑)'이라고 했다. 또 가규(賈逵)의 『성씨영람(姓氏英覽)』에서는 '오군(吳郡)에 사는 사람들 중에 경상(庚桑)이라는 성(姓)을 쓰는 사람들이 있는데, 이들은 모두 칠족(七族)이 된다'라고 했으니, 경상자는 아마도 오(吳) 지역의 사람일 것이다"라고 했다. 또 곽경번은 경상초의 성은 경상(庚桑)이고, 이름은 초(楚)이며, 노자의 제자로 은둔했던 현자라고 했다.

287_ 곽경번이 "노자는 큰 성현이기 때문에 그의 제자들은 매우 많았는데, 그들 중에서 경상초가 가장 뛰어났기 때문에 두루 깨우쳤다고 했다"라고 했다.

288_ 외루산(畏壘山)은 왕선겸에 의하면, 노(魯)나라 지역에 있다는 주장도 있고, 양주(梁州) 지역에 있다는 주장도 있다.

6-6-6

남영주(南榮趎)가 마른 양식을 챙겨서[289] 7일 밤낮이 걸려 노자가 있는 곳에 도착했다.[290](『장자』「경상초」)

南榮趎贏糧, 七日七夜至老子之所.(『莊子』「庚桑楚」)

6-6-7

옛날에 남영주(南榮疇)[291]는 성인의 도에 대해서 자신만 모르고 있는 것을 부끄럽게 생각하여 밤이슬과 서리를 맞으며 노숙을 하고, 짚신을 신고 발길을 재촉하여[292] 산과 강을 건너고 가시덤불을 지나 이렇게 100일간의 노숙 속에 발이 부르텄지만, 쉬지도 않고 남쪽으로 내려가서 노담을 만나보았다. 한 마디의 가르침을 받았는데, 정신이 명료해졌고, 답답했던 것이 말끔히 없어져서 기쁜 마음에 7일 동안 식사를 하지 않으면서도, 마치 큰 잔치상을 대접받는 듯했다.[293] 이 때문에 그의 밝은 지혜는 온 천하를 비추고, 그의 명성은 후세에까지 떨쳐지게 되었으니, 그는 널리 천지를 꿰뚫어보고, 작게는 가느다란 털끝까지도 분별했기 때문에 그를 칭송하는 말들이 지금까지도 끊이지 않고 있

289_ 영(贏)은 왕선겸이 『경전석문』을 인용하여, "『방언(方言)』에는 영(贏)은 담(儋)의 뜻이다. 제(齊)와 초(楚), 진(陳)과 송(宋) 지역에서는 짊어진다는 것을 영(贏)이라고 부른다"라고 했다.

290_ 곽경번이 "노자라는 성인을 사모함이 매우 간절하여 밤낮으로 쉬지도 않고 가서 끝내 7일 만에 노자를 찾아뵙게 된 것이다"라고 했다.

291_ 남영주(南榮疇)는 『회남자교석』에서 남(南)은 성이고, 영주(榮疇)는 자로, 노(魯)나라 사람이라고 했다.

292_ 『회남자교석』에서 쉬(淬)는 욕(浴), 즉 젖는다는 뜻이고, 칙(敕)은 저(箸), 즉 묶는다는 뜻이며, 결(趹)은 취(趣), 즉 달린다는 뜻이라고 했다.

293_ 태뢰(太牢)는 원래 소·양·돼지의 희생을 제물로 갖추어놓고 제사를 지내는 것인데, 큰 잔치상을 차렸다는 뜻이다.

다. 이것이 이른바 명성이라는 것은 크게 노력해서 세울 수 있다는 것이다.(『회남자』「수무훈」)

昔者, 南榮疇耻聖道之獨亡于己, 身淬霜露, 敕蹻趹, 跋涉山川, 冒蒙荊棘, 百舍重趼, 不敢休息, 南見老聃. 受教一言, 精神曉泠, 鈍聞條達, 欣然七日不食, 如饗太牢. 是以明照四海, 名施後世, 達略天地, 察分秋毫, 稱譽葉語, 至今不休. 此所謂名可强立者(『淮南子』「修務訓」)

康6-24

『장자』에서는 [『회남자』와는 달리] '남영주(南榮趎)'라고 되어 있으니, 주(趎)자와 주(疇)자도 음이 통용되었다.

『莊子』作'南榮趎', 蓋'趎'·'疇'亦音轉也.

④ 장주(莊周)

6-6-8[294]

장자(莊子)는 몽(蒙) 지역 사람이며, 이름은 주(周)이다. 장주는 일찍이 몽 지역의 칠원(漆園)의 관리를 역임했는데, 양(梁)나라 혜왕(惠王)·제(齊)나라 선왕(宣王)과는 동시대의 인물이다. 그의 학문은 섭렵하지 않은 것이 없었지만, 그 요점은 노자의 말로 귀결된다. 따라서 그의 저서 10여만 마디의 말은 대체로 다른 사물에 가탁한 말[寓言]의 형식으로 되어 있다.(『사기』「노자한비열전」)

莊子者, 蒙人也, 名周. 周嘗爲蒙漆園吏, 與梁惠王·齊宣王同時. 其學無所不窺, 然其要本歸于老子之言. 故其著書十余萬言, 大抵率寓

294_ 이하에서 인용한 『사기』「노자한비열전」편의 내용은 이 책의 제2권 제13절 〈2-13-8〉에서 이미 인용했다. 자세한 주석은 앞의 내용을 참조 바람.

言也.(『史記』「老子韓非列傳」)

⑤ 열어구(列禦寇) [백풍(百豐)]

6-6-9

열자(列子)는 빈곤하여 얼굴에 굶주린 기색이 영력했다. 빈객 중 정자양(鄭子陽)에게 그에 대해 말한 자가 있었는데, "열어구(列禦寇) 선생은 도를 지니고 있는 학자입니다. 군주가 있는 수도에 거처하면서도 빈곤하다면 군주는 학자들을 좋아하지 않는 것이 되지 않겠습니까?"라고 말했다. 그러자 정자양은 관리를 시켜 열자에게 곡식 10병(秉)을 보내주었다. 열자가 밖으로 나와 심부름을 온 관리를 보고는 두 번 절하고 곡식을 사양했다. 관리가 떠나고, 열자가 집으로 들어가자, 그의 처가 그를 바라보면서 가슴을 치고는 "내가 듣기에 도를 지닌 학자의 처자가 된 사람들은 모두 영화를 누린다고 했습니다. 지금 저에게 굶주린 기색이 있는데, 군주께서 과분하게도 당신께 식량을 보내주었는데도 당신은 받지 않았으니, 목숨을 버리려는 것은 아니겠지요?"라고 말했다. 그러자 열자는 웃으며 말했다. "군주는 자기 자신이 나를 알아서가 아니라, 남의 말을 듣고서 나에게 식량을 보내준 것이오. 오래지 않아 나에게 죄를 줄 때가 되면, 죄를 주는 것 또한 남의 말 때문일 것이오. 이것이 내가 받지 않은 이유요."(『여씨춘추』「관세」)

子列子窮, 容貌有饑色. 客有言之于鄭子陽曰, "子列禦寇, 蓋有道之士也. 居君之國而窮, 君無乃爲不好士乎?" 鄭子陽令官遺之粟數十秉. 子列子出見使者, 再拜而辭. 使者去. 子列子入, 其妻望而拊心曰, "聞爲有道者妻子, 皆得逸樂. 今妻子有饑色矣, 君過而遺先生食, 先生又弗受也, 豈非命也哉?" 子列子笑而謂之曰, "君非自知我也, 以人之言而遺我粟也. 至已而罪我也, 有罪且以人言. 此吾所以不受也."(『呂氏春秋』「觀世」)

6-6-10

열자가 위(衛)나라로 갈 때 길가에서 식사를 했는데, 그 길가에서 백년이나 지나 보이는 해골을 보게 되었다.[295] 그러자 쑥대를 뽑아서 [그 해골을] 가리키면서 그의 제자인 백풍(百豐)을 돌아보며 말했다. "오직 나와 저 해골만이 알 것이다. 일찍이 태어난 적도 없으니, 일찍이 죽는 일도 없도다."[296](『열자』「천서」)

子列子適衛, 食于道, 從者[297]見百歲髑髏. 攓蓬而指, 顧謂其弟子百豐曰, "惟予與彼知. 而未嘗生, 未嘗死也."(『列子』「天瑞」)

⑥ 팽몽(彭蒙), 전병(田駢), 신도(愼到), 접자(接子), 환연(環淵), 안촉(顔斶)

6-6-11[298]

공정하면서 한쪽으로 치우치지 않고, 쉬우면서도 사사로움이 없으며,

295_ 종자(從者)는 『열자집석』에서 장담이 "『장자』「추수(秋水)」편에는 '從見百歲髑髏.'라고 기록되어 있는데, 이 문장에는 자(者)자가 없으니, 종(從)자는 시종인 제자를 뜻하는 것이 아니라, 종견(從見), 즉 길가를 따라서 그것을 본다는 뜻이다"라고 했다.

296_ 장담이 "내가 살아 있고, 저 해골은 죽어 있는데, 이것을 지극한 영역까지 미루어 생각해보면, 이치는 새로 생겨나는 것이 없으니, 또한 죽어 없어지는 것도 없는 것이다"라고 했다. 그리고 노중현(盧重玄)이 "형태를 가지고 있는 것은 태어남이 있으니, 죽음도 있다. 그러나 신(神)은 죽음도 없고 태어남도 없다. 나에게는 신령스러움이 있고, 저 해골은 그 신령스러움이 떠나버렸으니, 해골과 나는 생사(生死)가 다른 것이다. 만약 이 신령스러움을 깨우치게 된다면 생사를 초월하게 된다"라고 했다.

297_ 종자(從者)가 『공자개제고』에는 빠져 있는데, 『열자』 원문에 따라 보충했다.

298_ 이하에서 인용한 『장자』「천하」편의 내용은 이 책의 제2권 제1절〈2-1-2〉에서 이미 인용했다. 자세한 주석은 앞의 내용을 참조 바람.

개방적이면서 자기만을 주장함이 없고, 사물에 나아가 접하면서 [나의 입장으로] 구분하지 않으며, 사려를 통해 상황을 생각하지 않고, 지혜를 통해 계획을 꾸미지도 않으며, 사물에 대해 [주관적 기준에 따라] 선택하지 않고, 사물과 함께 행동하니, 옛날의 도술 중에 이러한 방면에 속하는 학풍이 있었다. 팽몽(彭蒙)과 전병(田駢)과 신도(愼到)는 그 학풍을 듣고서 기뻐하여 만물을 동등하게 여기는 것을 최우선으로 삼았다. "하늘은 만물을 덮을 수는 있지만 실을 수는 없고, 땅은 만물을 실을 수는 있지만 덮을 수는 없다. 큰 도는 만물을 포괄할 수는 있지만 [하나하나 나누어] 변론할 수는 없다"라고 하니, 만물에 대해서는 가능한 일도 있고 불가능한 일도 있음을 안 것이다. 따라서 "[나의 주관으로] 선택해 버리면 두루 포괄할 수 없고, [나의 주관으로] 가르치면 완전한 가르침에 이를 수 없으니, 도는 [만물 전체를 포괄하여] 남겨 두지 않는다"라고 했다.

公而不當, 易而無私, 決然無主, 趣物而不兩, 不顧於慮, 不謀於知, 於物無擇, 與之俱往, 古之道術有在於是者. 彭蒙田駢愼到聞其風而悅之, 齊萬物以爲首. 曰"天能覆之而不能載之, 地能載之而不能覆之, 大道能包之而不能辯之." 知萬物皆有所可, 有所不可. 故曰"選則不遍, 敎則不至, 道則無遺者矣."

이 때문에 신도(愼到)는 지혜를 버리고 자기 주관을 제거했으며, 자기로서는 어쩔 수 없는 만물의 이치에 따라서 사물에 그대로 맡겨 버리는 것을 도리로 삼았으니, "알지 못하는 것을 [억지로] 알려고 하면 장차 그 앎에 억눌려서 다시 손상을 받을 것이다"라고 했다. 올바르지 못하고 무책임하면서 천하에서 존경하는 현자를 비웃으며, 일탈하여 제멋대로 행동하면서 천하의 큰 성인을 비난한다. 원만하고 모나지 않게 행동하여 사물과 함께 변화하고, 옳음과 그름을 버려둠으로써 진실로 얽매임에서 벗어날 수 있었으며, 지혜와 사려를 따르지 않고, 일의 앞뒤도 모른 채 우뚝하게 홀로 서 있을 뿐이다. 뒤에서 민 이후에야 나아가고, 앞에서 끈 이후에야 전진하는데, [사물의 변화에 따르는 것이] 마치 회오리바람이 돌듯이, 떨어지는 깃털이 선회하듯이, 맷돌이 회전하듯이 하여 완전무결하여 잘못이 없고, 움직이거나 멈추는 어떠한 행동도 과오가 없어서 일찍이 죄를 지은 적이 없다. 이것은 무슨 까닭인가? 대체로 지혜가 없는 사물은 자기의 입장을 내세우는 근심이 없고, 지혜를 사용하는 번거로움이 없으며, 움직이거나 멈추는 어떠한 행동도 자연의 이치에서 벗어나지 않기 때문에 평생토록 명예를 얻을 일이 없다. 따라서 [신도가] "지혜가 없는 사물과 같은 상태에 이르면 그만일 뿐, 현인이나 성인은 필요가 없다. 저 흙덩어리도 도를 잃는 일이 없다"라고 했다. 그러자 호걸들이 함께 비웃으면서, "신도(愼到)의 도는 살아 있는 사람이 할 수 있는 행동이 아니라 죽은 사람의 도리에 이르렀다"라고 했다. 이것은 사람들이 괴이하게 여기기에 딱 알맞은 학설이다.

是故愼到棄知去己, 而緣不得已, 泠汰於物以爲道理, 曰"知不知, 將薄知而後鄰傷之者也." 謑髁無任而笑天下之尙賢也, 縱脫無行而非天下之大聖. 椎拍輐斷, 與物宛轉, 舍是與非, 苟可以免, 不師知慮, 不知前後, 魏然而已矣. 推而後行, 曳而後往, 若飄風之還, 若羽之旋, 若磨石之隧, 全而無非, 動靜無過, 未嘗有罪. 是何故? 夫無知之物, 無建己之患, 無用知之累, 動靜不離於理, 是以終身無譽. 故曰"至於若無知之物而已, 無用賢聖. 夫塊不失道." 豪桀相與笑之曰, "愼到之道, 非生人之行而至死人之理." 適得怪焉.

전병(田駢)도 마찬가지이니, 팽몽(彭蒙)에게 배워서 말로 가르치지 않은 것을 깨달았다. 팽몽의 스승은 "옛날 도를 깨달은 사람은 어떤 것을 옳다고 여기지 않고 어떤 것을 그르다고 여기지 않는 경지에 이르렀을 뿐이다. 그 학풍은 고요하여 파악할 수 없으니, 어찌 말로 전달할 수 있겠는가?"라고 했다. 항상 세상 사람들의 뜻과 위배되어 환영받지 못하고 원만하고 모나지 않게 행동한 것에 지나지 않는다. 그가 말한 도는 참된 도가 아니며, 그가 말한 옳음도 그름에 지나지 않는다. 팽몽과 전병, 신도는 도를 알지 못했다. 비록 그렇지만, 대체로 모두 도에 대해 들은 적은 있는 자들이다.(『장자』「천하」)

田騈亦然, 學於彭蒙, 得不敎焉. 彭蒙之師曰, "古之道人, 至於莫之是莫之非而已矣. 其風窢然, 惡可而言?" 常反人, 不見觀, 而不免於鯇斷. 其所謂道非道, 而所言之韙不免於非. 彭蒙·田騈·愼到不知道. 雖然, 槪乎皆嘗有聞者也.(『莊子』「天下」)

6-6-12

신도(愼到)는 조(趙)나라 사람이다. 전병(田騈)과 접자(接子)는 제(齊)나라 사람이다. 환연(環淵)은 초(楚)나라 사람이다. 이들은 모두 황로학의 도덕(道德)에 대한 학술을 공부했고, 이로 인하여 그것이 가리키는 의미를 밝혀서 서술했다. 따라서 신도는 12개의 논(論)을 저술했고,[299] 환연은 상·하 2편을 저술했으며, 전병과 접자도 모두 논술한 것이 있다.(『사기』「맹자순경열전」)

愼到, 趙人. 田騈·接子, 齊人. 環淵, 楚人. 皆學黃老道德之術, 因發明序其指意. 故愼到著十二論, 環淵著上·下篇, 而田騈·接子皆有所論焉.(『史記』「孟子荀卿列傳」)

6-6-13

군자가 말했다. "안촉(顔斶)은 만족할 줄 아는 사람이다. 고향에 돌아가

299_ 『사기집해』에서 서광이 "오늘날의 『신자(愼子)』라는 책은 유향(劉向)이 편집한 것으로, 모두 41편으로 되어 있다"라고 했다.

서[300] 진실로 질박한 본래의 상태로 되돌아갔으니,[301] 종신토록 치욕을 당하지 않았다."[302](『전국책』「제책」)

君子曰, "斶知足矣. 歸眞反璞, 則終身不辱."(『戰國策』「齊策」)

康6-25

살펴보건대, 안촉(顔斶)은 노자를 말하면서 인용했고, 또 "만족할 줄 알면 치욕을 당하지 않는다"[303]라는 말로 자처했으니, 반드시 노자의 후학일 것이다.

按, 斶稱引老子, 又以"知足不辱"自處, 必老子後學也.

⑦ 귀곡(鬼谷), 소진(蘇秦) [소대(蘇代), 소려(蘇厲)], 주후(州侯), 장의(張儀), 진진(陳軫), 사거(史擧), 감무(甘茂) [감라(甘羅)], 우경(虞卿), 범수(范睢), 채택(蔡澤), 위료(尉繚)

6-6-14

제(齊)나라의 소진(蘇秦),[304] 초(楚)나라의 주후(州侯),[305] 진(秦)나라의 장의

300_ 귀(歸)는 『전국책정해(戰國策正解)』에서 고향으로 되돌아간다는 뜻이라고 했다.

301_ 반박(反璞)은 질박한 본래의 상태로 되돌아가는 것이다. 박(璞)은 꾸미지 않은 옥돌을 뜻하므로, 박으로 되돌아간다는 것은 본래 가지고 있었던 진실된 모습으로 되돌아간다는 것을 의미한다. 『전국책정해』에서는 반박(反璞)은 그 진실됨을 잃어버리지 않았다는 뜻으로, 이 글을 기록한 자가 평가하는 말이라고 했다.

302_ 『공자개제고』에서 인용하고 있는 『전국책』의 문장은 글자의 보정관계를 따져보면, 포표(鮑彪)가 편집한 판본에서 인용하고 있다. 현행본에는 이 문장이 "斶知足矣, 歸反撲, 則終身不辱也."로 되어 있다. 포표가 편집한 판본에는 촉(斶)자 앞에 "군자왈(君子曰)"이라는 세 글자가 보정되어 있고, 귀(歸)자 뒤에 진(眞)자가 첨가되어 있다. 그리고 박(撲)자가 박(璞)자로 고쳐져 있으며, 야(也)자가 생략되어 있다.

303_ 『노자』 제44장에 "故知足不辱, 知止不殆, 可以長久."라는 말이 보인다.

(張儀)[306]는 태신(態臣)[307]이라고 할 만한 자들이다.(『순자』「신도」)

齊之蘇秦, 楚之州侯, 秦之張儀, 可謂態臣者也.(『荀子』「臣道」)

6-6-15

소진(蘇秦)이라는 사람은 동주(東周)의 낙양(雒陽) 사람이다. 동쪽으로 가서 제(齊)나라에서 스승을 섬겼는데, 귀곡선생(鬼谷先生)[308]에게 배웠

304_ 소진(蘇秦)은 『순자집해』에서 양경이 다음과 같이 말했다. "소진은 처음에 조(趙)나라에서 재상을 지내다가, 이후에 연(燕)나라에서 벼슬살이를 했고, 끝내는 제(齊)나라에서 죽었기 때문에 제나라의 소진이라고 말한 것이다." 한편 『사기』「소진열전(蘇秦列傳)」의 『사기색은』에서는 "소진의 자는 계자(季子)이다. 소분생(蘇忿生)의 후손으로, 성은 기(己)이다. 초주(譙周)는 '소진의 형제는 다섯 명이었는데, 소진이 가장 어렸다. 큰형은 소대(蘇代)이고, 소대 밑으로 소려(蘇厲)·소벽(蘇辟)·소곡(蘇鵠)이 있었는데, 이들은 모두 유세를 하며 돌아다녔던 학자들이다'라고 했다"라고 했다. 또 『사기정의』에서는 "『전국책』에는 '소진은 낙양(雒陽)의 승헌리(乘軒里) 사람'이라고 했다. 『한서』「예문지」에는 『소자(蘇子)』 31편이 종횡가의 서적으로 분류되어 있다.

305_ 주후(州侯)는 『순자집해』에서 양경이 "주후는 초양왕(楚襄王)의 아첨을 잘하는 신하이다. 『전국책』의 기록에는 장신(莊辛)이 양왕(襄王)에게 간언하여, '군주께서는 왼쪽으로는 주후를 두시고, 오른쪽으로는 하후(夏侯)를 두어 보좌하게 하고, 언릉군(鄢陵君)과 수릉군(壽陵君)을 군주의 수레에 함께 태워 따르게 하며, 국고에 보관된 금은보화를 수레에 싣고, 그들과 함께 운몽(雲夢)으로 내달리니, 양후(穰侯)가 진왕(秦王)의 명령을 받아 민새(黽塞)의 안쪽을 막아서 자신을 민새 밖으로 내모는 것을 모르고 계십니다'라고 했다. 또 『한비자』에는 '주후는 형(荊)나라의 재상으로 권세가 매우 높았는데, 형왕(荊王)이 그를 의심하여 좌우의 신하들에게 묻자, 그들이 의심스러울 것이 없다고 대답했는데, 여러 사람이 대답한 말이 마치 한 사람이 말한 것처럼 즉각적이었다'라고 했다"라고 했다.

306_ 장의(張儀)는 『여씨춘추』에서는 위씨(魏氏)의 서자라고 했다. 그리고 『사기』「장의열전(張儀列傳)」의 『사기색은』에서는 "진(晉)나라 대부 중에는 장로(張老)라는 사람이 있었고, 또한 하동(河東) 지역에는 장성(張城)이란 곳이 있으니, 장씨(張氏)는 분명히 위(魏)나라 사람이다. 『여씨춘추』에서 장의를 위씨(魏氏)의 서자라고 했으니, 아마도 위나라의 왕실 종가에서 분가된 서자 집안의 아들일 것이다"라고 했다. 『한서』「예문지」에 『장자(張子)』 10편이 종횡가의 서적으로 분류되어 있다.

307_ 태신(態臣)은 간사하고 아첨을 잘 하는 신하를 말한다.

다.(『사기』「소진열전」)

蘇秦者, 東周雒陽人也. 東事師于齊, 而習之于鬼谷先生.(『史記』「蘇秦列傳」)

6-6-16

소진의 동생은 소대(蘇代)라고 하고, 소대의 동생은 소려(蘇厲)라고 하는데, 형인 소진의 성공을 보고, 또한 모두 [그 학문을] 배웠다.(『사기』「소진열전」)

蘇秦之弟曰代, 代弟蘇厲, 見兄遂, 亦皆學.(『史記』「蘇秦列傳」)

6-6-17

장의(張儀)라는 사람은 위(魏)나라 사람이다. 일찍이 소진과 함께 귀곡선생을 섬기면서 [종횡가의] 학술을 배웠다.(『사기』「장의열전」)

張儀者, 魏人也. 始嘗與蘇秦俱事鬼谷先生, 學術.(『史記』「張儀列傳」)

6-6-18

진진(陳軫)이라는 사람은 유세를 하는 학자로, 장의와 함께 진(秦)나라 혜왕(惠王)을 섬겼는데, 모두 신분이 높아지고 중용되면서 군주의 총애

308_ 귀곡선생(鬼谷先生)은 『사기집해』에 의하면, 영천(潁川)의 양성(陽城)에 귀곡(鬼谷)이라는 지명이 있는데, 그 사람이 이곳에서 거처했기 때문에 귀곡선생이라는 칭호가 붙게 되었다고 한다. 그리고 『풍속통의(風俗通義)』에서는 '귀곡선생은 육국(六國)시대의 종횡가'라고 했다. 또한 『사기색은』에서는 "귀곡(鬼谷)은 지명이다. 부풍(扶風)의 지양(池陽)이라는 곳과 영천(潁川)의 양성(陽城)이라는 곳에는 모두 귀곡허(鬼谷墟)라는 곳이 있으니, 아마도 그 사람이 이 둘 중의 한 곳에 살았기 때문에 귀곡선생이란 칭호가 붙게 되었을 것이다. 또 악일(樂壹)의 『귀곡자』에 대한 주석에서 '소진은 자신의 학문을 신비롭게 보이기 위해서 귀곡(鬼谷)이라는 이름을 가탁하여 저술했다'고 했다"라고 했다.

를 다투었다.(『사기』「장의열전」)

陳軫者, 游說之士, 與張儀俱事秦惠王, 皆貴重爭寵.(『史記』「張儀列傳」)

6-6-19

감무(甘茂)라는 사람은 하채(下蔡)[309] 사람이다. 하채의 사거선생(史擧先生)[310]을 섬기면서 제자백가의 이론을 배웠다.(『사기』「저리자감무열전」)

甘茂者, 下[311]蔡人也. 事下蔡史擧先生, 學百家之說.(『史記』「樗里子甘茂列傳」)

6-6-20

감무에게는 손자가 있었는데, 감라(甘羅)라고 하였다.(『사기』「저리자감무열전」)

甘茂有孫, 曰甘羅.(『史記』「樗里子甘茂列傳」)

康6-26

태사공이 "그러나 또한 [감무와 감라는] 전국시대의 책사들이다"[312]라고 말했으니, 감라도 종횡가의 학술을 배운 자이다.

309_ 하채(下蔡)는 『사기색은』에서 하채현(下蔡縣)이 여남(汝南)에 속해 있다고 했다. 『사기정의』에서는 하채(下蔡)가 지금의 영주(潁州)에 속해 있는 현(縣)으로, 곧 주래국(州來國)이라고 했다.

310_ 사거선생(史擧先生)은 『사기색은』에서 다음과 같이 말했다. "『전국책』 및 『한비자』에서는 사거선생(史擧先生)을 사거(史擧)라고 기록했으며, 상채(上蔡)의 관문을 지키는 관리이다."

311_ 하(下)가 『공자개제고』에는 빠져 있는데, 『사기』 원문에 따라 보충했다.

312_ 『사기』「저리자감무열전」에서 "雖非篤行之君子, 然亦戰國之策士也."라고 했다.

太史公云, "然亦戰國之策士也", 則甘羅亦學縱橫之術者也.

6-6-21

우경(虞卿)이라는 사람은 유세를 하는 선비이다. 짚신을 신고 우산을 쓰고서[313] 조(趙)나라의 효성왕(孝成王)에게 유세를 했다. [효성왕은] 그를 한번 만나보고서 황금 100일(鎰)[314]과 흰 옥구슬 한 쌍을 하사했고, 두 번째 만나서는 그를 조나라의 상경(上卿)[315]으로 삼았다. 따라서 그를 우경이라고 부른다.[316](『사기』「평원군우경열전」)

虞卿者, 游說之士也. 躡蹻擔簦說趙孝成王. 一見, 賜黃金百鎰, 白璧一雙, 再見, 爲趙上卿. 故號虞卿.(『史記』「平原君虞卿列傳」)

康6-27

우경(虞卿)의 저술 중에 『췌마(揣摩)』와 『정모(政謀)』라는 글이 있으니, 우경도 또한 종횡가이다.

虞卿所著, 有曰『揣摩』·『政謀』, 則虞卿亦縱橫家也.

313_ 교(蹻)는 짚신을 말하고, 등(簦)은 긴 자루가 있는 우산을 말한다.

314_ 일(鎰)은 고대에 사용된 중량 단위이다. 일반적으로 20냥(兩)을 뜻하며, 일설에는 24냥(兩)을 가리키기도 한다고 했다. 『국어』「진어(晉語)」에는 "황금 40일(鎰)과 백옥(白玉)으로 된 패옥 여섯 쌍"이라는 기록이 있는데, 이에 대한 위소(韋昭)의 주에서는 "20냥(兩)이 1일(鎰)"이라고 풀이했다. 또한 『묵자』「호령(號令)」편에는 "상으로 황금을 하사했는데, 사람마다 2일(鎰)씩 주었다"라는 기록이 있는데, 이에 대해 손이양은 "일(鎰)은 24냥(兩)"이라고 풀이했다.

315_ 주대(周代)의 제도에서 경(卿)은 상경(上卿)·중경(中卿)·하경(下卿)으로 구분된다. 따라서 상경(上卿)은 경 중에서 가장 높은 반열의 관직이다. 이후에는 조정의 대신을 가리키는 용어로 사용되었다.

316_ 『사기집해』에서 초주(譙周)는 우(虞) 땅을 식읍(食邑)으로 받았기 때문이라고 했다. 또 『사기색은』에 의하면, 조(趙)나라의 우(虞)라는 땅은 하동(河東)의 대양현(大陽縣)에 위치한다고 한다.

6-6-22

범수(范雎)라는 사람은 위(魏)나라 사람으로, 자(字)가 숙(叔)이다. 제후들에게 유세를 했고, 위왕(魏王)을 섬기려고 했는데, 집안이 가난하여 스스로 생계를 꾸려나갈 방법이 없자,[317] 우선 위나라의 중대부(中大夫)인 수고(須賈)[318]를 섬겼다.(『사기』「범수채택열전」)

范雎者, 魏人也, 字叔. 游說諸侯, 欲事魏王, 家貧無以自資, 乃先事魏中大夫須賈.(『史記』「范雎蔡澤列傳」)

6-6-23

채택(蔡澤)이라는 사람은 연(燕)나라 사람으로, 제후들에게 유세를 했다.[319](『사기』「범수채택열전」)

蔡澤者, 燕人也, 游學于諸侯.(『史記』「范雎蔡澤列傳」)

6-6-24

대량(大梁)[320] 땅 사람인 위료(尉繚)가 진왕(秦王)을 찾아와서 다음과 같이 유세를 했다. "진나라가 강대하기 때문에 제후들은 비유하자면 군현(郡縣)의 군주들에 불과하지만, 저는 다만 제후들이 서로 남북으로 연합하고 모여서 불의의 사태를 저지를까 걱정될 뿐입니다. 이것이 바로 지백(智伯)[321] · 부차(夫差)[322] · 민왕(湣王)[323]이 멸망한 이유입니다. 원

317_ 자자(自資)는 스스로 생계를 꾸려나가는 것으로, 자급자족하는 것을 의미한다.

318_ 수고(須賈)는 『사기색은』에서 수(須)는 성이고, 이름은 고(賈)이며, 수씨(須氏)는 밀수(密須)의 후손일 것이라고 했다.

319_ 유학(游學)은 유세(游說)와 같은 말이다.

320_ 대량(大梁)은 『사기정의』에서 준의현(浚儀縣)의 북쪽에 위치한다고 했다.

321_ 지백(智伯)은 춘추시대 때 진(晉)나라의 대부이다. 성은 지(智)이고, 이름은 요

컨대 대왕(大王)께서는 재물을 아끼지 말고, 호신(豪臣)들에게 나누어주어 그들의 모략을 혼란시켜야 하니, 단지 30만금만을 잃으면 제후들을 모두 소탕할 수 있습니다."(『사기』「진시황본기」)

大梁人尉繚來說秦王, 曰, "以秦之强, 諸侯譬如郡縣之君, 臣但恐諸侯合從, 翕而出不意. 此乃智伯 · 夫差 · 湣王之所以亡也. 願大王毋愛財物, 賂其豪臣, 以亂其謀, 不過亡三十萬金, 則諸侯可盡."(『史記』「秦始皇本紀」)

康6-28

종횡가(縱橫家)는 곧 귀곡자(鬼谷子)의 후학들인데, 그 본원은 실제로 노자로부터 나왔으니, 이들은 곧 노자의 후학이다.

縱橫家乃鬼谷子後學, 其原實出于老子, 是卽爲老子後學.

⑧ 신불해(申不害), 한비(韓非)

6-6-25

신불해의 학문은 황로학(黃老學)을 근본으로 삼고, 형명(刑名)[324]을 위주

(瑤)이며, 지양자(智襄子)라고도 불렀다. 진나라의 육경(六卿)인 범씨(范氏) · 위씨(魏氏) · 한씨(韓氏) · 조씨(趙氏) · 중항씨(中行氏) · 지씨(智氏) 중에서 지씨의 세력이 가장 강성했다. 그래서 한씨 · 위씨와 연합하여 조씨를 공격했다가 오히려 한시 · 위씨 · 조씨의 공격을 받고 죽은 인물이다.

322_ 부차(夫差)는 춘추시대 오(吳)나라의 왕이다. 춘추오패(春秋五霸)의 한 사람이며, 월왕(越王)인 구천(久踐)을 회계(會稽)에서 항복시켰지만, 이후 구천에게 패배하여 자살한 인물이다.

323_ 민왕(湣王)은 전국시대 제나라의 군주로, 성은 전(田)이며, 이름은 지(地)이다. 주나라의 영토를 병합하여 천자가 되려고 했지만, 삼진(三晋) · 연(燕) · 초(楚)나라의 연합군에게 패배하여 살해당했다. 이와 관련된 내용은『사기』「전경중완세가(田敬仲完世家)」에 보인다.

로 했다. 두 편의 책을 지었는데,[325] 『신자(申子)』라고 한다.(『사기』「노자한비열전」)

申子之學, 本于黃老, 而主刑名. 著書二篇, 號曰申子.(『史記』「老子韓非列傳」)

6-6-26

한비(韓非)는 한(韓)나라의 여러 공자(公子) 중의 한 사람이다. 형명(刑名)과 법술(法術)[326]의 학문을 좋아했는데, 그것의 귀결처는 황로학에 근본을 둔다.(『사기』「노자한비열전」)

324_ 형명(刑名)은 전국시대의 신불해(申不害)를 필두로 한 학파를 지칭하거나, 그들의 학문적 요지를 뜻하는 말이다. 신불해는 명분이 실질에 부합되어야 한다고 주장하면서 상을 신중히 주고, 형벌을 명백하게 시행해야 한다고 했다. 후대에는 이것을 '형명지학(刑名之學)'이라고 했으며, '형명(刑名)'이라고 약칭하여 부르기도 한다. 한편 『사기』「만석장숙열전(萬石張叔列傳)」의 『사기집해』에서 위소(韋昭)는 "형명(刑名)의 서적에서는 명분(名分)과 실리(實理)가 서로 일치하는 것을 추구했다"라고 했다. 그리고 『사기색은』에서 인용한 유향(劉向)의 『별록(別錄)』에서는 신불해(申不害)의 학문을 형명가(刑名家)라고 부르는 것은 명분에 따라 실리를 추구했기 때문이라고 했다.

325_ 『사기정의』에서 인용한 완효서(阮孝緖)의 『칠략(七略)』에서는 '『신자(申子)』 3권'이라고 했다.

326_ 『사기집해』에서 인용한 『신서(新序)』에 다음과 같은 기록이 보인다. "신자(申子)의 책에서는 군주는 마땅히 권술[術]을 장악하고 형벌을 직접 시행함이 없으며, 상황에 따라서 신하를 감독하고 문책해야 한다고 했는데, 그 문책이 매우 혹독하기 때문에 '술(術)'이라고 불렀다. 상앙(商鞅)이 지은 책은 '법(法)'이라고 부른다. 두 가지 모두 형명(刑名)이라고 하기 때문에 '형명법술(刑名法術)'이라고 부른다[申子之書言人主當執術無刑, 因循以督責臣下. 其責深刻, 故號曰'術'. 商鞅所爲書號曰'法'. 皆曰'刑名', 故號曰'刑名法術之書'.]" 그런데 이 내용은 현행본 『신서』에는 보이지 않는다. 일반적으로 한비자의 통치술을 법(法)·술(術)·세(勢)라고 한다. 즉 상앙의 법과 신불해의 술, 신도의 세라는 세 가지 논리를 한비자가 계승하여 새롭게 집대성한 것이다. 법은 성문화된 법을 말하고, 술은 군주가 신하를 다스리고 통제하는 권술(權術)에 해당되며, 세는 법과 술을 시행할 수 있도록 해주는 권력을 말한다.

韓非者, 韓之諸公子也. 喜刑名法術之學, 而其歸本于黃老.(『史記』「老子韓非列傳」)

康6-29

신불해(申不害)와 한비자(韓非子)의 학문은 모두 노자로부터 나온 것이다. 노자는 음모(陰謀)[327]의 종주이며, 인의(仁義)를 공격하고, 형명(刑名)을 중시했으니, 곧 당시의 형세에서 필연적인 결과이다. 노자는 [자신의 학문을] 도덕(道德)에 가탁했지만, 그것은 곧 형명(刑名)의 술수일 따름이다. 노자가 말하는 '도(道)'는 무위(無爲)를 근본으로 삼기 때문에 만물을 추구(芻狗)처럼 보고, 천지(天地)와 성인(聖人)을 불인(不仁)하다고 여겼으니,[328] 공자가 인(仁)을 하늘의 마음[天心]으로 여겼던 것과는 뜻이 정확하게 상반된다. [노자 학문의] 근본이 이와 같았으니, 그의 후학들이 어찌 형명(刑名)과 법술(法術)의 학문이 되지 않을 수 있었겠는가?

申·韓之學皆出老子. 蓋老子爲陰謀之宗, 攻去仁義, 自重刑名, 乃勢之必然. 其託爲道德, 乃刑名之術耳. 其所謂'道', 以無爲爲本, 故視萬物爲芻狗, 以天地·聖人爲不仁, 與孔子之以仁爲天心, 義正相反. 根本如此, 枝葉安得不爲刑名法術哉?

<이상 전국시대 노자의 후학: *右戰國老子後學*>

327_ 음모(陰謀)는 병사를 운용하는 모략 또는 계책을 뜻하며, 권모술수(權謀術數)를 뜻하기도 한다.

328_ 『노자』 제5장에 "天地不仁, 以萬物爲芻狗. 聖人不仁, 以百姓爲芻狗."라는 말이 보인다. 추구(芻狗)는 제사 때 사용하는 짚으로 만든 개를 말한다. 제사를 지내고 난 뒤에 버리기 때문에 보잘것없는 물건이라는 의미로 사용된다.

7. 진 · 한 교체시기 노자의 후학 [秦 · 漢間老子後學]

① 하상장인(河上丈人), 안기생(安期生), 모흡공(毛翕公), 악하공(樂瑕公), 악신공(樂臣公), 갑공(蓋公), 괴통(蒯通), 전숙(田叔)

6-7-1

악신공(樂臣公)[329]은 황제(黃帝)와 노자(老子)의 학문을 배웠으며, 그는 본래 '하상장인(河上丈人)'이라고 불리는 사람을 스승으로 섬겼는데, 어디 출신인지는 알 수가 없다. 하상장인은 안기생(安期生)을 가르쳤고, 안기생은 모흡공(毛翕公)을 가르쳤으며, 모흡공은 악하공(樂瑕公)을 가르쳤고, 악하공은 악신공을 가르쳤으며, 악신공은 갑공(蓋公)을 가르쳤다. 갑공은 제(齊)나라의 고밀(高密)과 교서(膠西)에서 가르쳤으며, 조상국(曹相國)의 스승이 되었다.(『사기』「악의열전찬」)

樂臣公學黃帝 · 老子, 其本師號曰'河上丈人', 不知其所出. 河上丈人敎安期生, 安期生敎毛翕公, 毛翕公敎樂瑕公, 樂瑕公敎樂臣公, 樂臣公敎蓋公. 蓋公敎于齊高密 · 膠西, 爲曹相國[330]師.(『史記』「樂毅列傳贊」)

6-7-2

악신공(樂臣公)은 황제(黃帝)와 노자(老子)의 학설을 잘 연구하여 제(齊)나라에서 명성을 떨쳤으며, 현명한 스승이라고 칭송받았다.(『사기』「악의열전」)

樂臣公善修黃帝 · 老子之言, 顯聞于齊, 稱賢師.(『史記』「樂毅列傳」)

329_ 악신공(樂臣公)은 『사기색은』에서 악거공(樂巨公)이라고도 한다고 했다.

330_ 국(國)이 『공자개제고』에는 빠져 있는데, 『사기』 원문에 따라 보충했다.

6-7-3

괴통(蒯通)이라는 사람은 종횡가의 언변술[331]에 능통하여 전국시대의 권변(權變)[332]에 대한 논술이 81수(首)나 된다. 제(齊)나라 사람인 안기생(安期生)과 친했는데, 안기생은 일찍이 항우(項羽)에게 간언을 했지만, 항우는 그의 계책을 채용하지 못했다. 얼마 있다가 항우가 이 두 사람을 책봉하려고 했지만, 두 사람은 끝내 받아들이려고 하지 않고, 망명하여 떠나버렸다.(『사기』「전담열전」)

蒯通者, 善爲長短說, 論戰國之權變, 爲八十一首. 通善齊人安期生, 安期生嘗干項羽, 項羽不能用其策. 已而項羽欲封此兩人, 兩人終不肯受, 亡去.(『史記』「田儋列傳」)

康6-30

위의 한 조목에서 노자 학파에서 일가를 이룬 자들이나 신하들의 종파에 대한 서술이 매우 상세한데, 한(漢)나라 때 크게 성행하여 문제(文帝)와 경제(景帝)에게 숭상을 받은 자들은 당연히 이러한 계통이다. 하상장인(河上丈人)의 학문이 다섯 번 전수되어 갑공(蓋公)에게 이르렀으니, 하상장인은 노자와의 시간적 거리가 당연히 멀지 않다. 그러나 괴통(蒯通)이 안기생(安期生)을 만났고, 안기생이 일찍이 항우(項羽)에게 간언을 했다고 하니, 혹 다른 사람들보다 장수한 것인가? 갑공이 제(齊)나라에서 가르쳤다고 하니, 당시에 노자의 학파도 유가(儒家)처럼 문호를

331_ 장단설(長短說)은 종횡가의 학설 또는 그들의 언변술을 말한다. 『사기색은』에서 "장단설(長短說)이라는 것은 어떤 사안을 부풀리고자 할 때에는 그것에 대해서 길게 말하고, 또 어떤 사안을 일축하고자 할 때에는 짧게 말한다는 뜻이다. 그렇기 때문에 『전국책』을 또한 『단장서(短長書)』라고 부르는 것도 이러한 이유 때문이다"라고 했다.

332_ 권변(權變)은 권모술수(權謀術數)와 임기응변(臨機應變)을 말한다.

개방하여 제자들을 받아들였던 것이다.

上一條敍老學名家臣子宗派最詳, 其大盛于漢, 尙于文·景者, 當卽此脉. 河上丈人五傳至蓋公, 河上丈人于老子當去不遠矣. 然蒯通尙及見安期生, 安期生嘗干項羽, 或耆壽過人歟? 稱蓋公敎于齊, 則當時老學亦開門授徒, 如儒者矣.

6-7-4

전숙(田叔)[333]이라는 사람은 조(趙)나라 형성(陘城)[334] 땅 사람이다. 그의 선조는 제(齊)나라 전씨(田氏)의 후예이다. 전숙은 검술을 좋아했고, 악거공(樂巨公)[335]이 있는 곳에서 황로학을 배웠다. 전숙은 사람됨이 엄격하고 청렴하면서 스스로 만족했으며,[336] 나이 많은 사람들[337]과 교유하기를 좋아했다.(『사기』「전숙열전」)

田叔者, 趙陘城人也. 其先, 齊田氏苗裔也. 叔喜劍, 學黃老術于樂巨公所. 叔爲人刻廉自喜, 喜游諸公.(『史記』「田叔列傳」)

康6-31

악거공(樂巨公)은 앞서 설명한 악신공(樂臣公)이다.

樂巨公當卽樂臣公也.

<이상 진·한 교체시기 노자의 후학: 右秦·漢間老子後學>

333_ 전숙(田叔)은 『사기색은』에서 자가 소경(少卿)이라고 했다.

334_ 형성(陘城)은 『사기색은』에서 현(縣)의 이름으로, 중산(中山) 땅에 속해 있는 지역이라고 했다.

335_ 악거공(樂巨公)은 『사기색은』에서 연(燕)나라 사람으로, 악의(樂毅)의 후손이라고 했다. 『사기정의』에서는 악(樂)이 성이고, 거공(巨公)이 이름이라고 했다.

336_ 각렴(刻廉)은 엄격하고 청렴한 것이고, 자희(自喜)는 스스로 만족한다는 말이다.

337_ 제공(諸公)은 『사기정의』에서 장인항(丈人行), 즉 나이가 많은 사람이라고 했다.

8. 서한시대 노자의 후학 [西漢老子後學]

① 황석(黃石), 장량(張良)

6-8-1

[노인이 말했다.] "가거라. 5일 뒤에 다시 일찍 찾아오너라." 5일이 지나서 장량(張良)은 한밤중에 찾아갔다. 잠시 뒤에 노인 또한 왔는데, 노인이 기뻐하면서 "마땅히 이렇게 해야지"라고 말했다. 두루마리[338] 하나로 된 책을 꺼내서 주면서 말했다. "이 책을 읽으면 왕의 스승이 될 수 있다. 10년 뒤에 흥성하게 되며, 13년 뒤에 그대는 나를 보게 될 것이니, 제북(濟北) 곡성산(穀城山) 아래에 있는 누런 돌이 바로 나이다." 그리고는 마침내 떠나버려서 다시는 볼 수 없었다. 다음날 아침에 그 책을 보니, 『태공병법(太公兵法)』이었다. 장량은 그 책을 기이하게 여겨서 항상 익히며 암송했으며, 하비(下邳)에 머물면서 협객이 되었다.(『한서』「장량열전」)

"去. 後五日復蚤來." 五日, 良夜半往. 有頃, 父亦來, 喜曰, "當如是." 出一編書. 曰, "讀是卽爲王者師. 後十年興, 十三年, 孺子見我, 濟北穀城山下黃石卽我已." 遂去不見. 旦日視其書, 乃『太公兵法』. 良因異之, 常習誦, 居下邳, 爲任俠.(『漢書』「張良列傳」)

338_ 편(編)은 안사고가 죽간을 연결하여 책으로 만들었기 때문에 일편(一編)이라고 부른 것이라고 했다.

6-8-2

황제의 교지[339]에서 말했다. "『황석공기(黃石公記)』[340]에서 '부드러운 것은 강한 것을 제어할 수 있고, 약한 것은 강한 것을 제어할 수 있다'라고 했다."(『후한서』「오개진장열전」)

詔報曰, "『黃石公記』曰, '柔能制剛, 弱能制强.'"(『後漢書』「吳蓋陳臧列傳」)

康6-32

황석(黃石)은 노자의 학파인데, 병법(兵法)을 해설하여 전수했다. 노자학파에서는 약강장흡(弱强張歙)[341]에 대해 강론했기 때문에 [노자는] 병가(兵家)의 시조가 된다.

黃石自是老學, 然解傳兵法. 蓋老學講弱强張歙, 故爲兵家之祖.

② 조참(曹參)

6-8-3

효혜왕(孝惠王) 원년(元年)에 제후국들이 상국(相國)[342]을 두는 법안을 폐

339_ 조보(詔報)는 상소문에 대해 황제가 내린 교지를 말한다.

340_ 범엽이 "장량(張良)이 하비(下邳) 땅에서 노인을 만났는데, 그 노인이 두루마리 하나로 된 책을 꺼내주었다. 바로 이 책이 『황석공기(黃石公記)』이다"라고 했다.

341_ 약강장흡(弱强張歙)은 『노자』 제36장의 "만물을 오그라들게 하려면 반드시 불어나게 해야 하고, 약하게 하려면 반드시 강하게 해야 한다[將欲翕之, 必故張之, 將欲弱之, 必故强之.]"라는 말을 축약한 것이다.

342_ 상국(相國)은 고대의 관직 명칭이다. 춘추전국시대에 초(楚)나라를 제외한 나머지 나라에서는 각국의 수도에 상(相)을 두어 통치를 보좌하게 했다. 그래서 이 관직을 국상(國相) 또는 상방(相邦)이라고 부른다. 본래 승상(丞相)과는 다른 관

지했는데, 다시 조참(曹參, ?~B.C.190)을 제(齊)나라의 승상(丞相)으로 임명했다. 조참이 제나라를 도와서 제나라는 70개의 성을 보유하게 되었다. 천하가 처음으로 안정되자, 도혜왕(悼惠王) 때에는 춘추시대 때의 제나라보다 부유하게 되었고, 조참은 나이가 많고 유능한 스승들을 모두 불러들여서 백성들을 편안하게 다스릴 방도를 물었다. 그래서 제나라에는 옛 유생들이 100여 명이나 몰려들었는데, 말하는 내용이 사람마다 제각각이어서 조참은 어떤 말을 채택해야 할지를 몰랐다. 교서(膠西) 지역에 갑공(蓋公)이라는 사람이 황로의 학술에 능통하다는 소문을 듣고, 사람을 보내 후한 예물로 그를 초청했다. 조참이 갑공을 만나보았는데, 갑공은 정치의 방법이 청정(淸靜)[343]을 귀하게 여기면 백성들이 스스로 안정된다고 말하고, 이것을 미루어 [다른 것들도] 갖추어서 모두 말해주었다. 조참은 이에 정당(正堂)을 치우고서 갑공을 머무르게 했다. 그는 정치에서 황로술을 사용하고자 했다.(『한서』「소하조참열전」)

孝惠元年, 除諸侯相國法, 更以參爲齊丞相. 參之相齊, 齊七十城. 天下初定, 悼惠王富于春秋, 參盡召長老諸先生, 問所以安集百姓. 而齊故諸儒以百數, 言人人殊, 參未知所定. 聞膠西有蓋公, 善治黃老言, 使人厚幣請之. 旣見蓋公, 蓋公爲言治道貴淸靜而民自定, 推此具言之. 參于是避正堂, 舍蓋公焉. 其治要用黃老術.(『漢書』「蕭何曹參列傳」)

직이었으나, 진나라 및 한나라 초기에는 그 지위가 승상(丞相)에 비견될 만큼 높아져서 승상을 가리키는 용어로도 사용되었으며, 재상(宰相)을 존칭하는 뜻으로도 사용되었다.

343_ 청정(淸靜)은 정치에서 법률을 번잡하지 않게 하여 무위(無爲)의 정치를 시행한다는 뜻이다. 이 말은 본래 『노자』 제45장의 "몸을 요란하게 움직이면 추위를 이길 수 있지만, 고요하게 있으면 더위를 이길 수 있다. 맑고 고요하게 하여 천하를 바르게 해야 한다[躁勝寒, 靜勝熱, 淸靜以爲天下正.]"라는 문장에서 유래한 것이다.

康6-33

[한(漢)나라 초기에] 진(秦)나라의 가혹한 법의 뒤를 이어서 청정(淸靜)으로 정치를 하여 오랫동안의 난리에서 [백성들을] 휴식시키려고 생각했으니, 전혀 도움이 되지 않은 것은 아니다. 그러나 예법을 부흥시키거나 제도를 세우지 않았고, 유가의 학술을 따르지 않았으니, 이것은 임시방편의 정치이다.[344]

乘秦苛法後, 以淸靜爲治, 久亂思休, 未嘗無補. 然未嘗興禮立制, 不向儒術, 乃苟且之治也.

③ 진평(陳平)

6-8-4

진평(陳平)은 양무(陽武) 호유향(戶牖鄕)[345] 사람이다. 젊었을 때에는 집안이 가난했지만 독서를 좋아했고, 황제(黃帝)와 노자(老子)의 학술을 연구했다.(『한서』「장진왕주열전」)

陳平, 陽武戶牖鄕人也. 少時家貧, 好讀書, 治黃帝·老子之術.(『漢書』「張陳王周列傳」)

康6-34

진평은 기이한 계책으로 유명했는데, 그가 연구한 황로의 학술도 약강

344_ 구차지치(苟且之治)는 눈앞의 일만 생각하여 그럭저럭 대처하는 정치로, 당장의 문제만 해결하려는 임시방편의 정치라고 할 수 있다.

345_ 안사고가 "양무(陽武)는 현(縣)의 명칭이며, 진류(陳留)에 속해 있다. 호유(戶牖)는 그곳에 속해 있는 향(鄕)의 명칭이다"라고 했다.

장흡(弱强張歙)의 술수를 벗어나지 않았다.

陳平以奇計聞, 則所治黃老之術, 亦不外弱强張歙之術矣.

④ 왕중(王仲)[346]

6-8-5

왕경(王景)은 자(字)가 중통(仲通)이며, 악랑(樂浪) 남감(諵邯)[347] 사람이다. 8대 조부(祖父)는 왕중(王仲)인데, 그는 본래 낭사(琅邪) 불기(不其) 사람이다. 도술(道術)을 좋아했으며, 천문(天文)에 밝았다. 제여(諸呂)[348]가 반란을 일으키자, 제(齊)의 애왕(哀王)인 양(襄)이 군대를 일으킬 것을 도모하여 수차례 왕중에게 물어보았다. 제북(濟北)의 왕(王)인 흥거(興居)[349]가 반란을 일으키자, [애왕(哀王)이] 병권을 맡기고 왕중을 책사로 삼고자 했지만, 왕중은 재앙이 미칠까 걱정하여 곧 바다에 배를 띄워 동쪽의 악랑산(樂浪山)으로 도망갔다. 그래서 그곳에 자리를 잡고 살았다.(『후한서』「순리열전」)

王景, 字仲通, 樂浪諵邯人也. 八世祖仲, 本琅邪不[350]其人. 好道術, 明天文. 諸呂作亂, 齊哀王襄謀發兵, 而數問于仲. 及濟北王興居反,

---

346_ 중국인민대학출판사본(2007)에서는 중(仲)자가 경(景)자의 오자라고 하여 왕경(王景)으로 고쳤다. 그러나 이 문장은 왕경(王景)에 대한 설명이 아니라, 왕경의 8대조인 왕중(王仲)에 대한 설명이기 때문에『공자개제고』원문의 글자를 그대로 두는 것이 좋을 것이다.

347_ 남감(諵邯)은 범엽이 현(縣)의 이름이라고 했다.

348_ 제여(諸呂)는 한나라 때 여후(呂后)의 친인척들로, 여산(呂產)이나 여록(呂祿) 등을 가리킨다.

349_ 범엽이 "양(襄)과 흥거(興居)는 모두 한고조(漢高祖)의 손자들로, 제(齊)의 도혜왕(悼惠王) 비(肥)의 자식들이다"라고 했다.

350_ 불(不)이『공자개제고』에는 인(人)으로 되어 있는데,『한서』원문에 따라 고쳤다.

欲委兵師仲, 仲懼禍及, 乃浮海東奔樂浪山中, 因而家焉.(『後漢書』「循吏列傳」)

⑤ 효문제(孝文帝), 두태후(竇太后)

6-8-6

그러나 효문제(孝文帝)는 본래 형명(刑名)의 학설을 좋아했다.(『사기』「유림열전」)

然孝文帝本好刑名之言.(『史記』「儒林列傳」)

康6-35

형명(刑名)의 학설은 노자에 근본하고 있으니, 문제(文帝)도 노자의 후학이다.

刑名本于老子, 則文帝亦老子後學也.

6-8-7

때마침 두태후(竇太后)는 황로의 학술을 연구하고, 유가의 학술은 좋아하지 않았다.(『사기』「효무본기」)

會竇太后治黃老言, 不好儒術.(『史記』「孝武本紀」)

6-8-8

때마침 두태후(竇太后)는 황로의 학술을 좋아했다.(『한서』「예악지」)

會竇太后好黃老言.(『漢書』「禮樂志」)

6-8-9

두태후(竇太后)[351]는 황로의 학술을 좋아했고,[352] 두영(竇嬰) · 전분(田蚡) · 조관(趙綰) 등은 유가 학술의 흥기에 힘썼다.(『한서』「두전관한열전」)

竇太后好黃老言, 而嬰 · 蚡 · 趙綰等務隆儒術.(『漢書』「竇田灌韓列傳」)

⑥ 장회(張恢) [조조(晁錯), 송맹(宋孟), 유대(劉帶), 등장(鄧章)]

6-8-10

조조(晁錯)는 영천(潁川) 사람이다. 신불해(申不害)와 상앙(商鞅)의 형명(刑名)의 학술을 지(軹) 땅의 장회(張恢)라는 학자에게 배웠고,[353] 낙양(雒陽)의 송맹(宋孟) 및 유대(劉帶)와 같은 스승을 모셨다.(『한서』「원앙조조열전」)

晁錯, 潁川人也. 學申 · 商刑名于軹張恢生所, 與雒陽宋孟及劉帶同師.(『漢書』「爰盎晁錯列傳」)

康6-36

한(漢)나라 초기에는 신불해와 상앙의 학문이 여전히 크게 성행했는데, 진(秦)나라의 구습을 그대로 이어받았기 때문이다.

漢初時, 申 · 商之學尙大行, 以承秦舊俗故.

351_ 『한서』 본문에는 두(竇)자가 생략되어 있다.

352_ 『사기』「효무본기(孝武本紀)」에도 "竇太后治黃老言, 不好儒術."이라는 기록이 보인다.

353_ 안사고가 "장회생(張恢生)은 지현(軹縣)에 살고 있던 학자로, 성은 장(張)이고, 이름은 회(恢)이다. 조조(晁錯)는 그에게 신불해와 상앙의 학문을 전수받았다"라고 했다.

6-8-11

가생(賈生)과 조조(晁錯)는 신불해(申不害)와 상앙(商鞅)의 학문에 밝았다.(『사기』「태사공자서」)

賈生·晁錯明申·商.(『史記』「太史公自序」)

康6-37

한나라 초기에는 학자들이 대부분 제자백가의 학문을 함께 연구하여 [유가의] 도를 지키는 것이 독실하지 않았다. 그러나 가의(賈誼)와 같은 인물은 거의 순수한 유학자에 가까웠는데, 「치안책(治安策)」과 같은 글은 모두 공자의 대의(大義)[를 드러낸 것]이다. 『대대례기(大戴禮記)』에서 그것을 채록하여 「예찰(禮察)」과 「보부(保傅)」편을 만들었는데, [가의의] 말이 모두 도리에 맞으니[354] 신불해와 상앙이라고 하더라도 배척할 수 없을 것이다.

漢初時, 人多兼治百家, 守道不篤者. 然如賈誼則幾于醇儒, 如「治安策」皆孔子大義. 『戴記』采之爲「禮察」·「保傅」, 吐辭爲經矣, 不得以申·商黜之.

6-8-12

등선(鄧先)[355]은 그의 아들이 등장(鄧章)인데, 황로의 학술을 연구하여 여러 중신들 사이에서 이름을 날렸다.(『한서』「원앙조조열전」)

354_ 토사(吐辭)는 말을 한다는 의미로, 글을 짓는다는 뜻으로도 쓰인다. 토사위경(吐辭爲經)은 가의가 「치안책」에서 한 말이 모두 도리에 맞다는 뜻이다. 일반적으로 토사불속(吐辭不俗)이라는 말이 자주 사용된다.

355_ 등선(鄧先)은 『한서』 본문에는 없는 글자이다. 『공자개제고』에서 문맥에 따라 이 글자를 임의로 보충해 넣은 것이다.

鄧先，其[356]子章，以修黃老言，顯諸公間.(『漢書』「爰盎晁錯列傳」)

⑦ 유안(劉安)

6-8-13

회남왕(淮南王) 유안(劉安)은 그 사람됨이 독서를 좋아하고, 거문고를 잘 탔으며, 사냥이나 승마, 경주 등을 좋아하지 않았고, 또한 음덕(陰德)을 시행하여 백성들을 위로해주려고 했으며,[357] 명예를 뜬구름처럼 여겼다. 방술(方術)[358]을 하는 술사 수천 명을 빈객으로 초빙하여 『내서(內書)』 21편을 지었고, 『외서(外書)』도 매우 많았다. 또한 『중편(中篇)』 8권도 지었는데, 거기에서 신선(神仙)과 황백(黃白)[359]의 술법을 말한 것이 또 20여 만 글자나 되었다.(『한서』「회남형산제북왕열전」)

淮南王安，爲人好書，鼓琴，不喜弋獵·狗馬·馳騁，亦欲以行陰德，拊循百姓，流名譽. 招致賓客方術之士數千人，作爲『內書』二十一篇，『外書』甚衆. 又有『中篇』八卷，言神仙黃白之術，亦二十余萬言.(『漢書』「淮南衡山濟北王列傳」)

356_ 기(其)가 『공자개제고』에는 시(時)로 되어 있는데, 『한서』 원문에 따라 고쳤다.

357_ 부순(拊循)은 부순(拊巡)이라고도 쓰며, 백성들을 편안하게 해주고 위로해준다는 뜻이다. 『순자』「부국(富國)」편에도 부순(拊循)이라는 말이 나오는데, 양경이 "백성들을 위로해주고 기쁘게 해주는 것이다"라고 했다.

358_ 방술(方術)은 다양한 의미가 있지만, 여기에서 말하는 방술은 천문(天文)·신선술(神仙術)·방중술(房中術)·점복(占卜)·상술(相術)·둔갑(遁甲)·참위(讖緯) 등을 통칭하는 용어이다.

359_ 황백(黃白)은 일종의 연단술(練丹術)로, 액상 수은을 변화시켜 금이나 은으로 바꾼다는 술법이다. 이것을 황백이라고 부르게 된 것은 황색의 금과 백색의 은에서 따온 것이다. 황백에 대해 안사고가 "황(黃)은 황금(黃金)이고, 백(白)은 백은(白銀)이다"라고 했다.

康6-38

회남자(淮南子)는 노자의 학문을 종주로 삼았고, 또 노자의 학문에서 원기를 기르는 것[養魄][360]은 본래 신선술(神仙術)의 장생학(長生學)과 서로 유사하다.

淮南子以老學爲宗, 且老學養魄, 本與神仙長生學相近也.

6-8-14

황제가 다시 신선(神仙)의 방술(方術)을 부흥시키려고 했는데,[361] 회남왕(淮南王)에게는 몰래 보관하고 있던 『홍보원비서(鴻寶苑秘書)』[362]라는 책이 있었다. 그 책에는 신선이 귀신을 부려서 황금을 만드는 술법과 추연(鄒衍)이 자연의 도(道)를 중시하여 목숨을 연장시키는 방법이 기록되어 있었는데, 세상 사람들은 본 적이 없다.(『한서』「초원왕열전」)

上復興神仙方術之事, 而淮南有枕中『鴻寶苑秘書』. 書言神仙使鬼物爲金之術, 及鄒衍重道延命方, 世人莫見.(『漢書』「楚元王列傳」)

6-8-15

유가의 서적[363]에서 말했다. "회남왕(淮南王)이 도술(道術)을 배우기 위해

360_ 양백(養魄)은 자신의 신체 안에 있는 원기(元氣)를 배양한다는 뜻이다.

361_ 이 일은 당시 선제(宣帝)가 한 무제(武帝)의 옛일들을 그대로 따라 유명한 유학자와 인재들을 초빙하여 자신의 좌우에 두었고, 거기에 다시 신선의 방술을 부흥시키려고 한 일을 말한다.

362_ 침(枕)은 원래 베개라는 뜻인데, 베개 속에 감추어두고 공개하지 않았다는 뜻이다. 『홍보원비서(鴻寶苑秘書)』는 안사고가 도술과 관련된 책이라고 했다.

363_ 유서(儒書)는 『논형교석(論衡校釋)』에 의하면, 『예문류취』와 『태평어람』에는 모두 전서(傳書)로 되어 있다.

천하의 도술을 가지고 있는 사람들을 초빙하여 모았는데, 군주라는 존귀한 지위를 기울여서 도술을 하는 방사(方士)들에게 겸손하게 대했다. 이 때문에 도술을 하는 학자들은 모두 회남 땅에 모여서 기이한 방술을 앞다투어 선보였다.[364] 회남왕이 마침내 도술을 터득했다."(『논형』「도허」)

儒書言, "淮南王學道, 招會天下有道之人, 傾一國之尊, 下道術之士. 是以道術之士, 幷會淮南, 奇方異術, 莫不爭出. 王遂得道."(『論衡』「道虛」)

康6-39

회남왕 때에는 오경박사(五經博士)의 제자들이 아직 확립되지 않았고, 공자의 학문도 통일되지 않았으며, 노자와 묵자의 학문이 함께 세워졌고, 제자백가의 학문이 서로 경쟁했다. 회남왕은 학문을 좋아하여 널리 학자를 찾고 서적들을 수집했으니, 오늘날에 이르러서도 여전히 당시의 다양한 교설을 참고해 볼 만하다.

淮南時, 五經博士弟子未立, 孔學未一, 老·墨幷立, 諸子相爭. 淮南好學, 廣爲搜羅, 至今猶可考當時雜敎也.

364_『논형교석』에서 다음과 같이 설명했다. "『한서』「회남형산제북왕열전(淮南衡山濟北王列傳)」에서는 회남왕(淮南王) 유안(劉安)이 그 사람됨이 독서를 좋아했고, 방술(方術)을 하는 술사 수천 명을 빈객으로 초빙하여 『내서(內書)』 21편을 지었고, 『외서(外書)』도 매우 많았다. 또한 『중편(中篇)』 8권도 지었는데, 거기에서는 신선(神仙)과 황백(黃白)의 술법을 말했다고 했다. 또 『서경잡기(西京雜記)』에서는 '회남왕은 방사들을 좋아하여 방사들이 모두 자신의 도술로써 그에게 선보였다. 그래서 마침내 땅에 금을 그으니 산과 하천이 만들어지고, 흙을 손으로 쥐니 바위로 변하게 되었으며, 숨을 내쉬고 들이쉬니 추위와 더위가 생겨났고, 화를 내거나 기침을 하면 비나 서리가 내리게 되었다'라고 했다."

⑧ 사마계주(司馬季主)

6-8-16

사마계주(司馬季主)[365]라는 사람은 초(楚)나라의 현명한 대부(大夫)이며, 장안(長安)으로 유학을 와서 공부했다. 『역경(易經)』에 능통했고, 황제와 노자의 학문을 익혔으며, 견문이 넓고 깊었다.(『사기』「일자열전」)

夫司馬季主者, 楚賢大夫, 游學長安. 通『易經』, 術黃帝・老子, 博聞遠見.(『史記』「日者列傳」)

⑨ 사마담(司馬談)

6-8-17

태사공(太史公)은 당도(唐都)[366]에게 천관(天官)[367]을 배웠고, 양하(楊何)[368]에게 『역(易)』을 전수받았으며, 황자(黃子)[369]에게 도가의 이론을 익혔다.(『사기』「태사공자서」)

太史公學天官于唐都, 受『易』于楊何, 習道論于黃子.(『史記』「太史公自序」)

365_ 사마계주(司馬季主)는 『사기색은』에 의하면, 초나라의 재상이었던 사마자기(司馬子期)와 사마자반(司馬子反)의 후손으로, 성이 미(羋)이다. 그에 관한 자세한 기록은 「열선전(列仙傳)」에 보인다.

366_ 당도(唐都)는 『사기정의』에서 인용한 「천관서(天官書)」에서 "별의 운행에 대해서는 당도가 최고이다"라고 했다.

367_ 천관(天官)은 하늘의 별자리 운행을 관찰하여 기후 및 길흉을 판단하는 관직 및 그러한 학문을 뜻한다. 오늘날의 천문학과 점성술이 결합된 형태이다.

368_ 양하(楊何)는 『사기집해』에서 서광이 치천(菑川) 사람이라고 했다.

369_ 황자(黃子)는 서광이 「유림전」에는 황생(黃生)으로 되어 있고, 황로학을 좋아했다고 했다.

⑩ 왕생(王生), 장석지(張釋之)

6-8-18

왕생(王生)이라는 사람은 황로의 학문에 뛰어난 처사(處士)이다. 일찍이 초청되어 궁궐에 불려 들어간 적이 있었는데, 삼공(三公)과 구경(九卿)들이 모두 입조해 있었다. 왕생 노인이 "내 버선[370]이 풀어졌구나"라고 말하고, 정위(廷尉) 장석지(張釋之)[371]를 돌아보면서 "내 버선을 매어주시오"라고 말했다. 그러자 장석지가 꿇어앉아서 그것을 매어주었다.(『사기』「장석지풍당열전」)

> 王生者, 善[372]爲黃老言, 處士也. 嘗召居廷中, 三公九卿盡會立. 王生老人, 曰, "吾襪解." 顧謂張廷尉, "爲我結襪." 釋之跪而結之.(『史記』「張釋之馮唐列傳」)

⑪ 직불의(直不疑), 장구(張歐)

6-8-19

직불의(直不疑)는 『노자』의 학문을 배웠다. 그는 일을 처리할 때 옛날 방식대로 관리했는데, 그것은 오직 다른 사람들이 그의 관리로서의 자취를 눈치챌까 걱정했기 때문이다. 명성을 세우는 것을 좋아하지 않아서 나이 많은 사람으로만 일컬어졌다.(『사기』「만석장숙열전」)

370_ 말(襪)은 버선을 말한다.

371_ 장정위(張廷尉)는 정위(廷尉)의 벼슬을 맡고 있던 장석지(張釋之)를 말한다. 정위(廷尉)는 본래 진(秦)나라 때 처음 설치된 관직으로 구경(九卿) 중 한 명이다. 형벌과 옥송에 대한 일을 관장했다. 한나라 때에도 그 관직은 계속해서 유지되었는데, 경제(景帝) 때 잠시 대리(大理)라는 명칭으로 고쳐졌다가, 무제(武帝) 때 다시 정위라는 명칭으로 바꾸었다.

372_ 선(善)이 『공자개제고』에는 오(吾)로 되어 있는데, 『사기』 원문에 따라 고쳤다.

不疑學『老子』言. 其所臨, 爲官如故, 唯恐人知其爲吏迹也. 不好立名, 稱爲長者.(『史記』「萬石張叔列傳」)

康6-40

좋은 일을 하면서도 명예를 추구하지 않고,[373] 알기 어렵기가 마치 어둠과 같으며, 어둡고 어리석은 덕을 지키고 겸허한 암컷의 덕을 지키니,[374] 노자의 학문은 본래부터 명예를 중시하지 않는다.

爲善無近名, 難知如陰, 守黑守雌, 老學本棄名也.

6-8-20

어사대부(御史大夫) 장숙(張叔)은 이름이 구(歐)이고, 안구후(安丘侯) 장열(張說)[375]의 서자(庶子)이다. 효문제(孝文帝) 시기에 형명(刑名)의 학문을 연구하여 태자(太子)를 섬겼다. 그러나 장구(張歐)는 비록 형명가(刑名家)의 학문을 연구했지만, 그 사람됨은 [너그러운] 연장자와 같았다. 경제(景帝) 시기에 지위가 존귀해지고 중임되어 일찍이 구경(九卿)의 반열에 올랐다.(『사기』「만석장숙열전」)

御史大夫張叔者, 名歐, 安丘侯說之庶子也. 孝文時以治刑名言, 事太子. 然歐雖治刑名家, 其人長者. 景帝時尊重, 常爲九卿.(『史記』「萬石張叔列傳」)

373_ 근명(近名)은 명예를 추구한다는 말이다. 『장자』「양생주(養生主)」편에 "象善無近名, 象惡無近刑."이라는 말이 보인다.

374_ 『노자』 제28장에 "知其雄, 守其雌, 爲天下蹊. … 知其白, 守其黑, 爲天下式."이라는 말이 보인다. 수흑(守黑)은 어둡고 어리석은 덕을 지킨다는 말이고, 수자(守雌)는 겸허하고 자신을 낮추는 암컷의 덕을 지킨다는 말이다.

375_ 장열(張說)은 서광에 의하면, 방여현(方與縣)에서 봉기하여 한고조를 따라 한나라 군대에 들어갔다고 한다. 또 『사기색은』에서는 장열(張說)의 열(說)자는 열(悅)자로 읽는다고 했다.

⑫ 정당시(鄭當時), 급암(汲黯)

6-8-21[376]

정당시(鄭當時)는 자(字)가 장(莊)이고, 진(陳) 땅 사람이다. 정장(鄭莊)은 황로의 학문을 좋아했다.(『사기』「급정열전」)

鄭當時, 字莊, 陳人也. 莊好黃老之言.(『史記』「汲鄭列傳」)

6-8-22

급암(汲黯)은 황로의 학문을 배웠으며, 관리와 백성들을 다스릴 때 청정(淸淨)을 좋아하여 승(丞)과 사(史)들을 선발하여[377] 그들에게 위임했다. 그의 정치는 큰 핵심만을 따질 뿐, 작은 것은 개의치 않았다.(『사기』「급정열전」)

黯學黃老之言, 治官理民, 好淸靜, 擇丞史而任之. 其治, 責大指而已, 不苛小.(『史記』「汲鄭列傳」)

⑬ 전생(田生), 한안국(韓安國)

6-8-23

어사대부(御史大夫) 한안국(韓安國)은 양(梁)나라의 성안(城安)[378] 땅 사람인

376_ 이하에서 인용한 문장은『사기』「급정열전」의 문장을 축약하여 기록한 것이다.

377_『사기집해』에서 여순은 "율(律)에는 태수(太守)·도위(都尉)·제후내사(諸侯內史)가 있어서 사(史)를 각각 1명씩 배치하고, 졸사(卒史)와 서좌(書佐)에는 각각 10명씩 배치하는데, 그것을 총괄하여 승사(丞史)라고 부른 것이다. 또 어떤 이들은 군승(郡丞)과 사(史)들을 선발하여 그들에게 위임했다고 해석하는데, 정당시는 당시 대사농(大司農)의 직책에 올랐기 때문에 나머지 관부의 일들을 승과 사에게 배속시켰다는 뜻이다"라고 했다.

데, 뒤에 수양(睢陽)[379]으로 옮겨서 살았다. 일찍이 한비자(韓非子)와 잡가(雜家)의 학설을 추(騶) 땅에 사는 전생(田生)에게 전수받았다.(『사기』「한장유열전」)

御史大夫韓安國者, 梁城安人也, 後徙睢陽. 嘗受韓子·雜家說于騶田生所.(『史記』「韓長孺列傳」)

⑭ 유덕(劉德)

6-8-24

유덕(劉德)은 자(字)가 노숙(路叔)이다. 어려서부터 황로의 학문을 공부했으며, 지략(智略)이 있었다.(『한서』「초원왕열전」)

德, 字路叔. 少修黃老術, 有智略.(『漢書』「楚元王列傳」)

⑮ 질도(郅都), 영성(寧成), 주양유(周陽由), 사마안(司馬安), 조우(趙禹), 장탕(張湯), 왕조(王朝), 의종(義縱), 평씨(平氏), 주강(朱强), 두연(杜衍), 왕온서(王溫舒), 양개(楊皆), 마무(麻戊), 양공(楊贛), 성신(成信), 윤제(尹齊), 양복(楊僕), 감선(減宣), 두주(杜周)

6-8-25[380]

질도(郅都)라는 사람은 양(陽)[381] 땅 사람이다. 낭(郎)의 신분으로 효문제(孝文帝)를 섬겼다. 효경제(孝景帝) 때에 질도는 중랑장(中郎將)이 되었다.

378_ 성안(城安)은 서광이 여(汝)와 영(潁) 땅 사이에 위치한다고 했다.

379_ 수양(睢陽)은 『사기정의』에서 지금의 송주(宋州) 송성(宋城)이라고 했다.

380_ 이하에서 인용한 문장은 『사기』「혹리열전」의 문장을 축약하여 기록한 것이다.

381_ 양(陽)은 서광이 하동(河東)에 속해 있다고 했고, 『사기색은』에서는 『한서』를 인용하여 질도(郅都)가 하동(河東) 대양(大陽) 땅의 사람이라고 했다.

그리고 중위(中尉)로 승진했다. 이 시기에는 백성들이 순박하여 형벌을 두려워하고 스스로 조심했는데, 질도만이 유독 엄정하고 혹독한 정치를 앞장서서 시행했다.(『사기』「혹리열전」)

郅都者, 陽人也. 以郎事孝文帝. 孝景時, 都爲中郎將. 遷爲中尉. 是時民朴, 畏罪自重, 而都獨先嚴酷.(『史記』「酷吏列傳」)

康6-41

질도(郅都)는 엄정하고 혹독한 관리로, 법령을 시행함에 귀족과 왕실의 인척들도 예외로 하지 않았으니, 이는 신불해(申不害)와 한비자(韓非子)의 후학이다.

郅都嚴酷, 致行法不避貴戚, 是申韓後學.

6-8-26

영성(寧成)이라는 사람은 양(穰)[382] 땅 사람이다. 낭(郎)과 알자(謁者)[383]의 신분으로 경제(景帝)를 섬겼다. 기개를 좋아했고, 다른 사람의 말단 관리로 있을 때는 반드시 자기의 상사를 능멸했고, 다른 사람의 상관으로 있을 때는 아래 부하들을 마치 젖은 장작을 묶듯이 다루었다.[384] 그는 교활하고 흉포하여 제멋대로 위엄을 부렸다. 조금씩 승진하여 제남(濟南)의 도위(都尉)[385]에까지 이르렀다.(『사기』「혹리열전」)

382_ 양(穰)은 서광이 남양(南陽)에 속해 있다고 했다.

383_ 알자(謁者)는 관직 명칭이다. 처음 춘추시대 때 설치되었는데, 진나라와 한나라 때에도 그 관직을 두었다. 빈객을 접대하는 일을 돕고, 천자의 명령을 전달하는 일을 담당했다.

384_ 『사기집해』에서 위소가 거칠고 급작스럽게 다룬다는 의미라고 했다.

385_ 도위(都尉)나 군위(郡尉)에 해당하는 위(尉)라는 관직은 모두 진나라 때의 관직으로, 병사들을 훈련하고 통솔하는 일을 담당했으며, 녹봉은 2천석에 달했다. 한

寧成者, 穰人也. 以郎謁者事景帝. 好氣, 爲人小吏, 必陵其長吏, 爲人上, 操下如束濕薪. 滑賊任威. 稍遷至濟南都尉.(『史記』「酷吏列傳」)

康6-42

영성(寧成)은 또한 신불해와 한비자의 후학이다. 따라서 그의 정치는 질도(郅都)와 유사했다. 그러나 「혹리열전」에 보면, "수천 금의 재산을 관리하면서[386] 협객이 되었다"[387]라는 기록이 있으니, 영성도 묵가의 유파이다.

寧成亦申 · 韓後學. 故其治近郅都. 然觀其「本傳」有云, "致産數千金, 爲任俠." 則寧成亦墨氏流派也.

6-8-27

주양유(周陽由)라는 사람은 부친인 조겸(趙兼)이 회남왕(淮南王)의 이모부였기 때문에 주양(周陽)[388] 땅에 후(侯)로 봉해졌다. 따라서 성이 주양씨(周陽氏)이다. 주양유는 종가(宗家)의 후손이라는 이유로 낭(郎)에 임명되었고, 효문제(孝文帝)와 경제(景帝)를 섬겼다. 경제 때에 주양유는 군수(郡守)가 되었다. 무제(武帝)가 즉위했을 때 관리가 백성들을 다스림에 매우 선량하기를 제창했다. 그러나 주양유는 녹봉 2천석을 받는 관리들 중에서 가장 흉폭하고 혹독하며, 교만하고 방자했다. 그가 편애했던 자들은 법을 어겨서라도 구원해주었고, 그가 싫어하는 자들은 법을 곡

나라 경제(景帝) 시기에 다시 명칭을 도위(都尉)로 고쳤다.

386_ 치산(致産)은 재산을 관리하고 운용하는 것을 말한다.

387_ 『사기』「혹리열전」에 "致産數千金, 爲任俠, 持吏長短, 出從數十騎. 其使民威重於郡守."라는 기록이 보인다.

388_ 주양(周陽)은 『사기정의』에서 그 고성(故城)이 강주(絳州) 문희현(聞喜縣)의 동쪽으로 29리 떨어진 곳에 있다고 했다.

해해서라도 죽여 버렸다.(『사기』 「혹리열전」)

周陽由者, 父趙兼以淮南王舅父侯周陽. 故因姓周陽氏. 由以宗家任爲郞, 事孝文及景帝. 景帝時, 由爲郡守. 武帝卽位, 吏治尙循謹甚. 然由居二千石中, 最爲暴酷驕恣. 所愛者, 撓法活之, 所憎者, 曲法誅滅之.(『史記』 「酷吏列傳」)

6-8-28

사마안(司馬安)의 법령이 악명을 떨쳤다.[389](『사기』 「혹리열전」)

司馬安之文惡.(『史記』 「酷吏列傳」)

6-8-29

조우(趙禹)라는 사람은 태(斄)[390] 땅 사람이다. 좌사보중도관(佐史補中都官)[391]을 지냈는데, 그는 청렴했기 때문에 영사(令史)가 되었으며, 태위(太尉)인 주아부(周亞夫)를 섬겼다. 주아부가 승상이 되자, 조우는 승상의 사(史)가 되었고, 관부의 관리들이 모두 그를 청렴하고 공평하다고 칭찬했다. 그러나 주아부는 그를 신임하지 않았고, "나는 조우가 공평한[392] 사람이라는 것을 잘 알고 있지만, 법을 시행하는 것이 너무 혹독해서[393]

389_ 문악(文惡)은 『사기집해』에서 인용한 『한서음의』에서 문법(文法)으로 사람을 해치는 것이라고 했다.

390_ 태(斄)는 서광이 부풍(扶風)에 속한다고 했고, 『사기정의』에서는 옛 태성(斄城)이 무공현(武功縣)의 서남쪽 22리 떨어진 곳에 있다고 했다. 그리고 고대의 태국(邰國)은 후직(后稷)이 분봉을 받았던 땅으로, 한나라 때의 태현(斄縣)이 이곳이라고 했다.

391_ 좌사보중도관(佐史補中都官)은 『사기색은』에서 경사제관부리(京師諸官府吏)와 같다고 했고, 『사기정의』에서는 경도부사(京都府史)와 같다고 했다.

392_ 무해(無害)는 『사기색은』에서 소림이 마치 비견될 만한 자가 없다는 의미로, 그가 공평하다는 말이라고 했다.

393_ 문심(文深)은 『사기색은』에서 인용한 『한서음의』에서 법률의 시행을 매우 혹독

높은 관부에서 일할 만한 사람은 아니다"라고 했다.(『사기』「혹리열전」)

趙禹者, 斄人. 以佐史補中都官, 用廉爲令史, 事太尉亞夫. 亞夫爲丞相, 禹爲丞相史, 府中皆稱其廉平. 然亞夫弗任, 曰, "極知禹無害, 然文深, 不可以居大府."(『史記』「酷吏列傳」)

6-8-30

장탕(張湯)이라는 사람은 두(杜) 땅 사람이다. 그의 부친이 장안(長安)의 승(丞)이 되었을 때, [부친이] 출타하면 장탕은 어린 나이에도 집을 지켰다. 부친이 돌아왔을 때 쥐가 고기를 훔쳐가자, 그의 부친은 크게 화를 내며 장탕을 매질했다. 장탕은 쥐구멍을 파내서 고기를 훔쳐간 쥐와 먹다 남긴 고기를 찾아냈고, 쥐에게 조서를 내리고 매질을 하여 다스렸으며, 범인인 쥐를 데려다가 재판기록 문서를 작성했고, 심문한 내용을 살펴보고, 형벌을 판정했으며,[394] 아울러 쥐와 고기를 압수하고, 송사의 일을 갖춘 뒤 당(堂) 아래에서 책형(磔刑)을 집행했다. 그의 부친은 그것을 보고서 그가 작성한 문서들을 살펴보니, 마치 노련한 관리가 작성한 것과 같아서 크게 놀랐으며, 마침내 장탕에게 옥송(獄

하게 했다는 뜻이라고 했다.

394_『사기집해』에서 소림이 "전원서(傳爰書)에서의 전(傳)은 죄수를 체포한다는 뜻이다. 원(爰)은 이(易), 즉 다스린다는 뜻으로, 이 문서로서 그 판결과 처분을 다스리는 것이다. 국(鞫)은 궁(窮)의 뜻이다"라고 했다. 또 장안(張晏)은 "전(傳)은 증거를 고찰해본다는 뜻이며, 원서(爰書)는 과연 그 말한 내용과 같은지 아닌지를 살펴보는 것으로, 진술한 내용이 다르면 벌을 주었다. 심문을 한 후 3일 뒤에 다시 되물어서 앞서 얘기했던 말들과 같은지 아닌지의 여부를 확인하는 것을 말한다. 국(鞫)은 한 명의 관리가 소장의 내용을 읽어주고, 그 죄값에 해당하는 벌들을 따지는 것을 말한다"라고 했다. 또 『사기색은』에서 위소는 "원(爰)은 환(換)의 뜻이다. 고대에는 형벌을 무겁게 내렸는데, 그 판결 과정에 개인의 사사로운 감정이 섞이는 것을 염려했기 때문에 송사와 관련된 문서를 다른 곳에 보내서 다른 관리로 하여금 그 사실 여부를 따져보게 하는 것이다"라고 했다. 여기에서는 『사기집해』의 소림의 주장에 따라 해석했다.

訟)의 문서[395]를 공부하게 했다.(『사기』「혹리열전」)

張湯者, 杜人也. 其父爲長安丞, 出, 湯爲兒守舍. 還而鼠盜肉, 其父怒, 笞湯. 湯掘窟得盜鼠及餘肉, 劾鼠掠治, 傳爰書, 訊鞫論報, 幷取鼠與肉, 具獄磔堂下. 其父見之, 視其文辭如老獄吏, 大驚, 遂使書獄.(『史記』「酷吏列傳」)

6-8-31

왕조(王朝)는 제(齊)나라 사람이다. 장단술(長短術)로써 우내사(右內史)에까지 이르렀다. 변통(邊通)은 장단술을 공부했으며, 강퍅하고 난폭한 사람이었는데, 관직은 두 번이나 제남(濟南)의 재상에 이르렀다.(『사기』「혹리열전」)

王朝, 齊人也. 以術至右內史. 邊通, 學長短, 剛暴强人也, 官再至濟南相.(『史記』「酷吏列傳」)

6-8-32

의종(義縱)은 하동(河東) 사람이다. 어렸을 때 일찍이 장차공(張次公)과 함께 강도짓을 하면서[396] 도적 패거리가 되었다. 의종에게는 의후(義姁)라는 누이가 있었는데, 의술이 뛰어나 왕태후(王太后)에게 총애를 받았다. 왕태후가 "너의 아들이나 형제들 중에서 관리가 되려는 자가 있느냐?" 고 물었는데, 의후가 "동생이 있는데, 행실이 좋지 않아서 안 됩니다" 라고 대답했다. 그러자 왕태후는 곧 그를 황제에게 추천하여 의후의 동생인 의종을 중랑(中郞)으로 삼아서 상당군(上黨郡)에 소속된 영(令)을

395_ 서옥(書獄)은 『사기집해』에서 여순이 옥사를 판결한 문서로, 율령(律令)을 뜻한다고 했다.

396_ 공표(攻剽)는 침탈하거나 약탈한다는 뜻이다.

보좌하게 했다.[397] 의종은 일을 처리함에 과감하게만 시행하고, 좀처럼 온정을 베풀지 않아서[398] 현(縣)에서는 일을 미루는 경우가 생기지 않았으니, 치적의 평가에서 첫째로 손꼽혔다. 그래서 장릉령(長陵令) 및 장안령(長安令)으로 승진했는데, 오로지 법대로만 시행하여 귀족과 왕실의 인척들도 예외로 하지 않고, 왕태후의 외손(外孫)인 수성군(修成君)의 아들 중(仲)까지도 잡아들였는데, 황제는 그를 유능하다고 여겨서 하내(河內)의 도위(都尉)로 승진시켰다. 하내 땅에 부임하자마자 곧바로 그 지역의 호족인 양씨(穰氏) 일족을 몰살시켰으니, 하내 지역에서는 길에 떨어진 물건을 줍지 않았다.(『사기』「혹리열전」)

義縱, 河東人也. 爲少年時, 嘗與張次公俱攻剽爲群盜. 縱有姊姁, 以醫幸王太后. 王太后問, “有子兄弟爲官者乎?” 姊曰, “有弟無行, 不可.” 太后乃告上, 拜義姁弟縱爲中郎, 補上黨郡中令. 治敢行, 少蘊藉, 縣無逋事, 擧爲第一. 遷爲長陵及長安令, 直法行, 治不避貴戚, 以捕案太后外孫修成君子仲, 上以爲能, 遷爲河內都尉. 至則族滅其豪穰氏之屬, 河內道不拾遺.(『史記』「酷吏列傳」)

6-8-33

평씨(平氏), 주강(朱强), 두연(杜衍), 두주(杜周)[399]는 의종(義縱)의 어금니와 발톱 역할을 했던 관리로, 임용되어 정사(廷史)로 승진했다.(『사기』「혹리열전」)

397_ 『사기색은』에서 “상당군(上黨郡)에 속해 있는 영(令)을 보좌하게 했다는 뜻인데, 『사기』에서는 그 현(縣)의 이름을 기록하지 않았다”라고 했다.

398_ 『사기집해』에서 인용한 『한서음의』에서 “과감하게 잔혹한 정치만을 시행하고, 온정을 베푸는 정치는 적게 했다”라고 했다.

399_ 평씨(平氏)·주강(朱强)·두연(杜衍)·두주(杜周)를 『공자개제고』에서는 4명의 인물로 보고 있는데, 『사기』의 해석 중에는 평씨(平氏)를 주강(朱强)의 씨명(氏名)으로 해석하기도 한다.

平氏・朱强・杜衍・杜周爲縱爪牙之吏, 任用, 遷爲廷史.(『史記』「酷吏列傳」)

6-8-34

왕온서(王溫舒)라는 사람은 양릉(陽陵)[400] 사람이다. 젊은 시절에 사람을 때려 죽여 매장하는[401] 등 나쁜 짓을 했다. 그 후에 시험에 통과하여 현(縣)의 정장(亭長)으로 보결(補缺) 되었는데,[402] 번번이 파면되었다. 이후 말단 관리가 되어 옥송의 일을 맡아보다가 정사(廷史)가 되었다. 장탕(張湯)을 섬기다가 어사(御史)로 승진했다.(『사기』「혹리열전」)

王溫舒者, 陽陵人也. 少時椎埋爲奸. 已而試[403]補縣亭長, 數廢. 爲吏, 以治獄至廷史. 事張湯, 遷爲御史.(『史記』「酷吏列傳」)

6-8-35

왕온서는 잔악하고 교활한 것으로 명성이 자자했던 여러 관리들을 데려다가 그들과 함께 일했는데,[404] 하내(河內)에는 양개(楊皆)와 마무(麻戊)[405]라는 자가 있었고, 관중(關中)에는 양공(楊贛)과 성신(成信) 등이 있었다.(『사기』「혹리열전」)

徙諸名禍猾吏與從事, 河內則楊皆・麻戊, 關中楊贛・成信等.(『史記』

400_ 양릉(陽陵)은 『사기집해』에서 풍익(馮翊)에 속해 있다고 했다.

401_ 추매(椎埋)는 서광이 "사람을 때려 죽여서 매장한다는 뜻이다. 혹은 무덤을 도굴하는 것을 뜻하기도 한다"라고 했다.

402_ 시보(試補)는 시험에 통과하여 보결(補缺)이 된다는 뜻이다.

403_ 시(試)가 『공자개제고』에는 빠져 있는데, 『사기』 원문에 따라 보충했다.

404_ 명화활(名禍猾)은 서광이 잔악하고 혹독한 것으로 명성이 있었다는 뜻이라고 했다.

405_ 마무(麻戊)는 서광이 마성(麻成)으로 기록된 판본도 있다고 했다.

「酷吏列傳」)

6-8-36

윤제(尹齊)라는 사람은 동군(東郡)의 치평(茌平) 사람이다. 도필(刀筆)[406]이라는 하급관리에서 점차 승진하여 어사(御史)에까지 이르렀다.(『사기』 혹리열전」)

尹齊者, 東郡茌平人. 以刀筆稍遷至御史.(『史記』「酷吏列傳」)

6-8-37

양복(楊僕)이라는 사람은 의양(宜陽) 사람이다. 천부(千夫)[407]로써 말단 관리가 되었다. 하남(河南)의 태수는 그를 유능하다고 여겨서 천거하여 어사(御史)로 승진했다.(『사기』「혹리열전」)

楊僕者, 宜陽人也. 以千夫爲吏. 河南守案擧以爲能, 遷爲御史.(『史記』「酷吏列傳」)

6-8-38

감선(減宣)이라는 사람은 양(楊) 땅 사람이다. 좌사(佐史)로 재직하면서 실수 없이 일처리를 잘해서 하동(河東)의 수부(守府)에서 종사하게 되었다. 장군(將軍) 위청(衛靑)이 하동으로 말을 사들이러 왔다가 감선이 실수 없이 일처리 하는 것을 보고 황제에게 보고했는데, 황제가 대구승

406_ 도필(刀筆)은 관직명으로, 문서를 다루는 하급관리를 말한다.

407_ 천부(千夫)는 『사기집해』에서 인용한 『한서음의』에서 "오대부(五大夫)와 같은 것으로, 한무제(漢武帝)는 군수 물자가 부족해지자 백성들에게 돈과 식량을 내놓게 하고, 물자를 내놓은 이들을 천부로 임명해주었다"라고 했다.

(大廐丞)[408]으로 임명했다.(『사기』「혹리열전」)

減宣者, 楊人也. 以佐史無害給事河東守府. 衛將軍靑使買馬河東, 見宣無害, 言上, 征爲大廐丞.(『史記』「酷吏列傳」)

6-8-39[409]

두주(杜周)[410]는 겉모습은 관대한 것처럼 보였지만, 형벌을 내릴 때에는 매우 혹독해서 죄인의 뼈 속까지 각인되게 만들었다.[411] 두주는 정위(廷尉)가 되었을 때, 일처리 방식은 대부분 장탕(張湯)을 모방했고, 눈치를 살피는 것을 잘했다. 황제가 내치고 싶어 하는 자는 그도 따라서 모함했다.(『사기』「혹리열전」)

杜周外寬, 內深次骨. 周爲廷尉, 其治大放張湯而善候伺. 上所欲擠者, 因而陷之.(『史記』「酷吏列傳」)

6-8-40

심지어 촉(蜀)의 태수인 풍당(馮當)과 같은 경우에는 포악하고 남을 학대했으며, 광한(廣漢)의 이정(李貞)은 함부로 사람의 사지를 찢어 죽였고, 동군(東郡)의 미복(彌僕)[412]은 사람의 목을 톱질하여 죽였으며, 천수

408_ 대구승(大廐丞)은 『사기정의』에 의하면, 대복(大僕)에 소속된 관부 중에는 대구(大廐)라는 관청이 있었고, 각각 5명의 승(丞)과 한 명의 위(尉)를 두고 있었다고 한다.

409_ 이하에서 인용한 문장은 축약문으로, 『사기』「혹리열전」의 원문이 상당 부분 생략되어 있다.

410_ 두주(杜周)는 『사기정의』에서 자가 장유(長孺)라고 했다.

411_ 내심차골(內深次骨)은 『사기집해』에서 이기(李奇)가 "그가 형벌을 줄 때는 매우 혹독하여 골수에 사무치게 했다"라고 했다. 『사기색은』에서는 차(次)가 지(至)의 의미라고 했다.

412_ 미복(彌僕)은 『사기색은』에서 미(彌)는 성이고, 복(僕)이 이름이라고 했다.

(天水)의 낙벽(駱璧)은 매질을 하여 억지로 자백을 받아냈고,[413] 하동(河東)의 저광(褚廣)은 함부로 사람을 죽였으며, 경조(京兆)의 무기(無忌)와 풍익(馮翊)의 은주(殷周)는 마치 독사나 맹금류와 같이 사나웠고,[414] 수형(水衡)의 염봉(閻奉)은 매질을 잘하면서도 뇌물을 받고 청탁을 받아들였으니, 이런 것들을 어찌 다 헤아릴 수 있겠는가! 어찌 다 헤아릴 수 있겠는가!(『사기』「혹리열전」)

至若蜀守馮當暴挫, 廣漢李貞擅磔人, 東郡彌僕, 鋸項, 天水駱璧推咸, 河東褚廣妄殺, 京兆無忌·馮翊殷周蝮鷙, 水衡閻奉撲擊賣請, 何足數哉! 何足數哉!(『史記』「酷吏列傳」)

康6-43

『사기』「혹리열전」에 기록된 여러 사람들은 가혹한 법률을 매우 혹독하게 시행했으니, 모두가 형명가(刑名家)이다. 따라서 신불해와 한비자의 후학에 배열되니, 곧 노자의 후학이다.

「酷吏傳」所載諸人, 深文刻酷, 皆刑名家也, 故列爲申·韓後學, 卽爲老子後學.

⑯ 주보언(主父偃)

6-8-41

주보언(主父偃)은 제(齊)나라 임치(臨淄) 사람이다. 장단술(長短術)과 종횡

413_ 추함(推咸)은 『사기색은』에서 함(咸)이 성(成)으로 기록된 판본도 있다고 했다. 이 말은 매질을 해서 옥사의 판결문을 완성시킨다는 뜻이라고 했다.

414_ 복지(蝮鷙)는 『사기색은』에서 독사와 맹금류를 말하고, 그 혹독함이 마치 독사나 맹금류와 같다는 뜻이라고 했다.

가(縱橫家)의 학술을 공부했다.(『사기』「평진후주부열전」)

主父偃, 齊臨淄人也. 學長短·縱橫之術.(『史記』「平津侯主父列傳」)

⑰ 이소군(李少君)

6-8-42

무제(武帝) 시기에 이소군(李少君)[415]이라는 사람이 있었는데, 사조(祠竈)[416]·벽곡(辟穀)[417]·각로(却老)[418]의 방술로 황제를 알현하자,[419] 황제는 그의 지위를 높여주고 중용했다.(『논형』「도허」)

如武帝之時, 有李少君, 以祠竈·闢穀·却老方見上, 上尊重之.(『論衡』「道虛」)

415_ 이소군(李少君)은 『논형교석』에서 "『태평어람』 권98에서 「노생별전(魯生別傳)」을 인용하여, '이소군의 자는 운익(雲翼)이며, 제(齊)나라 임치(臨淄) 사람'이라고 했다. 또 『사문류취』 권34에서 「한무내전(漢武內傳)」을 인용하여, '이소군의 자는 운익인데, 도술을 좋아하여, 태산(太山)에 들어가 약초를 캐고 곡식을 먹지 않고 몸을 온전히 하는 도술을 연마했다. 황제는 그를 매우 존경해서 그를 위해 입옥제(立屋第)를 지어 주었다'"라고 했다.

416_ 사조(祠竈)는 일반적으로 부엌신에게 제사를 지낸다는 뜻이다. 앞의 『회남자』에 기록된 문장은 『자치통감』 '한무제원광이년(漢武帝元光二年)'에도 기록되어 있는데, 그 기록에 대한 호삼생(胡三省)의 주에서 "사조(祠竈)라는 것은 부엌신에게 제사를 지내서 귀신을 불러내고, 붉은 모래를 황금으로 변화시킨 뒤, 그 황금으로 그릇을 만들면 목숨을 연장할 수 있다"라고 풀이했다.

417_ 벽곡(辟穀)은 오곡(五穀)을 먹지 않는다는 뜻으로, 도교의 방술에서는 곡식을 먹지 않고, 그 대신 약초를 먹음으로써 목숨을 연장하거나 신선이 될 수 있다고 설명한다.

418_ 각로(却老)는 신체가 늙고 쇠약해지는 것을 방지하는 도교의 방술 중 하나이다.

419_ 『논형교석』에서 "상(上)은 곧 무제(武帝)를 가리킨다. 『사기』「무제본기」의 기록에 대해, 『사기색은』에서는 '『설문』에서 『주례』를 인용하여 오사(五祀) 중 하나인 조(竈), 즉 부엌신에 대한 제사법으로, 축융(祝融)에게 제사를 지낸다고 했다. 또한 『회남자』에서는 염제(炎帝)를 화관(火官)으로 삼고 있는데, 그는 죽어서 오늘날의 조신(竈神)이 되었다'"라고 했다.

⑱ 전광명(田廣明), 전연년(田延年), 엄연년(嚴延年), 윤상(尹賞) [아들 윤립(尹立)]

6-8-43[420]

전광명(田廣明)[421]은 낭(郞)의 신분으로 천수(天水) 땅의 사마(司馬)가 되었다. 공적을 쌓아서 하남(河南)의 도위(都尉)로 승진했으며, 사형과 매를 위주로 한 혹독한 정치를 시행했다.(『한서』「혹리열전」)

田廣明以郞爲天水司馬. 功次遷河南都尉, 以殺伐爲治.(『漢書』「酷吏列傳」)

6-8-44

전연년(田延年)[422]은 재주와 지략으로 대장군(大將軍)의 막부(莫府)에서 일했는데, 곽광(霍光)은 그를 중용하여 장사(長史)로 승진시켰다. 외직으로 나와서는 하동(河東)의 태수(太守)가 되었으며, 윤옹귀(尹翁歸) 등을 선발하여 자신의 수족으로 삼고, 그 지역에서 혹독한 정치를 시행하여 권세를 잡아 강력하게 휘두르니, 간사하고 사악한 무리들이 감히 나타날 수 없었다.(『한서』「혹리열전」)

田延年以材略給事大將軍莫府, 霍光重之, 遷爲長史. 出爲河東太守, 選拔尹翁歸等以爲爪牙, 誅鋤豪强, 奸邪不敢發.(『漢書』「酷吏列傳」)

420_ 이하에서 인용한 문장은 축약문으로, 『한서』「혹리열전」에 수록된 원문 일부가 생략되어 있다.

421_ 전광명(田廣明)은 안사고가 경조(京兆)의 정현(鄭縣) 출신으로, 이 지역은 지금의 화주(華州)라고 했다.

422_ 『공자개제고』에서는 문맥에 따라 전(田)자를 더해 넣었는데, 『한서』 원문에는 없는 글자이다. 전연년(田延年)은 양릉(陽陵) 출신인데, 안사고가 "한고조 때 그의 선조가 지금의 양릉(陽陵)으로 이주했는데, 이 지역이 후대에 양릉현(陽陵縣)으로 개명된 것이다"라고 했다.

6-8-45[423]

엄연년(嚴延年)은 어려서부터 법률을 공부했는데, 신체가 매우 왜소했지만, 총명하고 용맹했으며 일의 처리에 민첩했다. 악인(惡人)들을 매우 싫어하여 중상자들이 속출했으며, 더욱이 교묘하게 옥송의 문건들을 만들었다.(『한서』「혹리열전」)

嚴延年少學法律, 爲人短小精悍, 敏捷于事. 然疾惡泰甚, 中傷者多, 尤巧爲獄文.(『漢書』「酷吏列傳」)

6-8-46[424]

윤상(尹賞)은 강하(江夏)의 태수(太守)가 되었을 때,[425] 사로잡은 강가의 도적들과 주살된 관리 및 백성들이 매우 많았으니, 가만 앉아 있어도 잔악한 도적들이 말끔히 사라져버렸다. 그의 큰 아들 윤립(尹立)은 경조윤(京兆尹)의 벼슬에 올랐는데, 모두 엄격하고 혹독한 정치를 숭상했다.(『한서』「혹리열전」)

尹賞爲江夏太守, 捕格江賊及所誅吏民甚多, 坐殘賊免. 子立爲京兆尹, 皆尙威嚴.(『漢書』「酷吏列傳」)

423_ 이하에서 인용한 문장은 축약문으로, 『한서』「혹리열전」의 원문이 상당 부분 생략되어 있다.

424_ 이하에서 인용한 문장은 축약문으로, 『한서』「혹리열전」의 원문이 상당 부분 생략되어 있다.

425_ 『한서』 원문에는 "江湖中多盜賊, 以賞爲江夏太守."라고 기록되어 있다. 즉 "강호(江湖) 지역에 도적들이 많아져서 윤상을 강하(江夏)의 태수(太守)로 삼았다"는 말이다. 『공자개제고』에서는 문맥에 따라 원문의 일부분을 수정하여 기록하고 있다.

⑲ 채훈(蔡勳)

6-8-47

채옹(蔡邕)은 자가 백개(伯喈)이고, 진류(陳留)의 어(圉)[426] 땅 사람이다. 육대조인 채훈(蔡勳)[427]은 황로의 학술을 좋아했고, 평제(平帝) 시기에 미(郿) 땅의 영(令)이 되었다.(『후한서』「채옹열전」)

蔡邕, 字伯喈, 陳留圉人也. 六世祖勳, 好黃老, 平帝時爲郿令.(『後漢書』「蔡邕列傳」)

<이상 서한시대 노자의 후학: 右西漢老子後學>

9. 동한시대 노자의 후학 [東漢老子後學]

① 안구선생(安丘先生) [경황(耿況), 아들 경엄(耿弇), 왕급(王伋)]

6-9-1[428]

경엄(耿弇)의 자는 백소(伯昭)이고, 부풍(扶風)의 무릉(茂陵) 사람이다. 그의 부친은 경황(耿況)으로 자는 협유(俠游)이고, 경전에 해박했기 때문에 낭(郎)이 되었고, 왕망(王莽)의 종제인 급(伋)과 함께 안구선생(安丘先生)[429]에

426_ 어(圉)는 범엽이 "어(圉)는 현(縣)의 이름으로, 어(圉)의 고성(故城)은 지금의 변주(汴州) 진류현(陳留縣)의 동남쪽에 위치하고 있다"라고 했다.

427_ 채훈(蔡勳)은 범엽이 자가 군엄(君嚴)이라고 했다.

428_ 이하에서 인용한 문장은 축약문으로, 『후한서』「경엄열전」의 원문 일부분이 생략되어 있다.

게 노자의 학문을 배웠으며, 이후에 삭조(朔調) 지역의 연수(連率)[430] 직위에 올랐다. 경엄(耿弇)은 어려서부터 학문을 좋아하여 부친의 학문을 익혔다.(『후한서』「경엄열전」)

耿弇, 字伯昭, 扶風茂陵人也. 父況, 字俠游. 以明經爲郎, 與王莽從弟伋共學老子于安丘先生, 後爲朔調連率. 弇少好學, 習父業.(『後漢書』「耿弇列傳」)

康6-44

안구선생(安丘先生)이 살았던 전한 말기에는 노자 학파에 여전히 대사(大師)들이 있었다. 이러한 시기에 비록 유학이 학문을 통일했지만, 노자의 학문은 또한 끝내 없앨 수가 없었다. 심지어 환제(桓帝)는 빈번하게 관리를 파견하여 노자를 제사지냈으며, 진(晉)나라 때에는 더더욱 성행했다. 당(唐)나라와 송(宋)나라 때에는 한 시대의 제도나 풍속, 과거제도의 밖에서 하나의 교설로 별도로 세워졌으니, 그 세력이 또한 매우 강대했다. 묵자가 당시에 공자와 함께 교설을 다투면서 함께 유행하여 유(儒)・묵(墨)이라고 호칭되었지만, 유학이 학문을 통일한 이후에는 그 세력이 일어나지 않았다. 노자의 학문은 음(陰)을 숭상하고, 청정(淸淨)하면서 스스로의 이익만을 도모했으니, 사람들의 본성과 부합되는 면이 있었기 때문에 또한 자연스럽게 유행하기가 쉬웠다. 묵자의 학문

429_ 안구선생(安丘先生)에 대해, 범엽이 "혜강(嵇康)이 지은 『성현고사전(聖賢高士傳)』에서는 '안구망지(安丘望之)의 자는 중도(仲都)이며, 경조(京兆)의 장릉(長陵) 사람이다. 어려서부터 『노자경(老子經)』을 지니고 다녔으며, 늘 묵상을 하며 고요하게 지내고, 관리가 되고자 하지 않아서 사람들은 그를 안구장인(安丘丈人)이라고 불렀다. 성제(成帝)가 그에 대한 소식을 듣고, 그를 만나보고자 했지만, 안구망지는 만나고 싶지 않다고 하며 황제의 요청을 거절했고, 민간의 무의(巫醫)로 지냈다"라고 했다.

430_ 범엽이 주에서 "왕망(王莽)은 상곡군(上谷郡)의 지명을 고쳐서 삭조(朔調)라고 했으며, 그곳의 태수를 연수(連率)라고 불렀다"라고 했다.

은 너무 힘들기 때문에 장자(莊子)가 "천하 사람들이 감당하지 못하고, 왕도와는 거리가 멀다"[431]라고 했으니, 사람들이 따르기가 어려운 학문이었다. 따라서 일단 세력이 미약해지자 곧 사라져 버렸다.

安丘先生當前漢末, 老學尙有大師. 如此時, 雖儒學一統, 而老學亦終不能滅. 至桓帝頻遣使祀之, 晉時益盛. 唐·宋後, 另立爲一敎于一代制度·風俗·科擧之外, 力亦大矣. 墨子當時與孔子爭敎兼行, 號稱儒·墨. 而儒學一統之後, 爝火不然. 蓋老學尙陰, 淸靜自私, 有合乎人之性者, 且自然易行. 墨學太苦, 莊生所謂"天下不堪, 其去王遠." 人所難從. 故一微卽滅也.

② 임외(任隗)

6-9-2

임외(任隗)는 자가 중화(仲和)이다. 어려서부터 황로의 학문을 좋아했고, 청정(淸靜)하면서 욕심이 적었다.(『후한서』「임이만비류경열전」)

隗, 字仲和. 少好黃老, 淸靜寡欲.(『後漢書』「任李萬邳劉耿列傳」)

③ 두방(杜房)

6-9-3

내가 일찍이 옛날 진(陳)의 영동군(令同郡)에 사는 두방(杜房)을 찾아가서

431_ 장생(莊生)은 장주(莊周), 즉 장자(莊子)를 말한다. 『장자』「천하」편에서 "천하의 인심과 위배되니, 천하의 사람들이 감당하지 못할 것이다. 묵자가 비록 혼자서는 감당할 수 있다고 하더라도 천하 사람들을 강제로 실천하도록 할 수 있겠는가? 천하 사람들로부터 이반되어 있으니, 왕도와는 거리가 멀다[反天下之心, 天下不堪. 墨子雖獨能任, 柰天下何? 離於天下, 其去王也遠矣.]"라고 했다.

만난 적이 있었다. 그가 『노자』라는 책을 읽고 있는 것을 보았는데, 노자는 염담(恬淡)[432]으로 생명을 배양하는 방법을 사용하여 나이가 수백세에 이르렀다고 한다. 지금 그 도술을 시행하더라도 어찌 목숨을 연장하고 늙음을 막을 수 있겠는가?(『신론』「거폐」)

余嘗過故陳令同郡杜房. 見其讀『老子』書, 言老子用恬淡養性, 致壽數百歲. 今行其道, 寧能延年却老乎?(『新論』「祛蔽」)

④ 성익세(成翊世)

6-9-4

성익세(成翊世)[433]는 자가 계명(季明)이다. 어려서부터 학문을 좋아했고, 도술(道術)에 조예가 깊었다.(『후한서』「두란유이유사열전」)

成翊世, 字季明. 少好學, 深明道術.(『後漢書』「杜欒劉李劉謝列傳」)

⑤ 난파(欒巴)

6-9-5[434]

난파(欒巴)[435]는 자가 숙원(叔元)이고, 위군(魏郡) 내황(內黃) 사람이다. 도술

432_ 염담(恬淡)은 염담(恬惔)이라고도 쓰며, 욕심이 없고 마음이 담박하다는 뜻이다. 『노자』 제31장에 "마음을 담박하게 하는 것이 좋으며, 싸워서 이기는 것은 아름답지 못하다[恬惔爲上, 勝則不美.]"라는 말이 보인다,

433_ 『후한서』 원문에는 성(成)자가 없다. 『공자개제고』에서 문맥에 따라 보충해 넣은 것이다.

434_ 이하에서 인용한 문장은 축약문으로, 『후한서』「두란유이유사열전」의 원문이 상당 부분 생략되어 있다.

435_ 난파(欒巴)는 범엽이 촉군(蜀郡) 사람으로, 어려서부터 도술을 좋아하여 세속의 일들을 익히지 않았다고 했다.

(道術)을 좋아했으며, 재차 예장태수(豫章太守)로 승진했다. 그 군 지역에는 산천의 귀신과 요괴들이 많았는데, 백성들은 항상 가산을 털어서 그들에게 기도를 올렸다. 난파는 평소에 도술을 가지고 있어서 귀신을 부릴 수가 있었기 때문에 이에 방사(房祀)[436]를 모조리 헐어냈고, 간악한 무당들을 없애 버렸다. 그러자 요상하고 괴이한 일들이 저절로 사라졌다.[437](『후한서』「두란유이유사열전」)

欒巴, 字叔元, 魏郡內黃人也. 好道, 再[438]遷豫章太守. 郡土多山川鬼怪, 小人常破貲產以祈禱. 巴素有道術, 能役鬼神, 乃悉毀壞房祀, 剪理奸誣. 于是妖異自消.(『後漢書』「杜欒劉李劉謝列傳」)

⑥ 왕경(王景)

6-9-6[439]

왕경(王景)은 자가 중통(仲通)이며, 악랑(樂浪) 남감(詌邯)[440] 사람이다. 8대 조부(祖父)는 왕중(王仲)인데, 그는 본래 낭사(琅邪) 불기(不其) 사람이다. 도술(道術)을 좋아했으며, 천문(天文)에 밝았다. 왕경은 어려서 『역(易)』

436_ 방사(房祀)는 귀신을 제사지내는 사당(祠堂)을 말한다.

437_ 범엽이 다음과 같이 말했다. "『신선전(神仙傳)』에서 말했다. '당시에 여산(廬山)에 있는 사당에는 귀신이 있어서 휘장막 뒤에서 사람들과 대화를 하고, 술을 마시고 잔을 집어던지기도 했으며, 궁정호(宮亭湖)라는 호수에 풍랑이 일도록 할 수가 있었기 때문에 배를 운행하던 사람들은 이 풍랑을 만나면 두려워했다. 그러나 난파가 이 지역에 도착하기 수십 일 전부터 사당에 있던 귀신은 다시는 사람의 소리를 내지 못하게 되었다. 또 이 지역에서는 황보귀(黃父鬼)라는 귀신이 백성들에게 질병을 내리는 것을 항상 걱정했는데, 난파가 이 지역에 도착하자 황보귀는 자취를 감춰버렸고, 다시는 질병이 발생하지 않았다.'"

438_ 재(再)가 『공자개제고』에는 빠져 있는데, 『후한서』 원문에 따라 보충했다.

439_ 이하에서 인용한 문장은 축약문으로, 『후한서』「순리열전」의 원문이 상당 부분 생략되어 있다.

440_ 남감(詌邯)은 범엽이 현(縣)의 이름이라고 했다.

을 배웠고, 결국은 많은 책들을 널리 살펴보았다. 또한 천문과 술수에 대한 일들을 좋아했다.(『후한서』「순리열전」)

王景, 字仲通, 樂浪詌邯人也. 八世祖仲, 本琅邪不[441]其人. 好道術, 明天文. 景少學『易』, 遂廣窺衆書. 又好天文·術數之事.(『後漢書』「循吏列傳」)

⑦ 절상(折像)

6-9-7[442]

절상(折像)은 자가 백식(伯式)이고, 광한(廣漢)의 낙(雒) 땅 사람이다. 『경씨역(京氏易)』에 능통했으며, 황로의 학술을 좋아했다.(『후한서』「방술열전」)

折像, 字伯式, 廣漢雒人也. 能通『京氏易』, 好黃老言.(『後漢書』「方術列傳」)

⑧ 고회(高恢), 교신(蟜愼)

6-9-8

양홍(梁鴻)[443]의 친구인 경조고회(京兆高恢)는 어려서 노자의 학문을 좋아했고, 화음(華陰)에 있는 산속에 은거하며 지냈다.(『후한서』「일민열전」)

梁鴻友人京兆高恢, 少好老子, 隱于華陰山中.(『後漢書』「逸民列傳」)

441_ 불(不)이 『공자개제고』에는 인(人)으로 되어 있는데, 『후한서』 원문에 따라 고쳤다.

442_ 이하에서 인용한 문장은 축약문으로, 『후한서』「방술열전」의 원문이 상당 부분이 생략되어 있다.

443_ 『후한서』 원문에는 양(梁)자가 기록되어 있지 않다. 『공자개제고』에서는 문맥에 따라 보충해 넣은 것이다.

6-9-9

교신(矯愼)[444]은 자가 중언(仲彦)이고, 부풍(扶風) 무릉(茂陵) 사람이다. 어려서 황로의 학문을 배웠다.(『후한서』「일민열전」)

矯愼, 字仲彦, 扶風茂陵人也. 少學黃老.(『後漢書』「逸民列傳」)

⑨ 번엽(樊曄) [아들 번융(樊融)]

6-9-10[445]

번엽(樊曄)은 자가 중화(仲華)이고, 남양(南陽) 신야(新野) 사람이다. 천수(天水)의 태수가 되어서 정치를 엄정하고 혹독하게 했으며, 신불해와 한비자의 법률을 좋아했다. 그의 아들 번융(樊融)은 빼어난 재주가 있었고, 황로의 학문을 좋아했으며, 관리가 되려고 하지 않았다.(『후한서』「혹리열전」)

樊曄, 字仲華, 南陽新野人也. 爲天水太守, 政嚴猛, 好申・韓法. 子融, 有俊才, 好黃老, 不肯爲吏.(『後漢書』「酷吏列傳」)

⑩ 주우(周紆)

6-9-11

주우(周紆)는 자가 문통(文通)이고, 하비(下邳)의 서(徐) 땅 사람이다. 그 사람됨이 각박하여 온정이 적었으며, 한비자의 학술을 좋아했다.(『후한서』「혹리열전」)

444_ 교신(矯愼)은 범엽이 진(晉)나라의 대부였던 교보(矯父)의 후손이라고 했다.

445_ 이하에서 인용한 문장은 축약문으로, 『후한서』「혹리열전」의 원문이 상당 부분 생략되어 있다.

周紆, 字文通, 下邳徐人也. 爲人刻削少恩, 好韓非之術.(『後漢書』「酷吏列傳」)

⑪ 양구(陽球)

6-9-12[446]

양구(陽球)는 자가 방정(方正)이고, 어양(漁陽) 천주(泉州)[447] 사람이다. 성품이 엄격하여 관용이 없었으며, 신불해와 한비자의 학문을 좋아했다. 군리(郡吏) 중에서 그의 어머니를 욕보인 자가 있었는데, 양구는 수십 명의 젊은이들을 결속해서 그 관리를 죽이고 집안을 멸문시켜 버렸다.(『후한서』「혹리열전」)

陽球, 字方正, 漁陽泉州人也. 性嚴厲, 好申・韓之學. 郡吏有辱其母者, 球結少年數十人, 殺吏, 滅其家.(『後漢書』「酷吏列傳」)

⑫ 환제(桓帝)

6-9-13

연희(延熹) 연간(146~167)에 환제(桓帝)는 황로의 학문을 받들었다.(『후한서』「순리열전」)

延熹中, 桓帝事黃老道.(『後漢書』「循吏列傳」)

446_ 이하에서 인용한 문장은 축약문으로,『후한서』「혹리열전」의 원문이 일부 생략되어 있다.

447_ 천주(泉州)는 범엽이 그 고성(故城)이 지금의 유주(幽州) 옹노현(雍奴縣) 남쪽에 위치하고 있다고 했다.

6-9-14

연희(延熹)[448] 8년(153) 봄 정월에, [환제가] 중상시(中常侍)인 좌관(左悺)을 고현(苦縣)에 파견하여 노자에게 제사를 지냈다.(『후한서』「효환제기」)

延熹八年春正月, 遣中常侍左悺之苦縣祠老子.(『後漢書』「孝桓帝紀」)

6-9-15

연희(延熹) 8년 11월 임자(壬子)일에, 덕양전(德陽殿)의 서쪽 누각과 황문(黃門)의 북쪽에 있는 사당이 불탔는데, 그 불이 광의(廣義)와 신호문(神虎門)까지 번졌고, 사람들을 불태워 죽게 만들었다.[449] [환제는] 중상시(中常侍)인 관패(管霸)를 고현(苦縣)에 파견하여 노자에게 제사를 지냈다.(『후한서』「효환제기」)

十一月壬子, 德陽殿西閣黃門北寺火, 延及廣義神虎門, 燒殺人. 使中常侍[450]管霸之苦縣祠老子.(『後漢書』「孝桓帝紀」)

康6-45

노자는 당(唐)나라 때에는 지극히 존숭되어 현원황제(玄元皇帝)로 받들어

448_ 연희(延熹)가 『후한서』 원문에는 없는데, 『공자개제고』에서 문맥에 따라 보충했다.

449_ 범엽이 다음과 같이 말했다. "광의(廣義)와 신호(神虎)는 낙양(洛陽)에 있는 궁궐의 서쪽 문이며, 금상문(金商門) 밖에 위치한다. 「원산송서(袁山松書)」에서 '이 시기에는 연이어 화재가 발생했는데, 궁궐과 사당 중에 어떤 것은 하루에 세 번이나 화재가 발생하기도 했다. 또한 밤중에는 화재가 발생했다는 거짓 소문들이 떠돌았고, 경보가 울려서 사람들이 자주 놀랐다. 그래서 진번(陳蕃) 등은 상소문을 올려, 오직 선정(善政)만이 화재를 그치게 할 수 있다고 했지만, 상소는 받아들여지지 않았다'라고 했다."

450_ 시(侍)가 『공자개제고』에는 빠져 있는데, 『후한서』 원문에 따라 보충했다.

졌다. 그러나 그 시초는 한(漢)나라 때부터 시작된다. 특히 제사를 주관하는 자를 좌관(左悺)과 관패(管覇)로 삼아서 음(陰)으로써 음을 불러들였으니, 또한 이치상 감응되는 것인가?

老至唐極尊, 奉爲玄元皇帝. 然始于漢時. 特祠者爲左悺·管覇, 以陰召陰, 亦理所感歟?

6-9-16

이 시기에 학자들은 동관(東觀)을 노씨(老氏)의 도서관이자 도가(道家)의 봉래산(蓬萊山)이라고 불렀다.[451](『후한서』「두융열전」)

是時, 學者稱東觀爲老氏臧室道家蓬萊山.(『後漢書』「竇融列傳」)

康6-46

사마천은 노자가 어떤 사람이라고 단정하지 않았지만, 후한 시대부터는 이미 도서관의 사서였던 노담(老聃)을 『노자』라는 책을 지은 노자로 여겼다. 도가의 봉래산은 방사들의 주장이 이미 노자와 하나로 합쳐진 것이다.

蓋自史公不斷定老子爲何人, 自後漢時已以藏史之老聃爲著書之老子矣. 道家蓬萊, 則方士之說已與老子合爲一矣.

451_ 범엽이 "동관(東觀)에 책들이 많았다는 뜻이다. 봉래(蓬萊)는 바다 중간에 떠있는 신산(神山)으로, 신선들이 모여 사는 곳이며, 유경(幽經)과 비록(祕錄)들이 모두 보존되어 있었다"라고 했다.

⑬ 장각(張角)

6-9-17

거록(鉅鹿) 땅의 장각(張角)은 스스로를 대현양사(大賢良師)라고 불렀다. 황로의 도술을 받들어 섬겼고, 제자들을 양성했으며, 사람들이 무릎을 꿇고 죄를 자백하면 부수(符水)[452]와 주문을 외워서 병을 치료해 주었다.(『후한서』「황보숭주준열전」)

鉅[453]鹿張角, 自稱大賢良師. 奉事黃老道, 畜養子弟, 跪拜首過, 符水呪說以療病.(『後漢書』「皇甫嵩朱儁列傳」)

⑭ 장릉(張陵) [아들 장형(張衡), 손자 장로(張魯)]

6-9-18

장로(張魯)는 자가 공기(公旗)이다. 이전에 그의 조부인 장릉(張陵)은 순제(順帝) 시기에 촉(蜀) 땅에서 빈객으로 머물면서 학명산(鶴鳴山) 속에서 도술을 배웠고, 부적을 만들어서 백성들을 미혹시켰다. 그 도술을 전수받은 자들은 매양 다섯 되의 쌀을 바쳤기 때문에 그를 '미적(米賊)'이라고 불렀다. 장릉은 그의 아들인 장형(張衡)에게 전수했고, 장형은 다시 장로에게 전수했는데, 장로는 마침내 스스로를 '사군(師君)'이라고 불렀다. 그에게 배운 자들은 처음에는 '귀졸(鬼卒)'이라고 불렀고, 나중에는 '좨주(祭酒)'라고 불렀다. 좨주들이 각각 무리들을 통솔했는데, 그 무리

452_ 부수(符水)는 도가에서 사용하는 용어로, 병을 치료하기 위해 부적을 태운 재를 물에 타거나 혹은 직접 물에 부적의 글자들을 쓰는 것이다.

453_ 거(鉅)가 『공자개제고』에는 거(巨)로 되어 있는데, 『후한서』 원문에 따라 고쳤다.

가 많은 자는 '이두(理頭)'라고 불렀다. 그들은 모두 성실함과 믿음으로 가르쳤고, 거짓과 망령됨을 받아들이지 않았다. 병에 걸리면 다만 속죄를 하게 할 따름이었다. 여러 좨주들이 각각 도로가에 무료 숙소[454]를 세웠는데, 정전(亭傳)[455]과 마찬가지로 밥이나 곡식을 내다놓고 여행객들에게 공급했다. 식사를 하는 여행객들은 배부르게 충분히 먹을 수가 있었지만, 너무 지나치면 귀신이 그에게 병에 걸리게 했다. 법을 어긴 자들은 먼저 세 번을 용서해주고, 그런 이후에 형벌을 집행했다. [국가에서는] 장리(長吏)를 두지 않고 좨주가 다스리게 했는데, 백성들이[456] 그들을 믿고 따랐다.(『후한서』「유언원술여포열전」)

魯, 字公旗. 初, 祖父陵, 順帝時客于蜀, 學道鶴鳴山中, 造作符書以惑百姓. 受其道者輒出米五斗, 故謂之'米賊'. 陵傳子衡, 衡傳于魯, 魯遂自號師君. 其來學者初名爲'鬼卒', 後號祭酒. 祭酒各領部衆, 衆多者名曰'理頭', 皆校以誠信, 不聽欺妄. 有病, 但令首過而已. 諸祭酒各起義舍于路, 同之亭傳, 懸置米肉以給行旅. 食者量腹取足, 過多則鬼能病之. 犯法者, 先加三原, 然後行刑. 不置長吏, 以祭酒爲理, 民夷信向.(『後漢書』「劉焉袁術呂布列傳」)

康6-47

장각(張角)의 조상인 장도릉(張道陵)이라는 사람은 노자 학파를 일변시켰다. 무릎을 꿇고 절을 하게 하거나 부적을 쓰거나 질병을 치료해주는 것은 노자의 허(虛)를 변화시켜서 실(實)로 만든 것이니, 마침내 진(晉)나라 때 크게 성행하여 '오두미도(五斗米道)'라고 불렀다. 명신(名臣) 중에서

454_ 의사(義舍)는 무료 숙소를 말한다.

455_ 정전(亭傳)은 고대의 여관이다.

456_ 민이(民夷)는 민중(民衆) 또는 민인(民人)과 같은 말로, 일반 백성들을 지칭하는 말이다.

사안(謝安)·왕헌지(王獻之)·치음(郗愔)과 같은 무리들이 모두 그것을 섬겼으며, 도적 중에서 노순(盧循)과 손은(孫恩)과 같은 무리들도 모두 그것을 섬겼으니, 마침내 커다란 종교가 되었다. 원(元)나라 때에는 천사(天師)로 책봉되었고, 명(明)나라 때에는 그 지위가 연성공(衍聖公)[457]보다 위에 있었으며, 옹정제(雍正帝) 때에는 비록 오품(五品)으로 강등되기는 했지만, 민간에서는 크게 존숭했고, 단지 부적만 써줄 뿐 병을 치료해 주지 않았을 뿐이다. 대체로 술법만 말하고 도는 말하지 않았기 때문에 크게 밝혀지지는 않았는데, 그렇지 않았다면 중국의 천주(天主)가 되었을 것이다. 장각이 노자 학문에 대해 정밀한 이치를 소략하게 만들었는데 노자의 학문은 강해졌고, 혜능이 불교에 대해 소략함을 내치고 정밀한 이론으로 되돌렸는데 불교는 쇠퇴했으니, 무슨 까닭인가? 사람은 혈기가 운행되는 신체를 가지고 있기 때문에 본래부터 정밀하고 절대적인[458] 도에는 참여할 수가 없다. 따라서 여러 교설 중에서 크게 유행한 것은 정밀함과 소략함이 함께 거론되지 않은 것이 없지만, 소략한 것이 가장 성행한 것 또한 그 이유를 유추할 수 있을 것이다.

角祖張道陵者也, 爲老學一變. 有跪拜, 有符咒, 有療病, 變老子之虛而爲實, 遂大盛于晉世, 號爲"五斗米道". 名臣如謝安·王獻之·郗愔輩皆事之, 盜賊如盧循·孫恩輩皆事之, 遂爲一大宗. 元世尙封爲天師, 明時位仗在衍聖公之上, 雍正時雖降爲五品, 然人間盛尊之. 但有符咒, 而不療病耳. 蓋言術而不言道, 故不光大, 否則爲中國之天主矣. 張角于老學化精爲粗, 而老學强, 慧能于佛學撇粗歸精, 而佛學衰, 何哉? 蓋人爲血氣之軀, 本不能與于精絶之道, 故諸教之大行者, 莫不精粗幷擧, 而粗者乃最盛行, 亦可推其故矣.

<이상 동한시대 노자의 후학: 右東漢老子後學>

457_ 연성공(衍聖公)은 공자(孔子)를 지칭하는 말이다.

458_ 정절(精絶)은 정밀하고 더할 나위 없이 뛰어나다는 말이다.

10. 묵자 및 노자의 제자와 후학 도표 [墨·老弟子後學表]

전국시대와 진·한 교체시기에는 공자의 도가 크게 유행하여 그 무리들이 천하에 가득 넘쳤지만, 묵자의 학문이 전국시대에 강력하게 경쟁했고, 노자의 학문이 한나라 초기에 맹렬하게 번창하여 한나라 무제(武帝) 이전에는 [세 학문이] 거의 대등하게 정립하고 있었다! 이제 거기에 속하는 문인들을 [다음과 같이] 도표로 만들어 옛날의 교설을 고찰하는 자가 증거로 삼을 수 있도록 갖추어둔다.

當戰國·秦漢之世, 孔道大行, 徒屬彌滿天下, 然墨學力競于戰國, 老學熾焰于漢初, 當漢武以前, 幾于鼎立哉! 今屬門人等表之, 以備考古敎者有所征焉.

〈 도표 부록 〉

[묵자의 제자와 후학 도표 1 - 전국시대 : 墨子弟子後學表一 - 戰國]

묵적(墨翟) —	금골리(禽滑釐) 거자(巨子)이다.	허범(許犯) 색로삼(索盧參)	— 전계(田繫) 이상 『여씨춘추』에 보인다.
	맹승(孟勝) 거자(巨子)이다.	전양자(田襄子) 서약(徐弱)	거자(巨子) 이상 『여씨춘추』에 보인다.
	상리근(相里勤) 오후(五侯) 고획(苦獲) 이치(已齒) 등릉자(鄧陵子)	이상 『장자』에 보인다.	
	상부씨(相夫氏) 모두 거자(巨子)이다.	『한비자』에 보인다.	
	공손룡(公孫龍) 살펴보건대, 『묵자』의 「경상(經上)」·「경하(經下)」·「대취(大取)」·「소취(小取)」편에서 처음으로 견백동이(堅白同異) 이론을 제창했는데, 공손룡이 그것을 전수하여 마침내 변론의 학문을 열었으니, 이것은 묵자 학파의 큰 유파가 된다.		
	환단(桓團) 혜시(惠施) 이 두 사람이 묵자의 제자인지의 여부는 알 수 없다. 그러나 『장자』에서는 환단과 공손룡이 변론자의 무리라고 말했다. 따라서 환단은 공손룡과 동시대의 변론 학문의 대종(大宗)이며, 혜시는 견백(堅白) 이론을 주창했기 때문에 또한 묵자에 매우 가깝다. 따라서 두 사람 모두 묵자의 제자임에 틀림없다.		황료(黃繚) 이상 『장자』에 보인다.
	정번(程繁) 형경주(荊耕柱) 관검오(管黔敖) 고석자(高石子) 고하(高何) 현자석(縣子碩) 살펴보건대, 『여씨춘추』에 나오는 현자석(縣子石)이 바로 이 사람이다.		

	낙골리(駱滑氂) 현당자(弦唐子) 질비(跌鼻) 공상과(公尙過) 조공자(曹公子) 팽경생자(彭輕生子) 승작(勝綽) 고손자(高孫子) 위월(魏越)　　　　　이상『묵자』에 보인다. 송견(宋鈃) 윤문(尹文)　　　　　이상『장자』에 보인다. 이 두 사람의 핵심 사상은 금공(禁攻)과 침병(寢兵)으로, 묵자의 비공(非攻)이나 겸애(兼愛)와 같다.『맹자』에 나오는 송경(宋牼)이라는 인물이 바로 송견인데, 견(鈃)자가 경(牼)자로 전이된 것이다. 맹자는 그를 선생(先生)이라고 불렀으니, 그도 역시 묵가 학파의 대종(大宗)이다. 이지(夷之)　　　　　『맹자』에 보인다. 살펴보건대, 고자(告子)가 묵자와 서로 논쟁했으니, 이지는 묵자와 시대적으로 매우 가깝다. 또한 그 시기에는 유가와 묵가가 강력하게 서로 공격했으니, 이지도 반드시 거자의 한 사람이었을 것이다. 따라서 유가의 학설을 끌어다 묵자의 학설에 집어넣어 자신의 주장을 논증했다. 묵자사(墨者師)　　『여씨춘추』에 보인다. 이름을 고증할 수 없지만, 중산왕(中山王)이 죽지 않았을 때 또한 대사(大師)였고, 나이가 매우 많았으니, 묵자의 거자였음에 틀림없다. 따라서 일전(一傳) 제자에 나열했다.	복돈(腹䵍)　거자(巨子)이다. 사자(謝子) 당고과(唐姑果) 이상『여씨춘추』에 보인다. 이 세 사람은 모두 진(秦)나라 혜왕(惠王) 때의 사람들로, 앞의 사람들에 비해 조금 뒷시대의 인물들이다. 전자(纏子) 『논형』에 보이기 때문에 재전(再傳) 제자에 나열했다. 전구(田鳩) 『여씨춘추』에 보인다. 섭정(聶政) 형가(荊軻) 전광(田光) 고점리(高漸離) 이상『사기』에 보인다.

[묵자의 제자와 후학 도표 2 - 서한시대 : 墨子弟子後學表二 - 西漢]

주가(朱家) — 전중(田仲)		
	극맹(劇孟)	
주가의 제자	왕맹(王孟)	
	간씨(瞯氏)	
계포(季布) — 동생 계심(季心)		
	주용(周庸)	
		백씨(白氏)
		한무벽(韓無辟)
		설황(薛況)
		한황(韓況)
		한유(韓孺)
		곽해(郭解)
		적소공(籍少公)
		번중자(樊仲子)
		조왕손(趙王孫)
		고공자(高公子)
		곽공중(郭公仲)
		노공유(鹵公孺)
		예장경(兒長卿)
		전군유(田君孺)
		요씨(姚氏)
		두씨(杜氏)
		구경(仇景)
		조타우(趙他羽)
	관부(灌夫)	조조(趙調)
	정당시(鄭當時)	살펴보건대, 묵가 학파는 한무제 때 거의 다 없어졌다. 지금 고찰할 수 있는 자들은 모두 한무제 이전의 사람들로, 그 이후의 인물들은 전해지지 않는다. 유가가 학문을 통일하고, 군주 권력이 유가만을 존중하니, 협객들은 그 몸을 둘 곳이 없었다.
	급암(汲黯)	
	완협(宛俠)	

야왕협(野王俠)	만장(萬章)
종대협(種代俠)	누로(樓爐)
	진준(陳遵)
	살펴보건대, 세 사람 중 한 명은 석현(石顯)과 만났고, 다른 한 사람은 오후(五侯)와 왕래했으며, 나머지 한 사람은 술에 빠져서 지냈으므로 모두 협객과는 무관한데, 『한서』에서 유협(游俠)에 나열했으니, 무지하다고 할 수 있다. 따라서 다만 표에만 드러내고, 책 속에서는 기록하지 않았다.
	원섭(原涉)
	두군오(杜君敖)
	한유유(韓幼孺)
	수군빈(綉君賓)
	조중숙(漕中叔) 자소유(子少游)

[묵자의 제자와 후학 도표 3 - 동한시대 : 墨子弟子後學表三 - 東漢]

유림(劉林)		
외최(隗崔)		
왕준(王遵)		
두융(竇融)		
	마엄(馬嚴)	
	마돈(馬敦)	
	두보(杜保)	
	동한시대 전체에서 협객이라고 부를 수 있는 사람은 오직 두계량(杜季良) 한 사람뿐이며, 나머지 사람들은 단지 의협심을 좋아했다고 말할 수 있을 뿐이니, 묵가 학파가 없어진 것이다.	
	두석(杜碩)	
		왕환(王渙)
		정립(鄭颯)
		동등(董騰)

[노자의 제자와 후학 도표 1 - 전국시대 : 老子弟子後學表一 - 戰國]

노담(老聃)	관윤(關尹)		
	양주(楊朱) 경상초(庚桑楚)	맹손양(孟孫陽) 심도자(心都子) 『열자』에 보인다. 남영주(南榮趎) 『장자』에 보인다. 장주(莊周) 장자는 비록 전자방(田子方)을 따랐지만, 노자에 근본을 두고 있기 때문에 노자의 학문에 배열했다. 열어구(列禦寇) 살펴보건대, 『장자』와 『열자』 두 책에서 열자의 스승을 호자(壺子)라고 하니, 이것에 근거하면 열자도 당연히 노자의 재전 제자이다.	백풍(百豐) 『열자』에 보임.
	팽몽(彭蒙) 살펴보건대, 『장자』에서는 전병과 신도가 팽몽에게 배웠다고 말하니, 팽몽은 당시의 노자 학파의 대사(大師)이다. 또 팽몽의 스승에 대해 언급한 것으로 본다면, 그가 노자의 제자가 됨은 틀림없다.	전병(田駢) 신도(愼到)	
		접자(接子) 환연(環淵) 안촉(顔斶)	
	귀곡(鬼谷) 살펴보건대, 귀곡자와 사거(史擧)가 노자의 제자가 되는지의 여부는 알 수가 없다. 그러나 종횡가의 학술을 전수했고, 제자들이 천하에 두루 퍼졌으며, 그들의 시대가 매우 앞서 있기 때문에 노자의 일전 제자에 나열했다. 전국시대	소진(蘇秦) 장의(張儀)	소대(蘇代) 소려(蘇厲)

의 유세가들은 모두 종횡가이며, 모두 노자의 후학이다. 예를 들어 한천자(寒泉子), 경리(景鯉), 주최(周最), 전평지(田苹之), 사마착(司馬錯), 이구(李仇), 풍장(馮章), 양달(楊達), 헌칙(獻則), 냉향(冷向), 진객경조(秦客卿造), 순우곤(淳于髡), 풍난(馮暖), 소해휼(昭奚恤), 황헐(黃歇), 단산(段産), 단간(段干), 월인퇴금(越人堆琴), 돈약(頓弱), 요가(姚賈), 추기(鄒忌), 단간륜(段干綸), 장추(張丑), 누완(樓緩), 공손한(公孫閈), 하후장(夏侯章), 공손술(公孫戌), 담습자(譚拾子), 근상(靳尚), 소통(昭通), 좌상(左爽), 공손홍(公孫弘), 경사(景舍), 강을(江乙) 등 모두 34명이『전국책』에 보인다. 또한 할관자(鶡冠子)의 말에 황로학이 섞여 있고, 제자에 방난(龐暖)과 방환(龐煥)이 있지만, 그 전수 관계가 상세하지 않기 때문에 모두 표에는 부록해두지만, 책 속에서는 기록하지 않았다.

진진(陳軫)

사거(史擧) —— 감무(甘茂) —— 감라(甘羅)

신불해(申不害)

우경(虞卿)

범수(范雎)

채택(蔡澤)

한비자(韓非子)

위료(尉繚)

[노자의 제자와 후학 도표 2 - 진·초 시기 : 老子弟子後學表二 - 秦楚之際]

하상장인(河上丈人)	안기생(安期生)—모흡공(毛翕公)—악하공(樂瑕公)—악신공(樂臣公)	갑공(蓋公) 전숙(田叔)
	괴통(蒯通)	

[노자의 제자와 후학 도표 3 - 서한시대 : 老子弟子後學表三 - 西漢]

황석공(黃石公)	장량(張良)		
	조참(曹參)		
	갑공(蓋公)의 제자		
	진평(陳平)		
		왕중(王仲)	
		효문제(孝文帝)	
		두태후(竇太后)	
	장회(張恢)	조조(晁錯)	등장(鄧章)
		송맹(宋孟)	
		유대(劉帶)	
		유안(劉安)	
		사마계주(司馬季主)	
		사마담(司馬談)	
		왕생(王生)	
		장석지(張釋之)	
		직불의(直不疑)	
		장구(張歐)	
		정당시(鄭當時)	
		급암(汲黯)	
		전생(田生)	한안국(韓安國)
			유덕(劉德)
		질도(郅都)	
			영성(寧成)
			주양유(周陽由)
			사마안(司馬安)

조우(趙禹)
장탕(張湯)
왕조(王朝)
의종(義縱)
평씨(平氏)
주강(朱强)
두연(杜衍)
왕온서(王溫舒)
양개(楊皆)
마무(麻戊)
양공(楊贛)
성신(成信)
윤제(尹齊)
양복(楊僕)
감선(減宣)
두주(杜周)
주보언(主父偃)
이소군(李少君)
전광명(田廣明)
전연년(田延年)
엄연년(嚴延年)
윤상(尹賞) 아들 윤립(子立)
채훈(蔡勳)

[노자의 제자와 후학 도표 4 - 동한시대 : 老子弟子後學表四 - 東漢]

안구선생(安丘先生)	경황(耿況)	아들 경엄(子弇)			
	왕급(王伋)				
		임외(任隗)			
		두방(杜房)			
			성익세(成翊世)		
			난파(欒巴)		
			왕경(王景)		
			절상(折像)		
			고회(高恢)		
			교신(矯愼)		
			번엽(樊曄)	아들 번융(子融)	
			주우(周紆)		
			양구(陽球)		
			환제(桓帝)		
				장각(張角)	
			장릉(張陵)	아들 장형(子衡)	손자 장로(孫魯)

제7권 | 유교는 공자가 창립한 것이다

儒教爲孔子所創考

An Annotated Translation of "Confucius as a Reformer"

제7권 머리글

위서(僞書) 『주관(周官)』에서 "유학자는 도(道)로써 백성의 신임을 얻는다"[1]라고 말한 것과 『한서』 「예문지(藝文志)」에서 "유학자는 사도(司徒)의 관리에서 나왔다"[2]라고 말한 것은 모두 가르침을 어지럽히고 [유학에] 반기를 든[3] 유흠(劉歆, B.C.53?~A.D.25)의 잘못된 주장이다. 한나라 때는 왕충(王充, 27~97?)[4] 이전부터 유가와 묵가를 함께 거론했으니,[5] 모두가 공자가 유교의 교주라는 것을 알고 있었고, 모두가 유교는 공자에 의해 창립된 것을 알고 있었다. 그런데 위고문(僞古文)의 학설이 출현한 이후로, 입을 막고 진실을 가려버려서 유교의 의미를 알지 못했다. 공자가 육경(六經)을 손질하여 기록하고, 단지 학식이 깊고 행동이 고매한 인물로서, 마치 후세의 정현(鄭玄, 127~200)이나 주희(朱熹, 1130~1200)와 같은 부류였다면 어찌 위대한 성인이 될 수 있었겠는가? 장학성(章學誠, 1738~1801)은 줄곧 [예악 제도를] 집대성한 것은 주공(周公)이지 공자가 아

1_ 『주례(周禮)』 「천관(天官) · 태재(太宰)」: 四曰儒, 以道得民.

2_ 『한서』 「예문지」: 儒家者流, 蓋出於司徒之官. 사도(司徒)는 토지의 관리와 백성의 교화를 주관하던 직책이다.

3_ 도과(倒戈)는 창을 거꾸로 든다는 말로, 변절하여 반기를 든다는 의미이다. 『상서』 「무성(武成)」편에 "前徒倒戈, 功于後以北."이라는 말이 보인다.

4_ 왕충(王充)은 동한 회계(會稽) 상우(上虞) 사람으로, 자는 중임(仲任)이다. 일찍이 태학에 들어가 수업을 받았으며, 반표(班彪)를 스승으로 섬겼다. 광범위하게 학문을 익혀 장구(章句)를 고수하지 않았다. 집안이 가난하여 집에 읽은 만한 책이 없었는데, 낙양(洛陽)의 시장을 떠돌면서 서점에서 책을 읽고 곧바로 암송하여 결국 백가(百家)의 말에 능통할 수 있었다. 장제(章帝)가 그를 특별히 초빙했으나, 병 때문에 나아갈 수 없었다. 생활이 곤궁하면서도 저술에 전념했는데, 세속의 유생들이 경문의 뜻에 구속되어 있다고 여기고 문을 닫고 깊이 생각한 끝에 『논형(論衡)』 85편을 저술했다. 왕충의 자세한 사적은 『논형』 「자기(自紀)」편에 보인다.

5_ 예를 들어 『회남자(淮南子)』 「범론훈(泛論訓)」편에서 "지금 유가와 묵가는 삼대(三代)의 문왕(文王)과 무왕(武王)을 찬양하면서도 실천하지는 않으니, 이것은 실천하지 않는 것을 말로만 떠드는 것이다[今儒 · 墨者稱三代文 · 武而弗行, 是言其所不行也.]"라고 했다.

니라고 주장했다.[6] 당(唐)나라 정관(貞觀, 627~649) 시기에 주공을 선성(先聖)으로 삼고, 공자를 선사(先師)로 강등시킨 것[을 근거로],[7] [장학성은

6_ 장학성(章學誠)은 청나라 중기의 역사학자로, 절강성(浙江省) 회계(會稽) 사람이다. 저서로는 『문사통의(文史通義)』와 『교수통의(校讎通義)』 등이 있다. 『맹자』 「만장 하(萬章 下)」편에 "공자를 집대성이라고 부른다[孔子之謂集大成.]"라는 말이 있는데, 장학성은 『문사통의(文史通義)』 「내편(內篇)」2 「원도 상(原道 上)」에서 다음과 같이 말했다. "집대성한 것은 주공(周公) 혼자뿐이다. 때가 마침 그렇게 하기 알맞아서 그런 것이지, 주공도 또한 그렇게 될지를 스스로도 몰랐다. 맹자가 '공자를 집대성이라고 부른다'라고 했는데, 지금 집대성한 자는 주공이라고 말한다면 맹자가 가리키는 뜻과는 어긋나지 않는가? 대답했다. … 공자는 덕은 있지만 지위가 없었으니, 예악 제도를 제작할 권한을 가질 수가 없어서 한 가지를 완성한 대열에도 들지 못하는데, 어찌 크게 완성한 것을 모을 수 있었겠는가? 이것은 공자의 성스러움이 주공보다 못해서가 아니라, 때가 그렇게 만든 것이다[集大成者周公所獨也. 時會適當然而然, 周公亦不自知其然也. 孟子曰, '孔子之謂集大成.' 今言集大成者爲周公, 毋乃悖於孟子之指歟? 曰, … 孔子有德無位, 卽無從得制作之權, 不得列於一成, 安有大成可集乎? 非孔子之聖遜於周公也, 時會使然也.]" 장학성은 당시의 시대적 추세에 의해, 육경 속에 포함된 중국 고대의 예악 제도가 모두 주공에 의해 집대성되었다고 주장했다. 이러한 주장에 기초하여 장학성은 「내편(內篇)」1 「역교 상(易敎 上)」에서 "육경은 모두 역사이다. 옛날 사람들은 저술을 하지 않았고, 옛날 사람들은 일을 떠나서 이치를 말한 적이 없으니, 육경은 모두 선왕의 정치 전적이다[六經皆史也. 古人不著書, 古人未嘗離事而言理, 六經皆先王之政典也.]"라고 주장했다.

7_ 주공을 선성(先聖)으로, 공자를 선사(先師)로 부른 것은 당나라 태종(太宗) 정관(貞觀) 2년(628) 전까지의 일이다. 정관 2년에 태종은 칙령을 내려 주공의 선성 지위를 중단하고, 공자의 묘당을 국학에 세워 공자를 선성으로 삼고, 안연을 선사로 삼았다. 『정관정요(貞觀政要)』 권7 「숭유학(崇儒學)」편에 "貞觀二年, 詔停周公爲先聖, 始立孔子廟堂於國學, 稽式舊典, 以仲尼爲先聖, 顔子爲先師."라는 기록이 보인다. 그리고 정관 4년(630)에는 각 주(州)의 현(縣)마다 공부자묘(孔夫子廟)를 세웠고, 당 현종(玄宗)이 개원(開元) 27년(739)에 공자를 문선왕(文宣王)으로 추봉했다. 이외에 공자에게 추봉된 시호를 살펴보면, 전한 평제(平帝) 때 포성선니공(褒成宣尼公)이라는 시호가 처음으로 추봉되었다. 그리고 후한 명제(明帝) 때에는 주공을 선성(先聖), 공자를 선사(先師)로 삼아서 공자의 고택(古宅)에서 석전을 올리기도 했다. 북위(北魏) 효문제(孝文帝) 때에는 문성니부(文聖尼父)라고 했고, 당나라 현종(玄宗) 때 문선왕(文宣王)이라고 했으며, 송나라 진종(眞宗) 때는 현성문선왕(玄聖文宣王) · 지성문선왕(至聖文宣王)이라고 했다. 원나라 무종(武宗) 때에는 대성지성문선왕(大成至聖文宣王), 명나라 세종(世宗) 때에는 지성선사(至聖

자신의 견해가! 독특한 견해라고 말하지만, 제멋대로 억지를 부려 사리에 벗어나는 것임을 알지 못한 것이다. 신령스럽고 밝은 성왕(聖王)이자 제도를 개혁한 교주가 이미 허점투성이의 낡은 것을 고수하는[8] 일개 경사(經師)로 강등되었기 때문에 이교(異教)가 감히 침투해서 서로 다투게 된 것도 당연한 일이다. 이제 유교는 공자 교단의 호칭임을 드러내 밝힘으로써 공자가 만세(萬世)의 교주임을 드러내고자 한다.

僞『周官』謂, "儒以道得民", 『漢』「藝文志」謂, "儒出于司徒之官", 皆劉歆亂教倒戈之邪說也. 漢自王仲任前, 幷擧儒·墨, 皆知孔子爲儒教之主, 皆知儒爲孔子所創. 僞古說出, 而後吻塞掩蔽, 不知儒義. 以孔子修述六經, 僅博雅高行, 如後世鄭君·朱子之流, 安得爲大聖哉? 章學誠直以集大成爲周公, 非孔子. 唐貞觀時, 以周公爲先聖, 而黜孔子爲先師, 乃謂特識, 而不知爲愚横狂悖矣. 神明聖王, 改制教主, 旣降爲一抱殘守闕之經師, 宜異教敢入而相爭也. 今發明儒爲孔子教號, 以著孔子爲萬世教主.

1. 공자가 유교를 창립했다는 명확한 증거 [孔子創儒顯證]

7-1-1

예의(禮義)는 공자로부터 나왔다.(『염철론』「논유」)

先師), 청나라 세조(世祖) 때에는 대성지성문선선사(大成至聖文宣先師)라고 했다.

8_ 포잔수궐(抱殘守闕)은 포잔수결(抱殘守缺)과 같은 말로, 흠이나 결점이 있는 것을 버리지 않고 껴안고 지킨다는 뜻이다.

禮義由孔氏出.(『鹽鐵論』「論儒」)

康7-1

유교의 예제(禮制)의 의리(義理)는 모두 공자가 만든 것이니, 이 조목이 가장 좋은 증거가 된다. 한나라의 여러 유학자들은 모두 그 사실을 알고 있었다.

儒教禮制義理, 皆孔子所制, 此條最可據. 蓋漢諸儒皆知之.

7-1-2

유가의 종주(宗主)는 공자이고, 묵가의 비조(鼻祖)는 묵적(墨翟)이다. 또한[9] 살펴보건대, 유가의 도가 전해지고 묵가의 법이 사라진 것은 유가의 도리는 실천할 만하지만, 묵가의 법도는 따르기 어려웠기 때문이다.(『논형』「안서」)

儒家之宗, 孔子也, 墨家之祖, 墨翟也. 且案儒道傳而墨法廢者, 儒之道義可爲, 而墨之法議難從也.(『論衡』「案書」)

康7-2

왕충의 시대에는 오히려 공자가 유학자의 종주라는 것을 알고 있었으며, 『주례』의 "유학자의 도로써 백성의 신임을 얻는다"는 주장은 아직 실행되지 않았다. 또한 유가의 도는 전해졌지만 묵가의 법은 사라졌음을 알고 있었고, 유가의 도리는 실천할 만하지만 묵가의 법도는 따

9_ 『논형교석(論衡校釋)』에 의하면, 차(且)자는 원나라 때의 판본에는 유(儒)자로 되어 있다. 이 문장에 차(且)자가 있는 것은 마땅하지 않고, 유(儒)라는 글자가 쓸데없이 덧붙여진 것이라고 했다.

르기 어렵다는 것도 알고 있었다. 쌍방을 서로 대조하여, 『한비자』와 『논형』을 종합해서 살펴보면,[10] 유가와 묵가가 흥성하고 사라진 이유를 알 수 있고, 또한 유(儒)라는 것이 선왕(先王)과는 무관하다는 것을 알 수 있다.

王仲任時, 尙知孔子爲儒者之宗, 『周禮』"儒以道得民"之說, 蓋未行也. 又知儒道傳而墨法廢, 又知儒之道義可爲, 墨之法議難從. 兩兩對校, 合『韓非』·『論衡』觀之, 可見二家興廢之由, 亦知儒于先王無與矣.

7-1-3

세상에서 가장 두드러진 학파는 유가와 묵가이다. 유가의 최고 시조[11]는 공구(孔丘)이고, 묵가의 최고 시조는 묵적(墨翟)이다.(『한비자』「현학」)

世之顯學, 儒·墨也. 儒之所至, 孔丘也, 墨之所至, 墨翟也.(『韓非子』「顯學」)

7-1-4

공자는 성왕(成王)과 강왕(康王)의 도를 닦고, 주공(周公)의 가르침을 서술하여 70명의 제자를 가르쳤는데, 그들에게 그들만의 의복을 입고, 그들만의 서적을 연구하게 했기 때문에 유학자의 학문이 생겨났다.(『공자집어』에서 인용한 『회남자』「요략」)

孔子修成·康之道, 述周公之訓, 以敎七十子, 使服其衣冠, 修其篇籍. 故儒者之學生焉.(『孔子集語』引『淮南子』「要略」)[12]

10_ 아래의 〈7-1-3〉에 『한비자』「현학(顯學)」편의 내용이 보인다.

11_ 이운구의 『한비자』 번역본에서는 소지(所至)가 최상의 경지에 이른 일인자, 즉 시조를 가리킨다고 했다.

康7-3

"유학자의 학문이 생겨났다"는 말은 공자가 유교를 창립했다는 명확한 증거이다. 지금 다행히 이러한 미언(微言)을 얻음으로써 우리 유교가 유래한 바를 살펴볼 수 있게 되었다. 그렇다면 유흠이 유교를 아홉 학파[九流][13] 중의 하나로 깎아내린 것은 그 죄가 곧바로 위로 하늘에까지 도달할 것이다! 혹자는 [공자가] 성왕과 강왕의 도를 닦고, 주공의 가르침을 서술했다는 말에 미혹되어 공자의 도는 모두 여기에 근본하고 있다고 생각한다. 그러나 이것은 바로 위서(僞書)를 지어서 공자의 지위를 빼앗은 유흠이 근거로 삼은 것임을 알지 못한 것이다. 그러나 제도를 개혁하고 탁고하는 방식은 당시 제자백가들이 모두 그렇게 했다. 『한비자』에서는 "유가와 묵가는 모두 선왕(先王)을 일컬었다"〈원주: 「오두(五蠹)」편.〉라고 말했고, 또 유가와 묵가가 "모두 요(堯)·순(舜)에 대해서 말하지만, [주장의] 취사선택이 같지 않았다"〈원주: 「현학(顯學)」편.〉라고 말했다. 대체로 선왕(先王)을 일컬으면서 [주장의 취사선택이] 같지 않다는 것은 가탁한 것이 아니면 무엇이겠는가? 이 점을 통해서 보면 유교는 공자에 의해 성립된 것이 더욱 분명해진다.

"儒者之學生焉"一語, 爲孔子創儒教之確據. 今幸得此微言, 以考見吾教所自出. 然則劉歆抑儒爲九流, 其罪直上通于天矣! 或者惑于修成·康, 述周公, 以爲孔子之道皆本諸此. 不知此卽劉歆所據作僞經以奪孔子者. 然改制託古, 當時諸子皆然. 『韓非』謂, "儒·墨皆稱先王",〈「五蠹」.〉 又謂儒·墨 "俱道堯·舜, 而取捨不同."〈「顯學」.〉 夫稱

12_ 『공자개제고』에는 이 내용의 출전을 '『공자집어(孔子集語)』에서 인용한 『회남자』「요략」[『孔子集語』引『淮南子』「要略」]'이라고 했는데, 현행본 『회남자』「요략」편에 이 내용이 그대로 보인다.

13_ 구류(九流)는 유흠(劉歆)이 선진 시기의 학파를 9개로 분류한 항목인데, 도가(道家)·유가(儒家)·묵가(墨家)·명가(名家)·법가(法家)·음양가(陰陽家)·농가(農家)·술가(術家)·종횡가(縱橫家)를 말한다.

先王而不同, 非託而何? 通乎此, 儒爲孔子所創, 益明矣.

7-1-5

노(魯)나라에서는 유학자의 예법에 따르고, 공자의 학술을 실행했다.[14] (『회남자』「제속훈」)

魯國服儒者之禮, 行孔子之術.(『淮南子』「齊俗訓」)

康7-4

유교는 공자에 의해 창립되었기 때문에 그 예법을 따르고, 그 학술을 시행했으니, "노나라 사람들은 모두 유교로 가르쳤다"[15]는 말이다.

儒爲孔子所創. 故服其禮, 而行其術, 所謂"魯人皆以儒敎"也.

<이상 공자가 유교를 창립했다는 명확한 증거: 右孔子創儒顯證>

2. 공자가 유교 창립의 대의를 스스로 밝히다 [孔子自明創儒大義]

7-2-1

노(魯)나라 애공(哀公)이 공자에게 "선생님의 복장이 유학자의 복장입니

14_『장자』「전자방(田子方)」편에도 "노나라 전체가 유학자의 복장을 입은 사람들이 다[擧魯國而儒服.]"라는 애공(哀公)의 말이 보인다.

15_『사기』「유협열전(游俠列傳)」에 "魯人皆以儒敎, 而朱家用俠聞."이라는 기록이 보인다.

까?"라고 물었다. 공자가 대답했다. "저는 어려서는 노나라에 살면서 넓은 소매의 옷[16]을 입었고, 자라서는 송(宋)나라에 살면서 장보관(章甫冠)[17]을 썼습니다. 제가 듣건대, 군자의 학문은 박학해야 하고, 군자의 복장은 자기 고향의 복장[18]을 입는다고 하는데, 저는 [이러한 복장이] 유학자의 옷인지는 잘 모르겠습니다."[19] 그러자 애공이 다음과 같이 말했다. "유학자들의 품행에 대해 물어도 되겠습니까?" 공자가 대답했다. "갑자기 유학자들의 품행을 들어서 말한다면 그 사안들을 전부 다 거론할 수 없고,[20] 그것을 모두 들어서 말한다면 시간이 너무 오래 걸리니, 군주를 모시는 하인을 교체하더라도 그 이야기를 끝마칠 수 없을 것입니다."[21]

魯哀公問于孔子曰, "夫子之服, 其儒服與?" 孔子對曰, "丘少居魯, 衣縫掖之衣, 長居宋, 冠章甫之冠. 丘聞之也, 君子之學也博, 其服也鄉,

16_ 봉액(縫掖)은 소매가 크며 겨드랑이를 터놓지 않은 도포를 말한다. 『예기주소』에서 정현(鄭玄)은 "봉(逢)은 크다[大]는 뜻과 같으며, 대액(大掖)의 옷이란 소매가 넓은 홑옷이다"라고 했다.

17_ 육덕명(陸德明)의 『경전석문(經典釋文)』 「예기음의지사(禮記音義之四) · 유행(儒行)」편에 의하면, 장보관(章甫冠)은 은나라 때 사용하던 관이다. 이것을 공자가 쓴 후로 유학자의 관이 되었다고 한다.

18_ 향(鄕)은 공자 자신이 태어나거나 활동한 지역의 복장을 말한다. 『예기주소』에서 정현은 "어렸을 때 살던 곳의 옷을 입고, 자라서 살던 곳의 관을 쓰니, 이것을 향(鄕)이라고 한다[衣少所居之服, 冠長所居之冠, 是之謂鄕.]"라고 했다.

19_ 공영달(孔穎達)의 소(疏)에 의하면, 애공의 의도가 유학자의 옷을 비웃으려고 했기 때문에 공자가 이러한 말로 애공을 비난한 것이라고 한다.

20_ 정현은 거(遽)는 '갑작스럽다[卒]'는 뜻이고, 물(物)은 '사안[事]'의 뜻이라고 했다. 한편 공영달은 수(數)를 '말하다[說]', 종(終)을 '모두[盡]'라는 의미로 보았다. 즉 공자는 유학자의 품행이 심원하여 쉽게 다룰 수 있는 것이 아니기 때문에 만약 급작스럽게 말한다면 그 일을 모두 다 거론할 수 없을 것이라고 말한 것이라고 했다.

21_ 정현은 유(留)를 '오래 걸리다[久]', 복(僕)을 태복(太僕)이라고 했다. 태복은 임금의 연회 및 조회에서 자리를 바르게 잡아주고 손님을 안내하며 도와주는 일을 관장한다. 한편 공영달은 만약 유학자들의 품행에 대해 상세하게 모두 말한다면 시간이 너무 오래 걸릴 것이고, 곁에 모시고 있는 태복(太僕)이 피로하여 교체시키더라도 말이 끝날 수 없다는 의미라고 했다.

丘不知儒服." 哀公曰, "敢問儒行?" 孔子對曰, "遽數之, 不能終其物, 悉數之, 乃留, 更僕未可終也."

애공이 [공자를 위해] 자리를 마련하도록 명령했고, 공자는 애공을 모시면서 말했다. "유학자들은 옛 성인의 도리[22]를 가지고 초빙을 기다리고, 아침저녁으로 학문에 힘써서 질문을 기다리며, 충신(忠信)을 가슴속에 품고서 천거되기를 기다리고, 힘써 실행함으로써 자리에 나아가기를 기다리니, 그들이 스스로 자립하는 것에는 이와 같은 측면이 있습니다. 유학자들은 의관이 세속과 어울리게 하고, 행동거지는 신중하게 하며, 크게 겸양하는 것[23]은 마치 오만한 듯 보이고, 작게 겸양하는 것은 마치 거짓으로 꾸미는 것처럼 보입니다. 중대한 일에는 위엄이 있는 듯한 모습을 하고, 사소한 일에는 부끄러워하는 듯한 모습을 합니다. 나아가는 것을 어렵게 하면서도 물러나는 것을 쉽게 하여[24] 유약한 것이 마치 무능한 것처럼 보입니다.[25] 그들의 용모에는 이와 같은 측면이 있습니다. 유학자들은 평소 거처할 때는 몸가짐을 가지런히 하면서 어려운 듯 삼감이 있으며,[26] 앉거나 일어날 때는 공손하면서 공경스럽게 합니다. 말할 때는 반드시 신의를 앞세우고, 행동할

22_ 석상지진(席上之珍)은 석상진(席上珍)이라고도 하며, 옛 성인의 바르고 착한 도리를 베푼다는 의미도 있고, 또 유학자의 학덕을 비유하기도 한다. 정현은 "옛날 요임금과 순임금의 좋은 도를 펼쳐 놓는다"라고 했다.

23_ 대양(大讓)은 『예기집해』에서 인용한 장재(張載)가 마치 나라나 천하를 양보하듯이 마음을 성실하게 하여, 양보함에 그 모습이 개의치 않는 듯한 것이라고 했다. 그리고 소양(小讓)은 음식을 사양하고 물리칠 때에 양보하는 것으로, 마치 거짓으로 양보하여 의절(儀節)로 삼는 것과 같은 것이라고 했다.

24_ 『예기집설(禮記集說)』에서 진호(陳澔)는 "유학자들은 세 번 읍(揖)을 한 다음에 나아가기 때문에 '나아가기를 어렵게 한다'라고 말했고, 한 번 사양하고서 바로 물러가기 때문에 '물러나기를 쉽게 한다'라고 말한다"라고 했다.

25_ 죽죽(粥粥)은 공영달이 '유약하고 매우 어리석은 모습[柔弱專愚之貌]'이라고 했다.

26_ 제난(齊難)는 몸가짐을 가지런히 하면서 어려운 듯 삼가는 모습이다.

때는 반드시 올바른 도리에 들어맞으며, 길을 갈 때는 험하거나 쉬운 길의 이점을 따지지 않고, 겨울과 여름에는 따뜻한 곳과 추운 곳을 따지지 않습니다.[27] 목숨을 아껴서 좋은 때를 기다리고, 자신을 잘 함양하여 큰일을 대비합니다. 그들이 미래를 대비하는 모습에는 이와 같은 측면이 있습니다.

哀公命席, 孔子侍曰, "儒有席上之珍以待聘, 夙夜强學以待問, 懷忠信以待擧, 力行以待取, 其自立有如此者. 儒有衣冠中, 動作愼, 其大讓如慢, 小讓如僞. 大則如威, 小則如愧. 其難進而易退也, 粥粥若無能也. 其容貌有如此者. 儒有居處齊難, 其坐起恭敬. 言必先信, 行必中正, 道塗不爭險易之利, 冬夏不爭陰陽之和. 愛其死以有待也, 養其身以有爲也. 其備豫有如此者.

유학자들은 금과 옥을 보배로 여기지 않고 충신(忠信)을 보배로 여기며, 토지를 바라지 않고 의(義)의 확립을 토지로 여기며, 재물을 많이 축적하는 것을 바라지 않고 학문이 풍부한 것을 부유함으로 여깁니다. 그들을 얻기는 어렵지만 봉록을 주기는 쉬우며, 봉록을 주기는 쉽지만 오랫동안 머물도록 하기는 어렵습니다.[28] 때가 아니면 드러내지 않으니, 또한 얻기 어렵지 않겠습니까? 의리가 아니면 영합하지 않으니, 또한 오랫동안 머물도록 하기가 어렵지 않겠습니까? 수고로운 일을 먼저 실행하고 봉록은 뒤에 받으니, 또한 봉록을 주기 쉽지 않겠습니까? 그들이 사람과 가까이하는 모습에는 이와 같은 측면이 있습니다. 유학자들은 재물을 그들에게 맡겨주고, 즐기고 좋아할 일로 그들을 젖어들게 하더라도, 이익을 보고서 자신들의 의리를 훼손시키지 않

27_ 공영달이 "겨울에는 따뜻하게 하고, 여름에는 시원하게 하는 것이 음양의 조화이다"라고 했다.

28_ 난휵(難畜)은 정현이 "의롭지 않은 것으로 오래 머물게 하기가 어렵다"라고 했다.

으며, 무리들로 그들을 겁주고 무기로 그들을 위협하더라도, 죽음을 보고서 자신들이 지키는 것을 바꾸지 않습니다. 사나운 새와 짐승이 공격할 경우 자신의 용맹을 따지지 않고 [곧장 덤벼들며], 무거운 솥을 운반할 경우 자신의 힘을 따지지 않고 [곧장 운반합니다].[29] 지나간 일에 대해서는 후회하지 않고 다가올 일에 대해서는 미리 예상하지 않으며, 잘못한 말은 두 번 다시 하지 않고, 떠도는 유언비어는 그 출처를 끝까지 추궁하지 않습니다.[30] 늘 위엄을 갖추고 있으며,[31] [일이 있기 전에 미리] 그 계책을 연습하지 않습니다.[32] 그들의 남달리 독특한 모습에는 이와 같은 측면이 있습니다.

儒有不寶金玉, 而忠信以爲寶, 不祈土地, 立義以爲土地, 不祈多積, 多文以爲富. 難得而易祿也, 易祿而難畜也. 非時不見, 不亦難得乎? 非義不合, 不亦難畜乎? 先勞而後祿, 不亦易祿乎? 其近人有如此者. 儒有委之以貨財, 淹之以樂好, 見利不虧其義, 劫之以衆, 沮之以兵, 見死不更其守. 鷙蟲攫搏, 不程勇者, 引重鼎, 不程其力. 往者不悔, 來者不豫, 過言不再, 流言不極. 不斷其威, 不習其謀. 其特立有如此者.

유학자들은 친하게 지낼 수는 있지만 협박할 수는 없고, 가까이 할 수

29_ 지충(鷙蟲)은 사나운 새와 짐승이다. 확박(攫搏)은 움켜쥐고 치는 것으로, 새나 짐승이 발이나 날개로 먹이를 잡아채는 것을 말한다. 공영달의 소에서 다음과 같이 풀이했다. "유학자는 만약 사나운 새와 짐승을 만나면 자기 스스로 움켜쥐고 치면서 곧장 달려드니, 자신의 용맹함이 감당할 수 있는지의 여부를 따지지 않고, 만나면 바로 실행한다. 무거운 솥을 운반할 때는 자기의 힘이 운반할 수 있는지의 여부는 따지지 않으니, 보면 바로 그것을 운반함을 말한다. 여기의 확박(攫搏)과 인정(引鼎)은 어려운 일을 비유하는 것이니, 유학자들은 어려운 일을 보거나 만나면 바로 실행하지 미리 따지지 않음을 말한 것이다."

30_ 불극(不極)은 정현이 "그 유래된 바를 묻지 않는 것이다"라고 했다.

31_ 공영달이 "유학자는 그 위엄을 잠시도 멈추지 않으니, 용모와 행동거지가 당연히 두려워할 만하다"라고 했다.

32_ 공영달이 "일을 만나면 도모하지, 미리 연습하지 않는다"라고 했다.

는 있지만 핍박할 수는 없으며, 죽일 수는 있지만 욕을 보일 수는 없습니다. 그들의 거처는 사치스럽지 않고, 그들의 음식은 호화스럽지 않습니다. 그들의 과실에 대해서는 완곡하게 따질 수는 있지만 면전에서 질책할 수는 없습니다. 그들의 강직한 모습에는 이와 같은 측면이 있습니다. 유학자들은 충(忠)과 신(信)으로써 투구와 갑옷으로 삼고, 예(禮)와 의(義)로써 방패[33]로 삼으며, 인(仁)을 머리에 이고서 행동하고 의(義)를 가슴에 품고서 처신하니, 비록 가혹한 정치가 있더라도 자신이 지향하는 바를 고치지 않습니다. 그들의 홀로 서는 모습[34]에는 이와 같은 측면이 있습니다. 유학자들은 1묘(畝)[35] 크기의 집과 1도(堵)[36] 높이의 벽으로 둘러싸인 방을 가지고 있으며, 대나무나 가시나무로 사립문을 만들고, 그 옆에 홀[圭] 모양의 작은 출입문을 내며, 쑥대로 엮어 출입문을 만들고, 옹기구멍 모양으로 둥글게 창을 내며,[37] [외출할 때] 옷을 번갈아가면서 입고,[38] 2일이나 3일 만에 하루치의 음식을 먹습니

33_ 간로(干櫓)는 정현이 작은 방패와 큰 방패라고 했다.

34_ 공영달이 "앞에서 유학자들이 '자립(自立)'한다고 말한 것은 학문에 힘쓰고, 열심히 실행하여 스스로를 닦아서 자신을 세우는 것을 말한다. 여기의 '자립(自立)'은 홀로 인의(仁義)와 충신(忠信)을 마음속에 간직한 것을 말한다"라고 했다.

35_ 공영달이 "1묘란 직경 1보, 길이 100보를 말하는데, 이것을 나누어 정방형으로 만들면 동서남북 각각 10보씩 된다"라고 했다.

36_ 도(堵)는 정현이 5판(版)이 1도(堵)가 되고, 5도(堵)가 1치(雉)가 된다고 했는데, 도치(堵雉)에 대해서는 여러 사람의 주장이 다르다. 먼저 『공양전』의 "五版而堵, 五堵而雉."에 대해 하휴(何休)는 1도(堵)는 40척(尺)이고, 1치(雉)는 200척이라고 했으며, 『오경이의(五經異義)』에서는 『대대례기』 및 『한시외전』을 인용하여 "8척이 1판(版)이 되고, 5판이 1도(堵)가 된다"라고 했다. 또 『고주례(古周禮)』 및 『좌씨전』에서는 "1장(丈)이 1판인데, 1판의 너비는 2척이다. 5판이 1도(堵)인데, 1도의 담장은 가로 세로 각각 1장(丈)이 된다. 3도(堵)가 1치(雉)인데, 길이가 3장(丈) 너비는 1장이다"라고 했다. 자세한 내용은 손희단(孫希旦)의 『예기집해』 참조.

37_ 옹유(甕牖)는 공영달이 "옹기구멍 모양으로 둥글게 창을 내는 것이다"라고 했다. 그리고 "깨진 옹기의 입구로 창문을 만든 것이다"라는 해석도 있다고 했다.

38_ 공영달이 "온 가족이 한 벌의 외출복을 가지고 있기 때문에 외출할 때 번갈아가면서 그것을 입는다"라고 했다.

다.[39] 임금이 [자신의 주장에] 응답하여 사용해주면 감히 임금을 의심하지 않고 [최선을 다하며], 임금이 응답하여 사용해주지 않으면 감히 임금에게 아첨을 떨지 않습니다. 그들의 벼슬살이의 모습에는 이와 같은 측면이 있습니다.

儒有可親而不可劫也, 可近而不可迫也, 可殺而不可辱也. 其居處不淫, 其飮食不溽. 其過失可微辨, 而不可面數也. 其剛毅有如此者. 儒有忠信以爲甲冑, 禮義以爲干櫓, 戴仁而行, 抱義而處, 雖有暴政, 不更其所. 其自立有如此者. 儒有一畝之宮, 環堵之室, 篳門圭窬, 蓬戶甕牖, 易衣而出, 幷日而食. 上答之, 不敢以疑, 上不答, 不敢以諂. 其仕有如此者.

유학자들은 현재의 사람들과 함께 살지만 옛날 사람과 뜻이 서로 부합하고,[40] 현재 그가 실천한 것을 후세에는 법도로 삼습니다.[41] 때마침 좋은 세상을 만나지 못하여 위에 있는 자는 이끌어주지 않으며, 아래에 있는 자는 밀어주지 못하며, 참소하고 아첨하는 백성들 중에 무리를 지어 위협하는 자가 있어서 그의 몸을 위태롭게 할 수는 있지만 그의 뜻을 빼앗을 수는 없습니다. 비록 그들이 해치려고 하더라도 행동은 끝내 자기의 뜻을 펼쳐나가고,[42] 도모하는 것은 백성들의 아픔을 잊

39_ 공영달이 "매일 음식을 먹지 않고, 2일이나 3일에 하루치의 음식을 함께 먹는다"라고 했다.

40_ 계(稽)는 정현이 '부합하다[合]'의 뜻이라고 했고, 공영달은 "유학자들은 지금 세상의 소인들과 함께 거주하지만, 옛날의 군자와 뜻이 서로 부합한다"라고 풀이했다.

41_ 공영달이 "해(楷)는 법식으로, 유학자들은 일을 실행하여 후세의 법도가 된다는 말이다"라고 했다. 방각(方愨)은 이 문장이 『중용』 제29장의 "[군자는] 실천함에 대대로 천하의 법이 된다[行而世爲天下法.]"와 같은 뜻이라고 했다.

42_ 정현은 "위(危)는 해치려고 하는 것, 신(信)은 신(伸)의 가차자이다"라고 했고, 공영달은 "비록 무리지은 백성들이 함께 자신을 해치려고 하더라도, 행동은 여전히 자기의 지조를 끝까지 펼친다"라고 했다. 한편 진호(陳澔)는 이 문장을 "雖危起居, 竟信其志."로 구두를 끊었다.

지 않습니다.[43] 유학자들이 근심하고 생각하는 모습에는 이와 같은 측면이 있습니다. 유학자들은 학문을 폭넓게 하여 끝이 없고, 행실을 돈독히 하여 게으르지 않으며, 조용히 홀로 거처할 때도 사특하지 않고,[44] 위로 군주와 소통할 때도 [도덕(道德)의 부족 때문에] 곤란을 겪지 않습니다.[45] 예(禮)[의 실천]은 조화를 귀중하게 여기며,[46] 충신(忠信)한 자를 아름답게 여기고 온화하고 부드러운 자를 본받습니다.[47] 현명한 자를 사모하면서 대중을 포용하고, 자신의 모난 부분을 버리고 둥근 기와와 같이 [대중과] 화합합니다.[48] 유학자들의 너그러운 모습에는 이와 같은 측면이 있습니다. 유학자들은 내부적으로 사람을 천거할 때는 친한 이의 천거를 꺼리지 않고, 외부적으로 사람을 천거할 때는 원수의 천거도 꺼리지 않습니다.[49] 그 공적을 헤아리고 그 일의 성과를

43_ 유(猶)는 정현이 도(圖)의 의미라고 했고, 공영달은 "자신은 비록 불우한 세상을 만났지만, 도모하는 것은 백성들의 아픔을 잊지 않았다"라고 했다.

44_ 공영달이 "유거(幽居)는 벼슬하지 않고 홀로 거처하는 것이고, 음(淫)은 사특하다는 뜻이다"라고 했다.

45_ 상통(上通)은 정현이 "벼슬하여 임금에게 도가 소통되는 것을 말하니, 이미 벼슬하게 되면 도덕의 부족 때문에 곤란을 겪지 않는다"라고 했다.

46_ 『논어』「학이」편에 "有子曰, 禮之用, 和爲貴."라는 말이 보인다.

47_ 정현이 "충신(忠信)한 자를 아름답게 여기고, 온화하고 부드러운 자를 본받는다"라고 했다.

48_ 정현이 "자기의 크게 모난 것을 버리고 아래로 대중과 조그마하게 화합한다. 반드시 대중과 화합하는 자는 또한 도를 실천하면서 사람을 멀리하지 않는 군자이다"라고 했다. 그리고 공영달은 "유학자들은 자신이 비록 방정하더라도 자신의 방정함을 굽혀서 아래로 일반 대중들과 같게 하니, 마치 모난 부분을 깨트려서 와기(瓦器)와 서로 부합되게 하는 것과 같다"라고 했다.

49_ 공영달이 "이것은 유학자가 현명하고 능력 있는 사람을 천거하는 일을 밝힌 것이다. 칭(稱)은 천거한다[擧]는 뜻이다"라고 했다. 공영달은 그 예로 기해(祁奚)가 자신의 아들 기오(祁午)를 천거한 일과 원수였던 해호(解狐)를 천거한 일을 들었다. 『좌씨전』「양공」 3년의 기록에 의하면, 기해가 늙어서 관직에서 물러나기를 청하자, 진(晉)나라 도공(悼公)이 후임자에 대해 물었는데, 그는 자기의 원수인 해호(解狐)를 추천했다. 도공이 해호를 기해의 후임자로 삼으려고 했는데, 마침 해호가 죽었기 때문에 도공은 기해에게 다른 후임자를 추천하도록 했다. 그러자 이

따져서 현명한 자를 천거하여 관리가 되도록 하되,[50] 그 대가를 바라지 않습니다. [천거된 현명한 자에 의해] 임금이 자기의 뜻대로 일이 이루어지더라도, 진실로 국가의 이익을 위한 것이지 스스로의 부귀를 구하지는 않습니다.[51] 유학자가 현명한 자를 천거하고 능력 있는 자를 끌어주는 모습에는 이와 같은 측면이 있습니다.

> 儒有今人與居, 古人與稽, 今世行之, 後世以爲楷. 適弗逢世, 上弗援, 下弗推, 讒諂之民有比黨而危之者, 身可危也, 而志不可奪也. 雖危, 起居竟信其志, 猶將不忘百姓之病也. 其憂思有如此者. 儒有博學而不窮, 篤行而不倦, 幽居而不淫, 上通而不困. 禮之以和爲貴, 忠信之美, 優游之法. 慕賢而容衆, 毁方而瓦合. 其寬裕有如此者. 儒有內稱不辟親, 外擧不辟怨. 程功積事, 推賢而進達之, 不望其報. 君得其志, 苟利國家, 不求富貴. 其擧賢援能有如此者.

유학자들은 선한 말을 들으면 서로 알려주고, 선한 행실을 보면 서로 보여주며, 작위는 서로 남을 앞세워 양보하고, 환란에서는 서로 죽기를 다하며, 친구 중에 오랫동안 벼슬길에 오르지 못한 자가 있으면 그가 벼슬에 오르도록 서로 기다리고,[52] 멀리서 자기 뜻을 얻지 못한 친구가 있으면 서로 초빙하여 불러들입니다.[53] 유학자가 서로 맡기고 천

번에는 자신의 아들인 기오(祁午)를 추천했다. 이에 대해 『좌씨전』에서는 기해가 좋은 사람을 공평하게 천거할 줄 알았다고 평가했다.

50_ 공영달이 "유학자들은 다른 사람을 천거하고자 할 때는 반드시 그의 공적을 헤아리고, 그의 일의 성과를 따져서 그 일을 감당할 수 있는지를 안 다음에 천거하여 관리가 되도록 하지, 함부로 사람을 천거하지 않는다"라고 했다.

51_ 공영달이 "임금이 이 유학자에게 일을 맡겨서 자신의 일을 돕도록 함으로써 임금으로 하여금 자신의 뜻대로 되어 원하는 것이 모두 이루어지도록 하니, 이것은 오직 국가에 이익을 위한 것이며, 스스로의 부귀를 구하지 않는다"라고 했다.

52_ 정현이 "친구 중에 오랫동안 아래 자리에 있으면서 승진하지 못한 사람이 있으면 자기가 기다리고 그를 나아가게 한다"라고 했다.

53_ 정현이 "자신은 현명한 임금을 얻어서 벼슬하고, 친구는 작은 나라에서 뜻을 얻지 못했다면 현명한 임금에게서 벼슬하도록 서로 멀리서 불러들인다"라고 했다.

거하는 모습[54]에는 이와 같은 측면이 있습니다. 유학자들은 자신의 몸을 깨끗이 하고 덕(德)으로 스스로를 맑게 하며, 자신의 말을 진술하고 군주의 명령을 따르며,[55] 조용히 물러나 스스로를 바르게 하며,[56] 임금이 [자신의 선한 말과 올바른 행동을] 모르면 은미하게 자신의 뜻을 드러내 보이되, 또한 조급하게 서두르지 않습니다.[57] 매우 비천한 사람을 대면하면서 자신의 존귀함을 드러내지 않고,[58] 작은 성취를 부풀려서 크게 자랑하지 않습니다.[59] 세상이 다스려질 때는 스스로 가볍게 처신하지 않고, 세상이 혼란할 때는 [자신의 뜻을] 꺾지 않으며,[60] 지위가 같은 자라도 [행동이 옳지 않으면] 함께 어울리지 않고, 자신과 입장이 다르더라도 [행동이 옳으면] 비난하지 않습니다.[61] 유학자가 특별히

54_ 방각이 "임거(任擧)는 일로써 서로 맡기고, 직무로써 서로 천거하는 것이다"라고 했다.

55_ 공영달이 "자신의 말을 진술하고, 군주의 명령을 엎드려 듣는 것이다"라고 했다.

56_ 공영달이 "조용히 물러나 거처하면서 평상시에 바름을 지키며, 조급해 하지 않는다"라고 했다.

57_ 정현이 "추(麤)는 소(疏)와 같고, 은미하다[微]는 뜻이다. 자신에게 선한 말과 올바른 행동이 있다는 것을 임금이 모르면 얼굴색을 살피고 일을 관련시켜서 은미하게 자신의 뜻을 드러내어 알도록 한다. 또한 반드시 여유가 있게 느긋하게 해야 하며, 자기가 급하게 하면 임금도 급하게 받아들이게 된다. 임금이 급하게 받아들이면 의심과 질투가 생길 수 있다"라고 했다. 교(翹)는 내걸어 보인다는 뜻이다. 한편 방각은 '靜而正之'는 은밀히 진술하는 것이고, '麤而翹之'는 분명하게 알리는 것이라고 해석하기도 했다.

58_ 정현이 "대중을 대면하면서 자기의 지위가 존귀함을 드러내지 않는다"라고 했다. 심(深)은 공영달이 "중인의 매우 낮고 비천한 곳"이라고 했다.

59_ 정현이 "일을 도모할 때 자신의 작은 성취를 스스로 크게 자랑하지 않는다"라고 했다.

60_ 공영달이 "세상이 다스려질 때는 비록 여러 현인들과 함께 처하더라도 스스로 가볍게 처신하지 않으며, 세상이 혼란할 때는 도가 비록 행해지지 않더라도 자기의 본래 뜻을 꺾지 않는다"라고 했다.

61_ 공영달이 "유학자가 벼슬할 때 비록 자기와 같은 지위의 사람이라도 행동이 옳지 않으면 그와 더불어 서로 친하거나 어울리지 않으며, 그 사람이 자기와 크게 다르더라도 행동이 옳으면 그를 비난하지 않는다"라고 했다.

자립하여 남달리 행동하는 모습에는 이와 같은 측면이 있습니다. 유학자들은 위로는 천자의 신하가 되지 않고,[62] 아래로는 제후를 섬기지 않습니다.[63] 신중하고 경거망동하지 않으면서도 너그러움을 숭상하며, 강건하고 의연함으로써 다른 사람과 사귀며, 폭넓게 배움으로써 [선현들에게] 복종할 줄 알며, 문장(文章)을 가까이하여 품행이 청렴하고 곧게 만듭니다. [임금이] 비록 나라를 나누어 준다고 하더라도 매우 하찮게 여겨서[64] 신하가 되지도 벼슬살이를 하지도 않습니다. 유학자가 규범에 따라 행동하는 모습에는 이와 같은 측면이 있습니다.

儒有聞善以相告也, 見善以相示也, 爵位相先也, 患難相死也, 久相待也, 遠相致也. 其任擧有如此者. 儒有澡身而浴德, 陳言而伏, 靜而正之, 上弗知也, 麤而翹之, 又不急爲也. 不臨深而爲高, 不加少而爲多. 世治不輕, 世亂不沮, 同弗與, 異弗非也. 其特立獨行有如此者. 儒有上不臣天子, 下不事諸侯. 愼靜而尙寬, 强毅以與人, 博學以知服, 近文章, 砥厲廉隅. 雖分國如錙銖, 不臣不仕. 其規爲有如此者.

유학자들은 [남과 사귈 때][65] 뜻을 같이하여 법도를 같이하고, 도를 추구하면서 방법을 같이합니다. [친구와] 나란히 서면[66] 기뻐하고, 서로 자신을 낮추어서 [비천한 것을] 싫어하지 않으며, 오랫동안 서로 보지 못하더라도 [친구에 대한] 유언비어를 들으면 믿지 않습니다. 그들의 행동은 방정함을 근본으로 삼고 의리를 확립하며, [친구의 행동이] 자

62_ 공영달은 백이(伯夷)와 숙제(叔齊)가 그러한 예라고 했다.

63_ 공영달은 장저(長沮)와 걸익(桀溺)이 그러한 예라고 했다.

64_ 치수(錙銖)는 무게를 재는 단위로, 매우 작은 수량을 말한다. 정현은 8량(兩)이 1치(錙)가 된다고 했고, 공영달은 이를 근거로 산법(算法)에 따라 10서(黍)가 1참(參)이 되고, 10참(參)이 1수(銖)가 되며, 24수(銖)가 1량(兩)이 되고, 8량(兩)이 1치(錙)가 된다고 했다.

65_ 공영달이 "이것은 유학자들이 다른 사람과 교우관계를 맺는 일을 말한다"라고 했다.

66_ 공영달이 "친구와 함께 나란히 서서, 모두가 함께 벼슬을 하는 것이다"라고 했다.

기와 같으면 나아가고, 같지 않으면 물러납니다. 유학자가 친구를 사귀는 모습에는 이와 같은 측면이 있습니다. 온화함과 선량함은 인(仁)의 근본이고, 공경함과 삼감은 인의 토대이며, 너그러움과 여유로움은 인의 작용이고, 겸손하게 남을 대하는 것은 인의 기능이며, 예절은 인의 외형이고, 말은 인의 형식이며, 가락(歌樂)은 인의 조화로움이고, 나누어 베푸는 것은 인의 베풂입니다. 유학자들은 모두 이러한 것을 겸하여 가지고 있지만, 그래도 인(仁)을 감히 말하지 않습니다. 유학자가 공경하고 겸양하는 모습에는 이와 같은 측면이 있습니다. 유학자들은 빈천 때문에 실의에 빠지지 않고, 부귀 때문에 너무 기뻐서 절도를 잃지 않습니다.[67] 임금에게 욕을 당하지 않고, 경대부에게 연루되지 않으며, 일반 관리에게 곤란한 일을 당하지 않습니다.[68] 따라서 유(儒)라고 말합니다. 지금 많은 사람들을 유학자라고 명명하는 것이 잘못되었기 때문에 항상 유학자를 가지고 서로 욕하면서 부끄럽게 여기는 것입니다."[69] 공자가 숙소에 도착하자, 애공이 공관(公館)에 머물게 하고서 이러한 [공자의 말을] 들었는데, 말이 더욱 믿음이 가고, 행동이 더욱 의리에 맞았으니, [애공이] "내가 죽을 때까지 감히 유학자를 비웃지 않을 것이다"라고 했다.[70](『예기』「유행」)

儒有合志同方, 營道同術. 幷立則樂, 相下不厭, 久不相見, 聞流言不信. 其行本方立義, 同而進, 不同而退. 其交友有如此者. 溫良者仁之

67_ 운확(隕穫)은 힘들어서 실의에 찬 모양이며, 충굴(充詘)은 너무 기뻐서 절도를 잃은 모양이다.

68_ 정현이 "천자, 제후, 경대부, 여러 관리들에게 핍박을 받아서 도를 어기지 않음을 말한 것이니, 공자가 자기 스스로를 말한 것이다"라고 했다. 흔(慁)은 욕을 당하는 것이다.

69_ 후병(詬病)은 서로 욕하면서 부끄럽게 여기는 것이다.

70_ 정현이 "공자가 위나라로부터 처음으로 노나라에 돌아온 때이다. 공자가 돌아와서 집에 이르자, 애공이 나아가서 공자를 예우하여 머물게 하고, 유학자의 복장에 대해 묻고 마침내 유학자의 행동에 대해 묻고서는 비로소 깨닫게 된 것이다"라고 했다.

本也, 敬愼者仁之地也, 寬裕者仁之作也, 孫接者仁之能也, 禮節者仁之貌也, 言談者仁之文也, 歌樂者仁之和也, 分散者仁之施也. 儒皆兼此而有之, 猶且不敢言仁也. 其尊讓有如此者. 儒有不隕穫于貧賤, 不充詘于富貴. 不慁君王, 不累長上, 不閔有司. 故曰儒. 今衆人之命儒也妄, 常以儒相詬病." 孔子至舍, 哀公館之, 聞此言也, 言加信, 行加義, "終沒吾世, 不敢以儒爲戲."(『禮記』「儒行」)

康7-5

이 편은 공자가 자신의 교설에서 정한 행위를 규정한 것이니, 불교에 백 가지 법을 통해 들어가는 지혜의 문이 있고,[71] 선(禪)에 백 가지 조항의 법규가 있는 것과 같다. 후한(後漢) 사람들의 품행을 살펴보면, 모두 여기에서 말한 것과 부합한다. 그런데 정자(程子)는 한나라 유학자들의 이론을 비난했으니, 그것은 공자 학술의 큰 것을 알지 못한 것이다. 예를 들어 "유학자들은 위로는 천자의 신하가 되지 않는다"라는 말을 번영(樊英)[72]이 실제로 실행했는데, 주자(朱子)는 그의 행동이 너무 지나쳤다고 생각했다. 사람의 본성은 천차만별인데도 [주자는] 하나의 규율로 그것을 제한하고, 아주 세세한 부분까지 이치를 분석했다고 스스로

71_ 백법명문(百法明門)은 수행의 첫 단계에서 깨달은 지혜의 문이다. '명(明)'은 지혜를 말하고, '문(門)'은 '들어간다[入]', 또는 '차별'의 뜻이다. 지혜가 백법(百法)의 진성(眞性)을 통해 들어갈 수 있기 때문에 '명문(明門)'이라고 하고, 또 백법(百法)의 지혜에 각각 차별이 있기 때문에 '명문(明門)'이라고 한다. 백법(百法)은 유식종(唯識宗)에서 세간과 출세간의 만상(萬象)을 설명하는 백 가지 법(法)을 말한다.

72_ 번영(樊英)은 동한 남양(南陽) 노양(老陽) 사람으로, 자는 계제(季齊)이다. 『경씨역(京氏易)』을 공부했고, 풍각(風角)과 성산(星算) 등을 잘했다. 안제(安帝, 재위 106~125) 때 공경(公卿)들이 그를 추천했으나, 모두 나아가지 않았다. 순제(順帝, 재위 125~144) 영건(永建) 4년(129)에는 예를 갖추어 그를 초빙해 오관중랑장(五官中郎將)에 제수했으나, 병이 위독하다고 사양하자 조서를 내려 광록대부(光祿大夫)로 삼고는 그에게 집으로 돌아가도록 했다고 한다.

말하니, 성인의 이치는 헤아릴 수 없이 넓어서 한 부분만으로는 모두 다 파악할 수 없다는 것을 어찌 알았겠는가! 내가 『유행전(儒行傳)』[73]이라는 책을 가지고 있는데, 한나라 사람[의 행적]을 엮어서 만든 책이다.

此篇是孔子爲其敎所定之行, 如佛之有百法明門, 禪之有百文法規. 考後漢人行誼, 皆與之合. 而程子譏爲漢儒之說, 此不知孔子敎術之大者也. 如"儒有上不臣天子", 樊英實行之, 而朱子以爲行之大過矣. 人性萬品, 而以一律限之, 自謂析理于秋毫, 豈知聖人之理廣博無量, 不可以一端盡哉! 吾有『儒行傳』, 編漢人爲之.

7-2-2

공자가 자하(子夏)에게 말했다. "너는 군자의 유학자가 되어야지, 소인의 유학자가 되어서는 안 된다."(『논어』「옹야」)

子謂子夏曰, "女爲君子儒, 無爲小人儒."(『論語』「雍也」)

康7-6

유(儒)는 공자가 당시에 창립한 교설의 명칭이며, 공자가 또한 자신의 입으로 스스로 유(儒)라고 진술하여 『논어』에 드러내었다. 다만 유(儒)라는 것은 교설의 명칭일 뿐이다. 비록 유교(儒敎)에 속하는 사람이라고 하더라도 어떤 사람은 큰 유학자[大儒]이고, 어떤 사람은 작은 유학자[小儒]이며, 어떤 사람은 올바른 유학자[雅儒]이고, 어떤 사람은 세속적

73_ 『유행전』은 명나라 황도주(黃道周, 1585~1646)가 쓴 『유행집전(儒行集傳)』을 말한다. 이 책에서는 『예기』「유행」편을 17장으로 나누고, 역대의 주석과 역사 기록을 두루 인용하여 사례를 들고 있다. 이 책을 지은 의도는 군주가 이 책을 근거로 삼아서 선비를 고르는 기준을 정하도록 하는 데 있었다.

인 유학자[俗儒]이며, 어떤 사람은 통달한 유학자[通儒]이고, 어떤 사람은 우둔한 유학자[愚儒]이며, 어떤 사람은 우활한 유학자[迂儒] 또는 비천한 유학자[陋儒]이니, 이것이 군자와 소인의 구별이다. 예를 들어 원고(轅固)[74]와 공손홍(公孫弘, B.C.200~B.C.121)[75]과 같은 사람은 육경(六經)을 배웠으므로 모두 유학자이다. 그러나 원고는 군자(君子)이고, 공손홍은 소인(小人)이니, 원고는 학문을 올바르게 실천하여 말을 올곧게 했고, 공손홍은 학문을 왜곡하여 세상에 아부했기 때문이다.

儒爲孔子時創教名, 孔子且口自述之, 箸于『論語』. 但儒爲教名. 雖爲儒教中人, 而或爲大儒, 或爲小儒, 或爲雅儒, 或爲俗儒, 或爲通儒, 或爲愚儒, 或爲迂儒·陋儒, 此君子·小人之別也. 如轅固·公孫弘, 皆學六經, 則皆儒也. 而轅爲君子, 弘爲小人, 以轅正學直言, 弘曲學阿世也.

<이상 공자가 유교 창립의 대의를 스스로 밝히다: 右孔子自明創儒大義>

74_ 원고(轅固)는 원고생(轅固生)이라고도 하며, 서한 시학(詩學)의 4대 학파 중에 하나인 「제시(齊詩)」의 창시자이다. 한나라 경제(景帝) 때 『시』를 연구하여 박사가 되었다. 무제(武帝)가 즉위해서 현랑(賢郎)으로서 원고를 초빙했으나, 연로하여 관직을 그만두고 고향으로 돌아갔는데, 당시 나이가 90여 세였다. 공손홍(公孫弘)이 또 초빙되자, 원고는 공손홍에게 "올바른 학문으로써 말하는 것에 힘쓰고, 잘못된 학문으로 세상에 아부하지 말라"라고 훈계했다고 한다.

75_ 공손홍(公孫弘)은 서한 치천(菑川) 설(薛) 땅 사람으로, 자는 계(季), 또는 차경(次卿)이다. 집이 가난하여 돼지를 길러 생활했다. 40세가 되어서 『공양전』을 배웠으며, 무제 초기에 현량(賢良)으로 초빙되어 박사가 되었다. 무제의 뜻에 항상 순응했으며, 유술(儒術)로써 무제의 신임을 받았다. 원삭(元朔) 5년(B.C.124)에 승상(丞相)에 발탁되었으며, 평진후(平津侯)에 봉해졌다. 한대에 포의의 신분으로 승상에까지 이르게 된 것은 공손홍에서부터 시작되었다.

3. 공자의 제자와 후학이 유교 창립의 대의를 드러내 밝히다 [孔子弟子後學發明創儒大義]

7-3-1

맹자가 말했다. "묵자로부터 도피하면 반드시 양주(楊朱)로 돌아오고, 양주로부터 도피하면 반드시 유학으로 돌아올 것이다. 돌아오면 이에 그들을 받아줄 뿐이다."(『맹자』「진심 하」)

孟子曰, "逃墨必歸于楊, 逃楊必歸于儒. 歸, 斯受之而已矣."(『孟子』「盡心 下」)

康7-7

맹자는 유교의 대종(大宗)[76]이다. 양주나 묵적의 문하에는 도피하여 맹자에게 돌아온 자들이 많이 있었는데, 맹자는 도가 넓어서 돌아오면 받아주었다. 마치 후세에 불가에서 세속으로 돌아오면 이미 지난 일은 굳이 추궁하지 않는 것과 같다. 한유(韓愈, 768~824)[77]의 「영사(靈師)를 전송하며[送靈師]」라는 시에서 "재주와 인품이 참으로 아까워할 만하니, 주단(朱丹)[78]의 빛은 손질하기에 달려 있네. 방금 막 수렴(收斂)의 도를 가지고 있다고 하더니, 또 그 머리에 관을 쓰고 싶어하네"라고 한 것은

76_ 대종(大宗)이란 종법사회에게 적장자(嫡長子)에 해당되는 사람을 말한다.

77_ 한유(韓愈)는 당나라 하내(河內) 하양(河陽) 사람이며, 자는 퇴지(退之)이다. 세상에서는 그를 한창려(韓昌黎)라고 불렀으며, 당대 고문운동의 창시자이다. 저서로는 『한창려집(韓昌黎集)』과 『사설(師說)』 등이 있다.

78_ 주단(朱丹)은 염료와 약재로 쓰이는 광물로, 주사(朱砂) 또는 단사(丹砂)라고 한다.

불러서 오도록 하는 유학의 도를 확장시킨 것으로,[79] 맹자의 뜻을 깊이 이해한 것이다. 만약 유학이 선왕의 교설이라면, 묵자는 날마다 우(禹)·탕(湯)·문(文)·무(武)를 말했는데, 도피한 곳이 어디이고 돌아간 곳이 어디란 말인가? 그것은 공자가 창립한 교설이고, 양주와 묵적이 [유학과] 대등하게 대치했기 때문에 그들의 문하에서 도피한 자도 있었고 돌아온 자도 있었을 뿐이다. 진량(陳亮)의 제자였던 진상(陳相)이 허행(許行)에게 가서 배운 것[80]은 유가에서 도피하여 묵자로 돌아간 경우이다.

孟子爲儒敎大宗. 楊·墨門下多有逃而歸之者, 孟子道廣, 歸則受之. 如後世之自佛還俗者, 不必造其旣往. 昌黎「送靈師[81]」詩, 所謂“材調眞可惜, 朱丹在磨研. 方將斂之道, 且欲冠其巓.”, 廣吾道之招徠, 甚得孟子意也. 若儒是先王之敎. 則墨子日述禹·湯·文·武, 何所逃而何所歸哉? 以其爲孔子創立之敎, 楊·墨鼎立, 故其門下有逃有歸耳. 若陳良之徒陳相學于許行, 是逃儒而歸于墨者也.

7-3-2

진(秦)나라 소왕(昭王)이 손경자(孫卿子), 즉 순자에게 물었다. “유학자는 나라에 도움이 안 됩니까?” 순자가 대답했다. “유학자란 선왕을 본받고 예의를 높이며, 신하와 자식들에게 신중하게 대하여[82] 윗사람을 극

79_ 영사(靈師)는 누구인지 사적이 보이지 않는다. 다만 여기에서는 불교를 수도한 승려로 보인다. 즉 한유는 영사에게 방금 당신은 수렴의 도를 닦는다고 말했는데, 실제로는 또한 관을 쓰고 출세하고 싶어한다는 의미로 이해된다. 캉유웨이는 이 시를 불교를 떠나서 유학으로 오려고 하는 영사를 포용하는 한유의 모습으로 이해하고 있다.

80_ 이 내용은 『맹자』 「등문공 상(滕文公 上)」편에 보인다.

81_ 사(師)가 『공자개제고』에는 철(徹)로 되어 있는데, 『오백가주창려문집(五百家注昌黎文集)』 권2 「고시(古詩)」에 실린 시의 제목은 「송영사(送靈師)」로 되어 있다. 『전당시(全唐詩)』도 마찬가지이다. 이에 근거하여 고쳤다.

진히 존대하도록 하는 자들입니다. 임금이 등용하면 조정에서 지위를 얻어 일을 적절하게 수행하고,[83] 등용하지 않으면 물러나 백성들 사이에서 살면서 성실히 지낼 것이니, 반드시 순종하고 겸손할 것입니다.[84] 비록 형편이 곤궁하거나 춥고 배고프더라도 결코 정당하지 않은 방법으로 탐욕을 부리지 않으며, 송곳을 꽂을 만큼의 작은 땅이 없더라도[85] 사직(社稷)을 지탱하는 대의(大義)를 명확히 합니다. [궁핍하여] 울부짖어도 호응해주는 사람이 아무도 없지만,[86] 만물을 이루어주거나 백성을 길러주는 핵심 이치에 통달해 있습니다. 권세가 다른 사람의 위에 있으면 왕공(王公)의 재목이 되며, 권세가 다른 사람의 아래에 있으면 사직의 신하나 국군(國君)의 보배가 됩니다. 비록 궁색하고 누추한 집에 은거하더라도 그를 귀하게 여기지 않는 사람이 없으니, [그에게] 도가 진실로 존재하기 때문입니다. 공자가 장차 사구(司寇)가 되려 하자, 심유씨(沈猶氏)가 감히 아침에 그의 양에게 물을 먹여 [팔지] 않았고, 공신씨(公愼氏)는 음란한 그의 처를 내쫓았고, 신궤씨(愼潰氏)는 국

82_ 『순자집해』에서 양경은 "신하와 자식들로 하여금 감히 그릇되지 않도록 하는 것이다"라고 했다.

83_ 이운구의 번역본에서는 세(勢)는 위(位)와 같고, 본조(本朝)는 현재의 조정으로, 조정의 요직을 차지하여 영향력을 미친다는 의미라고 했다.

84_ 양경은 결코 난리를 일으키지 않을 것이라고 풀이했다.

85_ 치추(置錐)는 송곳을 세워서 꽂는다는 말로, 아주 작은 땅을 비유한다.

86_ 양경이 "오호(嗚呼)는 감탄사이며, 재(財)는 '헤아리다[裁]'는 뜻이다. 비록 자기를 알아주지 못함을 한탄했지만, 그 한탄함에 호응이 없더라도 나태하거나 곤궁해하지 않고, 항상 만물을 헤아리고 백성을 길러주는 기강에 통달해 있음을 말한 것이다"라고 했다. 한편 학의행은 "오(嗚)는 속자(俗字)이며, 옛날에는 다만 '오(烏)'라고만 썼다. 이 말은 유학자가 비록 곤궁하거나 춥고 배고프더라도, 만약 예(禮)로써 그를 초빙하지 않으면 결코 호응하게 할 수 없음을 말한다. 이것은 진나라 소왕(昭王)이 유학자를 경시한 측면에서 말한 것이다"라고 했다. 또 왕염손은 "오(嗚)는 마땅히 '규(嘄)'가 되어야 하니, 글자가 잘못된 것이다. 규(嘄)는 '부르짖는다[叫]'와 같다"라고 했다. 그리고 왕선겸은 유학자가 궁핍할 때에 사람들이 그의 부름에 호응해주지 않는 것을 말한다고 했다. 여기에서는 왕선겸의 주장에 따라 번역했다.

경을 넘어 이사를 갔으며, 노나라에서 소와 말을 파는 자들은 가격을 속여 팔지 않았는데,[87] 이것은 [공자가] 반드시 자신의 몸을 바르게 하여 그들을 대면했기 때문입니다.[88] [공자가] 궐당(闕堂)[89]에 있을 때, 궐당의 자제들은 그물로 잡은 사냥물을 분배하면서 부모가 있는 자들이 더 많이 가져갔는데,[90] 이것은 효제(孝弟)로써 그들을 교화시켰기 때문입니다. 유학자가 조정에 있으면 정치를 아름답게 만들고, 아래의 지위에 있으면 풍속을 아름답게 만듭니다. 유학자가 남의 아래에 있는 모습이 이와 같습니다."(『순자』「유효」)

秦昭王問孫卿子曰, "儒無益于人之國?" 孫卿子曰, "儒者法先王, 隆禮義, 謹乎臣子而致貴其上者也. 人主用之, 則勢在本朝而宜, 不用則退編百姓而慤, 必爲順下矣. 雖窮困凍餧, 必不以邪道爲貪, 無置錐之地, 而明于持社稷之大義. 嗚呼而莫之能應, 然而通乎財萬物・養百

87_ 『공자가어(孔子家語)』 권1에 "初, 魯之販羊有沈猶氏者, 常朝飮其羊以詐市人, 有公愼氏者, 妻淫不制, 有愼潰氏奢侈踰法, 魯之鬻六畜者飾之以儲價. 及孔子之爲政也, 則沈猶氏不敢朝飮其羊, 公愼氏出其妻, 愼潰氏越境而徙, 三月則鬻牛馬者不儲價."라는 내용이 보인다. 심유씨는 노나라 사람으로 일찍이 양에게 물을 먹여 무게를 무겁게 해서 팔았던 자이며, 공신씨의 처는 음란한 여자였고, 신궤씨는 사치가 매우 심한 자였다고 한다.

88_ 『순자집해』에서 유태공(劉台拱)은 "공자가 장차 사구(司寇)가 되려고 하자, 노나라 사람들이 일찍이 스스로를 바르게 하여 공자를 기다렸다"라고 하여, 몸을 바르게 하여 대면한 주체를 노나라 사람들로 보고 있다. 그러나 왕염손은 '蚤正以待之'와 아래 문장의 '孝弟以化之'는 모두 공자를 가리켜서 말한 것이라고 했다. 만약 노나라 사람들이 일찍이 자신들을 바르게 하여 기다렸다고 한다면 아래 문장과 어울리지 않는다고 반박했다.

89_ 궐당(闕堂)은 궐리(闕里)라고도 하며, 공자가 살던 노나라의 지명이다.

90_ 양경이 "궐당의 자제들이 있고 없음을 균등하게 나누지 않음이 없었고, 균등하게 나눈 것 중에서 부모가 있는 자가 많은 것을 취했다"라고 했다. 그런데 유태공은 『신서(新序)』 권1의 "畋漁分, 有親者取多. 罔罟分, 有親者取多."라는 문장이 이 글과 같은 내용이라고 보고, 원나라 때의 판각본에 '罔不必分'으로 되어 있는 것은 '필(必)'자가 쓸데없이 들어간 것이라고 했다. 왕염손은 송나라 여본(呂本)과 전본(錢本)이 모두 '罔不分'으로 되어 있으며, 불(不)은 곧 부(罘)자라고 했다. 즉 망(罔)과 마찬가지로 그물을 의미한다고 했다.

姓之經紀. 勢在人上, 則王公之材也, 在人下, 則社稷之臣·國君之寶也. 雖隱于窮閻漏屋, 人莫不貴之, 道誠存也. 仲尼將爲司寇, 沈猶氏不敢朝飮其羊, 公愼氏出其妻, 愼潰氏逾境而徙, 魯之粥牛馬者不豫賈, 必蚤正以待之也. 居于闕黨, 闕黨之子弟罔不必分, 有親者取多, 孝弟以化之也. 儒者在本朝則美政, 在下位則美俗, 儒之爲人下如是矣."(『荀子』「儒效」)

康7-8

유학자의 공적을 밝히자마자 곧 공자를 거론했으니, 공자를 종사(宗師)로 삼은 것이다.

一明儒效, 便擧孔子, 所謂宗師仲尼也.

7-3-3

대유(大儒)라는 자는 천하를 잘 조화시키고 통일시키는 자이다. 그러나 사방 백 리의 땅이 없으면 그 공적을 드러낼 곳이 없다. 수레가 튼튼하고 말이 선별되어 있더라도 하루 동안 천 리까지 멀리 갈 수 없다면 조보(造父)[91]가 아니며, 활이 잘 조정되어 있고 화살이 곧더라도 멀리 쏘거나 작은 것을 맞출 수 없다면[92] 예(羿)[93]가 아니다. 사방 백 리의 땅을

91_ 조보(造父)는 주나라 목왕(穆木)의 마부로, 세상에서 가장 말을 잘 부리는 사람으로 일컬어진다. 『순자』「애공(哀公)」편에도 "昔舜巧于使民, 而造父巧于使馬. 舜不窮其民, 造父不窮其馬. 是舜無失民, 造父無失馬."라는 기록이 보인다.

92_ 유월은 어떤 판본에는 이 문장이 '及遠中微'로 되어 있는데, '及遠' 두 글자가 본래의 정문(正文)이며, '射遠中微'는 후세 사람들이 고친 것이라고 했다. 그리고 양경이 "활을 잘 쏘는 자는 화살이 멀리까지 미칠 수 있을 뿐만 아니라, 아주 작은 물건도 맞춘다"라고 풀이한 것도 옛 판본의 문장에 근거한 것이라고 했다.

93_ 예(羿)는 전설에 따르면, 하나라 태강(太康)이 유희에 빠지자 그를 배반하고 스스로 임금이 되어 유궁씨(有窮氏)라고 했는데, 오래지 않아 사냥을 좋아하여 백성

다스리더라도[94] 천하를 조화시키고 통일시켜서 포악한 자를 제압할 수 없다면 대유(大儒)가 아니다. 저 대유(大儒)라는 자는 비록 궁색하고 누추한 집에 은거하며, 송곳을 꽂을 만큼의 작은 땅도 없더라도 왕공(王公)이 그와 함께 명성을 다툴 수 없으며, 일개 대부의 자리에 있더라도 한 명의 군주가 홀로 포용할 수 없고,[95] 한 나라가 홀로 포용할 수도 없다. 또한 그는 큰 명성이 제후보다도 더 높아서[96] 그를 신하로 삼기를 원하지 않는 사람이 없다. 사방 백 리의 땅을 다스리면 사방 천 리의 나라가 그와 승부를 겨룰 수가 없고, 포악한 나라를 징벌하고 천하를 하나로 통일하면 누구도 전복시킬 수가 없다. 이것이 바로 대유(大儒)의 증표이다. 그의 말은 법도가 있고,[97] 그의 행동은 예의가 있으며, 그가 거행한 일에는 후회가 없고, 그가 위험을 견뎌내고 변화에 대응하는 것은 모두 합당하다. 시대의 변화에 따라 변화하고 세상의 변화에 따라 태도를 바꾸며, 수없이 변화하더라도 그의 도(道)는 한결같다. 이것이 대유(大儒)의 완성이다.[98] 대유(大儒)가 곤궁할 때는 속유(俗儒)들

을 돌보지 않았기 때문에 신하인 한착(寒浞)에게 살해되었다고 한다. 활을 잘 쏘는 명궁으로 일컬어진다.

94_ 용(用)은 이운구가 치(治)와 같은 의미라고 했다.

95_ 축(畜)은 용(容)자와 같은 의미로, 포용하다는 의미이다. 한 명의 군주나 국가가 포용할 수 없을 정도의 능력을 지녔다는 의미로 풀이된다. 이운구는 축(畜)을 지(止)로 보아, 독점하여 떠나지 못하게 만류한다는 의미로 풀이했다. 양경은 "왕자의 보좌관이 비록 아랫자리에 있더라도 제후나 국가가 포용할 수가 없다. 혹자는 '당시의 군주들이 그의 현명함을 알지 못해서 포용할 수 있는 군주나 국가가 하나도 없었다'고 말한다"라고 했다.

96_ 양경은 황(況)을 비(比)자와 같다고 보고, "그가 이룬 명성은 다른 사람과 비교하면 대적할 수 있는 자가 없다. 따라서 제후들이 그를 얻어서 신하로 삼기를 원하지 않는 사람이 없었다"라고 했다. 유월은 이 구절을 '成名況乎諸侯, 莫不願以爲臣.'으로 끊어야 하며, 성(成)은 성(盛)자와 통하며, 황(況)은 사(賜)와 같다고 하면서, "융성한 명성을 제후들에게 준다는 말로, 대현(大賢)이 이르러 오는 것을 영광으로 여기지 않는 자가 없으니, 마치 그들이 선물을 주는 것을 받는 것과 같다"라고 풀이했다.

97_ 류(類)는 왕선겸이 법도[法]의 의미하고 했다.

이 그를 비웃지만, 그가 통달할 때에는 영웅호걸들이 그에게 교화되고, 괴이하고 제멋대로인 사람들이 그를 피하며, 사악한 이론을 말하는 자가 그를 두려워하고, 대중들이 [애초의 자신들의 생각을] 부끄러워한다.[99] 통달하면 천하를 하나로 통일하고, 곤궁하면 홀로 서서 명성을 귀하게 한다. 하늘이 죽일 수도 없고, 땅이 매장할 수도 없으며, 걸왕(桀王)과 도척(盜跖)의 세상에서도 그를 더럽힐 수 없다. 대유(大儒)가 아니면 그렇게 설 수 있는 자가 없으니, 중니(仲尼)와 자궁(子弓)이 바로 그들이다.

大儒者, 善調一天下者也. 無百里之地, 則無所見其功. 輿固馬選矣, 而不能以至遠一日而千里, 則非造父也, 弓調矢直矣, 而不能以射遠中微, 則非羿也. 用百里之地, 而不能以調一天下・制强暴, 則非大儒也. 彼大儒者, 雖隱于窮閻漏屋・無置錐之地, 而王公不能與之爭名, 在一大夫之位, 則一君不能獨畜, 一國不能獨容. 成名況乎諸侯, 莫不願得以爲臣. 用百里之地, 而千里之國莫能與之爭勝, 笞棰暴國, 齊一天下, 而莫能傾也. 是大儒之征也. 其言有類, 其行有禮, 其擧事無悔, 其持險應變曲當. 與時遷徙, 與世偃仰, 千擧萬變, 其道一也. 是大儒之稽也. 其窮也, 俗儒笑之, 其通也, 英杰化之, 嵬瑣逃之, 邪說畏之, 衆人愧之. 通則一天下, 窮則獨立貴名. 天不能死, 地不能埋, 桀跖之世, 不能汚. 非大儒莫之能立, 仲尼・子弓是也.

따라서 속인(俗人)이 있고, 속유(俗儒)가 있으며, 아유(雅儒)가 있고, 대유(大儒)가 있다. 학문을 하지 않고 정의(正義)가 없으며, 부유함과 이익을 떠받드는 자가 속인(俗人)이다. 넓은 소매와 품이 큰 허리띠에, 그 관(冠)

98_ 계(稽)는 양경이 고(考)의 뜻이고, 고(考)는 완성[成]의 의미라고 했고, 이운구는 대유의 극치라고 풀이했다.

99_ 양경이 "애초에 대중들은 모두 대유(大儒)가 하는 것을 비난했는데, 이제 성공을 이룬 뒤이기 때문에 대중들 스스로가 그것을 부끄러워한 것이다"라고 했다.

을 축 늘어지게 쓰며, 선왕을 대충 본받지만 세상의 법을 어지럽히기에 충분하며, 학문은 잘못되고 행동은 뒤죽박죽이며, 후왕을 본받아서 제도를 통일할 줄도 모르고, 예의(禮義)를 높일 줄도, 『시(詩)』와 『서(書)』를 숭상할 줄도 모르며,[100] 그 의관이나 행동[101]이 이미 세속과 똑같은데도 그것이 나쁜 것임을 알지 못하고, 그 논의와 이론이 이미 묵자(墨子)와 다를 바가 없는데도 분명하게 구별하지 못한다. 선왕을 들먹이며 어리석은 자들을 속여 옷과 음식을 구하고, 저장된 곡식이 자신의 입을 채울 만하면 만족한 표정을 짓는다. 임금의 세자[長子][102]를 따르고, 그 측근들을 섬기며, 그 상객(上客)들과 교제하면서 편안히 한평생의 포로가 된 것처럼 하면서도 다른 마음을 먹지 않으니, 이것이 바로 속유(俗儒)이다. 후왕을 본받아서 제도를 통일하고, 예의를 높이고 『시(詩)』와 『서(書)』를 숭상하며, 그 말과 행동에 이미 큰 법도가 있지만, 그의 밝음으로는 법도와 가르침이 미치지 못하는 것과 견문이 미치지 못한 것을 가지런히 통일할 수 없으니, 그의 지혜로는 유추할 수 없기 때문이다.[103] 아는 것을 안다고 말하고 모르는 것을 모른다고 말하며, 안

100_ 쇄(殺)는 학의행이 돈(敦)자의 오자라고 했다. 이운구는 감(減)이나 생(省)자와 같은 의미로, 예와 대비하여 『시』와 『서』의 무게를 던다는 뜻으로 해석했다. 여기에서는 학의행에 따라 해석했다. 돈(敦)은 숭상한다는 뜻으로 앞의 융(隆)자와 같은 의미이다. 『좌씨전』 「희공(僖公)」 27년에 "說禮 · 樂而敦詩 · 書. 詩 · 書, 義之府也, 禮 · 樂, 德之則也."라는 기록이 보인다.

101_ 위(僞)는 양경과 이운구는 행위의 거짓됨이라고 풀이했는데, 학의행과 왕선겸은 위(爲)자와 같이 행동이나 작위 등의 의미라고 했다. 여기에서는 후자의 풀이를 따랐다.

102_ 양경이 "장자(長子)는 임금의 세자(世子)"라고 했다. 한편 유월은 "장자(長子)는 거자(鉅子)와 같다. 『장자』 「천하(天下)」편의 『석문(釋文)』에서는 상수(向秀)의 말을 인용하여 '묵가에서는 그 도리가 완성된 자를 일컬어 거자(鉅子)라고 하였는데, 유가(儒家)의 석유(碩儒)와 같다'라고 말했다. 장(長)과 거(鉅)는 뜻이 같다"라고 하여, 장자(長子)를 거자(鉅子)의 뜻으로 보았다.

103_ 이운구는 "그럼에도 밝은 지혜가 능히 이를 하나같이 다룰 수 없고, 법과 가르침이 미치지 못하는 데나 견문이 이르지 못하는 데를 식견이 능히 유추하여 알 수 없다"라고 해석했다. 그런데 『한문대계』 「순자」의 두주(頭註)에서는 '明不能齊法

으로는 스스로를 속이지 않고 밖으로는 다른 사람을 속이지 않는다.[104] 이로써 현명한 이를 존경하고 법을 두려워하며, 감히 태만하거나 오만하게 굴지 않는다. 이것이 바로 아유(雅儒)이다. 선왕을 본받아서 예악을 통일시키며, 제도를 일괄적으로 만들고, 비근한 것으로부터 심원한 것을 파악하고 옛것으로부터 오늘날의 것을 파악하며, 하나를 통해 수만 가지를 파악한다. 진실로 인의(仁義)의 부류는 비록 새나 짐승들 속에 있더라도 흑백을 구별하듯 명확하게 구분된다. 기이한 사물과 괴이한 변화를 일찍이 들은 적도 본 적도 없는데, 갑자기 어느 한쪽에서 발생하면 그 계통과 종류[105]를 들어 그것에 대응하여 의심하고 부끄러운 바가 없으며, 법도를 적용하여 그것을 헤아려 보면 마치 부절(符節)이 일치하듯이 딱 들어맞으니,[106] 이것이 바로 대유(大儒)이다. (『순자』「유효」)

故有俗人者, 有俗儒者, 有雅儒者, 有大儒者. 不學問, 無正義, 以富利爲隆, 是俗人者也. 逢衣淺帶, 解果其冠, 略法先王而足亂世術, 繆學雜擧, 不知法後王而一制度, 不知隆禮義而殺『詩』·『書』, 其衣冠行僞已同于世俗矣, 然而不知惡者, 其言議談說已無以異于墨子矣, 然而明不能別. 呼先王以欺愚者, 而求衣食焉, 得委積足以掩其口, 則揚揚如也. 隨其長子, 事其便辟, 擧其上客, 然若終身之虜, 而不敢有

敎之所不及'을 한 문장으로 연결시켜 읽어야 한다고 주장했다. 한편 김학주는 원문의 '명(明)'과 '지(知)'를 각각 동사로 풀어 "말과 행동이 일치하지 않는 점이 있다는 것을 분명히 안다. 법도와 교화가 미치지 못하는 곳이나 자기가 듣거나 보지 못한 것에 대해서는 그것을 유추해 알 수 없다는 것을 알고 있다"라고 번역했다.

104_ 왕염손은 『시』의 「당풍(唐風)·고구(羔裘)」편과 「대아·면(緜)」편을 근거로, 자(自)를 용(用)으로 보아야 한다고 하고, 이 문장을 "內不用之以誣己, 外不用之以欺內."로 풀이했다.

105_ 이운구는 통류(統類)에 대해, 통(統)이란 계통을 세움이고, 류(類)는 유별(類別)과 같은 뜻으로, 차이점을 체계적으로 정리한다는 의미라고 했다.

106_ 왕인지에 의하면, 『한시외전(韓詩外傳)』에는 장(張)이 원(援)으로 되어 있고, 엄연(晻然)이 엄연(奄然)으로 되어 있다. 엄연(晻然)은 일치하는 모습이다.

他志, 是俗儒者也. 法後王, 一制度, 隆禮義而殺『詩』·『書』, 其言行已有大法矣, 然而明不能齊法敎之所不及, 聞見之所未至, 則知不能類也. 知之曰知之, 不知曰不知, 內不自以誣, 外不自以欺. 以是尊賢畏法而不敢怠傲, 是雅儒者也. 法先王, 統禮樂, 一制度, 以淺持博, 以古持今, 以一持萬. 苟仁義之類也, 雖在鳥獸之中, 若別白黑. 倚物怪變, 所未嘗聞也, 所未嘗見也, 卒然起一方, 則擧統類而應之, 無所儗怎.[107] 張法而度之, 則晻然[108]若合符節, 是大儒者也.(『荀子』「儒效」)

康7-9

유교가 공자로부터 창립되었다는 사실은 『논어』에 보이는데, 이 조목도 매우 상세하고 분명하다. 그러나 유학자라는 것은 단지 유가의 복장을 입고 유가의 예법을 따르는 자면 곧 이러한 명칭을 얻을 수가 있었다. 그것은 마치 묵가가 되고, 도가가 되고, 불가가 되는 것과 같은 부류이다. 『장자』에서는 "정(鄭)나라 사람 완(緩)이 유학자가 되었다"라고 했고,[109] "유학자들은 『시』와 『예』를 [행위의] 근거로 삼아 무덤을 도굴했다"[110]라고 했다. 이미 유학자라고 하더라도 여전히 군자와 소인의 구별이 있었다. 그러나 위서(僞書) 『주례』에서는 이러한 의미를 사장시켜 버리고, [유(儒)를] 사(師)와 상대적으로 거론하여, "유학자는 도(道)로써 백성의 신임을 얻는다"라고 했다.[111] 이 때문에 유(儒)라는 것

107_ 의작(儗怎)이 『공자개제고』에는 의작(擬作)으로 되어 있는데, 『순자』 원문에 따라 고쳤다.

108_ 엄(晻)이 『공자개제고』에는 암(暗)으로 되어 있는데, 『순자』 원문에 따라 고쳤다.

109_ 『장자』 「열어구(列禦寇)」: 鄭人緩也, 呻吟裘氏之地, 三年而緩爲儒.

110_ 『장자』 「외물(外物)」: 儒以『詩』·『禮』發冢.

111_ 『주례』 「천관(天官)·태재(太宰)」에 "三曰師, 以賢得民. 四曰儒, 以道得民."이라는 기록이 보인다. 정현은 유(儒)란 제후의 보씨(保氏)이며, 도(道)는 육예(六藝)라고 했고, 가공언은 도덕(道德)으로 국자(國子)들을 기르는 일을 관장했다고 했

은 도덕과 육예에 모두 통달한 사람을 의미하게 되어 유(儒)가 존숭되었다. 지금 문묘(文廟)에 종사된 현자들도 단지 선유(先儒)라고만 일컫고 있으니, 그들이 대유(大儒)인지, 아유(雅儒)인지, 아니면 곡유(曲儒)인지, 속유(俗儒)인지, 소인유(小人儒)인지 모르지 않는가? 오래되어서 그 근본을 잊어버린 것이다! 선승(先僧)이나 선도(先道)라고 부를 경우, 무슨 존귀함이 있겠는가?

儒創自孔子, 見于『論語』, 此條亦最詳明. 然儒者, 但服儒服, 從儒禮者, 便得有此名. 如爲墨爲道爲僧之類. 『莊子』"鄭人緩也, 爲儒", "儒以『詩』·『禮』發塚." 旣已爲儒, 尙有君子·小人之別也. 自僞『周禮』昧沒此義, 乃與師對擧, 謂,"儒以道得民." 于是, 儒爲通道藝之人, 而儒尊焉. 今從祀文廟之賢, 亦僅稱先儒, 不知其爲大儒乎, 雅儒乎, 抑爲曲儒·俗儒·小人儒乎? 蓋久而忘其本矣! 若稱先僧·先道, 何貴之有?

7-3-4

덕행을 고찰하여 평가하고 능력 있는 자를 부려서,[112] 그들에게 관직을 주는 것은 성왕(聖王)의 도이며, 유학자가 삼가 지켜야 할 바이다.(『순자』「왕패」)

論德使能而官施之者, 聖王之道也, 儒之所謹守也.(『荀子』「王覇」)

다.

112_ 『예기』「왕제(王制)」편에도 "凡官民材, 必先論之, 論辨然後使之, 任事然後爵之, 位定然後祿之."라는 말이 보인다. 론(論)은 진호가 그 덕행과 육예의 상세함을 고찰하여 논평하는 것이라고 했다. 자세한 내용은 정병섭 역, 『예기집설대전·왕제』(서울: 학고방, 2009), 68쪽 참조.

康7-10

노자는 "덕을 잃은 이후에 인(仁)하게 되었다"라고 말했고,[113] 또 "현명함을 숭상하지 않고, 능력 있는 자를 부리지 않는다"[114]라고 말하니, 공자의 "덕행을 고찰하여 평가하고 능력 있는 자를 부린다"는 뜻과 크게 서로 모순된다. 따라서 이것은 분명히 유학자의 도이다.

老子言"失德後仁", 又言"不尙賢, 不使能", 大與孔子"論德 · 使能"之義相悖. 故明爲儒道也.

7-3-5

나라를 해친다는 것은 무엇인가? 다음과 같이 말한다. 소인(小人)을 백성들의 윗자리에 앉혀서 위세를 부리도록 하고,[115] 제때가 아닌데도 백성들에게 노동력과 재물을 취하고서 교묘하게 합리화하는 것[116]이 나라를 해치는 큰 재해이다. 큰 나라의 군주이면서 작은 이득을 얻기를 좋아하는 것이 바로 나라를 해치는 것이며, 음악이나 여색, 큰 누각이나 정자,[117] 식물원과 동물원 등에 대해 만족하면 할수록 새것을 좋아하는 것이 바로 나라를 해치는 것이다. 자신이 소유한 것을 바르게

113_ 『노자』 제38장: 故失道而後德, 失德而後仁, 失仁而後義, 失義而後禮.

114_ 『노자』 제3장에 "不尙賢, 使民不爭."이라는 말이 보이는데, '不使能'은 보이지 않는다.

115_ 상(尙)은 양경이 상(上)과 같다고 했다. 소인으로 하여금 윗자리에서 위세를 부리도록 하는 것을 말한다.

116_ 취한다[取]는 것은 부역이나 세금 등을 말한다. 유월은 『공양전』 「문공(文公)」 13년의 하휴 주에 근거하여, 비소(非所)가 비시(非時)와 같다고 했다. 즉 제때가 아닌데도 백성들에게 취하고서 교묘하게 명분을 만든다는 의미이다. 교(巧)는 이운구가 위(僞)와 같으며, 교묘하게 속이거나 말을 얼버무리는 것이라고 했다.

117_ 대사(臺謝)는 대사(臺榭)와 같은 말로, 높고 큰 누각이나 정각(亭閣)을 말한다. 원유(園囿)는 식물과 동물을 기르는 동산이다.

가꾸기를 좋아하지 않으면서 다른 사람이 가진 것을 탐욕스럽게 항상 욕심내는 것이 바로 나라를 해치는 것이다.[118] 이러한 세 가지 사악함이 마음속에 있으면서, 또 권모술수를 부려 배척과 모함을 일삼는 사람을 등용하여 외교상의 일을 독단적으로 처리하도록 하기를 좋아한다. 만약 이와 같다면 권위가 가벼워지고 명예는 욕되게 되며, 국가는 반드시 위태롭게 될 것이니, 이것이 바로 나라를 해치는 것이다. 큰 나라의 군주가 기본적인 행위 규범[119]을 높이지 않고, 옛 법도를 공경하지 않으면서 사기치는 것[120]을 좋아한다. 만약 이와 같다면 조정의 여러 신하들도 그에 따라서 예의를 높이지 않고, 배척하고 모함하기를 좋아하는 습속이 형성된다. 조정의 여러 신하들의 습속이 이와 같으면 수많은 일반 백성들도 그에 따라서 예의를 높이지 않고, 이익만을 탐내기를 좋아하는 습속이 형성된다. 군주와 신하, 아랫사람과 윗사람의 습속이 이와 같지 않음이 없다면, 소유한 땅이 비록 광대하더라도 권위는 반드시 가벼워지며, 인구가 비록 많더라도 군대는 반드시 약해지며, 형벌이 비록 번거롭고 가혹하더라도[121] 명령이 아래로 통하지 않을 것이다. 대체로 이것을 위태로운 나라라고 하니, 이것이 바로 나라를 해치는 것이다.

傷國者何也? 曰, 以小人尙民而威, 以非所取于民而巧, 是傷國之大災也. 大國之主也, 而好見小利, 是傷國, 其于聲色 · 臺謝 · 園囿也, 愈厭而好新, 是傷國. 不好循正其所以有, 啖啖常欲人之有, 是傷國. 三

118_ 순(循)은 노문초나 학의행 등의 교열에 의하면, 수(修)자와 통용된다. 담담(啖啖)는 욕심을 부리고 탐내는 모양이다.

119_ 본행(本行)은 군주로서 지켜야 할 기본적인 행위 규범을 말한다. 이운구는 행위의 기준이 될 근본 원칙이라고 했다.

120_ 고(故)는 왕염손이 『여씨춘추』의 고유 주에서 '교고(巧故)'는 '위사(僞詐)'와 같다고 한 것에 근거하여, 여기에서의 고(故)자도 사(詐)자와 같다고 했다.

121_ 번(繁)은 형벌이 번거롭고 가혹하다는 뜻이다. 『순자』 「의병(議兵)」편에 "嚴令繁刑, 不足以爲威."라는 표현이 보인다.

邪者在匈中, 而又好以權謀傾覆之人斷事其外. 若是, 則權輕名辱, 社稷必危, 是傷國者也. 大國之主也, 不隆本行, 不敬舊法, 而好詐故. 若是, 則夫朝廷群臣亦從而成俗于不隆禮義, 而好傾覆也. 朝廷群臣之俗若是, 則夫衆庶百姓亦從而成俗于不隆禮義, 而好貪利矣. 君臣上下之俗莫不若是, 則地雖廣, 權必輕, 人雖衆, 兵必弱, 刑罰雖繁, 令不下通. 夫是之謂危國, 是傷國者也.

유학자가 만든 것은 그렇지 않으니, 반드시 자세하게 살펴서 처리한다.[122] 조정에서는 반드시 예의를 높이고 귀천을 신중하게 구별하니,[123] 이와 같으면 사대부는 절개를 귀중하게 여기고, 직분을 지키기 위해 목숨을 바치지 않는 자가 없을 것이다.[124] 모든 관직은 그 제도를 갖추어 정비하고, 그 봉록을 후하게 주니,[125] 이와 같으면 모든 관리들이 법을 두려워하고 규칙을 준수하지 않는 자가 없을 것이다. 관문이나 시장은 단속하기만 하고 세금을 징수하지 않고, 시장 물가를 정하고 [부정한 매매를] 금지하여 편중되지 않게 하니,[126] 이와 같으면 상인

122_ 곡(曲)은 자세하다는 뜻이고, 변(辨)은 잘 살펴서 처리한다는 뜻이다. 양경은 변(辨)을 리(理)로 보고, 자세하게 살펴서 이치에 맞도록 한다고 풀이했다.

123_ 심(審)은 신중하다는 말로, 귀천을 신중하게 구별한다는 뜻이다. 이운구는 귀천의 서열을 어지럽히지 않는다고 풀이했다.

124_ 사제(死制)는 자기 직분을 지키기 위해 목숨을 바치는 것이다. 『예기』「곡례 하」편에 "國君死社稷, 大夫死衆, 士死制."라는 기록이 보인다.

125_ 관질(官秩)은 관리의 봉록이다. 양경이 "모든 관직을 제어하여, 반드시 그 제도를 정비하여 맡은 직책이 있도록 하고, 그 봉록을 후하게 주어서 탐욕을 부리지 않도록 한다"라고 풀이했다.

126_ 기(幾)는 『순자』 원문에는 기(譏)자로 되어 있다. 두 글자 모두 검열하거나 단속한다는 뜻이다. 『맹자』「양혜왕 하」편에 "關市譏而不征, 澤梁無禁, 罪人不孥."라는 기록이 보인다. 질률(質律)은 양경에 의하면, 질제(質劑)와 같은데, 교역이나 매매 등에 쓰이는 문서를 말한다. 질(質)은 길이가 긴 문서로 말이나 소를 살 때, 제(劑)는 길이가 짧은 문서로 무기나 진기한 물건을 살 때 사용했다. 이것은 시장의 물가를 평정하는 문서라는 의미로도 사용된다.

들이 돈독하고 성실하지 않음이 없어서 속이지 않을 것이다. 모든 공인들도 때에 맞추어 벌목하고,[127] 물건의 완성 시기를 늦추어서 자기 솜씨를 발휘하여 이익을 얻게 하니,[128] 이와 같으면 모든 공인들이 충실하고 신의가 있지 않음이 없어서 거칠게 대충 만들지 않을 것이다.[129] 지방이나 시골 지역은 농토의 세금을 경감하고,[130] 현금의 징수를 줄이며, 부역 동원을 드물게 하고, 농사철을 빼앗지 않으니, 이와 같으면 농부들이 순박하게 힘써 농사를 짓지 않음이 없어서 다른 재능을 적게 사용할 것이다.[131] 사대부들이 절개 지키기에 힘쓰고, 직분을 지키기 위해 목숨을 바친 이후에야 군대가 강해지며, 모든 관리들이 법을 두려워하고 규칙을 준수한 이후에야 나라가 항상 혼란스럽지 않게 된다. 상인들이 돈독하고 성실하여 속이지 않으니, 상인들의 거래가 안정되고, 재화가 잘 유통되어[132] 나라의 수요가 충족될 것이다. 모든 공인들이 충실하고 신의가 있어서 물건을 거칠게 대충 만들지 않으니, 기구들이 정교하고 편리하여 재용이 고갈되지 않을 것이다. 농부들이 순박하게 힘써 농사를 짓고 다른 재능을 적게 사용하니, 위로는 천시(天時)를 잃지 않고, 아래로는 지리(地利)를 잃지 않으며, 중간에서는 인화(人和)를 얻어서 모든 일이 중단되지 않는다. 바로 이것을 정치

127_ 『주례(周禮)』「지관 · 사도(地官 · 司徒)」의 "仲冬斬陽木, 仲夏斬陰木."을 말한다.

128_ 요(佻)는 기일을 늦추거나 연기하는 것을 말한다. 물건을 촉박하게 만들지 않고 완성도를 높이는 것이다. 교임(巧任)은 유월이 교능(巧能), 즉 솜씨와 같은 의미라고 했다. 자기 솜씨를 다 발휘하여 솜씨에 맞게 이익을 얻게 하는 것을 말한다.

129_ 고(楛)는 거칠다는 말로, 물건을 거칠게 대충 만든다는 뜻이다.

130_ 도포(刀布)는 고대의 화폐인 도폐(刀幣)와 포폐(布幣)를 말한다.

131_ 양경이 "단지 순박하게 힘써 일을 할뿐, 다른 재능에 힘쓰지 않는다"라고 했다.

132_ 상려(商旅)는 타향으로 다니면서 장사하는 사람이다. 여기에서는 상인들이 서로 옮겨다니면서 거래한다는 의미에서 "상거래가 안전하다"는 이운구의 해석에 따랐다. 그리고 '화통재(貨通財)'는 '화재통(貨財通)'이 되어야 한다는 왕염손의 주장에 따라 해석했다.

명령이 시행되고 풍속이 아름다워졌다고 말한다. 이러한 상태에서 지키면 견고해지고, 이러한 상태에서 정벌하면 강해지며, 가만히 있으면 명성을 얻고, 움직이면 공적을 이룬다. 이것이 유학자가 말하는 자세하게 살펴서 처리한다[曲辨]는 것이다.(『순자』「왕패」)

儒者爲之不然, 必將曲辨. 朝廷必將隆禮義而審貴賤, 若是, 則士大夫莫不貴[133]節死制者矣. 百官則將齊其制度, 重其官秩, 若是, 則百吏莫不畏法而遵繩矣. 關市幾而不征, 質律禁止而不偏, 如是, 則商賈莫不敦慤而無詐矣. 百工將時斬伐, 佻其期日而利其巧任, 如是, 則百工莫不忠信而不楛矣. 縣鄙將輕田野之稅, 省刀布之斂, 罕擧力役, 無奪農時, 如是, 則農夫莫不朴力而寡能矣. 士大夫務節死制, 然後兵勁, 百吏畏法修繩, 然後國常不亂. 商賈敦慤無詐, 則商旅安, 貨通財而國求給矣. 百工忠信而不楛, 則器用巧便而財不匱矣. 農夫朴力而寡能, 則上不失天時, 下不失地利, 中得人和, 而百事不廢. 是之謂政令行, 風俗美. 以守則固, 以征則强, 居則有名, 動則有功. 此儒之所謂曲辨也.(『荀子』「王覇」)

7-3-6

편안하게 하는데도 잘 다스려지고, 간략하게 하는데도 상세히 처리되며, 번거롭게 일삼지 않는데도 공적이 있는 것이 최상의 정치이니, 진(秦)나라가 그 부류에 속한다. 비록 그렇지만 우려되는 점이 있으니, 이러한 몇 가지 갖춰야할 것들을 함께 다 가지고 있더라도 그것을 왕자(王者)의 공적이나 명예와 비교해보면,[134] 까마득하여 전혀 미칠 수가 없다. 이것은 무엇 때문인가? 아마 [진나라에는] 유교가 없기 때문이

133_ 귀(貴)는 경(敬)자로 되어 있는 판본도 있는데, 『순자집해』에는 경(敬)자로 되어 있다.

134_ 현(懸)은 왕선겸이 형(衡), 즉 비교한다는 의미라고 했다.

아닐까?(『순자』「강국」)

佚而治, 約而詳, 不煩而功, 治之至也, 秦類之矣. 雖然則有其諰矣, 兼是數具者而盡有之, 然而懸之以王者之功名, 則倜倜然其不及遠矣. 是何也? 則其殆無儒耶?(『荀子』「强國」)

康7-11

공자는 유교를 창립하고, 그것을 제(齊)나라와 노(魯)나라에서 먼저 시행했다. 태사공이 "노나라 사람들은 유교로 가르쳤다"[135]라는 것이 그것이다. 유학자는 도를 전하되, 그 나라를 다스리지는 않으니, 다만 가르치는 것만을 위주로 했다. 불교 및 지금의 기독교와 이슬람교 등의 여러 교단이 모두 그랬던 것처럼, 나라에서 자신들의 교설을 시행하고자 힘썼다. 노(魯)나라에서 진(秦)나라까지는 서로 2,000리나 떨어져 있었으며, 당시 각 나라마다 각자의 풍속과 각자의 정교(政敎)를 만들어 감시가 매우 엄격했고, 산과 강으로 막히고 단절되어 배와 수레가 닿지 않았기 때문에 지금과 같이 증기선과 철로로 전 세계를 10일 만에 갈 수 있는 상황과는 같지 않았다. 따라서 공자는 서쪽으로 갔지만, 진나라에 도착하지 못했다. 진나라가 유교를 받드는 것이 매우 늦었기 때문에 순자가 "진나라에는 유교가 없다"라고 말한 것은 진나라가 유교를 따르기를 원한 것이다. 그런데 진나라가 70명의 박사(博士)를 세우고, 제생들이 모두 『시』와 『서』를 외우고 강학하면서 공자를 본받았으니, 공자의 교설이 진나라에서 크게 성행했던 것이다.

孔子創儒敎, 齊·魯之間先行之. 太史公謂"魯人以儒敎"是也. 儒者傳道, 不爲其國, 但以敎爲主. 如佛氏及今耶·回諸敎皆然, 務欲人國之行其敎也. 自魯至秦相去二千里, 當時各國自爲風氣, 自爲政敎, 譏

135_ 『사기』「유협열전(游俠列傳)」에 "魯人皆以儒敎, 而朱家用俠聞."이라는 기록이 보인다.

察甚嚴, 山河阻絶, 舟輿不接, 非如今日輪船・鐵路, 地球可以旬日至也. 故孔子西行不到秦. 秦奉儒甚遲, 荀子謂“秦無儒”者, 欲秦之從儒. 而秦立博士七十人, 諸生皆誦說『詩』・『書』, 法孔子, 則孔敎大行于秦矣.

7-3-7

유학자라는 것은 ‘유(儒)’이니, ‘유(儒)’라는 말은 ‘없다’는 뜻이며, ‘불변의 도리’라는 뜻이다. 아무리 변해도 그 도는 다하지 않으니, 육경(六經)이 바로 그것이다. 군주와 신하 사이의 의리, 아버지와 자식 사이의 친근함, 남편과 아내 사이의 구별, 친구 사이의 질서는 유학자가 신중하게 지키는 것이니, 날마다 갈고 닦으면서 버리지 않는다.(『한시외전』)

儒者, ‘儒’也, 儒之爲言‘無’也, ‘不易之術’也. 千擧萬變, 其道不窮, 六經是也. 若夫君臣之義, 父子之親, 夫婦之別, 朋友之序, 此儒者之所謹守, 日切磋而不舍也.(『韓詩外傳』)[136]

7-3-8

제(齊)나라 선왕(宣王)이 광천(匡倩)에게 “유학자는 장기를 두는가?”라고 묻자, 광천이 “두지 않습니다”라고 대답했다. 왕이 “무엇 때문인가?”라고 묻자, 광천이 대답했다. “장기를 둘 때는 올빼미 말[梟][137]을 귀중하게 여기는데, 이길 경우에는 반드시 올빼미 말을 죽이니, 올빼미 말을 죽이는 것은 귀중한 것을 죽이는 것입니다. 유학자는 이것이 의리를 해친다고 여기기 때문에 장기를 두지 않습니다.” 또 “유학자는 주살로 새를 잡는가?”라고 묻자, 광천이 대답했다. “잡지 않습니다. 주살은 아

136_『한시외전』 권5에 보인다.

137_ 효(梟)는 이운구가 올빼미 눈을 새겨 넣은 장기 말의 일종이라고 했다.

래에서 위를 두렵게 하는 것이니, 이것은 아래에서 군주를 해치는 것입니다. 유학자는 이것이 의리를 해친다고 여기기 때문에 주살로 새를 잡지 않습니다." 또 "유학자는 거문고를 타는가?[138]"라고 묻자, 광천이 대답했다. "타지 않습니다. 거문고는 가는 줄로 큰 소리를 내고, 굵은 줄로 작은 소리를 내니, 이것은 크고 작음이 순서가 뒤바뀐 것이며, 귀하고 천함이 위치가 뒤바뀐 것입니다. 유학자는 이것이 의리를 해친다고 여기기 때문에 거문고를 타지 않습니다." 선왕은 "좋구나"라고 말했다.(『한비자』「외저설 좌하」)

齊宣王問匡倩曰, "儒者博乎?" 曰, "不也." 王曰, "何也?" 匡倩對曰, "博貴梟, 勝者必殺梟, 殺梟者, 是殺所貴也. 儒者以爲害義, 故不博也." 又問曰, "儒者弋乎?" 曰, "不也. 弋者從下畏于上者也, 是從下傷君也. 儒者以爲害義, 故不弋." 又問, "儒者鼓瑟乎?" 曰, "不也. 夫瑟以小弦爲大聲, 以大弦爲小聲, 是大小易序, 貴賤易位. 儒者以爲害義, 故不鼓也." 宣王曰, "善."(『韓非子』「外儲說 左下」)

7-3-9

『춘추』에서 하나로의 통일을 중시한 것[大一統][139]은 그것이 천지(天地)의 변함없는 법칙이요, 고금(古今)에 통용되는 올바른 법도이기 때문입니다. 현재는 스승마다 추구하는 도를 달리하고 사람마다 논의를 달리하여, 제자백가가 방향을 달리하고 지향하는 뜻이 같지 않습니다. 이 때문에 위에서는 통일을 유지할 방법이 없으며, 법제가 자주 변하기

138_ 고(鼓)는 이운구가 탄(彈)과 같다고 했다. 즉 거문고를 타는 것이다.

139_ 대일통(大一統)은 원래 '하나로의 통일을 중시한다'는 뜻으로, 『공양전』「은공」 원년에 나오는 말이다. "元年者何. 君之始年也. 春者何. 歲之始也. 王者孰謂. 謂文王也. 曷爲先言王而後言月. 王正月也. 何言乎王正月. 大一統也." 동중서(董仲舒)가 황제 중심의 중앙집권체제를 확립하기 위하여 이 개념을 끌어들여서 사용했는데, 그 후에 이 말은 사상이나 이념 등을 하나로 통일한다는 의미로 사용되었다.

때문에 아래에서는 무엇을 지켜야 할지 알지 못합니다. 어리석은 신은 육예(六藝)[140]의 학과에 속하지 않는 것과 공자의 학술에 속하지 않는 모든 학술은 그 길을 끊어버려서 나란히 함께 나아가지 못하게 해야 한다고 생각합니다. 사악하고 편벽된 학설이 사라진 이후에야 통치의 기강이 통일될 수 있고 법도가 밝혀질 수 있으니, [그렇게 되면] 백성들도 따라야 할 도리를 알게 될 것입니다.(『한서』「동중서전」)

『春秋』大一統者, 天地之常經, 古今之通誼也. 今師異道, 人異論, 百家殊方, 指意不同. 是以上亡以持一統, 法制數變, 下不知所守. 臣愚以爲諸不在六藝之科・孔子之術者, 皆絶其道, 勿使幷進. 邪闢之說滅息, 然後統紀可一而法度可明, 民知所從矣.(『漢書』「董仲舒傳」)

7-3-10

평원군(平原君)[141]이 "유(儒)라는 명칭은 어디에서 취한 것인가?"라고 묻자, 자고(子高)[142]가 대답했다. "모든 장점을 포괄하고, 육예(六藝)를 겸비하여, 움직이고 고요함이 중도(中道)를 잃지 않는 것에서 취한 것입니다."(『공총자』「유복」)

平原君曰, "儒之爲名, 何取爾?" 子高曰, "取包衆美, 兼六藝, 動靜不失中道."(『孔叢子』「儒服」)

140_ 육예(六藝)는 예(禮)・악(樂)・사(射)・어(御)・서(書)・수(數)를 말하는데, 여기에서는 유가의 경전인 육경(六經)을 가리킨다.

141_ 평원군(平原君)은 조승(趙勝)으로, 전국시대 조(趙)나라의 귀족이다. 태어난 해는 알 수 없으나, B.C.251년에 죽은 것으로 알려져 있다. 혜문왕(惠文王)의 동생으로, 동무성(東武城)에 분봉되었으며, 조나라의 재상직을 맡았다. 그의 집에는 문객들이 수천 명에 이르렀다고 전해진다.

142_ 자고(子高)는 공자의 6세손으로 알려진 공천(孔穿)의 자(字)이다.

7-3-11

유가의 학술에서 귀중하게 여기는 것은 겸양의 자세로 처신하고, 남에게 미루어 양보하며, 도(道)로써 다른 사람에게 최선을 다하는 것, 그것을 귀중하게 여긴다.(『염철론』「국질」)

所以貴術儒[143]者, 貴其處謙推讓, 以道盡人.(『鹽鐵論』「國疾」)[144]

7-3-12

맹자는 양주와 묵적의 의론이 유가(儒家)의 논의를 크게 어지럽히는 것을 걱정했다.(『논형』「대작」)

孟子傷楊・墨之議大奪儒家之論.(『論衡』「對作」)

康7-12

양주와 묵적이 유교를 공격한 것을 왕충(王充)도 알고 있었다.

楊・墨攻儒者, 仲任知之

<이상 공자의 제자와 후학이 유교 창립의 대의를 드러내 밝히다: 右孔子弟子後學發明創儒大義>

143_ 술유(術儒)가 『공자개제고』에는 유술(儒術)로 되어 있는데, 『염철론』 원문에 따라 고쳤다.

144_ 국질(國疾)이 『공자개제고』에는 국병(國病)으로 되어 있는데, 『염철론』 원문에 따라 고쳤다.

4. 이교(異敎)의 유교 비판에서 공자를 핵심 공격한 것은 유교가 공자에 의해 특별히 창립된 것을 안 것이다
[異敎非儒專攻孔子, 知儒爲孔子所特創]

7-4-1

유학자가 말했다. "친한 이를 친하게 대하는 것에도 강등이 있고, 현명한 이를 높이는 것에도 차등이 있다."[145] 이것은 친함과 소원함, 존귀함과 비천함의 차이를 말한 것이다. 그 예법에서 말했다. "부모의 거상기간은 3년, 부인과 맏아들[146]도 3년, 백부와 숙부, 동생과 형, 서자(庶子)는 1년,[147] 친척과 족인(族人)은 다섯 달이다." 그런데 만약 친소(親疎)를 기준으로 상례의 기간을 정한다면, 가까운 자는 기간을 많이 하고 소원한 자는 기간을 적게 하니, 이것은 아내와 적장자를 부모와 동등하게 대우하는 것이다. 또 만약 존비(尊卑)를 기준으로 상례의 기간을 정한다면, 이것은 그 처자(妻子)를 높여서 부모와 동등하게 대우하고, 큰아버지와 종형(宗兄)을 서자와 동일시하는 것이니,[148] 무엇이 이보다 더 이치에 어긋날 수 있겠는가? 유학자들은 부모가 죽으면 시신을 그대로 펼쳐놓고 염(殮)을 하지 않으며,[149] 지붕 위로 올라가고 우물을 들

145_ 『묵자한고』에서 왕인지는 이 문장이 바로 『중용』 제20장의 "친한 이를 친하게 대하는 것의 강등과 현명한 이를 높이는 차등에서 예가 생겨난다[親親之殺, 尊賢之等, 禮所生也.]"라는 문장과 같다고 했다. 따라서 술(術)자는 쇄(殺)자와 소리가 서로 비슷하고 글자가 서로 통한다고 했다. 쇄(殺)는 친함이 멀수록 예를 강등하여 차등적으로 대우하는 것이다.

146_ 후자(後子)는 후사(後嗣)와 같은 말로, 뒤를 이을 맏아들을 말한다.

147_ 기(其)는 필원이 기(期)와 같다고 했다.

148_ 친(親)은 왕염손이 마땅히 시(視)가 되어야 한다고 했다.

149_ 손이양은 '열시불(列尸弗)'에서 불(弗)자 다음에 염(斂)자를 보충했다.

여다보며, 쥐구멍을 뒤져서 찾고 씻을 기물들을 살펴보면서 죽은 이를 찾는다. 그런데 실제로 살아 있다고 생각하는 것이라면 어리석음이 매우 심한 것이며, 만약 이미 돌아가신 것을 알면서도[150] 기어코 그를 찾으려고 하는 것이라면 허위가 또한 큰 것이다. 유학자들은 장가를 들 때 [신랑이] 직접 신부를 맞이하는데, 검은색의 예복을 입고[151] 마부가 된다. 말고삐를 잡고서 수레의 손잡이 끈을 [신부에게] 주니,[152] 마치 부모를 태우는 것[153]과 같다. 그리고 혼례의 엄격한 의식은 마치 제사를 받드는 것과 같으니, 위아래의 지위를 뒤집어서 부모를 거역하는 것이다. 부모[의 상례]는 낮추어 처자식과 같게 하고,[154] 처자식은 올려서 부모를 업신여기게 하니, 부모를 섬기는 것이 이와 같다면 효도라고 말할 수 있겠는가? 유학자가 부인을 직접 맞이하러 가는 것은 부인이 제사를 받들고, [그녀의] 자식이 장차 종묘를 지키기 때문이다. 따라서 그 [예법을] 중시한다. 이 말에 응수하여 다음과 같이 말한다. "이것은 거짓된 말이다. 그의 종형(宗兄)들은 선조들의 종묘를 수십 년이나 지켰는데도, 그가 죽으면 1년 복상을 하고,[155] 형제의 아내들은 선조들의 종묘를 받들지만, [그녀들이 죽으면] 상복을 입지 않는다.[156] 그

150_ 왕인지는 "如其亡也, 必求焉."의 두 구가 위(僞)자와 의미상으로 연결되지 않는다고 하여, 여(如)는 마땅히 지(知)가 되어야 한다고 했다.

151_ 지(祗)는 왕염손의 교정에서는 현(袨)자의 잘못이며, 현단(袨褍)은 곧 현단(玄端)이라고 했다. 현단(玄端)은 검은색의 예복을 말한다. 한편 필원은 지(祗)를 공경[敬]의 의미로, 단(褍)을 단정[端]의 의미로 보아, "공손하고 단정하게 마부가 된다"라고 해석하기도 했다.

152_ 수수(授綏)는 수레의 손잡이 끈을 신부에게 주는 것이다. 수(綏)는 수레에 오를 때나 수레 안에서 몸을 가누기 위해 잡는 끈이다.

153_ 앙(仰)은 유월이 어(御)자의 잘못이라고 했다.

154_ 손이양은 '하즉취자(下則妻子)'가 아래 문장인 '처자상침(妻子上侵)'과 부합되지 않는다고 하여, 이 문장 앞에 '부모(父母)'라는 두 글자가 빠져 있다고 했다. 그 의미는 "부모의 상례는 낮추어 처자와 같게 한다"라고 했다.

155_ 기(其)는 필원이 기(期)와 같다고 했다.

156_ 산(散)은 노문초가 복(服)이 되어야 한다고 했다.

렇다면 처자식을 위해 3년 동안 복상하는 것은 결코 그들이 종묘를 지키고 제사를 받들기 때문이 아니다. 처자식을 아끼는 것이 이미 큰 잘못인데도, 또 '[그들이] 부모를 소중히 여기기 때문이다'라고 말한다.[157] 이것은 지극히 사사로운 대상을 후하게 대우하고, 지극히 소중한 대상을 가볍게 대우하는 것이니, 어찌 크게 간사한 짓이 아니겠는가?"

> 儒者曰, "親親有術, 尊賢有等", 言親・疏尊卑之異也. 其禮曰, "喪父母三年, 其妻・後子三年, 伯父・叔父・弟兄・庶子其, 戚族人五月." 若以親疏爲歲月數, 則親者多而疏者少矣, 是妻・後子與父同也. 若以尊卑爲歲月數, 則是尊其妻子與父母同, 而親・伯父・宗兄而卑子也, 逆孰大焉? 其親死, 列尸弗, 登屋窺井, 挑鼠穴, 探滌器, 而求其人焉. 以爲實在, 則戇愚甚矣, 如其亡也, 必求焉, 僞亦大矣. 取妻身迎, 祇褍爲僕. 秉轡授綏, 如仰嚴親. 昏禮威儀, 如承祭祀, 顚覆上下, 悖逆父母. 下則妻子, 妻子上侵, 事親若此, 可謂孝乎? 儒者迎妻, 妻之奉祭祀, 子將守宗廟. 故重之. 應之曰, "此誣言也. 其宗兄守其先宗廟, 數十年, 死, 喪之其, 兄弟之妻, 奉其先之祭祀, 弗散. 則喪妻子三年, 必非以守奉祭祀也. 夫憂妻子以大負累, 有曰'所以重親也'. 爲欲厚所至私, 輕所至重, 豈非大奸也哉?"

또한[158] [유학자들은] 운명이 있다고 강하게 고집하면서 다음과 같이 의론을 펼친다. "장수와 요절, 가난과 부유함, 안정과 위태로움, 다스림과 혼란함은 본래부터 천명이 있어서 덜어내거나 보탤 수가 없다.[159] 궁핍과 영달, 상을 받는 것과 벌을 받는 것, 행운과 불행은 모두 정해진 법칙이 있어서 사람의 지혜와 힘으로는 어찌할 수 없다." 그런

157_ 유(有)는 손이양이 우(又)로 읽어야 한다고 했다.

158_ 유(有)는 손이양이 우(又)로 읽어야 한다고 했다.

159_ 『장자』 「지락(至樂)」편에 "孔子曰, 命有所成, 而形有所適也, 夫不可損益."이라는 기록이 보인다.

데 많은 관리들이 이 말을 믿으면 자신의 직분에 태만해질 것이며, 일반 백성들이 이 말은 믿으면 자신이 종사하는 일에 태만해질 것이다. 관리들이 제대로 다스리지 않으면 혼란해지고, 일반 백성들이 농사일을 게을리하면 가난해질 것이다. 가난하면서 혼란스러운 것은 정치의 근본에 위배되는데,[160] 유학자들은 그것을 인도하여 교화하는 방법이라고 여기니,[161] 이것은 천하의 사람들을 해치는 것이다.[162]

有强執有命以說議曰, "壽夭·貧富·安危·治亂, 固有天命, 不可損益. 窮達·賞罰·幸否, 有極, 人之知力, 不能爲焉." 群吏信之, 則怠于分職, 庶人信之, 則怠于從事. 不[163]治則亂, 農事緩則貧. 貧且亂, 政之本, 而儒者以爲道敎, 是賤天下之人者也.

또한 예악(禮樂)을 번잡하게 꾸며서 사람들의 마음을 어지럽히고, 삼년상에 슬픔을 거짓으로 꾸며서 부모를 속인다. 운명론을 세워서 가난에 게으르게 대처하면서도 고상하고 거만하게 굴며,[164] 근본을 등지고 일을 버려두고서도 편안히 여기면서 태만하게 군다. 그리고 술을 마시는 것에만 욕심을 부리고[165] 일하는 데에는 게을리하니, 배고픔과 추위에 빠져서 얼어 죽거나 굶어 죽을 위험에 처해 있으면서도 그것을 피할 방법이 없다.[166] 이것은 마치 거지와도 같아서,[167] 두더지처럼 음

160_ 손이양이 '정지본(政之本)'은 마땅히 '배정지본(倍政之本)'이 되어야 한다고 했다.

161_ 도교(道敎)는 『묵자전역(墨子全譯)』에서 도교(導敎)와 같다고 했다.

162_ 천(賤)은 『묵자한고』에서 왕염손 등의 교정에 따라 적(賊)으로 고쳤는데, 여기에서도 『묵자한고』에 따라 해석했다.

163_ 왕염손은 앞 문장에 근거하여 불(不)자 앞에 리(吏)자를 보충했다.

164_ 호거(浩居)는 호거(浩倨)와 같은 말로, 거만하고 소홀한 모습이다.

165_ 『묵자한고』에는 '貪於飮食'으로 교정했는데, 여기서는 문장 그대로 번역했다.

166_ 위(違)는 피한다는 뜻이다. 『예기』「치의(緇衣)」편의 정현의 주에서 피(辟)와 같다고 했다

167_ 인기(人氣)는 손이양이 기(氣)와 걸(乞)은 옛날에 통용되었기 때문에 걸인(乞

식을 저장하고 숫양처럼 음식을 찾으며, 돼지처럼 음식을 보면 벌떡 일어선다. 군자가 그런 모습을 보고 비웃으면, 화를 내면서 "무식한 사람[168]이 어찌 훌륭한 유학자를 알겠는가?"라고 말한다. 여름에는 보리와 벼를 구걸하다가 모든 곡식이 이미 수확되면 큰 상갓집을 쫓아다니는데, 자식과 손자들[169]이 모두 따라가서 음식을 실컷 먹는다. 몇 집이 초상을 치르게 되면 살아가기에 충분한 정도에 이른다. 남의 집에 의지하여 자신의 살을 찌우고,[170] 남의 들[의 곡식]에 의지에서 스스로를 높인다. 부잣집에 초상이 나면 크게 기뻐하면서, "이것이 바로 입고 먹는 단초이다"라고 말한다.

且夫繁飾禮樂[171]以淫人, 久喪僞哀以謾親. 立命緩貧而高浩居, 倍本棄事而安怠傲. 貪于飮酒, 惰于作務, 陷于饑寒, 危于凍餒, 無以違之. 是若人氣, 鼸鼠藏, 而羝羊視, 賁彘起. 君子笑之, 怒曰, "散人焉知良儒?" 夫夏乞麥禾, 五穀旣收, 大喪是隨, 子姓皆從, 得厭飮食. 畢治數喪, 足以至矣. 因人之家翠以爲, 恃人之野以爲尊. 富人有喪, 乃大說喜曰, "此衣食之端也."

유학자들은 "군자는 반드시 옛날의 옷과 옛날의 말을 사용한[172] 이후

人)이 되어야 한다고 했다.

168_ 산인(散人)은 필원이 용인(宂人), 즉 무식하고 용렬한 사람의 의미라고 했다.

169_ 자성(子姓)은 자식과 손자들을 말한다. 『묵자한고』에서 『예기』 「특생궤식례(特牲饋食禮)」의 "子姓兄弟, 如主人之服."의 정현의 주를 인용하여 "자성(子姓)은 아들이 낳은 자"라고 했고, 또 「상대기(喪大記)」의 "卿大夫父兄子姓立于東方."의 주를 인용하여 "자성(子姓)은 여러 자손[衆子孫]"이라고 했다.

170_ 손이양은 뒤에 있는 '恃人之野以爲尊'이라는 문장에 근거하여, 이 문장은 '因人之家以爲翠'가 되어야 한다고 했다. 그리고 취(翠)는 필원의 주장에 따라 비(肥)가 되어야 한다고 했다.

171_ 악(樂)이 『공자개제고』에는 빠져 있는데, 『묵자』 원문에 따라 보충했다. 『묵자한고』에서는 아래 문장 "晏子曰, 好樂而淫人."에 근거하여 악(樂)자를 보충했다.

172_ 손이양은 왕염손의 주장에 따라서, '복고언(服古言)' 세 글자는 문장의 의미가 매끄럽지 못하기 때문에, 「공맹(公孟)」편에 의거하여, 마땅히 '必古言服然後仁'이

에야 인(仁)하다"라고 말하니, 이 말에 응수하여 다음과 같이 말한다. "옛날의 말과 옷이라는 것[173]은 모두 [처음에는] 새로운 것이었다. 그런데 옛날 사람들이 그것을 말하고 그것을 입었다면 그들은 군자가 아니다.[174] 그렇다면 반드시 군자의 옷이 아닌 것을 입고,[175] 군자의 말이 아닌 것을 말한 이후에야 인(仁)하다는 말인가?" 또한 "군자는 옛것을 따르기만 할 뿐, 새롭게 만들어내지 않는다"라고 말하니,[176] 이 말에 응수하여 다음과 같이 말한다. "옛날에 예(羿)[177]는 활을 만들었고, 여(伃)[178]는 갑옷을 만들었으며, 해중(奚仲)[179]은 수레를 만들었고, 교수(巧垂)[180]는 배를 만들었다. 그렇다면 지금의 가죽을 만드는 사람 · 갑옷을 만드는 사람 · 수레를 만드는 사람 · 배를 만드는 사람은 모두 군자이고, 예(羿) · 여(伃) · 해중(奚仲) · 교수(巧垂)는 모두 소인이란 말인가? 게다가 지금의 그들이 따르는 것은 다른 사람이 반드시 만든 것이니, 그렇

되어야 한다고 했다.

173_ 『묵자한고』에서는 왕인지의 교감에 따라 '고지(古之)' 다음에 '언복(言服)' 두 글자를 보충했는데, 여기에서는 이에 따라 해석했다.

174_ 손이양에 의하면, 옛 판본에는 '古人服之'에서 '고인(古人)' 다음에 '언지(言之)' 두 글자가 탈락되어 있고, '則君子也'는 '則非君子也'가 되어야 한다고 했다. 여기에서는 손이양의 주장에 따라 해석했다.

175_ 법(法)은 손이양이 복(服)이 되어야 한다고 했다.

176_ 『논어』 「술이(述而)」편에 "子曰, 述而不作, 信而好古, 竊比於我老彭."이라는 기록이 보인다.

177_ 예(羿)는 후예(后羿) 또는 이예(夷羿)라고도 한다. 유궁씨(有窮氏)의 수장(首長)이었는데, 하나라 임금인 태강(太康)을 내쫓고 그 나라를 차지했다. 후에 한착(寒浞)에게 살해되었다. 전설에 따르면, 요임금 때 10개의 태양이 동시에 나타나 농작물과 초목을 태워 백성들이 먹을 게 없었으며, 맹수들이 해를 끼쳤다. 그때 예(羿)가 9개의 태양을 떨어뜨리고 맹수들을 죽여 백성들을 위해 그 해로움을 제거했다고 한다.

178_ 여(伃)는 하나라 소강(少康)의 아들로, 하저(夏杼) 또는 계저(季杼)라고도 하며, 갑옷을 발명했다고 한다.

179_ 해중(奚仲)은 하나라 때의 사람으로 황제(黃帝)의 후손이며, 하나라의 거정(車正)이 되어 수레를 만들었다고 한다.

180_ 교수(巧垂)는 요임금 때의 장인이라고 한다.

다면 지금의 그들이 따르는 것은 모두 소인의 도(道)란 말인가?"[181]

> 儒者曰, "君子必服古言, 然後仁", 應之曰, "所謂古之者, 皆嘗新矣. 而古人服之, 則君子也. 然則必法非君子之服, 言非君子之言, 而後仁乎?" 又曰, "君子循而不作", 應之曰, "古者羿作弓, 伃作甲, 奚仲作車, 巧垂作舟. 然則今之鮑·函·車·匠, 皆君子也, 而羿·伃·奚仲·巧垂, 皆小人邪? 且其所循, 人必或作之, 然則其所循, 皆小人道也?"

또한 [유학자들은] "군자는 전쟁에서 승리하면 도망가는 적을 추격하지 않고, 함정에 빠진 병사[182]에게 활을 쏘지 않으며, 적군이 패하여 도망칠 때에는[183] 그들을 도와 무거운 수레를 끌어준다"라고 말하니, 이 말에 응수하여 다음과 같이 말한다. "모두가 어진 사람이라면 떠들면서 서로 대적할 필요가 없다.[184] 어진 사람들은 취사(取舍)와 시비(是非)의 이치를 서로 알려주고, [주장의] 이유가 없는 자는 이유가 있는 자를 따르며, [상황을] 모르는 자는 잘 아는 자를 따르고, 변명할 말이 없으면 반드시 복종하며, 옳은 것을 보면 반드시 의지하여 따르니, 무슨 이유로 서로 싸우겠는가?[185] 만약 양쪽 모두 난폭한 자들끼리 서로 싸운다면 승리한 자가 도망가는 적을 추격하지 않고, 함정에 빠진 병사에게 활을 쏘지 않으며, 적군이 패하여 도망칠 때 그들을 도와 무거운 수레를 끌어주지 않으려고 할 것이니, 비록 할 수 있는 다른 노력을 다하더라도 그들은 군자가 될 수 없을 것이다. 생각건대 포악하고 잔인한 나라에 대해, 성인은 장차 세상을 위해 해로움을 제거하기 위해서 군

181_ 야(也)는 손이양이 옛날에는 야(邪)와 통용되었다고 하며, 오(吳)의 필사본에는 야(耶)로 되어 있다고 했다.

182_ 함(函)은 손이양이 함(臽), 즉 조그만 함정의 의미라고 했다.

183_ 손이양이 "아마도 군사들이 패하여 달아나면 그들을 도와 무거운 수레를 끌어주는 것을 말하는 듯하다"라고 풀이했다.

184_ 상여(相與)는 왕염손이 서로 대적한다[相敵]는 의미라고 했다.

185_ 왕염손은 상(相)자 뒤에 여(與)자가 있어야 한다고 했다.

대를 일으켜 그 나라를 토벌하는데, 승리한 상태에서 장차 유학자의 전술[186]을 사용하여, 군사들에게 '도망가는 적을 추격하지 말고, 함정에 빠진 병사에게 활을 쏘지 말며, 적군이 패하여 도망칠 때 그들을 도와 무거운 수레를 끌어주어라'고 말한다면 난폭한 사람들이 살 수 있게 되고, 천하의 해로움은 제거되지 않을 것이다. 이것은 부모에게 크게 잔인한 짓을 하는 것이고, 세상에 심하게 해를 끼치는 것이니,[187] 이보다 더 큰 불의(不義)는 없을 것이다."

又曰, "君子勝不逐奔, 揜函弗射, 施則助之胥車", 應之曰, "皆仁人也, 則無說而相與. 仁人以其取捨是非之理相告, 無故從有故也, 弗知從有知也, 無辭必服, 見善必遷, 何故相? 若兩暴相爭, 其勝者欲不逐奔, 揜函弗射, 施則助之胥車, 雖盡能, 猶且不得爲君子也. 意暴殘之國也, 聖將爲世除害, 興師誅罰, 勝將因用傳術令士卒曰, '毋逐奔, 揜函勿射, 施則助之胥車', 暴亂之人也得活, 天下害不除. 是爲群殘父母而深賤世也, 不義莫大焉."

또 [유학자들은] "군자는 종(鍾)과 같으니, 그것을 치면 울리고 치지 않으면 울리지 않는다"라고 말하니, 이 말에 응수하여 다음과 같이 말한다. "대체로 어진 사람은 윗사람을 섬길 때는 충성을 다하고, 부모를 섬길 때는 효도에 힘쓰며,[188] 착한 일이 있으면 칭찬하고, 잘못된 일이 있으면 간언하니, 이것이 신하의 도리이다. 지금 그것을 치면 울리고 치지 않으면 울리지 않는다고 하는 것은 지혜를 감추고 능력을 내버려 둔 채,[189] 조용히 있다가[190] 질문을 기다린 이후에야 대답하는 것이니,

---

186_ 왕염손이 전술(傳術)은 의미가 통하지 않기 때문에 유술(儒術)이 되어야 한다고 했다.

187_ 천(賤)은 『묵자한고』에서 대망(戴望)이 적(賊)의 잘못이라고 했다.

188_ 유월은 득(得)자와 무(務)자가 옮겨 적으면서 서로 바뀌었다고 했다. 즉 이 문장과 뒤의 문장은 "事親務孝, 得善則美."가 되어야 한다고 했다.

189_ 예(豫)는 손이양이 사(舍)의 가차자라고 했다.

임금과 부모에게 크게 이로운 것이 있더라도 묻지 않으면 말하지 않는 것이다. 만약 큰 난리가 있거나 도적이 발생하려는 것이 마치 사냥도구의 격발장치가 당장이라도 발사가 될 듯한 상황인데, 다른 사람은 알지 못하고 자기 혼자만 그것을 안다면, 비록 임금과 부모가 모두 옆에 있더라도 묻지 않으면 말하지 않을 것이니, 이것은 큰 난리를 일으키는 도적이다. 이렇게 하면 신하로서는 충성하지 않는 것이고, 자식으로서는 효도하지 않는 것이며, 형을 섬기면서 공경하지 않는 것이고, 다른 사람과 교제하면서 올바르지 않는 것이다. 대체로 조정의 일에 대해서는 뒤로 물러나서 먼저 말하지 않다가,[191] 이익을 보고 자기에게 이로우면 오직 남들보다 말을 늦게 할까 두려워한다.[192] 임금이 만약 말을 하더라도 이익이 되지 않으면, 고고하게 팔짱을 끼고 아래로 내려다보면서 마치 음식물이 목구멍에 깊이 막힌 듯이 말을 하지 않다가,[193] '저는 그것을 배운 적이 없습니다'[194]라고만 말한다. 그리고는 일의 실행이 비록 급박하더라도[195] 멀리 피해서 떠나버린다."

又曰, "君子若鍾, 擊之則鳴, 弗擊不鳴", 應之曰, "夫仁人事上竭忠, 事親得孝, 務善則美, 有過則諫, 此爲人臣之道也. 今擊之則鳴, 弗擊不鳴, 隱知豫力, 恬漠待問而後對, 雖有君親之大利, 弗問不言. 若將有大寇亂, 盜賊將作, 若機闢將發也, 他人不知, 己獨知之, 雖其君親, 皆在不問不言, 是夫大亂之賊也? 以是爲人臣不忠, 爲子不孝, 事兄不

190_ 염막(恬漠)은 편안하고 조용한 모습으로, 조용하게 아무 말도 하지 않고 있는 것이다.

191_ 손이양이 집후(執後)는 뒤에 있는 것을 고집하여 먼저 말하려고 하지 않는 것이고, 조물(朝物)은 오탈자가 있는 것 같다고 했다.

192_ 소시학이 사(使)는 편(便)이 되어야 하고, 수(雖)는 유(唯)가 되어야 한다고 했다. 편기(便己)는 자기에게 이롭거나 이익이 된다는 말이다.

193_ 회(會)는 필원이 쾌(噲)와 같은 말로, 말을 하지 않는다는 의미라고 했다. 열(噎)은 음식물이 목구멍에 막혀서 목이 메는 것이다.

194_ 기(其)는 손이양이 모(某)가 되어야 한다고 했다.

195_ 수(誰)는 손이양이 수(雖)가 되어야 한다고 했다.

弟, 交遇人不貞良. 夫執後不言之朝物, 見利使己, 雖恐後言. 君若言而未有利焉, 則高拱下視, 會噎爲深, 曰, '惟其未之學也'. 用誰急, 遺行遠矣."

대체로 도술과 학업을 하나로 통일하는 것은 인의(仁義)이다. 모두 크게는 이로써 사람을 다스리고, 작게는 이로써 관직을 맡으며, 멀게는 두루 베풀고, 가깝게는 이로써 자신을 수양한다. 의롭지 않으면 처신하지 않고, 도리가 아니면 실천하지 않으며, 힘써 천하의 이로움을 일으키고, 모든 행동거지에서 이롭지 않으면 그만두니,[196] 이것이 군자의 도이다. 그런데 내가 들은 공자[197]의 행동은 근본적으로 이것과는 서로 어긋난다. 제(齊)나라 경공(景公)이 안자(晏子)에게 "공자의 사람됨은 어떠한가?"라고 물었는데, 안자가 대답하지 않았다. 경공이 또다시 물었는데도, 대답하지 않았다. 경공이 말했다. "공자에 대해 과인에게 말하는 자들이 많은데, 그들은 모두 공자를 현명한 사람이라고 여긴다. 지금 과인이 물었는데도 그대는 대답하지 않으니, 무엇 때문인가?" 안자가 대답했다. "저는 어리석어서 현명한 사람을 알아볼 수가 없습니다. 비록 그렇지만, 제가 듣기에 현명한 사람이란 남의 나라에 들어가면 반드시 그 나라의 군신 관계가 친밀해지도록 힘써서 그들 상하간의 원한을 없애야 한다고 합니다. 그런데 공자가 형(荊), 즉 초나라에 갔을 때, 백공(白公)[198]의 음모를 알고서 그에게 석걸(石乞)을 바쳐서 돕

196_ 유월이 리즉지(利則止)는 불리즉지(不利則止)가 되어야 한다고 했다.

197_ 공모(孔某)는 공자(孔子)를 가리킨다. 필원에 의하면, 옛 판본에는 공자(孔子)로 되어 있었는데, 공자의 이름을 피휘하여 공모(孔某)로 고친 것이다.

198_ 백공(白公)은 초나라 평왕(平王)의 손자로 이름이 승(勝)이다. 그가 석걸(石乞)과 난을 일으킨 일은 『좌씨전』「애공」 10년에 보인다. 필원이 인용한 『공총자(孔叢子)』「힐묵(詰墨)」편에 의하면, 백공의 난은 애공 16년(B.C.478) 7월이며, 공자가 죽은 것은 그 해 4월이다. 그리고 소시학은 경공과 안자도 이 난이 있기 전에 이미 죽었기 때문에 이 기록은 거짓된 말이라고 했다.

게 함으로써 초나라 임금은 거의 죽을 뻔했고, 백공은 죽임을 당했습니다. 제가 듣기에 현명한 사람이란 위로는 왕에게 신임을 얻되 실속이 없지 않고, 아래로는 백성의 신임을 얻되 그들을 위태롭게 하지 않으며, 그의 말이 임금에게 받아들여지면 반드시 사람을 이롭게 하고, 그의 가르침이 아래에서 시행되면 반드시 윗사람을 이롭게 한다고 했습니다.[199] 이 때문에 말이 분명하여 알기 쉽고, 행동이 분명하여 따르기 쉬우니,[200] 의리를 시행하면 백성들에게 분명하게 이해시킬 수 있고, 계책을 내놓으면 임금과 신하들에게 통하게 할 수 있습니다. 그런데 지금 공자는 깊이 사려하고 주도면밀하게[201] 도모함으로써 반역자를 떠받들고, 수고롭게 생각하고 지혜를 다함으로써 사악한 일을 실행하여, 아랫사람에게 윗사람을 어지럽히도록 권면하고, 신하에게 왕을 죽이도록 하니, 이것은 현명한 사람의 행동이 아닙니다. 또한 남의 나라에 들어가서 그 나라의 반역자와 함께 동참했으니, 이것은 의로운 사람의 부류가 아니며, 남의 충성스럽지 못함을 알면서도 그를 부추겨 난을 일으키도록 했으니, 이것은 인의의 행동이 아닙니다.[202] 사람들로부터 도망쳐서 뒤에서 계략을 꾸미고, 사람들을 피해서 뒤에서 말을 하니, 의리를 시행해도 백성들에게 분명하게 이해시킬 수 없고, 계책을 내놓아도 임금과 신하들에게 통하게 할 수 없습니다. 저는 공자와 백공(白公)의 차이점을 모르겠습니다. 이 때문에 대답하지 않았습니다." 경공이 말했다. "아! 그대가 과인에게 준 것이[203] 많소. 선생이 아

199_ 유월은 이 두 문장이 대구가 된다고 보고, 행(行)과 하(下) 사이에 어(於)자가 생략되어 있다고 했다. 또 어상(於上)의 어(於)자는 리(利)자가 되어야 한다고 했다.

200_ 왕염손은 '言明而易知也'와 '行易而從也'가 대구가 되므로, '行易而從也'는 '行明而易從'이 되어야 한다고 했다.

201_ 동(同)은 유월이 주(周)의 오자라고 했다.

202_ 필원이 이 문장에 빠진 글자가 있다고 했는데, 무슨 글자가 빠졌는지 알 수가 없다.

203_ 황(貺)은 손이양이 『의례』의 정현의 주를 인용하여, 사(賜)와 같다고 했다.

니었다면 나는 죽을 때까지 공자가 백공과 같은 사람이라는 것을 몰랐을 것이오."

夫一道術學業, 仁義也.[204] 昔[205]大以治人, 小以任官, 遠施用[206]遍, 近以循[207]身. 不義不處, 非理不行, 務興天下之利, 曲折周旋, 利則止, 此君子之道也. 以所聞孔某之行, 則本與此相反謬也. 齊景公問晏子曰, "孔子爲人何如?", 晏子不對. 公又復問, 不對. 景公曰, "以孔某語寡人者, 衆矣, 俱以賢人也. 今寡人問之而子不對, 何也?" 晏子對曰, "嬰不肖, 不足以知賢人. 雖然, 嬰聞所謂賢人者, 入人之國必務合其君臣之親, 而弭其上下之怨. 孔某之荊, 知白公之謀而奉之以石乞, 君身幾滅而白公僇. 嬰聞賢人得上不虛, 得下不危. 言聽于君必利人, 敎行下必于上. 是以言明而易知也, 行易而從也, 行義可明[208]乎民, 謀慮可通乎君臣. 今孔某深慮同謀以奉賊, 勞思盡知以行邪, 勸下亂上, 敎臣殺君, 非賢人之行也. 入人之國而與人之賊, 非義之類也, 知人不忠, 趣之爲亂, 非仁義之也. 逃人而後謀, 避人而後言, 行義不可明于民, 謀慮不可通于君臣. 嬰不知孔某之有異于白公也. 是以不對." 景公曰, "嗚乎, 貺寡人者衆矣. 非夫子, 則吾終身不知孔某之與白公同也."

공자가 제(齊)나라에 가서 경공(景公)을 만났는데, 경공이 기뻐하여 그에게 니계(尼溪) 땅을 봉해주고자 안자(晏子)에게 고했다. 안자가 대답했다. "안 됩니다. 대체로 유학자들은 거만하게 굴면서 자기 하고 싶은

204_ 야(也)는 자(者)로 되어 있는 판본도 있는데, 필원의 판각본에 의거하여 야(也)로 풀이했다. 자(者)로 볼 경우, 김학주의 『묵자』 번역처럼 "도술과 학업과 어짊과 의로움을 통일한 사람"이라는 풀이도 가능하다

205_ 석(昔)이 『묵자한고』에는 개(皆)로 되어 있다.

206_ 용(用)이 『묵자한고』에는 주(周)로 되어 있다.

207_ 순(循)이 『묵자한고』에는 수(脩)로 되어 있다.

208_ 명(明)이 『공자개제고』에는 모(謀)로 되어 있는데, 『묵자』 원문에 따라 고쳤다.

대로 행동하니,[209] 아랫사람을 가르칠 수가 없습니다. 음악을 좋아하여 사람들의 마음을 어지럽히니, 직접 다스리게 할 수가 없습니다. 운명론을 세워서 일을 게을리하니, 직책을 맡길 수가 없습니다. 상례를 성대하게 치르고 슬픔을 그치지 않으니,[210] 백성들에게 자애롭게 대하도록 할 수가 없습니다. 높은 관을 쓰고 고개를 숙이고 있으니,[211] 대중을 이끌도록 할 수가 없습니다. 공자는 용모를 성대하게 가꾸고 겉모습을 꾸며서 세상을 미혹시키고, 노래를 부르고 춤을 추어서 무리들을 모으며, 계단을 오르내리는 예법[212]을 성대하게 만들어 모범을 보여주고, 걸음걸이의 절도[213]에 힘써서 대중에게 보여줍니다. 유학은 세상의 모범이 되지 못하고,[214] 수고롭게 고민해도 백성들을 돕지 못합니다. 수명을 두 배로 늘린다고 해도 그 가르침을 다 배울 수가 없고, 성년이 되어도 그 예법을 다 실행할 수가 없으며, 재물을 쌓아도 그 음악을 충족할 수가 없습니다. 사악한 술수를 번잡하게 꾸며서 세상의 임금들을 현혹시키고, 음악을 성대하게 연주하여 그 백성들을 타락시키고 우매하게 만듭니다.[215] 그들의 도는 세상을 가르칠 수 없고, 그들의 학문은 백성을 교도할 수 없습니다. 지금 임금이 그에게 땅을 봉해주

209_ 자순(自順)은 자기가 하고 싶은 대로 행동하는 것이다. 『사기』 「공자세가(孔子世家)」에도 "倨傲自順, 不可以爲下."라는 표현이 보인다.

210_ 손이양에 의하면, 종(宗)은 『사기』와 『공총자』에는 숭(崇)으로 되어 있고, 순(循)은 수(遂)로 되어 있다. 숭상(崇喪)은 상례를 성대하게 치르는 것이고, 수애(遂哀)는 슬픔을 그치지 않는 것이다.

211_ 기복(機服)은 손이양이 『대대례기』의 주를 인용하여, 기(機)는 위(危)와 같으며, 위복(危服)은 곧 위관(危冠)과 같다고 했다. 그리고 면(勉)은 부(俛)의 가차자라고 했다. 부용(俛容)은 고개를 숙이는 것이다.

212_ 등강지례(登降之禮)는 계단을 오르내리고, 나아가고 물러나며 읍하고 사양하는 예를 말한다.

213_ 추상(趨翔)은 걸음걸이가 절도에 맞는 것을 말한다.

214_ 의(議)는 왕염손이 의(儀)가 되어야 한다고 했다.

215_ 우(遇)는 『묵자한고』에서 손이양이 『안자춘추』 「외편」에 '以淫愚其民'으로 되어 있는 것에 근거하여, 우(愚)자와 뜻이 통한다고 했다.

어 제나라의 풍속을 이롭게 하고자 한다면 그것은 국가를 이끌고 백성을 선도하는 방법이 아닙니다." 경공이 "좋다"라고 말했다. 이에 그 예법을 잘 갖추어 대접하되 그 봉지는 보류시키고, 자주[216] 만났는데도 그 도를 물어보지 않았다. 공자는 이에 원한을 품고, 경공과 안자에게 화를 냈다. 이에 치이자피(鴟夷子皮)[217]를 전상(田常)[218]의 집에 머물게 하고,[219] 남곽혜자(南郭惠子)에게 자신이 하고자 하는 일을 알리고서 노나라로 돌아갔다. 얼마 후에, 제나라가 노나라를 칠 것이라는 소문을 듣자,[220] 자공(子貢)에게 "사(賜)야! 큰일을 거행할 때가 바로 지금이다"라고 말하고는 이에 자공을 제나라로 보내서 남곽혜자를 통해 전상을 만나보게 하고, 그에게 오나라를 칠 것을 권유했다. 그리고 고씨(高氏)·국씨(國氏)·포씨(鮑氏)·안씨(顔氏) 등에게 전씨의 난리에 방해가 되지 않도록 하고, 월나라에게 [오나라가 제나라를 친 빈 틈을 노려] 오나라를 칠 것을 권유했다. 3년 동안, 제나라와 오나라는 나라가 멸망하는 곤란을 겪었고, 널브러진 시체가 이루 다 헤아릴 수 없을 정도로 많았으니,[221] 이것은 공자의 책임이다.[222]

216_ 『안자춘추』「외편(外篇)」에도 같은 문장이 있는데, 『안자춘추집석』에서 유월이 경(敬)자는 기(亟)자와 통한다고 했다.

217_ 치이자피(鴟夷子皮)는 범려(范蠡)로, 조나라 대부이다. 월왕 구천(勾踐)을 도와 오나라를 멸망시킨 후에, 제나라에 이르러 이름을 바꾸어 치이자피(鴟夷子皮)라고 했다.

218_ 전상(田常)은 진항(陳恒)으로, 제나라의 대신(大臣)이었다. B.C.481년에 제나라 간공(簡公)을 죽이고 제나라 평공(平公)을 옹립하여 제나라에서 전권(專權)을 행사했다.

219_ 역사적 사실에 근거하면, 범려가 구천을 도와 오나라를 멸망시켰을 때 공자가 죽은 지 이미 6년이 되었고, 안영과 제나라 경공도 이미 죽은 후이기 때문에 묵자의 이 글은 역사적 사실에 부합하지 않는다.

220_ 간(間)은 소시학이 문(聞)이 되어야 한다고 했다.

221_ 소시학은 이 문장이 '不可以言計數'가 되어야 하며, 시(尸)자 다음에 불가(不可) 두 글자가 빠졌다고 했다.

222_ 주(誅)는 필원이 책(責)의 의미라고 했다.

孔某之齊見景公, 景公說, 欲封之以尼溪, 以告晏子. 晏子曰, "不可. 夫儒浩居而自順者也, 不可以敎下. 好樂而淫人, 不可使親治. 立命而怠事, 不可使守職. 宗喪循哀, 不可使慈民. 機服勉容, 不可使導衆. 孔某盛容修飾以蠱世, 弦歌鼓舞以聚徒, 繁登降之禮以示儀, 務趨翔之節以勸[223]衆. 儒學不可使議世, 勞思不可以補民. 累壽不能盡其學, 當年不能行其禮, 積財不能贍其樂. 繁飾邪術以營世君, 盛爲聲樂以淫遇民. 其道不可以期世, 其學不可以導衆. 今君封之以利齊俗, 非所以導國先衆." 公曰, "善." 于是厚其禮, 留其封, 敬見而不問其道. 孔乃恚, 怒于景公與晏子. 乃樹鴟夷子皮于田常之門, 告南郭惠子以所欲爲, 歸于魯. 有頃, 間齊將伐魯, 告子貢曰, "賜乎! 擧大事, 于今之時矣." 乃遣子貢之齊, 因南郭惠子以見田常, 勸之伐吳. 以敎高·國·鮑·晏, 使毋得害田常之亂, 勸越伐吳. 三年之內, 齊·吳破國之難, 伏尸以言術數, 孔某之誅也.

공자가 노나라의 사구(司寇)[224]가 되었는데, 노나라의 공실(公室)을 버려두고 계손씨(季孫氏)를 받들었다. 계손씨가 노나라의 재상노릇을 하다가 도망쳤는데, 계손씨가 읍인(邑人)들과 관문의 통과 문제로 다투고 있을 때, [공자가] 관문의 빗장을 들어 올려[225] [그를 도망치게 했다.] 공자가 채(蔡)나라와 진(陳)나라 사이에서 궁지에 빠져 쌀 한 톨 들어가지 않은[226] 명아주 국을 마시면서 10일을 보냈다.[227] 자로(子路)가 돼지고기

223_ 권(勸)은 『묵자』의 일부 다른 판본과 『안자춘추』「외편(外篇)」에는 관(觀)자로 되어 있는데, 여기에서도 관(觀)자로 해석했다.

224_ 사구(司寇)는 형벌의 집행을 맡은 관리이다.

225_ 손이양이 결(決)은 결(抉)의 가차자이고, 식(植)은 문의 빗장이라고 했다.

226_ 삼(糝)은 국에 쌀을 넣는 것이다. 『장자』「양왕(讓王)」편에도 "七日不火食, 藜羹不糝."이라는 말이 보인다.

227_ 『사기』「공자세가」에도 이와 관련된 이야기가 보인다. 「공자세가」의 기록에 의하면, 공자가 진(陳)나라와 채(蔡)나라 사이에 거처하고 있을 때, 초나라가 공자를 초빙했다. 이때 진나라와 채나라의 대부들이 초나라로 가는 공자 일행을 포위하

를 구하여 삶아주자,[228] 공자는 고기의 출처를 묻지 않고 먹었으며, 남의 옷을 빼앗아 술을 사다주자, 공자는 술의 출처를 묻지 않고 마셨다. 애공(哀公)이 공자를 맞이했는데,[229] 자리가 바르지 않으면 앉지 않았고, 고기가 바르게 썰어져 있지 않으면 먹지 않았다.[230] 자로가 나아가서, "어찌하여 진나라와 채나라에 있었을 때와 그리도 상반되십니까?"라고 묻자, 공자가 대답했다. "이리 오너라. 내가 너에게 말해주겠다.[231] 지난번에는 너와 함께 살기를 구하기에 급박했지만, 지금은 너와 함께 의리를 구하기에 급박하기 때문이다." 대체로 굶주리고 곤궁할 때는 사양하지 않고 마음껏 가져다가 자신을 살리려고 하고, 풍족하고[232] 배가 부를 때는 거짓되게 행동하여 스스로를 꾸미니, 무엇이 이보다 더 더럽고 거짓될 수 있겠는가?

孔某爲魯司寇, 舍公家而奉季孫. 季孫相魯君而走, 季孫與邑人爭門關, 決植. 孔某窮于蔡·陳之間, 藜羹不糝, 十日. 子路爲享豚, 孔某不問肉之所由來而食, 褫[233]人衣以酤酒, 孔某不問酒之所由來而飮酒. 哀公迎孔某, 席不端弗坐, 割不正弗食. 子路進請曰, "何其與陳·蔡反也?" 孔某曰, "來. 吾與女. 曩與女爲苟生, 今與女爲苟義." 夫饑約則不辭妄取以活身, 羸飽僞行以自飾, 汚邪詐僞, 孰大于此?

여 보내주지 않았다. 공자 일행은 포위를 당한 채, 식량이 떨어지고, 제자들 중에 병이 들어서 일어나지도 못하는 자도 있었다. 그 후 초나라에서 군대를 보내와서 공자를 맞이해 감으로써 비로소 진나라와 채나라 사이에서의 곤란에서 벗어날 수 있었다.

228_ 향(享)은 필원이 팽(烹)과 같다고 했다.

229_ 손이양에 의하면, 공자가 진나라와 채나라 사이에서 궁지에 빠진 것이 애공 6년이고, 11년에 계강자(季康子)가 위(衛)나라에서 노나라로 돌아오는 공자를 맞이했는데, 바로 그때라고 한다.

230_ 『논어』「향당」편에도 같은 내용이 보인다.

231_ 여(與)는 필원이 어(語)가 되어야 한다고 했다.

232_ 리(羸)는 『묵자한고』에는 영(嬴)으로 되어 있는데, 가득찬다는 의미이다.

233_ 치(褫)는 『묵자』 원문에는 호(號)로 되어 있는데, 필원의 주장에 따라 고쳤다. 『공자개제고』에도 치(褫)자로 되어 있다. 치(褫)는 빼앗는다는 뜻이다.

공자가 문하의 제자들과 한가로이 앉아 있다가 말했다. "순(舜)임금은 고수(瞽叟)를 보면 불안하여 안절부절하지 못했는데,[234] 그 당시 천하는 위태로웠다![235] 주공(周公) 단(旦)은 어진[236] 사람이 아닐 것이다! 어찌하여 집안을 버려두고 외지에 거처했는가?" 공자가 행한 행동은 마음에서 나온 것이다. 그의 무리와 제자들은 모두 공자를 본받았으니, 자공과 계로(季路)는 공리(孔悝)[237]를 도와서 위(衛)나라에서 난을 일으켰고, 양화(陽貨)[238]는 제(齊)나라에서 난을 일으켰으며, 필힐(佛肹)[239]은 중모(中牟) 땅을 근거지로 삼아 반란을 일으켰고, 칠조개(漆雕開)는 사형을 당했으니, 무엇이 이보다 더 잘못된 행동이겠는가?[240] 제자는 그 스승을 [본받으면],[241] 반드시 그 말을 배워서 닦고, 그 행동을 본받으며, 힘이 부족하고 지혜가 미치지 못한 이후에야 그만둔다. 지금 공자의 행동이 이와 같으니, 유사(儒士)들은 어떠한지 추측할 수 있을 것이다.(『묵자』「비유 하」)

孔某與其門弟子閑坐曰, "夫舜見瞽叟就然, 此時天下圾乎! 周公旦非

234_ 취연(就然)은 축연(蹴然)과 같은 말로, 불안하여 안절부절하지 못하는 모습이다.

235_ 급(圾)은 위험하고 위태롭다는 뜻이다.

236_ 인(人)은 손이양이 인(仁)과 통용된다고 했다.

237_ 공리(孔悝)는 위(衛)나라의 정경(正卿)이었다. 『좌씨전』「애공」 15년의 기록에 따르면, 공리는 위나라의 정권을 좌지우지하여 위나라 출공(出公)을 폐위시키고, 출공의 아버지 괴외(蒯聵)를 위나라 장공(莊公)으로 세웠다. 당시 자로는 위나라에서 벼슬을 하고 있었는데, 군주를 구하지 못하고 정변에 대항하다가 죽임을 당했으며, 자고(子皐)는 도망을 쳤다고 한다. 여기의 자공(子貢)은 자고(子皐)를 잘못 기록한 것이다.

238_ 양화(陽貨)는 양호(陽虎)라고도 하는데, 당시에 공자와는 정적(政敵)으로서 계손씨의 가신이었다. 공자의 제자로 보는 것은 다소 무리가 있다.

239_ 필힐(佛肹)은 진(晉)나라 중모(中牟) 지방의 장관(長官)이었다. 필힐 또한 공자의 제자가 아니다. 『논어』「양화(陽貨)」편에 필힐이 반란을 일으키고 나서 공자를 부른 내용이 나온다.

240_ 필원이 막(莫)자 앞에 빠진 글자가 있다고 했는데, 그 내용은 알 수 없다.

241_ 손이양이 기사(其師) 앞에 빠진 글자가 있다고 했는데, 그 내용은 알 수 없다.

其人也邪! 何爲亦舍家室而託寓也?" 孔某所行, 心術所至也. 其徒屬弟子皆效孔某, 子貢·季路輔孔悝亂乎衛, 陽貨亂乎齊, 佛肹以中牟叛, 漆雕刑殘, 莫大焉? 夫爲弟子後生, 其師, 必修其言, 法其行, 不足知弗及而後已. 今孔某之行如此, 儒士則可以疑矣.(『墨子』「非儒 下」)

康7-13

친친(親親)과 존현(尊賢), 상복(喪服)과 친영(親迎)은 모두 육경(六經)의 예의(禮義) 중에서 중요한 것이니, 이른바 "삼대(三代)에는 모두 공통적인 예법이었다."[242] 그런데 묵자는 처음에는 '유자들은 말하기를[儒者曰]'이라고 말하고, 두 번째는 '그 예법에 말하기를[其禮曰]'이라고 말하고, 세 번째는 '유학자가 부인을 직접 맞이하러 가는 것[儒者迎妻]'이라고 말하면서, 그것이 이치에 어긋나고 허위이며, 거짓되고 크게 간사한 짓이라고 공격했다. 그렇다면 친친(親親)과 존현(尊賢), 상복(喪服)과 친영(親迎)은 모두 공자가 만든 것이지, 선왕들의 옛 제도가 아니라는 매우 분명한 근거가 되는 것이다. 묵자가 본래부터 종종 인용했던 우임금과 탕임금, 문왕과 무왕이 만약 선왕의 옛 제도라면 묵자가 어떻게 감히 이렇게 입을 제멋대로 놀려서 오만하게 욕할 수 있었겠는가? 경공(景公)·안자(晏子)와 전상(田常)·백공(白公)의 경우, 시대상으로 서로 동일한 시기의 사람이 아니니, [묵자의 글이] 거짓이라는 것은 따질 필요도 없다. 심지어 남의 옷을 빼앗아 술을 사다주자 [공자가 술의 출처를 묻지 않고 마셨다]고까지 공격한 것은 시장 상인들의 말다툼과 같으니, 이교도의 공격이 더욱 허황된 것이다. 묵자가 창을 거꾸로 돌려 반기를 든 것을 보면 경박하고 방자할 뿐이며, 묵자[의 겸애]는 아버지가 없는

242_『후한서』「여복지(輿服志)·여복 하(輿服 下)」에 "古者, 君臣佩玉, 尊卑有度, 上有韍, 貴賤有殊. 佩, 所以章德, 服之衷也. 韍, 所以執事, 禮之共也. 故禮有其度, 威儀之制, 三代同之."라는 기록이 보인다.

것이라고 맹자가 공격한 것[243]이 오히려 핵심을 찌르고 있다. 창려(昌黎) 한유(韓愈, 768~824)는 이 「비유」편을 읽지 않고 불가와 노자를 배척한 것 같은데, 어떻게 공자와 묵자가 서로 상대의 이론을 사용했다고 말하여,[244] 도리어 맹자의 공격이 지나치게 심한 것처럼 만들 수 있는가? 그런데 지금 다행히도 이 편이 있어서, [유교와] 원수 관계의 학파에서 직접 큰 제목을 제공함으로써 공자가 창립한 교설의 명목(名目)과 핵심 내용을 살펴볼 수 있으니, 유학이 공자의 교설이라는 것에 대해 결국 확고한 증거가 되는 셈이다. [유학자가] 도를 곧게 세우고 절개를 지키는 것은 곧 거만하게 굴면서 자기가 하고 싶은 대로 행동하고 상례를 성대하게 치르는 것이며, 「옥조(玉藻)」편과 「용경(容經)」편[245]에서 말한, 마치 음식물이 목구멍에 깊이 막힌 듯이 말을 하지 않고, 운명론을 내세우며, 위엄 있는 복장을 하고 외모를 치장하며, 악기를 연주하고 노래를 부르면서 춤을 추고, 계단을 오르내리는 예법과 걸음걸이의 예법 등은 모두 공자의 대의(大義)이니, 이교(異教)가 공격한 것을 통해서 또한 [이것들이] 유가의 핵심 요지임을 살펴볼 수 있다.

親親, 尊賢, 喪服, 親迎, 皆六經禮義之大者, 所謂'三代同之'. 而墨子一則曰'儒者曰', 再則曰'其禮曰', 三則曰'儒者迎妻', 攻之爲逆, 爲僞, 爲誣, 爲大奸. 然則親親, 尊賢, 喪服, 親迎, 皆孔子所創, 而非先王之舊, 最爲明據矣. 墨子固動引禹・湯・文・武者, 若是先王之舊, 墨子豈敢肆口慢罵? 至景公・晏子與田常・白公, 前後不同時, 誣不待辨. 至攻及褫衣酟酒, 等于市人角口, 益爲異教攻誣. 所見墨子倒戈叛逆, 輕薄恣肆而已, 孟子攻其無父, 尙屬大端. 昌黎似未讀此篇, 攘斥佛老

243_ 『맹자』 「등문공 하」: 楊氏爲我, 是無君也, 墨氏兼愛, 是無父也.

244_ 『오백가주창려문집(五百家注昌黎文集)』 권11 「독묵자(讀墨子)」: 孔子必用墨, 子墨子必用孔子, 不相用, 不足爲孔・墨.

245_ 용경(容經)은 가의(賈誼)가 지은 『신서(新書)』의 편명으로, 지(知)・용(容)・시(視)・언(言)・좌(坐)・행(行)・궤(跪)・배(拜) 등 행동거지의 의절(儀節)에 대해 논했다.

者, 豈能謂孔墨以相用, 反若疑孟子攻之過甚耶? 然今幸得此篇, 從仇家親供大題, 考見孔子創教名目義旨, 儒之爲孔敎, 遂成鐵證矣. 直道守節, 所謂倨傲自順崇喪, 「玉藻」·「容經」所謂噲噎爲深立命, 機服盛容, 弦歌鼓舞, 登降趨翔, 皆孔子大義, 從異敎所攻, 亦可考儒家宗旨矣.

7-4-2

묵자가 정자(程子)[246]와 함께 논변하다가 공자의 말을 인용하니,[247] 정자가 말했다. "유가를 비난하면서 무엇 때문에 공자의 말을 인용합니까?"(『묵자』「공맹」)

子墨子與程子辯, 稱于孔子, 程子曰, "非儒, 何故稱于孔子也."(『墨子』「公孟」)

7-4-3

이자(夷子)가 말했다.[248] "유학자의 도에 '옛날 사람이 [백성을] 마치 갓난아이를 보호하듯이 한다'[249]라고 했는데, 이 말은 무슨 말인가? 나는

246_ 정자(程子)는 전국시대의 학자인 정번(程繁)을 말한다. 『묵자한고』에서 손이양은 유가와 묵가의 교리를 함께 배운 학자일 것이라고 했다.

247_ 칭(稱)은 필원이 말하면서 인용하는 것이라고 했다.

248_ 이자(夷子)는 묵가 학파의 이지(夷之)를 말하는데, 묵자의 제자로 알려져 있지만 자세한 기록은 남아 있지 않다. 『맹자주소(孟子注疏)』의 조기(趙岐) 주에서는 이지가 묵가 학문을 연마한 사람이라고 했고, 손석(孫奭)의 소(疏)에서는 성은 이(夷)이고, 이름은 지(之)라고 했다. 당시 그가 서벽(徐闢)이라는 사람을 통해서 맹자를 만나보기를 요구했는데, 맹자는 이자(夷子)가 묵자의 논리인 박장(薄葬)을 주장하면서 자기의 어버이는 성대하게 장례지낸 것을 비판했다. 이 내용은 서벽(徐闢)이 맹자의 말을 전하자, 이자(夷子)가 한 말이다.

249_ 『서』「강고(康誥)」편에 "마치 갓난아이를 보호하듯이 하면 백성들이 편안하게 다스려질 것이다[若保赤子, 惟民其康乂.]"라는 말이 보인다.

사랑에는 차등이 없지만, 베풂은 부모로부터 시작됨을 말한 것이라고 생각한다."(『맹자』「등문공 상」)

夷子曰, "儒者之道, '古之人若保赤子', 此言何謂也? 之則以爲愛無差等, 施由親始."(『孟子』「滕文公 上」)

康7-14

"옛날 사람이 마치 갓난아이를 보호하듯이 한다"는 것은 『서』「강고(康誥)」[250]편의 말이다. 묵자도 『시』와 『서』를 인용하여 말했는데, 이지(夷之)가 「강고」편을 유학자의 이론에 포함시켜서 묵가와는 무관하게 여긴 것은 무엇 때문인가? 이것은 또한 탁월한 의론이다. 대체로 '육경(六經)'은 공자가 정한 것으로, 유가의 책으로 여겨진다. 묵자가 말한 『시』와 『서』는 곧 묵자가 스스로 정한 것으로, 별도의 다른 책이다. 『장자』「천하」편에서 "고획(苦獲)·기치(己齒)·등릉자(鄧陵子) 등의 무리가 모두 『묵경(墨經)』[251]을 읽었다"[252]라고 말한 것이 바로 그것이다. 『시』와 『서』는 옛날의 전적인데, 공자와 묵자의 제도 개혁에서 모두 선왕에게 가탁했을 뿐만 아니라 그 명칭도 사용했다. 그 무리들은 모두 경(經)으로 존중했는데, 실제로는 각각 자기들의 도를 실행하고, 각각 자기들의 책을 완성한 것이다. 따라서 이지는 「강고」를 유학자의 도라고 여겼으니, 그것이 공자의 책이지 선왕의 책이 아님을 알 수 있다. 만약 진짜 [선왕이 지은] 「강고」였다면 날마다 문왕과 무왕을 말하는 묵자가 어찌 유학자가 독점하도록 양보하려고 했겠는가? 이단의 입을 빌려서

250_ 「강고」편은 무왕이 문왕의 아들이자 무왕의 아우인 강숙(康叔)을 위후(衛侯)로 삼으면서 훈계한 말이다.

251_ 천구잉에 의하면, 현행본 『묵자』라는 책에 「경 상(經 上)」과 「경 하(經 下)」 두 편이 남아 있다.

252_ 『장자』「천하(天下)」: 南方之墨者, 苦獲·己齒·鄧陵子之屬, 俱誦『墨經』.

'육경(六經)'이 공자의 저작임을 증명했을 뿐만 아니라, 또한 『맹자』라는 책에도 보이니, 이 조목이 [유교가 공자에 의해 특별히 창립된 것을 알 수 있는] 가장 명확한 근거가 된다.

古之人若保赤子, 是『書』「康誥」之言. 墨子亦稱說『詩』·『書』, 何夷之以屬之儒者, 于墨無關, 何哉? 此亦絶異之論. 蓋'六經'爲孔子所定, 以爲儒書. 墨子所稱之『詩』·『書』, 乃墨子自定, 別是 一書. 『莊子』「天下」篇所謂"苦獲·己齒·鄧陵子之屬, 俱誦『墨經』"是也. 蓋『詩』·『書』是舊典, 孔墨改制, 皆託先王, 幷用其名. 其徒俱尊爲經, 而實各行其道, 各成其書. 故夷之以「康誥」爲儒者之道, 則爲孔子之書, 非先王之書可見. 若眞是「康誥」, 則墨子日稱文·武, 豈肯獨讓儒者哉? 藉異端之口, 以證'六經'爲孔子之作, 又見于『孟子』之書, 此條最爲明據.

<이상 이교(異敎)의 유교 비판에서 공자를 핵심 공격한 것은 유교가 공자에 의해 특별히 창립된 것을 안 것이다: 右異敎非儒專攻孔子, 知儒爲孔子所特創>

5. 공자가 유교를 창립 후 그 복장을 유복(儒服)이라고 하다 [孔子創儒後, 其服謂之儒服]

7-5-1[253]

노(魯)나라 애공(哀公)이 공자에게 "선생님의 복장이 유학자의 복장입니까?"라고 물었다. 공자가 대답했다. "저는 어려서는 노나라에 살면서

253_ 이하에서 인용한 『예기』「유행」편의 내용은 이 책의 제7권 제2절〈7-2-1〉에서 이미 인용했다. 자세한 주석은 앞의 내용을 참조 바람.

넓은 소매의 옷을 입었고, 자라서는 송(宋)나라에 살면서 장보관(章甫冠)을 썼습니다. 제가 듣건대, 군자의 학문은 박학해야 하고, 군자의 복장은 자기 고향의 복장을 입는다고 하는데, 저는 [이러한 복장이] 유학자의 옷인지는 잘 모르겠습니다."(『예기』「유행」)

魯哀公問于孔子曰, "夫子之服, 其儒服與?" 孔子對曰, "丘少居魯, 衣縫掖之衣, 長居宋, 冠章甫之冠. 丘聞之也, 君子之學也博, 其服也鄉, 丘不知儒服."(『禮記』「儒行」)

康7-15

유학자의 복장 중에 옷은 노나라의 제도를 따랐고, 관은 송나라의 제도를 따랐으니, 유학자의 복장이 유래한 것도 은(殷)나라의 수레와 주(周)나라의 면류관[을 함께 사용하는 것]과 같이, [두 나라의 복장 제도를] 한데 모아서 이루어진 것임을 알 수 있다.[254] 애공이 누군가에게 유학자의 복장이라는 명칭이 있다는 소리를 듣고 질문했는데, 공자는 고향의 복장에 가탁하여 대답했다. 그런데 조선(朝鮮)의 옷을 입고, 청나라의 관을 쓰면서, 비록 태어나고 자란 곳이 달라서, 옷차림이나 복장의 형식이 뒤섞여 있더라도,[255] 진실로 새롭게 만든 것이 아니라면 이도저도 아니라고 느낄 것이다.

儒服, 衣因魯制, 冠因宋制, 可考見儒服所自來, 亦如殷輅・周冕, 合

254_ 『논어』「위령공(衛靈公)」편에 다음과 같은 내용이 보인다. "안연이 나라를 다스리는 방법에 대해 물었다. 공자가 대답했다. '하나라의 역법을 시행하고, 은나라의 수레를 타며, 주나라의 면류관을 착용하고, 음악은 [순임금의] 소무(韶舞)를 사용한다'[顔淵問爲邦. 子曰, '行夏之時, 乘殷之輅, 服周之冕, 樂則韶舞.']" 정치를 하면서 각 나라의 좋은 것을 합쳐서 사용한 것과 같이, 유학자의 복장도 여러 나라의 복장 제도를 합쳐서 만들어진 것이라는 의미이다.

255_ 장속(裝束)은 몸을 치장하는 것으로, 옷차림이나 복장의 형식을 말한다. 잡답(雜遝)은 어지럽게 뒤섞인 모양으로, 복장의 형식이나 제도가 여러 가지로 뒤섞인 것을 말한다.

集而成. 哀公蓋聞人有儒服之名而問之, 孔子託于鄕服而答之. 然衣朝鮮之衣, 冠本朝之冠, 雖生長異地, 而裝束雜遝, 苟非創制, 亦覺不倫矣.

7-5-2

공자가 대답했다.[256] "[선비는] 오늘날의 세상에 살면서 옛날의 도에 뜻을 두고, 오늘날의 풍속에 거처해 살면서 옛날의 복장을 입습니다. 이렇게 살면서[257] 잘못된 짓을 하는 자는 또한 드물지 않겠습니까?" 애공(哀公)이 말했다. "그렇다면 지금 저 장보관(章甫冠)을 쓰고, 네모난 신을 신으며, 큰 띠를 허리에 차고, 홀을 허리띠에 꽂은 자,[258] 이들은 모두 어진 사람입니까?"(『대대례기』「애공문오의」)

孔子對曰, "生乎今之世, 志古之道, 居今之俗, 服古之服. 舍此而爲非者, 不亦鮮乎?" 哀公曰, "然則今夫章甫·句屨·紳帶而搢笏者, 此皆賢乎?"(『大戴禮記』「哀公問五義」)

康7-16

장보관(章甫冠)을 쓰고, 네모난 신을 신으며, 큰 띠를 허리에 차고, 홀을 허리띠에 꽂는 것은 공자가 개정한 유학자의 복장이다. 『효경(孝經)』에

256_ 애공(哀公)이 선비 중에서 어떠한 사람을 취하여 정치를 해야 하는지 질문한 것에 대한 공자의 대답이다.

257_ 사(舍)는 『대대례기휘교집주(大戴禮記彙校集注)』에서 우창(于鬯)이 '여(如)'와 같다고 했는데, 황회신(黃懷信)은 '거(居)'의 뜻이라고 했다. 여기에서는 황회신의 주장에 따라서 번역했다.

258_ 장보관(章甫冠)은 은(殷)나라 때의 관 이름인데, 공자가 쓴 후로 유학자의 관이 되었다고 한다. 구구(句屨)는 코에 장식이 달린 신 또는 네모난 신을 말한다. 신대(紳帶)는 사대부가 허리에 차는 큰 띠이다. 진홀(搢笏)은 홀을 허리띠에 꽂는 것이다.

서는 "선왕이 법으로 정한 복장이 아니면 감히 입지 않는다"[259]라고 했고, 『맹자』에서는 "요임금의 복장을 입는다"[260]라고 했으며, 여기에서는 "옛날의 복장을 입는다"라고 했다.

章甫·句屨·紳帶·搢笏, 蓋孔子所改定之儒服也. 『孝經』所謂"非先王之法服, 不敢服", 『孟子』所謂"服堯之服", 此所謂"服古之服".

7-5-3

노나라 애공이 공자에게 물었다. "큰 띠를 차고, 위모(委貌)[261]나 장보(章甫)와 같은 관을 쓰면 인(仁)에 보탬이 됩니까?"[262] 공자가 깜짝 놀라서[263] 말했다. "임금께서는 어째서 그러십니까?[264] 상복을 입고 지팡이를 짚은 사람[265]이 음악을 듣지 않는 것은 귀가 소리를 잘 듣지 못해서가 아니라, 복장이 그렇게 하도록 만든 것입니다. 예복을 입은 사람이 파나 마늘과 같은 냄새나는 채소를 먹지 않는 것[266]은 입이 맛을 잘 보지 못해서가 아니라, 복장이 그렇게 하도록 만든 것입니다. 또한 제가 듣기에, '시장에서 장사를 잘하는 사람은 값을 깎지 않고, 덕망이 있는

259_ 『효경』「경대부장(卿大夫章)」에 보인다.

260_ 『맹자』「고자 하(告子 下)」편에 "子服堯之服, 誦堯之言, 行堯之行, 是堯而已矣." 라는 기록이 보인다.

261_ 위모(委貌)는 검은 비단으로 만든 주나라 시대의 관이다.

262_ 이운구는 인(仁)을 인(人)자로 보고, "사람에게 이득이 되는가?"라고 해석했다.

263_ 축연(蹴然)은 깜짝 놀라서 안색이 변하는 것이다.

264_ 호연(號然)은 왕선겸이 호연(胡然)의 잘못이며, 『공자가어』에도 호연(胡然)으로 되어 있다고 했다. 호연(胡然)은 '어찌하여 그러한가'라는 뜻이다.

265_ 자(資)는 왕선겸이 자(齊)와 같다고 했다. 자최(齊衰)는 오복(五服)의 하나로, 굵은 생베로 만드는데, 아랫단을 좁게 접어서 꿰맨 상복이다. 일반적으로 상복을 의미한다. 저장(苴杖)은 상례 중에 짚는 대지팡이이다.

266_ 보의(黼衣)는 흑색과 백색을 섞어서 도끼 모양을 수놓은 예복이고, 불상(黻裳)은 청색과 흑색을 섞어 아(亞)자 모양을 수놓은 예복이다. 여훈(茹葷)은 파나 마늘과 같은 냄새나는 채소를 먹는 것을 말한다.

사람은 시장에서 장사를 하지 않는다'고 합니다.[267] 그것이 유익한지 무익한지를 잘 살펴본다면[268] 임금께서도 알 수 있을 것입니다."(『순자』「애공」)[269]

魯哀公問于孔子曰, "紳·委·章甫, 有益于仁乎?" 孔子蹴然曰, "君號然也? 資衰·苴杖者, 不聽樂, 非耳不能聞也, 服使然也. 黼衣黻裳者, 不茹葷, 非口不能味也, 服使然也. 且丘聞之, '好肆不守折, 長者不爲市.' 竊其有益與其無益, 君其知之矣.(『荀子』「哀公」)

康7-17

유학자들이 유학자의 복장을 새롭게 만들었는데, 당시 사람들 중에 비판하는 자가 많았다. 그 이유는 또한 도를 실천하는 것은 그 자체로 도를 실천하는 것이지, 복장을 괴이하게 바꿀 필요는 없다고 생각했기 때문이다. 그런데 그 복장은 바꾸어놓고 그 예악과 상복을 따르지 않는다면 사람들이 공격할 수도 있고, 만약 그 복장을 바꾸지 않으면 사람들이 예악과 상복의 제도를 회피할 수 있기 때문에 비난하지 않을 수도 있다. 이 중 무엇이 사실인지는 알 수가 없는 노릇이다. 이것이 바로 성인의 어쩔 수 없는 고심이었다. 따라서 달력을 고치고 복색을 바꾸는 제도를 세운 것이다. 불교에서도 또한 반드시 삭발을 하고, 가사(袈裟)를 입고 난 이후에 귀의하도록 한다.

儒者創爲儒服, 時人多有議之者. 亦以爲行道自行道, 無須變服之詭異. 豈知易其衣服, 而不從其禮樂喪服, 人得攻之, 若不易其服, 人得

267_ 호사(好肆)는 시장에서 장사를 잘 하는 사람이다. 절(折)은 값을 할인하여 깎는 것이다. 장자(長者)는 덕망이 있는 사람으로, 이운구는 부호(富豪)를 가리킨다고 했다. 시(市)는 시장에서 장사를 하는 것이다.

268_ 절(竊)은 왕선겸이 찰(察)이 되어야 한다고 했다.

269_ 『공자개제고』에는 편명이 「애공문(哀公問)」으로 되어 있다. 『예기』의 편명과 혼동이 된 것 같은데, 『순자』의 편명에 따라 고쳤다.

遁于禮樂喪服之外, 人不得議之? 此聖人不得已之苦心. 故立改正朔易服色之制. 佛亦必令去發, 衣袈裟, 而後皈依也.

7-5-4

자로(子路)는 성격이 거칠고, 용감함을 좋아하며, 의지가 굳고 곧았다. 수탉[의 깃털]로 만든 관을 쓰고, 수퇘지[의 가죽으로 만든 주머니]를 허리에 차고 다녔는데,[270] 공자를 업신여기면서 함부로 대했다. 공자가 예법으로 대우하여 조금씩 자로를 인도하자, 자로가 뒤에는 유학자의 복장을 하고 예물을 바치고,[271] 문인들을 통해서 제자가 되기를 청했다.(『사기』「중니제자열전」)

子路性鄙, 好勇力, 志伉直. 冠雄鷄, 佩豭豚, 陵暴孔子. 孔子設禮, 稍誘子路, 子路後儒服委質, 因門人請爲弟子.(『史記』「仲尼弟子列傳」)

康7-18

수탉[의 깃털]로 만든 관을 쓰고, 수퇘지[의 가죽으로 만든 주머니]를 허리에 차고 다녔다고 했으니, 춘추시대의 의복이 매우 괴이하며, 다른 사람이 하는 대로 따라했다는 것을 알 수 있다. 아마도 수탉의 깃털로 만든 관이 당시 용사(勇士)의 복장이었던 것 같다.

冠雄鷄, 佩豭豚, 可見春秋衣服甚詭, 聽人所爲. 或雄鷄之冠爲當時勇士之服乎.

270_ 가돈(豭豚)은 수퇘지이다. 『사기집해』에서 "수탉과 수퇘지는 모두 용감하고, 자로는 용감함을 좋아했기 때문에 관으로 쓰고 띠로 찼다"라고 했다.

271_ 위지(委質)는 처음 벼슬하는 사람이 군주에게 예물을 바쳐서 충성을 맹세하는 것이다. 예를 들어 죽은 꿩을 바치는 것은 군주에게 목숨을 바친다는 것을 표시한다.

7-5-5

공자가 제자들의 복장을 외형적으로 바꾸었다.[272](『염철론』「수로」)

孔子外變二三子之服.(『鹽鐵論』「殊路」)

康7-19

당시에 유교를 배우러 들어간 자들은 반드시 그 복장을 바꾸고 나서야 유학자라고 불렀다. 척 보면 알 수 있듯이, 지금 승려의 의복이 특수한 것과 대략 비슷하다.

當時凡入儒敎者必易其服, 乃號爲儒. 可望而識, 略如今僧道衣服之殊異矣.

7-5-6

공맹자(公孟子)가 장보관(章甫冠)을 쓰고, 홀(笏)을 허리띠에 꽂고, 유학자의 복장을 입고서 묵자를 만나 말했다. "군자는 복장을 잘 착용한 이후에 행동해야 합니까? 아니면 행동을 한 이후에 복장을 잘 입어야 합니까?"(『묵자』「공맹」)

272_ 이 내용은 본래 사람의 심성은 변하지 않는다는 주장을 하기 위해서 나온 구절이다. 즉 『염철론』「수로(殊路)」편에서 "본성은 강한 사람과 약한 사람이 있고, 외형은 잘 생긴 사람과 못 생긴 사람이 있다. 성인은 그것을 그대로 따라서 교육할 수는 있지만 고칠 수는 없다. 공자는 외형적으로는 제자들의 복장을 바꿀 수는 있었지만, 그들의 심성을 바꾸지는 못했다[性有剛柔, 形有好惡. 聖人能因而不能改. 孔子外變二三子之服, 而不能革其心.]"라고 했다. 그리고 이 내용의 뒷부분에서 자로(子路)가 비록 공자의 문하에 들어갔지만, 그의 강건하고 조야한 심성은 바뀌지 않았고, 공자도 그가 제명에 죽지 못할 것을 예언한 내용과 재여(宰予)가 낮잠을 자고 삼년상을 줄이려고 주장하다가 공자에게 야단을 맞는 사례 등을 통하여, 아무리 공자의 교육을 받더라도 본래의 심성은 변하지 않는다고 주장했다.

公孟子戴章甫, 搢笏, 儒服而以見子墨子曰, "君子服然後行乎? 其行然後服乎?"(『墨子』「公孟」)

康7-20

공맹(公孟)은 공자의 후학이었기 때문에 유학자의 복장을 입었다. 유학자의 복장[에 대해 말한 것]이 백여 조목인데, 모두 장보관(章甫冠)을 쓰고, 네모난 신을 신으며, 소매가 넓은 옷을 입고 홀을 허리띠에 꽂은 모습이다.

公孟蓋孔子後學, 故儒服. 凡儒服者百數條, 皆章甫, 句屨, 逢掖, 搢笏.

7-5-7

장자가 노나라 애공(哀公)을 만났는데,[273] 애공이 말했다. "노나라에는 유학자가 많은데, 선생의 도술을 공부하는 자는 적습니다." 장자가 "노나라에는 유학자가 적습니다"라고 말하자, 애공이 "노나라 전체가 유학자의 복장을 입은 사람들인데, 어째서 적다고 말합니까?"라고 물었다. 장자가 대답했다. "제가 들으니, 유학자가 둥근 모양의 관을 쓰는 것은 [둥근] 하늘의 때를 안다는 의미이고, 네모난 신발[274]을 신는 것은 [네모난] 땅의 형태를 안다는 의미이자 지형을 잘 아는 것을 상징하며, 패옥을 끈으로 매어 허리에 차는 것[275]은 일이 생겼을 때 결단하는 것

273_ 『장자금주금역』에서 인용한 성현영은 "장자는 육국(六國) 시대의 사람으로, 위(魏)나라 혜왕(惠王), 제(齊)나라 위왕(威王)과 같은 시대이며, 노나라 애공과는 120년의 거리가 있으니, 노나라 애공을 만난 것은 우언(寓言)이다"라고 했다.

274_ 구구(句屨)는 코에 장식이 달린 신발인데, 『장자금주금역』에서 인용한 이이(李頤)의 주에서는 구(句)를 방(方)이라고 하여, 네모난 신발로 풀이했다.

275_ 완(緩)은 마서륜이 수(綬)의 잘못이라고 했는데, 패옥이나 도장을 찰 때 매는 끈

을 의미한다고 합니다. 군자가 그 도를 소유했다고 해서 반드시 그 복장을 입는 것은 아니며, 그 복장을 입은 자라고 해서 반드시 그 도를 아는 것은 아닙니다. 임금께서 진실로 그렇지 않다고 여기신다면 어찌 나라 안에 '이러한 유학자의 도를 소유하지 않으면서도 이러한 유학자의 복장을 입는 자는 그 죄가 사형에 해당된다'고 명령을 내려보지 않습니까?" 이에 애공이 명령을 내린 지 5일이 지나자, 노나라 안에 감히 유학자의 복장을 입은 자가 없었다. 그런데 유독 한 사람의 장부가 유학자의 복장을 입고 궁궐 문 앞[276]에 서 있었다. 애공이 곧바로 불러서 국사에 대해 물어보니, 그의 답변이 변화무쌍하여 막힘이 없었다. 장자가 말했다. "노나라 전체에 유학자는 한 사람뿐이니, 많다고 말할 수 있겠습니까?"(『장자』「전자방」)

莊子見魯哀公, 哀公曰, "魯多儒士, 少爲先生方者." 莊子曰, "魯少儒." 哀公曰, "擧魯國而儒服, 何謂少乎?" 莊子曰, "周聞之, 儒者冠圜冠者, 知天時, 履句屨者, 知地形, 緩佩玦者, 事至而斷. 君子有其道者, 未必爲其服也, 爲其服者, 未必知其道也. 公固以爲不然, 何不號于國中曰, '無此道而爲此服者, 其罪死.'" 于是, 哀公號之五日, 而魯國無敢儒服者. 獨有一丈夫儒服而立乎公門. 公卽召而問以國事, 千轉萬變而不窮. 莊子曰, "以魯國而儒者一人耳, 可謂多乎?"(『莊子』「田子方」)

康7-21

『장자』에는 본래 우언(寓言)이 많지만, 노나라 사람들이 공자의 교설에 교화되어 노나라 전체가 모두 유학자의 복장을 입었으니, 당시에 실제 있었던 사실이다.

이다. 결(玦)은 한쪽이 끊어진 고리 모양의 패옥이다.

276_ 공문(公門)은 임금이 사는 궁궐의 맨 바깥쪽 궁문(宮門)을 가리킨다.

『莊子』固多寓言, 而魯人化孔子之敎, 擧魯國皆儒服, 則當時實事矣.

7-5-8

전찬(田贊)[277]이 유학자의 옷을 입고 형(荊)나라 왕을 만났는데, 형나라 왕이 "선왕의 옷이 어찌 그리 추악한가?"라고 말했다.[278](『신서』「잡사」)

田贊衣儒衣而見荊王, 荊王曰, "先生之衣, 何其惡也?"(『新序』「雜事」)

7-5-9

지금 선생께서 기어이 유학자의 옷을 입고 왕을 뵙는다면, 일이 반드시 크게 어긋날 것입니다.[279](『장자』「설검」)

今夫子必儒服而見王, 事必大逆.(『莊子』「說劍」)

康7-22

당시의 새로운 교설과 특이한 복장에 대해, 그것을 지극히 존숭하는 자도 있었고, 그것을 지극히 싫어하는 자도 반드시 있었으니, 후세의 승려들이 그랬던 것과 대략 같다. 유학자로서 왕을 알현할 때는 반드시 유학자의 옷을 입은 것은 마치 지금의 승려들이 임금이나 귀인(貴

277_ 전찬(田贊)은 전국시대 초(楚)나라 사람인데, 자세한 사적은 보이지 않는다.

278_ 「잡사」편에 의하면, 전찬이 왕의 이 말에 대해, 전쟁을 좋아하는 왕을 풍자하여, "겨울에는 춥고, 여름에는 더워서 옷 중에서 갑옷보다 더 추악한 옷은 없다"라고 대답하자, 왕이 아무 말도 하지 못했다고 한다.

279_ 「설검」편에 의하면, 조(趙)나라 문왕(文王)이 검(劍)을 너무 좋아하여 나라가 쇠퇴하는 지경에까지 이르자, 태자가 왕을 설득하기 위해 장자를 초빙했다. 이때 장자는 유학자의 옷을 입고 왔는데, 세자가 "지금 선생께서 기어이 유학자의 옷을 입고 왕을 뵙는다면 일이 반드시 크게 어긋날 것입니다"라고 하자, 장자가 검복(劍服)으로 갈아입고 왕을 만났다는 이야기이다.

人)을 만날 때 또한 가사(袈裟)를 입는 것과 같다.

當時新敎異服, 有極尊之者, 必有極惡之者, 略如後世僧道然. 爲儒見王, 必衣儒服, 如今僧見君上及貴人, 亦衣袈裟也.

7-5-10

자고(子高)[280]가 긴 옷섶을 끌고, 넓은 옷소매를 휘저으며, 나무로 만든 신을 신고,[281] 손에는 큰 부채를 들고서[282] 평원군(平原君)을 알현했다. 평원군이 "그대도 유학자의 옷을 입는가?"라고 묻자, 자고가 "이것은 일반 백성들이 입는 옷이지, 유학자의 옷이 아닙니다. 유학자의 옷은 한 가지가 아닙니다"라고 대답했다. 평원군이 "청컨대 그대가 그것에 대해 말해 달라"라고 하자, 자고가 대답했다. "유학자가 지위에 있으면서 도를 행할 때는 곤면(袞冕)[283]의 복장이 있고, 군대를 통솔할 때는 갑옷과 투구의 복장이 있으며, 평상시 조용히 걸을 때는 제가 입은 것과 같은 복장이 있습니다. 따라서 한 가지가 아니라고 말한 것입니다." 평원군이 "유(儒)라는 명칭은 어디에서 취한 것인가?"라고 묻자, 자고가 대답했다. "모든 장점을 포괄하고, 육예(六藝)를 겸비하여, 움직이고 고요함이 중도(中道)를 잃지 않는 것에서 취한 것입니다."(『공총자』「유복」)

子高衣長裾, 振褒袖, 方屐粗翣, 見平原君. 君曰, "吾子亦儒服乎?" 子高曰, "此布衣之服, 非儒服也. 儒服非一也." 平原君曰, "請吾子言之." 答曰, "夫儒者, 居位行道, 則有袞冕之服, 統御師旅, 則有介冑之服, 從容徒步, 則有若穿之服. 故曰非一也." 平原君曰, "儒之爲名, 何

280_ 자고(子高)는 공자의 6세손으로 알려진 공천(孔穿)의 자(字)이다.

281_ 방극(方屐)은 본래 나무로 만든 신발을 가리키는데, 후에는 의미가 확대되어 가죽으로 만든 신발을 지칭하였다.

282_ 조삽(粗翣)은 거친 베로 만든 부채를 말한다.

283_ 곤면(袞冕)은 곤의(袞衣)와 관면(冠冕)을 가리키는데, 고대 제왕(帝王)과 사대부들의 예복(禮服)을 가리킨다.

取爾?" 子高曰, "取包衆美, 兼六藝, 動而不失中道."(『孔叢子』「儒服」)

7-5-11

숙손통(叔孫通, ?~?)[284]이 유학자의 옷을 입자, 한고조(漢高祖, B.C.206~B.C.195)가 그것을 싫어했다. 이에 그 옷을 바꾸어 길이가 짧은 옷을 입었는데, 그것은 초(楚) 지역의 복식 제도였다.(『사기』「유경숙손통열전」)

叔孫通儒服, 漢王憎之. 乃變其服, 服短衣, 楚制.(『史記』「劉敬叔孫通列傳」)

康7-23

풍(豐) 땅과 패(沛) 땅은 초(楚) 지역에 속해 있었고, 한고조는 초(楚) 지역 사람이었다. 숙손통은 아첨하는 말로 순종하여 자신의 안위를 추구했기 때문에[285] 초 지역의 복식 제도에 맞춘 옷을 입었다. 그렇다면 한고조부터 문제(文帝, B.C.180~B.C.157)와 경제(景帝, B.C.157~B.C.141)에 이르는 5대[286] 100년 동안, 소하(蕭何, ?~B.C.193)[287]와 조참(曹參, ?~B.C.190)[288] 등 조정

284_ 숙손통(叔孫通)은 전한시대 노국(魯國) 설(薛) 땅 사람이다. 항량(項梁)과 항우(項羽)를 섬기다가 후에 유방(劉邦)에게 가서 박사를 지냈다. 유방이 황제를 칭하자, 숙손통은 유방에게 노(魯)의 제생과 제자들을 뽑아 함께 조정의 의례를 세울 것을 건의했다. 고조(高祖) 7년(B.C.200)에 장락궁(長樂宮)이 완성되어 제후와 여러 신하들의 조하(朝賀)를 조정의 의례절차에 따라 하자, 엄숙하지 않은 사람이 없었다고 한다. 후에 태자태부(太子太傅)가 되었다.

285_ 취용(取容)은 남의 뜻을 거스르지 않고 순종하여 자신을 편안하게 하는 것이다. 『여씨춘추』「잡극(雜劇)」편에 "人臣以不爭持位, 以聽從取容."이라는 말이 보인다.

286_ 5대는 고조(高祖)·소제(少帝)·혜제(惠帝)·문제(文帝)·경제(景帝)를 가리킨다.

287_ 소하(蕭何)는 전한 사수(泗水) 패(沛) 땅 사람이다. 유방(劉邦)을 따라 관중에 들어갔을 때 진(秦)나라 상부(相府)의 율령(律令)과 도서(圖書)를 입수하고 소장했다가, 후에 한나라의 기틀을 세우는 데 중요한 역할을 했다. 유방이 한중(漢中)의

을 가득 채웠던 수많은 신하들이 모두 초 지역의 복식제도에 맞춘 옷을 입었을 것이다. 『사기』와 『한서』는 유학이 크게 성행한 이후에 지어졌기 때문에 대부분 옛 제도를 없애버리고 말하지 않았다. 지금 사람들은 경전을 읽는 것에 이미 익숙해져서 그 까닭을 잊은 채 소홀히 다루면서, 길이가 긴 옷이 옛날부터 모두 그러했다고 생각하니, 어찌 공자가 유학자의 옷을 창시하면서 윗도리와 아랫도리, 품이 크고 소매가 넓은 옷을 제작하고서야, 이에 길이가 긴 옷이 생겨났다는 것을 알겠는가? 『할관자(鶡冠子)』에서는 제(齊)나라와 노(魯)나라에서 홀(笏)을 허리띠에 꽂은[289] 무리들은 모두 길이가 긴 옷을 입었다고 말했고,[290] 『공총자(孔叢子)』에서는 자고(子高)가 긴 옷섶을 휘저었다고 말했다. 그렇다면 제나라와 노나라 이외에는 대부분 길이가 짧은 옷을 입었던 것이다. 초나라는 약오(若敖, 재위 B.C.790~B.C.764)와 분모(蚡冒, 재위 B.C.757~B.C.741)가 처음으로 산림(山林)을 개척한 이래로,[291] 나라를 연 지가 불과 수백

왕이 되어 그를 승상으로 삼았다. 유방이 황제가 된 후에 공적을 논하면서 소하의 공을 으뜸으로 삼아 찬후(酇侯)에 봉했다.

288_ 조참(曹參)은 전한 사수(泗水) 패(沛) 땅 사람이다. 진나라 말기에 소하(蕭何)와 함께 유방을 따라 봉기하여 자주 전공을 세웠다. 고조 6년(B.C.201)에 평양후(平陽侯)에 봉해졌다.

289_ 천신(薦紳)은 진신(縉紳)과 같은 뜻으로, 홀(笏)을 큰 띠인 신(紳)에 꽂는 것을 말한다. 공경(公卿) 및 고급관리들이 착용했다.

290_ 현행본 『할관자』에는 이 내용이 보이지 않는다.

291_ 약오(若敖)와 분모(蚡冒)는 초나라의 선군(先君)으로, 두 사람 모두 근검한 생활을 하면서 국토를 개척한 인물로 알려져 있다. 초나라에서는 백성들에게 항상 근검하면서 노력해야 함은 훈계할 때, 이 두 사람을 거론했다고 한다. 『좌씨전』 「선공(宣公)」 12년에 "[초나라에서는] 약오와 분모가 섶나무 수레를 타고, 낡고 헤진 옷을 입고서 산림을 개척한 일로 백성들을 가르치면서, '백성의 생계는 부지런하고 근면함에 달려 있으니, 부지런하고 근면하면 생계가 궁핍해지지 않는다'라고 훈계했다[訓之以若敖·蚡冒, 篳路藍縷, 以啓山林, 箴之曰, '民生在勤, 勤則不匱.']"라는 기록이 보인다. 또한 「소공(昭公)」 12년에도 "옛날 우리 선왕 웅역이 형산에 머물 때, 초라한 수레와 남루한 옷으로 수풀에 거처했다[昔我先王熊繹辟在荊山, 篳路藍縷以處草莽.]"라는 기록이 보인다. 여기에서 '초라한 수레와 남루한 옷'을 의미하는 필로남루(篳路藍縷)는 새로운 일을 시작할 때의 어려움을 의미하는 성

년에 지나지 않아서, 야생의 옛 풍속과 그다지 멀리 떨어져 있지 않았다. 오나라와 월나라는 여전히 머리를 자르고 몸에 문신을 하고, 옷을 취해 몸을 가릴 정도였는데, 어찌 긴 윗도리와 폭이 넓은 아랫도리로써 스스로를 꾸밀 수 있었겠는가? 초나라 영왕(靈王)이 사치스러웠지만,[292] 진(秦)나라에서 보낸 짐승의 털로 만든 옷을 입은 것에 불과할 뿐이었다.[293] 지금 서양의 길이가 짧은 옷은 단지 우리 초나라의 옛날 복식제도에 지나지 않는다. 그런데 저 선교사들도 오히려 길이가 긴 옷을 숭상하니, 일반적으로 교육을 받은 사람은 길이가 긴 옷을 귀하게 여기지 않음이 없다.

豐·沛隸楚, 漢高是楚人. 叔孫通媚說取容, 故服楚制. 然則漢高至文·景, 五世百年, 及蕭·曹群臣, 盈庭皆楚制矣. 『史』·『漢』作于儒術大盛之後, 多沒舊制而不道. 今人讀經旣熟, 忘忽其故, 以爲長衣, 乃從古皆然, 豈知孔子創儒服, 制爲衣裳, 褒衣逢掖, 乃有長衣耳? 『鶡冠子』齊·魯薦紳之徒, 皆肆長衣, 『孔叢子』子高振長裾. 然則自齊·魯之外, 多短衣矣. 楚自若敖·蚡冒始啓山林, 開闢不過數百年, 去野番舊俗不遠. 吳·越尙斷發文身, 取[294]蔽體, 豈能爲長衣廣裳以自文飾? 楚靈奢侈, 不過取資秦之復陶耳. 今泰西短衣, 不過如吾楚制之舊. 然彼敎士猶尙長衣, 則凡有敎之人, 莫不以長衣爲貴矣.

어로 인용된다.

292_ 초나라 영왕은 원래의 이름이 위(圍)였는데, 즉위 후에 웅건(熊虔)으로 이름을 고쳤다. 그는 사치가 극도에 달해 장화궁(章華宮)을 지었다고 전해진다.

293_ 복도(復陶)는 진(秦)나라에서 보낸 짐승의 털로 만든 옷을 말한다. 『좌씨전』「소공(昭公)」 12년에 "눈이 내리자, 초나라 영왕은 가죽으로 만든 관을 쓰고, 진나라에서 보낸 짐승의 털로 만든 옷을 입고, 비취새의 깃털로 장식한 겉옷을 걸치고, 표범 가죽으로 만든 신을 신고, 채찍을 손에 쥐고 밖으로 나왔다[雨雪, 王皮冠, 秦復陶, 翠被, 豹舃, 執鞭以出.]"라는 기록이 보인다.

294_ 중국인민대학출판사본(2007)의 교열에 의하면, 취(取)자 뒤에 의(衣)자가 빠진 것 같다.

7-5-12

애초에 패공(沛公)[295]이 군사를 이끌고 진류(陳留)를 지날 때, 역생(酈生, ?~B.C. 204)[296]이 군문(軍門)까지 따라와 패공을 만나기를 청하면서 다음과 같이 말했다. "고양(高陽)의 천민 역이기(酈食其)는 패공께서 더위와 찬 이슬을 무릅쓰고, 군사를 거느리고 초나라를 도와 의롭지 못한 진(秦)나라를 토벌한다고 들었습니다. 삼가 따르는 자들을 위로하고 패공을 만나 뵙고서 천하 대사에 대해 말씀드리길 원합니다." 사자(使者)가 들어가 패공에게 전하니, 패공이 마침 다리를 씻고 있다가 사자에게 "어떤 사람인가?"라고 물었다. 사자가 "그 겉모습이 대유(大儒)와 같은데, 유학자의 옷을 입고, 측주관(測注冠)[297]을 썼습니다"라고 대답하니, 패공이 "나 대신 그에게 사과하고, 나는 지금 천하의 일로 바빠서 유학자를 만나볼 겨를이 없다고 전하라"라고 말했다.(『사기』「역생육가열전」)

初, 沛公引兵過陳留, 酈生踵[298]軍門, 上謁曰, "高陽賤民酈食其, 竊聞沛公暴露, 將兵助楚討不義. 敬勞從者, 願得望見, 口畫天下便事." 使者入通, 沛公方洗, 問使者曰, "何如人也?" 使者對曰, "狀貌類大儒, 衣儒衣, 冠側注." 沛公曰, "爲我謝之, 言我方以天下爲事, 未暇見儒人也."(『史記』「酈生陸賈列傳」)

295_ 패공(沛公)은 한나라 유방(劉邦)을 말한다. 진(秦)나라 2세 원년에 패현(沛縣)의 부로(父老)들이 패현의 현령(縣令)을 죽이고, 유방을 패공(沛公)으로 옹립했다. 당시 초나라 사람들은 현령을 공(公)이라고 불렀다고 한다.

296_ 역생(酈生)은 진나라 말기의 진류(陳留) 고양(高陽) 사람으로, 이름은 이기(食其)이다. 한고조 유방의 참모로 한나라의 통일에 크게 기여했다. 제왕(齊王) 전광(田廣)에게 한나라에 복속할 것을 설득하기 위해 제나라에 머물렀다가 살해되었다. 그가 죽자 유방은 매우 애석해하여, 천하를 통일한 이후에 그를 기리기 위하여 그의 아들인 역개(酈疥)를 고량후(高粱侯)로 봉하고, 무수(武遂)를 식읍으로 주었다고 한다.

297_ 측주관(側注冠)은 앞이 아래로 처진 관(冠)으로 선비들이 쓰는 관이다.

298_ 종(踵)이 『공자개제고』에는 알(謁)로 되어 있는데, 『사기』 원문에 따라 고쳤다.

7-5-13

역생(酈生)이 유학자의 옷을 입고, 한왕(漢王)에게 가서 유세했다고 하는데, 이는 잘못된 것이다.(『사기』「역생육가열전」)

酈生被儒衣往說漢王, 乃非也.(『史記』「酈生陸賈列傳」)

7-5-14

말을 모는 병사가 말했다. "패공은 유학자를 좋아하지 않기 때문에 모든 손님 중에 유학자의 관을 쓰고 오는 자가 있으면, 패공은 갑자기 그 관을 풀어서 그 안에 오줌을 눕니다. 다른 사람과 이야기할 때 항상 크게 욕을 하니, 유학자로서 유세하는 것은 좋지 못합니다."(『사기』「역생육가열전」)

騎士曰, "沛公不好儒, 諸客[299]冠儒冠來者, 沛公輒解其冠, 溲溺其中. 與人言, 常大罵, 未可以儒生說也."(『史記』「酈生陸賈列傳」)

康7-24

한고조는 일개 무뢰한(無賴漢)이었을 뿐만 아니라, 또한 멀리 패와 풍 지역에 살았기 때문에 공자의 큰 도를 알지 못했으니, 마치 내 고향 사람이 아침 일찍 일어나서 스님을 만났는데, 그가 고승(高僧)인지의 여부는 따지지 않고, 상서롭지 못하다고 갑자기 침을 뱉는 것과 같다. 그 이후에 [한고조가] 역이기(酈食其)와 육가(陸賈, B.C.240~B.C.170)[300]에 의해

299_ 객(客)이 『공자개제고』에는 후(侯)로 되어 있는데, 『사기』 원문에 따라 고쳤다.

300_ 육가(陸賈)는 한나라 초기 초(楚) 지역 사람이다. 그는 한고조의 명으로 남월(南越) 지역에 사신으로 가서, 남월왕 조타(趙佗)에게 신하로 자칭할 것을 설득했고, 돌아와서는 태중대부(太中大夫)에 제수되었다. 그는 초기 유학사상의 발전에 중요한 역할을 했는데, 한고조에게 "말 위에서 천하를 얻을 수는 있지만, 어찌 말 위

교화되어, 노(魯) 지역을 지나면서 소·양·돼지의 희생을 제물로 갖추어 놓고 공자를 제사지낸 것[301]은 유학을 중시했기 때문이다.

漢高是一無賴子, 又遠處沛·豐, 不知孔子之大道, 猶吾鄉人曉起見僧, 輒唾爲不祥, 不論其爲高僧與否也. 其後爲酈·陸所化, 過魯能以太牢祀孔子, 則重儒矣.

7-5-15

대체로 유학자의 복장은 선왕의 복장이다.(『신서』「잡사」)

夫儒服, 先王之服也.(『新序』「雜事」)

7-5-16

[담당 관리가] 장수왕(張壽王)이 800석(石)의 녹봉을 다스리고, 옛날의 대부로서 유학자의 옷을 입는다고 탄핵했다.[302](『한서』「율력지」)

劾壽王吏八百石, 古之大夫服儒衣.(『漢書』「律曆志」)

에서 천하를 다스릴 수 있겠습니까?"라고 하여, 유학의 지위를 향상시키는 데 크게 기여했다. 저서로는 『신어(新語)』가 있다.

301_ 『사기』「공자세가」에 "高皇帝過魯, 以太牢祠焉."이라는 기록이 보인다. 태뢰(太牢)는 소, 양, 돼지 등 세 가지 희생물을 갖추어 지내는 성대한 제사이다.

302_ 장수왕(張壽王)은 전한 소제(昭帝) 때의 태사령(太史令)이다. 『한서』「율력지」에 의하면, 한나라의 역법은 무제 이후에는 「태초력(太初曆)」을 사용했는데, 소제(昭帝) 원봉(元鳳) 3년(B.C.78)에 당시 태사령(太史令)이었던 장수왕이 역법이 부정확하다고 여겨 상주문을 올려서 한나라 초기에 사용하던 「조율력(調律曆)」을 회복할 것을 요구했다. 이때 담당 관리가 "장수왕이 800석의 녹봉을 다스리고, 옛날의 대부로서 유학자의 옷을 입고, 상서롭지 못한 말을 외우고, 요망한 말을 만들어 제도를 어지럽히려고 하니, 무도하다"라고 탄핵했다고 한다. 당시 태사령의 녹봉은 600석이었다고 한다.

康7-25

한나라는 무제(武帝, B.C.147~B.C.87) 때에 이르러서야 유교가 사상을 통일하여 오경(五經)을 왕성하게 암송했다. 따라서 옛날의 대부로서 유학자의 옷을 화려하게 입었다고 여긴 것이다.

漢至武帝時, 儒敎一統, 盛誦五經. 故以爲古之大夫盛服儒衣也.

7-5-17

문학(文學)[303]의 옷자락이 큰 옷과 넓은 허리띠는 주공(周公)의 복장을 몰래 모방한 것이고, 몸을 굽히고 공경스러운 모습을 하는 것[304]은 공자의 용모를 몰래 모방한 것이다.(『염철론』「이의」)

文學褒衣博帶, 竊周公之服, 鞠躬踧踖, 竊仲尼之容.(『鹽鐵論』「利議」)

康7-26

한나라 무제 이후에 유학이 사상을 통일하여 국교(國敎)가 되자, 현량(賢良)과 문학(文學)이 옷자락이 큰 옷과 넓은 허리띠를 차서 유학자의 복장을 다른 사람과 구분되는 복장으로 삼았다.[305]

漢武之後, 儒旣一統爲國敎, 賢良文學, 褒衣博帶, 以儒服爲章服矣.

303_ 문학(文學)은 관직의 이름으로, 당시 대부들과 염철에 대한 토론을 벌였던 사람들이다. 한대에 주군(州郡)과 왕국(王國) 등에 이 관직을 설치했는데, 문학연(文學掾) 또는 문학사(文學史)라고도 한다.

304_ 『논어』「향당」편에 "入公門, 鞠躬如也. … 復其位, 踧踖如也."라는 말이 보인다. 축적(踧踖)은 공경하여 편하게 여기지 못하는 모습이다.

305_ 장복(章服)은 식별할 부호가 있는 옷으로, 여기에서는 다른 사람과는 구별되는 유학자의 독특한 복장을 말한다.

7-5-18

유학자의 옷을 입고 유학자의 관을 쓰고도 유학자의 도리를 실행하지 않는다면, 진정한 유학자가 아니다.(『염철론』「자의」)

衣儒衣, 冠儒冠, 而不能行其道, 非眞儒也.(『鹽鐵論』「刺議」)

康7-27

자하(子夏)가 공자의 교설을 따를 때, 공자는 이미 군자의 유학자와 소인의 유학자를 구별했다.[306] 그를 따르는 무리들이 많아져서, 비록 그 교설을 따르고 그 복장을 입더라도 그 도리를 실행하지 않는 자들이 진실로 많았으니, 마치 지금의 승려들이 승복(僧服)[307]을 입고도 계율(戒律)을 지키지 않는 것과 같다. 당시에 그것을 비난했기 때문에 진정한 유학자가 아니라고 여긴 것이다.

子夏從孔子之敎時, 孔子已有君子儒·小人儒之別. 從者旣多, 雖從其敎, 服其服, 而不行其道者固多, 如今僧穿衲衣而不守戒法. 當時議之, 故以爲非眞儒也.

7-5-19

의관(衣冠)은 향리(鄕里)의 사람들과 다른 데가 있다.[308](『염철론』「상자」)

306_ 『논어』「옹야」: 子謂子夏曰, "女爲君子儒. 無爲小人儒."

307_ 납의(衲衣)는 승려들이 입는 옷을 말한다.

308_ 「상자」편에 의하면, 대부들이 문학을 포함한 유학자를 비판하면서 다음과 같이 말했다. "옛날의 도를 마음속에 품고 있지만 실행하지 못하고, 말은 곧지만 행동은 굽으며, 도는 옳지만 실정은 틀리다. 의관은 향리의 사람들과 다른 데가 있지만, 실은 보통 사람들과 다름이 없다[懷古道而不能行, 言直而行枉, 道是而情非, 衣冠有以殊於鄕曲, 而實無以異於凡人.]" 향곡(鄕曲)은 고대에 백성으로 구성된 기초

衣冠有以殊于鄕曲.(『鹽鐵論』「相刺」)

康7-28

한고조는 일찍이 유학자의 관(冠)에 오줌을 눈 일이 있었는데,[309] 대체로 유학자의 의관은 남달라서 척 보면 알 수 있었다.

漢高尙有溺儒冠事, 蓋儒者衣冠殊異, 一望可知.

7-5-20

진현관(進賢冠)은 옛날의 치포관(緇布冠)이며,[310] 학문하는 유학자들의 복장이다.(『후한서』「여복지」)

進賢冠, 古緇布冠也, 文儒者之服也.(『後漢書』「輿服志」)

康7-29

한나라 시대에는 공자의 제도를 채용했다. 치포관은 바로 현관(玄冠),[311] 또는 장보관(章甫冠)이다. 공자가 처음으로 만든 유학자의 관이 이 시대에 이르러 천하에 유행한 것이다.

漢世用孔子之制. 緇布冠, 卽玄, 卽章甫. 孔子所創之儒冠, 至是行于

단위로, 향리나 농촌을 말한다.

309_ 『사기』「역생육가열전(酈生陸賈列傳)」: 騎士曰, "沛公不好儒諸, 客冠儒冠來者, 沛公輒解其冠, 溲溺其中. 與人言, 常大罵, 未可以儒生說也."

310_ 진현관(進賢冠)은 황제를 알현할 때 쓰는 예모의 한 가지이다. 원래는 유학자들이 쓰던 것인데, 당나라 때에는 백관이 모두 착용했다. 치포관(緇布冠)은 선비와 서인이 착용했던 관 중의 하나로, 관례를 행할 때 처음 이 관을 쓰고, 다음에 피변(皮弁)과 작변(爵弁)을 착용했다.

311_ 현관(玄冠)은 관복을 입을 때 쓰는 검은 관이다.

天下.

7-5-21

유학자의 옷과 책을 빌려서 그 옷을 입고 그 책을 읽으면서 석 달 동안 돌려주지 않으면 누가 [그 사람을] 유학자가 아니라고 말하겠는가?(『법언』「효지」)

假儒衣書, 服而讀之, 三月不歸, 孰曰非儒也?(『法言』「孝志」)

康7-30

당시에 유가의 책을 읽으면 반드시 유학자의 복장을 입었다고 말하니, 유학자인지의 구별은 단지 그 책에만 있는 것이 아니라, 또한 그 복장에도 있었다. 지금 가사(袈裟)를 입고, 불경을 암송하는 자는 곧 승려이다. 만약 삭발을 하지 않고, 가사(袈裟)를 입지 않으면서 단지 불교의 경전만을 읽는다면 천하에서 그를 승려로 지목하는 자는 결코 없을 것이다. 성스러운 자가 법을 세울 때, 그 외부의 형식을 제도화하여 그 내면을 기르게 한다. 따라서 외부의 관복(冠服)도 중요하다.

當時讀儒書, 必言服儒服, 則儒者之辨不僅在其書, 幷在其服矣. 今衣袈裟, 而誦佛書, 是僧也. 若不剃發, 不衣袈裟, 而僅讀佛典, 天下斷無有目爲僧者. 聖者之立法, 制其外以養其內, 故外之冠服, 亦甚巨矣.

<이상 공자가 유교를 창립한 후 그 복장을 유복(儒服)이라고 하다: 右孔子創儒後, 其服謂之儒服>

6. 공자가 유교를 창립한 후 그 책을 유서(儒書)라고 하다 [孔子創儒後, 其書謂之儒書]

7-6-1

노나라 애공(哀公) 및 제(齊)나라 평공(平公), 주(邾)나라 환공(桓公)이 제나라의 고(顧) 땅에서 맹약을 맺었다. 제나라 사람들이 제나라 평공이 이전에 [애공에게] 머리를 조아려서 인사한 일을 질책하고,[312] 그 때문에 다음과 같은 노래를 지었다. "노나라 사람이 잘못을 저질렀는데,[313] 수년이 지나도 스스로 깨닫지 못하니, 우리를 화가 나서 펄쩍 뛰게 만드네. 오직 유가의 책만을 [존중함으로써] 두 나라의 근심을 조성하네." (『좌씨전』「애공」 21년)

公及齊侯·邾子盟于顧. 齊人責稽首, 因歌之曰, "魯人之皐, 數年不覺, 使我高蹈. 唯其儒書, 以爲二國憂."(『左氏傳』「哀公」 二十一年)

7-6-2

『태평어람(太平御覽)』 권897에서 『논형』의 "유가의 책에서 공자와 안연이 함께 노나라의 동산(東山)에 올랐다고 말했다"라는 내용을 인용했다.[314](『공자집어』 부록)

312_ 두예(杜預)는 「애공」 17년 제나라 평공이 애공에게 머리를 땅에 조아려서 인사했는데, 그 답배를 받지 못한 일을 책망한 것이라고 했다.

313_ 고(皐)는 『춘추좌전주(春秋左傳注)』에서 왕인지가 당연히 구(咎)가 되어야 한다고 했는데, 잘못이나 허물을 의미한다.

314_ 『태평어람』 권897 「수부(獸部)·마(馬)」편에 "『論衡』曰, 儒書稱孔子與顏淵, 俱登魯東山, 望吳閶門."이라는 기록이 보인다. 현행본 『논형』에는 이 내용이 보이지

『禦覽』八百九十七引『論衡』“儒書稱孔子與顔淵, 俱登魯東山.”(『孔子集語』附)

康7-31

[춘추시대에는] 오직 유가의 책만을 존중함으로써 두 나라의 근심을 조성했다고 했고, 『논형』의 시대에 이르러 여전히 육경(六經)의 전기(傳記)를 유가의 책으로 여겼으니, 이것은 지금 두 종교의 책을 불전(佛典)·도장(道藏)이라 부르는 것과 같으니, 모두 그 교설을 가지고 책의 이름을 명명한 것이다. 내가 지금 『공자개제고』·『공자대의고(孔子大義考)』·『공자미언고(孔子微言考)』·『주한문자기(周漢文字記)』를 편찬하고, 오경(五經)과 『칠십자후학기(七十子後學記)』를 기록하여 유(儒)라는 명칭을 통일한 것은 그 근본으로 되돌아간 것이다.

唯其儒書, 以爲二國憂, 至『論衡』時, 尙以六經傳記爲儒書, 猶今稱二敎書爲佛典·道藏, 皆以其敎名. 吾今編『孔子改制考』·『孔子大義考』·『孔子微言考』·『周漢文字記』, 寫定五經·『七十子後學記』, 統名儒者, 還其本也.

노나라 애공 21년은 공자가 막 죽었을 때인데, 유가의 책이 이처럼 크게 유행했으니, “노나라 사람들은 유교로 가르쳤다”[315]라는 것이 그것이다. 대체로 교주(敎主)들은 모두 살아 있는 동안에 그 도가 크게 유행하는데, 불교와 이슬람교도 그러했다. 다만 먼 지역의 외국이기 때문에 전해지는 것이 더디고, 또 시간이 오래 걸렸을 뿐이다. 백거이(白居易, 766~826)[316]의 시는 신라[317]의 상인이 구입하여 전파했고, 소식(蘇軾,

않는다.

315_ 『사기』「유협열전(游俠列傳)」에 “魯人皆以儒敎, 而朱家用俠聞.”이라는 기록이 보인다.

316_ 백향산(白香山)은 당나라 때의 시인 백거이(白居易)를 말하는데, 그의 호가 향

1036~1101)[318]의 시는 고려의 사신이 구입하여 전파했으며, 이백(李白, 701~762)과 두보(杜甫, 712~770)의 시문(詩文)은 살아 있는 동안에도 당시에 가장 뛰어났으며, 주자(朱子)의 『사서집주(四書集註)』는 그가 죽은 후 금나라에서 유행했다. 문인(文人)과 대사(大師)들도 그 능력이 오히려 이처럼 자연스럽게 행해질 수 있었는데, 하물며 성인(聖人)은 어떠했겠는가?

哀公二十一年, 孔子方沒, 儒書大行如此, 所謂"魯以儒敎也." 凡敎主皆生前其道大行, 佛·回亦然. 惟遠方外國乃遲之又久耳. 白香山詩, 鷄林賈人購之, 東坡詩, 高麗使臣購之, 李·杜詩文, 生前而冠絶當時, 朱子『集注』, 身後而行于金. 文人大師, 其力猶能自行如此, 況聖人乎?

7-6-3

유가(儒家)는 육예(六藝)를 법도로 삼았다.(『사기』「태사공자서」)

夫儒以六藝爲法.(『史記』「太史公自序」)

7-6-4

『시』와 『춘추』는 학문 중에서 아름다운 것이지만, 모두 쇠퇴한 시대에 만들어진 것이다. 유학자는 이 책들에 따라서 세상을 가르치고 인도했다.(『회남자』「범론훈」)

『詩』·『春秋』, 學之美者也, 皆衰世之造也. 儒者循之以敎導于世.(『淮南子』「氾論訓」)

산거사(香山居士)이다.

317_ 계림(鷄林)은 신라(新羅)를 가리킨다.

318_ 동파(東坡)는 송나라 때의 시인 소식(蘇軾)의 호이다. 소식은 아버지 소순(蘇洵), 동생 소철(蘇轍)과 함께 삼소(三蘇)라고 불렸으며, 당송팔대가 중의 한 사람이다.

康7-32

『춘추』가 공자의 저작이라는 것은 사람들이 모두 알고 있는데, 『시』 또한 공자의 저작이라는 것은 사람들이 알지 못한다. 유학자들은 대부분 이 두 가지 학문을 교설로 삼았으니, 『시』와 『춘추』는 특히나 불가분의 관계이기 때문이다.

『春秋』之爲孔子作, 人皆知之, 『詩』亦爲孔子作, 人不知也. 儒者多以二學爲敎, 蓋『詩』與『春秋』尤爲表裏也.

7-6-5

공자가 전한 「재여문오제덕(宰予問五帝德)」과 「제계성(帝繫姓)」은 유학자들이 혹 전수하지도 않았다.[319](『사기』「오제본기」)

孔子所傳「宰予問五帝德」及「帝繫姓」, 儒者或不傳.(『史記』「五帝本紀」)

康7-33

이 글들은 『대대례기(大戴禮記)』에 나오며, 진짜로 유학자들이 함께 전한 것인데도 태사공은 유학자들이 전하지 않았다고 여기니, 이해할 수가 없다. 유흠(劉歆)은 오제(五帝)를 혼란스럽게 바꾸고, 고의로 몰래 고쳐서 [전해지는 것을] 막아버렸는데, 이 기록이야말로 혹 전수되지 않

319_ 『사기색은』에 의하면, 「재여문오제덕」과 「제계성」은 모두 『대대례기(大戴禮記)』의 문장이고, 『공자가어(孔子家語)』의 편명이다. 두 글은 모두 정통 경전이 아니었다. 따라서 한나라 때 유학자들이 성인의 말이 아니라고 여겨서 대부분 전수하여 배우지 않았다고 한다. 『대대례기(大戴禮記)』 13권은 한나라의 대덕(戴德)이 지은 책이며, 제7권 속에 「오제덕(五帝德)」편과 「제계(帝繫)」편이 보인다. 이 중에서 「오제덕」편은 오제(五帝), 즉 황제(黃帝)·전욱(顓頊)·제곡(帝嚳)·요(堯)·순(舜), 그리고 그 이후의 황제들에 대해서, 공자의 제자인 재아(宰我)가 묻고 공자가 대답하는 형식으로 되어 있다.

은 것이 있었다는 것을 명확하게 설명해주는 것이라고 생각된다.

此出『戴記』, 眞乃儒者所共傳, 而史公以爲儒者不傳, 不可解. 蓋劉歆變亂五帝, 故竄改以抑之, 以爲此乃明說或有不傳也.

7-6-6

오경(五經)도 한나라 때 확립된 것이며,[320] 유생(儒生)들이 말하는 좋은 정치의 대의는 모두 오경 안에서 나온 것이다.(『논형』「정재」)

夫五經亦漢家之所立, 儒生善政大義, 皆出其中.(『論衡』「程材」)

7-6-7

전하는 말에 의하면, 황제(黃帝)는 용(龍)의 눈을 가졌고, 전욱(顓頊)은 이마에 뿔이 달렸으며,[321] 제곡(帝嚳)은 치아가 하나로 이어져 있고, 요(堯)의 눈썹은 8가지 색으로 되어 있으며, 순(舜)의 눈동자는 2개씩 되어 있고, 우(禹)의 귀는 3개의 구멍이 파여 있으며,[322] 탕(湯)의 어깨에는 2개의 팔꿈치가 있고, 문왕은 4개의 유방(乳房)이 있으며, 무왕은 눈이 정수리에 있어 곧바로 태양을 볼 수 있고, 주공은 어깨가 곱사이며, 고요(皐陶)의 입은 말의 주둥이처럼 생겼고, 공자의 머리는 뒤집힌 지붕 모양으로 움푹 꺼져 있었다고 한다.[323] 이 12명의 성인은 모두 제왕의 자

320_ 한나라 무제(武帝) 때 오경(五經)이 관학으로 세워져서 박사를 두고 가르쳤다.

321_ 『논형』「강서(講瑞)」편의 "戴角之相, 猶戴午也."라는 말에 근거하여 번역했다. 그런데 『논형교석』에는 대우(戴午)를 대간(戴干)으로 보고, 연견(鳶肩)과 같은 의미라는 주장도 있다. 연견은 솔개가 웅크리고 앉은 것처럼 치켜 올라간 두 어깨로, 떡 바라지고 죽지가 올라간 어깨를 말한다.

322_ 『회남자』「수무훈(脩務訓)」편의 "禹耳三漏, 是謂大通."에 대한 고유의 주에서, 루(漏)는 혈(穴), 즉 구멍의 뜻이라고 했다.

323_ 반우(反羽)는 「강서(講瑞)」편에는 반우(反宇)로 되어 있다. 반우(反宇)는 뒤집힌 지붕 모양으로 움푹 꺼져 있는 모습이다. 한편 『논형교석』에서는 우(羽)를 편

리에 있거나 혹은 군주를 도와 세상을 걱정했으니, 이것은 세상 사람들이 함께 들은 사실이고, 유학자들이 함께 말하는 것으로, 경전에 있는 것은 매우 분명하여 믿을 만하다. 짧은 죽간에 기록된 세속의 기록이나[324] 죽간과 비단에 적힌 세속의 글[325]과 같은 경우는 유학자들이 보는 것이 아니지만, [이러한 내용이] 매우 많다.(『논형』「골상」)

傳言黃帝龍顏, 顓頊戴午, 帝嚳駢齒, 堯眉八采, 舜目重瞳, 禹耳三漏, 湯臂再肘, 文王四乳, 武王望陽, 周公背僂, 皐陶馬口, 孔子反羽.[326] 斯十二聖者, 皆在帝王之位, 或輔主憂世, 世所共聞, 儒所共說, 在經傳者較[327]著可信. 若夫短書俗記·竹帛胤文, 非儒者所見, 衆多非一.(『論衡』「骨相」)

7-6-8

유가의 책에 기록된 것은 권도(權道)에 대한 것이 많다.(『논형』「답녕」)

儒書所載, 權變非一.(『論衡』「答佞」)

7-6-9

유가의 책에서는 요임금과 순임금의 덕이 지극히 뛰어나고 지극히 크다고 말한다.(『논형』「유증」)

(頊)으로 보고, 한가운데가 오목한 머리로 보기도 한다. 『노사(路史)』「고신기 하(高辛紀 下)」편에 "生而頊頂. 故名丘而字仲尼."라는 기록이 보인다.

324_ 단서(短書)는 원래 한대에 경전 및 율령 등의 관서(官書)를 적을 때 2척 4촌의 죽간을 사용했는데, 일반 서적들에 비해 길이가 짧기 때문에 이렇게 불렀다. 여기에서는 경서를 제외한 소설이나 잡문 등을 기록한 책을 말한다.

325_ 윤문(胤文)은 한 집안의 계보를 말하는데, 『논형교석』에서는 세속의 글[俗習之文]이라고 했다.

326_ 우(羽)가 『공자개제고』에는 우(宇)로 되어 있는데, 『논형』 원문에 따라 고쳤다.

327_ 교(較)가 『공자개제고』에는 교(校)로 되어 있는데, 『논형』 원문에 따라 고쳤다.

儒書稱堯·舜之德, 至優至大.(『論衡』「儒增」)

7-6-10

유가의 책에서는 또 말했다. "끝없이 아득하고 혼탁한 상태[328]는 기(氣)가 아직 나누어지기 이전의 상태이다. 그 기가 분리됨에 이르러, 맑은 것은 하늘이 되고, 탁한 것은 땅이 된다." 만약 『역』을 해설한 사람[329]과 유가의 책에서 말한 것이 같다면, 하늘과 땅이 처음 나누어졌을 때는 형체는 아직 작아서 서로의 거리가 가까웠을 것이다.(『논형』「담천」)

儒書又言, "溟涬濛[330]澒, 氣未分之類也. 及其分離, 淸者爲天, 濁者爲地." 如說『易』之家, 儒書之言, 天地始分, 形體尙少, 相去近也.(『論衡』「談天」)

7-6-11

만약 이와 같다면,[331] 유가의 책에 나오는 글은 사실이 되기가 어렵기 때문에 [봉황이 요와 순을] 따라서 나타났다[332]는 기록에 의거하여 봉황(鳳凰)에 대해 안다는 것은 사실이 될 수가 없다.(『논형』「강서」)

328_ 명행(溟涬)은 끝이 없는 아득한 상태를 말하고, 몽홍(濛澒)은 분명하지 않은 상태를 말한다.

329_ 이 문장의 앞에 "『역』을 해설한 자가 '[하늘과 땅은] 원기가 아직 나누어지지 않고, 서로 하나로 뒤섞여 있었다'라고 했다[說『易』者曰, '元氣未分, 渾沌爲一.']"는 내용이 있다.

330_ 몽(濛)이 『공자개제고』에는 빠져 있는데, 『논형』 원문에 따라 보충했다.

331_ 「강서」편의 이 기록 앞부분에서 "실제로는 있었는데 일을 기록한 자가 빠뜨린 경우도 있고, 또한 실제로는 없었는데 일을 기록하는 자가 만든 경우도 있다[夫實有而記事者失之, 亦有實無而記事者生之.]"라고 말하고 있다.

332_ 부종(附從)은 어떤 것에 의지하여 수반한다는 뜻으로, 성인(聖人)의 출현과 함께 봉황(鳳凰)이 나타난다는 것이 그 예이다.

夫如是, 儒書之文, 難以實事, 案附從以知鳳皇, 未得實也.(『論衡』「講瑞」)

7-6-12

유가의 책에서 말했다. “순(舜)임금을 창오(蒼梧)에서 장례지냈고, 우(禹)임금을 회계(會稽)에서 장례지냈다.”[333](『논형』「서허」)

儒書言, “舜葬于蒼梧, 禹葬于會稽者.”(『論衡』「書虛」)

7-6-13

유가의 책에서 말했다. “초나라의 양유기(養由基)는 활을 잘 쏘았다.”[334](『논형』「유증」)

儒書稱, “楚養由基善射.”(『論衡』「儒增」)

7-6-14

유가의 책에서 말했다. “위(衛)나라에는 충신인 홍연(弘演)이 있었다.”[335]

333_ 『회남자』「제속훈(齊俗訓)」편에도 “옛날에 순임금을 창오(蒼梧)에서 장례지냈는데, 그 시장의 모습이 변화되지 않아서 [백성들을 번거롭게 하지 않았고], 우임금을 회계산(會稽山)에서 장례지냈는데, 농부들이 밭농사를 다른 곳으로 바꾸어 짓지 않도록 했다”라는 기록이 보인다. 고유의 주에서 순임금은 “남쪽으로 순수(巡狩)를 갔다가 창오에서 죽어서 영도(泠道) 구의산(九疑山)에서 장례지냈다”라고 했고, 우임금은 “회계에서 여러 신하들과 조회하다가 거기에서 죽었는데, 산음(山陰)의 남쪽에서 장례지냈다”라고 했다.

334_ 『논형』의 기록에 의하면, 양유기(養由基)는 버들잎 하나를 백 번 쏘면 백 번 모두 맞힐 수 있을 정도로 솜씨가 뛰어났다고 한다. 『전국책』「서주책(西周策)」에 그에 대한 기록이 보인다.

335_ 『논형』의 기록에 의하면, 홍연(弘演)이 위나라 애공(哀公)의 사신으로 갔다가 돌아오기 전에 오랑캐가 애공을 공격하여 그의 시신을 다 먹고 간만 버렸다고 한

(『논형』「유증」)

儒書言, "衛有忠臣弘演."(『論衡』「儒增」)

7-6-15

유가의 책에서 말했다. "초나라의 웅거자(熊渠子)가 밖으로 나갔다가, 누워 있는 돌을 보고 엎드려 있는 호랑이로 생각했다."[336](『논형』「유증」)

儒書言, "楚熊渠子出, 見寢石, 以爲伏虎."(『論衡』「儒增」)

7-6-16

유가의 책에서 말했다. "노반(魯般)[337]과 묵자의 교묘한 솜씨로 나무를 깎아 매를 만들었는데, 3일 동안 날면서 떨어지지 않았다."(『논형』「유증」)

儒書稱. "魯般・墨子之巧, 刻木爲鳶, 飛之三日而不集."(『論衡』「儒增」)

7-6-17

유가의 책에서 말했다. "금식(禽息)[338]이 백리해(百里奚)[339]를 추천했지만,

다. 그때 돌아온 홍연은 애공의 간을 향해서 보고했다고 한다. 그리고 자신의 배를 갈라 오장을 꺼내고, 애공의 간을 자기 배속에 넣고 죽었다고 한다.

336_ 『논형』의 기록에 의하면, 웅거자가 활을 쏘았는데, 화살이 너무 깊숙하게 들어가서 화살의 꼬리털이 보이지 않았다고 한다. 이 내용은 『한시외전』 권6과 『신서(新序)』 「잡사(雜事)」편에도 보인다. 두 곳에는 원문의 출(出)이 야행(夜行)으로 되어 있다.

337_ 노반(魯般)은 노(魯)나라 사람으로 알려져 있으며, 공수반(公輸般)・공수반(公輸班)・공수자(公輸子)로 부르기도 한다. 당대 유명한 기술자로, 초나라가 송나라를 공격할 수 있도록 공성무기를 고안해낸 인물로 알려져 있다.

338_ 금식(禽息)은 춘추시대 진(秦)나라 목공(穆公) 때의 대부이다. 『논형』의 기록에 의하면, 백리해를 추천했는데 목공이 받아들이지 않자 자살했다고 한다. 그러자 목공은 그것을 애통하게 여겨서 백리해를 등용했다고 한다.

목공(穆公)이 듣지 않았다. 금식이 나와서 문에 이르러 머리를 부딪치니, 머리가 깨져 죽었다."(『논형』「유증」)

儒書言, "禽息薦百里奚, 繆公未聽. 禽息出, 當門僕頭, 碎首而死."(『論衡』「儒增」)

7-6-18

유가의 책에서 말했다. "형가(荊軻, ?~B.C.227)[340]가 연(燕)나라 태자를 위해 진왕(秦王)을 죽이려고 했다."(『논형』「유증」)

儒書言, "荊軻爲燕太子刺秦王."(『論衡』「儒增」)

7-6-19

유가의 책에서 말했다. "동중서(董仲舒)는 『춘추』를 읽을 때, 온 정신을 하나로 집중하고, 다른 곳에 뜻을 두지 않았기 때문에, 3년 동안 채소밭을 돌보지 않았다."[341](『논형』「유증」)

儒書言, "董仲舒讀『春秋』, 專精一思, 志不在他, 三年不窺園菜."(『論衡』「儒增」)

339_ 백리해(百里奚)는 춘추시대 우(虞)나라 사람으로, 진(秦)나라 목공(穆公) 때 재상이 되었다.

340_ 형가(荊軻)는 전국시대의 자객으로, 연(燕)나라 태자의 요청으로 진시황을 죽이려다가 실패했다. 자세한 사적은 『사기』「자객열전」에 보인다.

341_ 『사기』「유림열전」과 『한서』「동중서전」에도 다음과 같은 내용이 보인다. "『춘추』를 연구함으로써 경제(景帝) 때 박사가 되었다. 휘장을 내린 채 강론하고 글을 읽었는데, 제자들은 번갈아가면서 오래 배운 순서대로 [선배 학생이 후배 학생에게] 수업을 했기 때문에 제자 중에서는 혹은 동중서의 얼굴을 보지 못한 자도 있었다. 대체로 3년 동안 동중서는 자기 집의 채소밭을 돌보지 않았으니, 학문에 대한 열정이 이와 같았다. 벼슬길에 나아가거나 물러나는 것과 행동거지에서 예가 아니면 행하지 않았기 때문에 공부하는 선비들은 모두 그를 스승으로 존경했다."

7-6-20

유가의 책에서 말했다. "하(夏)나라가 막 번성했을 때 먼 지역의 나라에서 기이한 물건들을 그림으로 그려서 바치자, 구주(九州)의 장관들에게 청동을 바치게 하여 [9개의] 솥을 주조하여 그 물건들의 형상을 새겨 넣어 [백성들에게] 대비하도록 했다."[342](『논형』「유증」)

儒書言, "夏之方盛也, 遠方圖物, 貢金九牧, 鑄鼎象物, 而爲之備."(『論衡』「儒增」)

7-6-21

유가의 책에서 말했다. "제(齊)나라 왕이 두통이 생기자,[343] 사람을 송나라로 보내서 문지(文摯)를 데려오게 했다."(『논형』「도허」)

儒書言, "齊王疾痟, 使人之宋迎文摯."(『論衡』「道虛」)

<이상 공자가 유교를 창립한 후 그 책을 유서(儒書)라고 하다: 右孔子創儒後, 其書謂之儒書>

342_ 『좌씨전』「선공(宣公)」 3년에도 "昔夏之方有德也, 遠方圖物, 貢金九牧, 鑄鼎象物, 百物而爲之備, 使民知神姦."이라는 기록이 보인다. 두예의 주에서, 도물(圖物)은 "산천의 기이한 물건을 그림으로 그려 바친 것"이라고 했고, 공금(貢金)은 "구주의 장관에게 청동을 바치게 한 것"이라고 했으며, 상물(象物)은 "그려서 바친 물건의 형상을 본떠서 솥에 새겨 넣은 것"이라고 했다. 그리고 비(備)는 "귀신과 수많은 물건의 형상을 그려 넣어 백성들로 하여금 미리 대비하게 한 것"이라고 했다.

343_ 『논형교석』에서 인용한 고유가 "제왕(齊王)은 민왕(湣王)으로, 선왕(宣王)의 아들"이라고 했다. 질소(疾痟)는 머리가 아픈 두통을 말한다.

7. 공자가 유교를 창립한 후 제자들이 전한 공자의 말씀을 유설(儒說)이라고 하다 [孔子創儒後, 諸弟子傳其口說謂之儒說]

7-7-1

유학자는 학문을 하고, 학문은 유학이다. 선사(先師)의 학문을 전하고, 선사가 입으로 전한 이론을 익혀서 가르친다.(『논형』「정현」)

儒者學, 學, 儒矣. 傳先師之業, 習口說以教.(『論衡』「定賢」)

7-7-2

유학자[344]는 학문을 전하면서 경솔하게 한 마디 말도 하지 않으니, 선사의 옛날 말이 지금까지 갖추어 보존되었다.(『논형』「정현」)

傳者傳學, 不妄一言, 先師古語, 到今具存.(『論衡』「定賢」)

康7-34

선사의 학문을 전하고, 선사가 입으로 전한 이론을 익혀서 가르치는 것은 한나라 때 공자의 학문을 전하는 가장 중요한 방법이었다. 유흠(劉歆)은 박사(博士)들을 공격하여 "입으로 전한 이론만을 믿고 전해오는 기록을 배척하니, 이에 지금은 학문이 사라져 버렸다"라고 말했다.[345]

344_ 전(傳)은 『논형교석』에서 유(儒)의 잘못이라고 했다.

345_ 『한서』「초원왕전(楚元王傳)」: 信口說而背傳記, 是末師而非往古. 「초원왕전」에 의하면, 이 일은 「이서태상박사(移書太常博士)」라는 사건으로 알려져 있다. 당시 유흠은 『좌씨전』을 비롯한 고문경전의 학관 설립을 추진했다. 애제(哀帝)의 주선으로 오경박사들과 토론의 자리가 마련되었는데, 오경박사들이 이 자리에 참석을

傳先師之業, 習口說以敎, 是漢時傳孔學大法. 劉歆攻博士謂, "信口說而背傳記, 于是, 今學亡矣."

7-7-3

유학자가 말했다. "태평한 시대에는 백성들의 몸집과 키가 크고,[346] 100살 전후까지 사니, 기(氣)의 조화로 태어났기 때문이다."(『논형』「기수」)

儒者說曰, "太平之時, 人民侗長, 百歲左右, 氣和之所生也."(『論衡』「氣壽」)

康7-35

『춘추』에서 말한 태평(太平)은 거리가 멀든 가깝든 나라가 크든 작든 모두가 하나처럼 되니, 지구가 하나로 통일된 이후에야 존재한다.[347] 이

꺼리자 유흠이 그들에게 편지를 보내 강력하게 비난한 사건이다. 유흠은 당시의 학자들이 기존의 학문만을 묵수하여 안주하려고 하고, 새로운 학문의 발굴과 학문적 교류를 거부한다고 강하게 성토했다. 그러나 그 편지는 많은 학자들의 강한 반발을 초래했고, 심지어 옛 제도를 마음대로 고치고, 앞선 황제가 제정해 놓은 규정을 비방하고 파괴한다는 탄핵까지 받았다. 결국 유흠은 수많은 유생들의 비방을 받고, 죽음을 두려워하여 스스로 하내태수(河內太守)로 전출을 요구함으로써 사건이 일단락되었다.

346_ 동장(侗長)은 몸집과 키가 크다는 뜻이다.

347_ 태평(太平)은 『공양전』의 이론에서 말하는 태평세(太平世)를 말한다. 『공양전』과 하휴의 논리에 의하면, 역사의 변화와 발전에는 3단계가 있는데, 자기 나라 중심의 시대[衰亂世] → 중국 민족 전체를 통일한 시대[升平世] → 이적(夷狄)까지 포함한 천하 전체를 통일한 시대[太平世]로 확장되어 발전한다. 이것은 『춘추』 전체의 역사를 시간과 공간상에서 혼란의 시대에서 태평으로 시대로 이르는 역사 전개의 과정으로 파악하는 것이다. 역사 발전의 최종 단계는 중국뿐만 아니라 이적까지도 정치와 문화적으로 통일되는 '태평세(太平世)'의 단계이다. 이 단계에서는 국내와 국외의 구분이 모두 사라져서, 『예기(禮記)』 「예운(禮運)」편에서 "천하가 하나의 집안이 되고, 중국이 한 사람이 되는[天下爲一家, 中國爲一人.]" 국가와 종

러한 시대에는 번뇌와 슬픔이 그치고 사라지며, 토성(土性)의 염유질(鹽類質)을 먹지 않기 때문에 양생(養生)이 나날이 좋아지니, 이 말은 반드시 징험이 될 수 있는 말이다.

『春秋』言太平, 遠近大小如一, 地球一統之後乃有. 此時煩惱憂悲已無, 不食土性鹽類質, 養生日精, 此言必驗.

7-7-4

유학자가 의론했다. "하늘과 땅이 의도적으로 사람을 만들었다."(『논형』「물세」)

儒者論曰, "天地故生人."(『論衡』「物勢」)

7-7-5

유학자가 말했다. "하늘은 기(氣)이다."(『논형』「담천」)

儒者曰, "天, 氣也."(『論衡』「談天」)

7-7-6

유학자가 말했다. "공자가 천하를 두루 돌아다닐 때, 초빙에 응했지만 성공하지 못하자, 도가 실행되지 못함을 근심했다."(『논형』「문공」)

儒者說, "孔子周流, 應聘不濟, 閔道不行."(『論衡』「問孔」)

7-7-7

유학자가 말했다. "아침에 해가 뜨는 것은 음기(陰氣)에서 나오는 것이

족의 차별이 없는 상태로 진입한다.

다."(『논형』「설일」)

儒者曰, "日朝見, 出陰中."(『論衡』「說日」)

7-7-8

유학자가 말했다. "겨울에는 해가 짧고, 여름에는 해가 길다."(『논형』「설일」)

儒者曰, "冬日短, 夏日長."(『論衡』「說日」)

7-7-9

유학자 중에 어떤 이가 말했다. "해와 달이 지나는 길에는 9도(道)[348]가 있다."(『논형』「설일」)

儒者或曰, "日月有九道."(『論衡』「說日」)

7-7-10

유학자가 의론했다. "하늘은 왼쪽으로 돌고, 해와 달의 운행은 하늘에 매여 있지 않다."(『논형』「설일」)

儒者論曰, "天左旋, 日月之行, 不繫于天."(『論衡』「說日」)

7-7-11

유학자가 말했다. "해가 1도(度) 운행하면 [하늘은 하루 낮과 밤에 365

348_ 구도(九道)는 황도(黃道)와 각각 두 개씩 나누어진 청도(靑道), 적도(赤道), 백도(白道), 흑도(黑道)를 말한다. 『논형교석』에서 인용한 『고령요(考靈耀)』의 "萬世不失九道謀."에 대한 정현의 주에서, 「하도제람희(河圖帝覽嬉)」를 인용하여, "黃道一, 靑道二, 出黃道東, 赤道二, 出黃道南, 白道二, 出黃道西, 黑道二, 出黃道北."이라고 했다.

도를 운행한다.]"[349](『논형』「설일」)

儒者說曰, "日行一度."(『論衡』「說日」)

7-7-12

유학자가 말했다. "해와 달의 형체는 모두 지극히 둥글다."(『논형』「설일」)

儒者謂, "日月之體, 皆至圓."(『論衡』「說日」)

7-7-13

유학자가 해에 대해 말한 것, 그리고 기술자들[350][이 해에 대해 말한 것]은 모두 해를 하나라고 생각했다.(『논형』「설일」)

儒者說日, 及工伎之家, 皆以日爲一.(『論衡』「說日」)

7-7-14

유학자의 주장 중에서 또 말했다. "임금이 정치를 잘못하면 하늘이 기이한 현상을 보인다."(『논형』「견고」)

儒者之說又言, "人君失政, 天爲異."(『論衡』「譴告」)

7-7-15

문왕(文王)은 붉은 공작새를 얻었고,[351] 무왕(武王)은 흰 물고기와 붉은

349_ 이 문장은 "하늘은 하루 낮과 밤에 365도를 운행한다[天一日一夜行三百六十五度.]" 라는 말과 연결되어 있다.

350_ 공기지가(工伎之家)는 축(祝) · 사(史) · 사(射) · 어(御) · 의(醫) · 복(卜) 및 각종 수공업자를 포함한 기술자들을 말한다.

351_ 『옥함산방집일서』(3)의 『상서중후(尙書中侯)』에 의하면, 주나라 문왕(文王)이

새를 얻었다.[352] 유학자가 의론하여, 공작새는 문왕이 천명을 받은 징조이며, 물고기와 새는 무왕이 천명을 받은 징조라고 생각했다.(『논형』「초품」)

文王得赤雀, 武王得白魚·赤烏. 儒者論之, 以爲雀則文王受命, 魚·烏則武王受命.(『論衡』「初稟」)

7-7-16

유학자들은 봉황과 기린이 성왕(聖王)을 위해서 출현한다고 말하고, 봉황과 기린은 어질고 성스런 짐승이라고 여긴다.(『논형』「지서」)

儒者說鳳皇·麒麟爲聖王來, 以爲鳳皇·麒麟仁聖禽也.(『論衡』「指瑞」)

7-7-17

유학자들은 모두 봉황의 덕을 칭송함으로써 밝은 왕의 정치를 드러내려고 한다.(『논형』「지서」)

儒者咸稱鳳皇之德, 欲以表明王之治.(『論衡』「指瑞」)

7-7-18

『춘추』에서 말했다. "[노나라의] 서쪽 지역으로 사냥을 나갔다가 죽은

제후였을 때, 붉은 공작새가 붉은 글씨로 적힌 천서(天書)를 물고 날아와 그의 문 앞에 이르렀는데, 그 글의 내용은 주나라가 흥하고, 은나라가 장차 망한다는 것이었다고 한다.

352_『사기』「주본기(周本紀)」에 의하면, 주나라 무왕(武王)이 은나라의 주(紂)를 토벌할 준비를 하고 군사를 거느리고 황하를 건널 때, 물고기 한 마리가 그의 배 위로 뛰어들어 왔다고 한다. 그리고 황하를 지나고 나서 그의 집 지붕에 불꽃이 떨어졌는데, 그 불꽃이 한 마리의 붉은 새로 변했다고 한다.

기린을 잡았는데, 어떤 사람이 그것을 공자에게 보여주었다.[353] 공자가 '누구를 위해 왔는가! 누구를 위해 왔는가!'라고 말하고, 옷소매를 돌려 얼굴을 닦으니, 흐르는 눈물이 옷깃을 적셨다." 유학자들은 이 일을 말하면서 하늘이 기린을 보내 공자에게 천명을 내렸으며, 공자는 왕이 되지 못한 성인이라고 여겼다.(『논형』「지서」)

『春秋』曰. "西狩獲死驎, 人以示孔子. 孔子曰, '孰爲來哉! 孰爲來哉!' 反袂拭面, 泣涕霑襟." 儒者說之, 以爲天以驎命孔子, 孔子不王之聖也.(『論衡』「指瑞」)

7-7-19

유학자의 의론에서는 봉황과 기린을 보면 그것을 알 수 있다[354]고 스스로 말한다.(『논형』「강서」)

儒者之論, 自說見鳳皇·麒麟而知之.(『論衡』「講瑞」)

7-7-20

유학자들은 태평할 때 상서로운 징조가 호응하는 것을 논하면서 모두 그 기운과 사물이 매우 특이하다고 말하니, 주초(朱草)[355]·예천(醴泉)[356]·상봉(翔鳳)[357]·감로(甘露)[358]·경성(景星)[359]·가화(嘉禾)[360]·삽포(萐脯)[361]·

353_ 이 내용은 『좌씨전』「애공(哀公)」 14년에 보인다.

354_ 이(而)는 『논형교석』에서 능(能)과 통용된다고 했다.

355_ 주초(朱草)는 줄기와 잎이 모두 붉은색인 풀로, 염료로 사용된다.

356_ 예천(醴泉)은 물맛이 단 샘물을 말한다.

357_ 상봉(翔鳳)은 『예문류취』 권98에서 인용한 『논형』에는 상풍(翔風)으로 되어 있다. 상풍은 상서로운 바람을 말한다.

358_ 감로(甘露)는 맛이 단 이슬을 말한다.

359_ 경성(景星)은 광도(光度)나 형체(形體), 출몰 시기 등이 일정하지 않는 변성(變星)을 말한다.

명협(蓂莢)[362] · 굴일(屈軼)[363] 등의 부류가 그것이다.(『논형』「시응」)

儒者論太平瑞應, 皆言氣物卓異, 朱草 · 醴泉 · 翔鳳 · 甘露 · 景星 · 嘉禾 · 萐脯 · 蓂莢 · 屈軼之屬.(『論衡』「是應」)

7-7-21

유학자가 또 말했다. "태평의 시대에는 굴일(屈軼)이 궁궐의 계단 아래[364]에서 자라는데, 마치 풀의 모양처럼 생겼으며, 주로 아첨하는 자를 가리켜서 알려주었다."(『논형』「시응」)

儒者又言. "太平之時, 屈軼生于庭之末, 若草之狀, 主指佞人."(『論衡』「是應」)

7-7-22

유학자의 의론에서는 사람의 죽음에는 운명이 있다고 생각한다.(『논형』「명의」)

儒者之議, 以爲人死有命.(『論衡』「命義」)

360_ 가화(嘉禾)는 일반 벼에 비해 특히 튼튼하고 잘 자라는 벼를 말한다.

361_ 삽포(萐脯)는 삽보(萐莆)라고도 하는데, 요임금 때 부엌에서 자라면서 잎을 움직여 서늘한 바람을 일으켜 음식이 상하는 것을 막았다고 한다.

362_ 명협(蓂莢)은 요임금 때 조정의 뜰에 난 서초(瑞草)의 이름으로, 초하룻날부터 매일 한 잎씩 나서 자라고, 열 엿새째부터 매일 한 잎씩 떨어져서 그믐에 이르러 모든 잎이 떨어진다고 한다. 이를 근거로 달력을 만들었다고도 한다.

363_ 굴일(屈軼)은 영초(佞草)라고도 하는데, 궁궐의 계단에서 자라면서 아첨하는 신하가 조정에 들어오면 그를 가리켜서 알려주었다고 한다.

364_ 궁지말(庭之末)은 궁궐의 계단 아래를 말한다. 『논형교석』에서 인용한 『전구자(田俅子)』에 "黃帝時有草生於帝庭階, 若佞臣入朝, 則草指之, 名曰屈軼, 是以佞人不敢進."이라는 기록이 보인다.

7-7-23

유학자들은 부부의 도리가 천지(天地)에서 법칙을 취한 것이라고 말한다.[365](『논형』「자연」)

儒者說夫婦之道, 取法于天地.(『論衡』「自然」)

7-7-24

유학자의 말과 같다면, 오대(五代)[366]는 모두 한 번씩 천명을 받은 것이다.(『논형』「제국」)

如儒者之言, 五代皆一受命.(『論衡』「恢國」)

7-7-25

유학자가 의론했다. "왕자는 도덕(道德)을 미루어 실행하여 하늘로부터 천명을 받는다."(『논형』「회국」)

儒者論曰, "王者推行道德, 受命于天."(『論衡』「恢國」)

7-7-26

유학자들은 성인(聖人)에 대해 논하면서, 이전의 천년의 과거를 알고, 앞으로의 만년의 미래를 안다고 생각했다.(『논형』「실지」)

儒者論聖人, 以爲前知千歲, 後知萬世.(『論衡』「實知」)

365_ 『중용』 제12장에도 "君子之道, 造端乎夫婦, 及其至也, 察乎天地."라는 말이 보인다.

366_ 오대(五代)는 중국 고대의 당(唐) · 우(虞) · 하(夏) · 상(商) · 주(周)를 가리킨다.

康7-36

『중용』에서는 "지극히 성실한 도는 [미래의 일을] 미리 알 수 있다"라고 하니,[367] [공자가] 『상서』를 편집하면서 진(秦)나라를 주(周)나라의 뒤에 이어놓은 것[368]을 어찌 의심할 수 있겠는가?

『中庸』"至誠之道, 可以前知", 編『書』, 以秦繼周, 何疑之有?

7-7-27

유학자 중에는 혹 그 뜻을 보았기 때문에 말이 근거 없이 나오지는 않는다.(『논형』「제의」)

儒者或見其義, 語[369]不空生.(『論衡』「祭意」)

7-7-28

경방(京房, B.C.77~B.C.37)[370]의 『역전(易傳)』에서 "위에서 검소하지 않고, 아래에서 절약하지 않으면, 큰 화재가 자주 일어나서 궁실을 불태운다"라고 했다. 유학자들은 불이 밝음을 덕으로 삼고, 예(禮)를 주관한다고 말한다.(『후한서』「오행지」)

367_ 『중용』 제24장에 보인다. 『중용』에서 말한 전지(前知)는 미래에 닥쳐올 일을 미리 안다는 뜻이고, 앞의 『논형』「실지」편에서 말한 전지(前知)는 천년 전의 과거의 일을 안다는 뜻이기 때문에 그 의미가 다르다. 『중용』의 전지(前知)는 오히려 『논형』에서 말한 후지(後知)와 같은 의미로 볼 수 있다.

368_ 공자가 『상서』를 편집하면서 진(秦)나라가 주(周)나라를 계승할 것을 미리 알고 있었기 때문에 그 마지막 편에 「진서(秦書)」를 두었다는 의미이다.

369_ 어(語)가 『공자개제고』에는 설(說)로 되어 있는데, 『논형』 원문에 따라 고쳤다.

370_ 경방(京房)은 전한 동군(東郡) 돈구(頓丘) 사람으로, 자는 군명(君明)이고, 성은 이(李)인데, 율법에 따라 성을 경씨(京氏)로 바꾸었다. 금문 역학인 경씨학(京氏學)을 창시했으며, 저서로는 『경씨역전(京氏易傳)』이 있다.

京房『易傳』曰, "上不儉, 下不節, 盛火數起, 燔宮室." 儒說火以明爲德, 而主禮.(『後漢書』「五行志」)

7-7-29

[후한 화제(和帝)] 5년(93) 2월에 농서(隴西) 지역에서 지진이 일어났다. 유학자가 말했다. "백성은 땅에 자리잡고 편안히 사는 자들이니, 그들이 장차 크게 동요되면 큰 지진이 일어날 것이다." 9월에 흉노족의 선우(單于) 우제난건(于除難鞬)이 반란을 일으켰는데, 사자를 파견하여 변경 지역의 군읍(郡邑)의 군사를 동원하여 토벌하도록 했다.(『후한서』「오행지」)

五年二月, 隴西地震. 儒說. "民安土者也, 將大動, 行大震." 九月, 匈奴單于于除難鞬叛, 遣使發邊郡兵討之.(『後漢書』「五行志」)

7-7-30

[후한 화제(和帝)] 7년(95) 계묘일에 경도(京都)에 지진이 일어났다. 유학자가 말했다. "환관은 베풀 수 있는 양기(陽氣)가 없기 때문에 아녀자와 같다." 이 당시 화제(和帝)는 중상시(中常侍) 정중(鄭衆, ?~114)[371]과 함께 두씨(竇氏)의 권력을 빼앗으려고 도모했는데, 화제가 고맙게 여겨 그를 관직에 임용하는 한편, 상시(常侍) 채륜(蔡倫, 61?~121)[372]을 총애하니, 두

371_ 정중(鄭衆)은 후한 남양(南陽) 사람으로, 자는 계산(季産)이다. 화제 때 구순령(鉤盾令)을 지내면서 외척에 빌붙지 않아 화제로부터 신임을 얻었다. 영원(永元) 4년(92)에 외척 두헌(竇憲)과 그 무리들을 제거하는 데 공적을 세워, 나중에 초향후(剿鄕侯)에 봉해졌다. 화제는 항상 정중과 함께 국사를 의론했는데, 후한 시기의 환관들이 권력을 쥐고 정치에 참여한 것과 환관이 양자(養子)를 들여 작위를 세습한 것은 모두 정중으로부터 시작되었다.

372_ 채륜(蔡倫)은 후한 계양군(桂陽郡) 사람으로 자는 경중(敬仲)이다. 종이를 발명한 인물로 알려져 있다.

사람이 비로소 함께 조정의 권력을 장악하게 되었다.(『후한서』「오행지」)

七年九月癸卯, 京都地震. 儒說. "奄官無陽施, 猶婦人也." 是時, 和帝與中常侍鄭衆謀奪竇氏權, 德之, 因任用之, 及幸常侍蔡倫, 二人始幷用權.(『後漢書』「五行志」)

7-7-31

또한 앞선 유학자들이 말했다. "상서(祥瑞)의 출현이 때에 맞지 않으면 불길한 요얼(妖孼)이 된다. 백성들이 '용이 나타났다'라고 잘못 말한 것은 모두 '용의 불길한 징조[龍孼]'이다."(『후한서』「오행지」)

又先儒言. "瑞興非時, 則爲妖孼, 而民訛言'生龍'語, 皆'龍孼'也."(『後漢書』「五行志」)

7-7-32

유학자가 말했다. "제후가 권력을 제멋대로 행사하면 거기에 대응하는 곳은 대부분 해가 머무는 지역의 나라이다."(『후한서』「오행지」)

儒說, "諸侯專權, 則其應多在日所宿之國."(『後漢書』「五行志」)

7-7-33

[후한 광무제(光武帝)] 중원(中元) 원년(56) 11월 갑자일 그믐에 일식(日蝕)이 있었는데, 북두성(北斗星)의 20도 부분이었다. 북두성은 종묘를 상징하고, 작록(爵祿)을 주관한다. 유학자가 말했다. "12월 갑자일은 그 때가 군왕의 날이며, 또한 성기(星紀)[373]가 되며, 작록(爵祿)을 주관하니, 심각

373_ 성기(星紀)는 하늘을 세성(歲星)의 위치에 따라 12분야로 나누었을 때, 유(酉)자리를 가리킨다.

한 사태에 대해 점을 친 것이다."(『후한서』「오행지」)

中元元年十一月甲子晦, 日有蝕之, 在斗二十度. 斗爲廟, 主爵祿. 儒說. "十一月甲子, 時王日也. 又爲星紀, 主爵祿, 其占重."(『後漢書』「五行志」)

7-7-34

[후한 명제(明帝)] 영평(永平) 16년(73) 5월 무오일 그믐에 일식이 있었는데, 유성(柳星)[374]의 15도 부분이었다. 유학자가 말했다. "5월의 무오일은 11월의 갑자일과 같다. 또한 별자리가 동도(東都)에 있으니, 심각한 사태에 대해 점을 친 것이다." 2년 뒤에 명제가 죽었다.[375](『후한서』「오행지」)

十六年五月戊午晦, 日有蝕之, 在柳十五度. 儒說. "五月戊午, 猶十一月甲子也. 又宿在京都, 其占重." 後二歲, 宮車晏駕.(『後漢書』「五行志」)

7-7-35

[후한 화제(和帝)] 영원(永元) 7년(95) 4월 신해일 초하룻날에 일식이 있었는데, 자휴(觜觿)[376] 부분으로, 보려(葆旅) 벼슬을 상징하며, 수렴(收斂)을 주관한다. 유학자가 말했다. "보려(葆旅)는 궁중(宮中)을 상징하며, 수렴과 탐욕, 질투를 상징한다."(『후한서』「오행지」)

永元七年四月辛亥朔, 日有蝕之, 在觜觿, 爲葆旅, 主收斂. 儒說. "葆旅, 宮中之象, 收斂貪妒之象."(『後漢書』「五行志」)

374_ 유성(柳星)은 이십팔수의 하나인 유수(柳宿)로, 남쪽 주작(朱雀) 칠수(七宿)의 세 번째 별이다.

375_ 궁차안가(宮車晏駕)는 천자의 수레가 더디게 나간다는 말로, 천자가 죽은 것을 의미한다.

376_ 자휴(觜觿)는 이십팔수의 하나인 자수(觜宿)로, 서쪽 백호(白虎) 칠수(七宿)의 여섯 번째 별이다.

康7-37

오행(五行)의 학문은 「홍범(洪範)」에서 나왔으니, 공자 학파의 하나의 이론에 해당된다. 지금 「오행지」의 내용은 대부분 『상서』 학자인 구양씨(歐陽氏)와 하후씨(夏侯氏)[377]로부터 나왔기 때문에 유가의 이론이다.

五行之學, 出于「洪範」, 爲孔門一說. 今「五行志」多出于『尙書』家歐陽·夏侯氏, 故爲儒說.

7-7-36

여러 유학자 중에 어떤 이가 말했다. "지금 오성(五星)[378]이 본래의 운행 궤도를 잃어버렸고, 천시(天時)는 어긋나 버렸다. 진성(辰星)[379]은 오래도록 보이지 않고, 태백(太白)[380]은 그 출입이 본래의 도수를 지나치고 있으며, 형혹(熒惑)[381]은 나아가고 물러나면서 모습을 드러내고, 진성(鎭星)[382]은 천가성(天街星)을 감싸고 있으며, 세성(歲星)[383]은 저방(氐房)에 머물러 있지 않다." 그래서 이와 같은 여러 가지 점(占)은 국가에 귀속된

377_ 한나라 때의 『상서』 학자 복생(伏生)이 『상서대전(尙書大傳)』을 지었는데, 이것은 금문상서를 대표한다. 복생의 금문상서는 대하후씨(大夏侯氏)와 소하후씨(小夏侯氏), 그리고 구양씨(歐陽氏) 세 학자에게 전해졌다. 그런데 『수서』 「경적지」에 의하면, 금문상서는 진(晉)나라 회제(懷帝) 영가(永嘉) 연간(306~313)의 난리 때 모두 없어졌다고 한다.

378_ 오성(五星)은 세성(歲星)·형혹성(熒惑星)·진성(鎭星)·태백성(太白星)·진성(辰星)을 말한다.

379_ 진성(辰星)은 수성(水星)을 말한다.

380_ 태백성(太白星)은 곧 금성(金星)으로, 지구에서 가장 가까운 행성이다. 아침 일찍 동쪽 하늘에서 나타나는 것을 계명(啓明)이라 하고, 저녁 늦게 서쪽 하늘에서 나타나는 것을 장경(長庚)이라고 한다.

381_ 형혹(熒惑)은 화성(火星)을 말한다.

382_ 진성(鎭星)은 토성(土星)을 말한다.

383_ 세성(歲星)은 목성(木城)을 말한다.

다고 생각했다.(『후한서』「소경전 부」)

諸儒或曰. "今五星失晷, 天時謬錯. 辰星久而不效, 太白出入過度, 熒惑進退見態, 鎭星繞帶天街, 歲星不舍氐房." 以爲諸如此占, 歸之國家.(『後漢書』「蘇竟傳 附」)

<이상 공자가 유교를 창립한 후 제자들이 전한 공자의 말씀을 유설(儒說)이라고 하다: 右孔子創儒後, 諸弟子傳其口說謂之儒說>

8. 공자가 유교를 창립한 후 그 교설을 따른 제자들을 유생(儒生)이라고 하다 [孔子創儒後, 諸弟子從其教者謂之儒生]

7-8-1

맹자와 순자는 유학의 선비들이다.(『전국책』「유향 서」)

孟子・孫卿, 儒術之士.(『戰國策』「劉向 序」)

7-8-2

진시황(秦始皇)은 천하를 병합하여 소유한 다음, 『시』와 『서』를 불태우고, 유사(儒士)들을 땅에 묻어 죽였다.[384](『전국책』「유향 서」)

始皇幷有天下, 燔燒『詩』・『書』, 坑殺儒士.(『戰國策』「劉向 序」)

384_ 이 부분은 캉유웨이가 발췌하여 기록한 것이다. 전문의 기록은 다음과 같다. "始皇因四塞之國, 據崤函之阻, 跨隴蜀之饒, 聽衆人之策, 乘六世之烈, 以蠶食六國, 兼諸侯, 并有天下, 仗於詐謀之積, 終無信篤之誠, 無道德之教, 仁義之化, 以綴天下之心, 任刑罰以爲治, 信小術以爲道, 遂燔燒『詩』・『書』, 坑殺儒士, 上小堯・舜, 下邈三王."

7-8-3

이에[385] [진시황은] 제(齊)와 노(魯) 지역의 유생(儒生) 및 박사(博士) 70명을 징발하여 따르게 해서, 태산(泰山)에 이르렀다.(『사기』「봉선서」)

于是徵從齊·魯之儒生博士七十人, 至乎泰山.(『史記』「封禪書」)

7-8-4

[기병(騎兵)이 역생(酈生)에게 말했다.][386] "패공은 유학자를 좋아하지 않기 때문에 모든 손님 중에 유학자의 관을 쓰고 오는 자가 있으면 패공은 갑자기 그 관을 풀어서 그 안에 오줌을 눕니다. 다른 사람과 이야기할 때 항상 크게 욕을 하니, 유생(儒生)으로서 유세하는 것은 좋지 않습니다."(『사기』「역생육가열전」)

"沛公不好儒, 諸侯冠儒冠來者, 沛公輒解其冠, 溲溺其中. 與人言, 常大罵, 未可以儒生說也."(『史記』「酈生陸賈列傳」)

7-8-5

[숙손통이 말했다.] "저의 여러 제자인 유생(儒生)들이 신을 따른 지가 오래되었습니다."[387](『사기』「유경숙손통열전」)

385_ 「봉선서」의 기록에 의하면, 진시황은 재위 3년이 되던 해에, 동쪽으로 군현을 시찰하고, 추역산(騶嶧山)에서 제사를 지내면서 진나라의 공업을 칭송했다. 그리고 난 다음, 태산으로 가서 봉선제를 지냈다.

386_ 패공이 군사를 거느리고 역생이 있던 진류(陳留)의 교외를 공격하려고 했을 때, 패공의 휘하에 역생과 고향이 같은 기병 한 명이 있었다. 역생이 그에게 패공과의 만남을 주선해줄 것을 요청하자, 그 기병이 한 말이다.

387_ 숙손통이 한고조를 위해 조정의 의례를 성대하게 거행하자, 고조가 그를 태상(太常)에 임명하고, 황금 500근을 하사했다. 그러자 숙손통은 "저의 여러 제자인 유생들이 신을 따른 지가 오래되었습니다. 그들은 신과 함께 조정의 의례를 만들

"諸弟子儒生, 隨臣久矣."(『史記』「劉敬叔孫通列傳」)

7-8-6

지(軹) 땅에 어떤 유생(儒生)이 있었다.[388](『사기』「곽해열전」)

軹有儒生.(『史記』「郭解列傳」)

7-8-7

공자가 죽은 이후로, 경사(京師)에서는 학교[庠序][389]를 중시하지 않았다. 오직 [한 무제] 건원(建元) 연간(B.C.141~B.C.87)과 원수(元狩) 연간(B.C.141~B.C.87) 사이에 학문이 찬란하게 빛나서, 「유림전(儒林傳)」을 지었다.(『사기』「태사공자서」)

自孔子卒, 京師莫崇庠序. 唯建元·元狩之間, 文辭粲如也, 作「儒林傳」.(『史記』「太史公自序」)

康7-38

태학(太學)의 제도는 예로부터 세워진 적이 없었기 때문에 공자가 죽은 이후로 학교를 중시하지 않았다고 말한 것이며, 한 무제에 이르러 처음으로 세워졌기 때문에 찬란히 빛났다고 말한 것이다. 『사기』가 지어

었으니, 원컨대 그들에게도 관직을 내려 주십시오"라고 했다. 고조는 그들도 모두 낭관(郎官)에 임명했다고 한다.

388_ 이 내용은 지(軹) 땅 사람으로, 협객이었던 곽해(郭解)와 관련된 이야기이다. 이 유생은 곽해를 비난하다가 죽임을 당했다. 자세한 내용은 『사기』「곽해열전」 참조.

389_ 상서(庠序)는 학교를 말한다. 본래 상(庠)은 주나라의 학교이고, 서(序)는 은나라의 학교인데, 나중에 이 둘을 합쳐 국가에서 세운 학교를 통칭했다.

질 당시에는 유학이 아직 사상을 통일하지 않았기 때문에 태사공이 「유림전」을 새롭게 지은 것이니, 만약 후세에 학문의 학파를 고찰하려면 그것을 새롭게 짓는 것이 마땅하다. 후세에 유학이 사상을 하나로 통일하자, 유학 속에 포함되지 않는 사람이 없었으니, 어찌 유학자만의 전문적인 전(傳)을 세울 필요가 있었겠는가? 후한시대 이후에 신(新)나라의 유흠(劉歆)이 제도를 혼란스럽게 한 일을 겪으면서 이러한 뜻을 전혀 알 수 없게 되었다.

太學之制, 自古未立, 故謂自孔子卒, 後未崇庠序. 至武帝始立, 故謂粲如. 『史記』時, 儒未一統, 故史公創作此傳, 如後世之考敎派, 創之宜也. 後世儒學一統, 無人不在儒中, 尙何專傳之立者? 後漢之後, 經新歆之亂制, 蓋已不知此義矣.

7-8-8

하늘의 도가 공자에게 있지 않겠는가?[390] 공자는 학설을 널리 전한 사람이다.[391] 여기 유학자에게 있지 않겠는가? 만약 공자의 학설을 다시 널리 전하려고 한다면 여러 유학자들로 하여금 목탁[392]이 되도록 하는 것이 가장 좋다.(『법언』「학행」)

390_ 『논어』「자한(子罕)」편에서 공자가 "문왕이 이미 죽었으니, [주나라의] 문화 제도가 여기 나에게 있지 않겠는가?[文王旣沒, 文不在玆乎?]"라고 한 말과 같은 의미이다.

391_ 가설(駕說)은 학설을 널리 전하여 펼친다는 뜻이다. 『법언의소(法言義疏)』의 주에서, 가(駕)는 전(傳)의 뜻이라고 했다.

392_ 금구(金口)와 목설(木舌)은 『법언의소』에서 인용한 유종원(柳宗元)이 '목탁(木鐸)'이라고 했다. 즉 여러 유학자들로 하여금 공자의 학설을 목탁처럼 전하라는 의미라고 했다. 목탁의 방울은 금속으로 만들기 때문에 금구(金口)라고 하고, 목탁의 소리를 내는 물건[舌]은 나무로 만들기 때문에 목설(木舌)이라고 한다. 목탁(木鐸)은 하늘의 뜻에 따라서 교화를 펼치는 사람을 의미하는데, 『논어』「팔일(八佾)」편에 "天將以夫子爲木鐸."이라는 말과 『춘추위·연공도(春秋緯·演孔圖)』에 "丘爲木鐸, 制天下法."이라는 말이 보인다.

天之道不在仲尼乎? 仲尼駕說者也. 不在玆儒乎? 如將復駕其所說, 則莫若使諸儒金口而木舌.(『法言』「學行」)

7-8-9

하늘과 땅, 사람을 소통하게 하는 것을 유학자[儒]라고 하고, 하늘과 땅을 소통하게 하지만 사람을 소통하게 하지 못하는 것을 기술자[伎]라고 한다.[393](『법언』「군자」)

通天地人曰儒, 通天地而不通人曰伎.(『法言』「君子」)

康7-39

일반적으로 공자의 교설을 따르고, 유학자의 옷과 관을 착용하며, 유가의 책을 읽는 자라면 곧 유학자[儒]라고 한다. 그중에서 최상이 성유(聖儒)이고, 그 다음이 대유(大儒)·통유(通儒)·명유(名儒)이다. 하늘과 땅과 사람을 소통하게 하는 경우는 대유(大儒)의 반열에 해당된다. 양웅(揚雄, B.C.53~A.D.18)[394]의 말은 유학자를 존중함이 너무 지나쳐서 교설의 요지를 놓쳐버렸다. 그는 본래 "유학자의 옷과 책을 빌려서 그것을 입고 읽는다면 누가 유학자가 아니라고 말하겠는가?"[395]라는 사실을 알

393_ 『법언의소』의 주에서, "유(儒)는 도술이 깊고 심원한 것이고, 기(伎)는 재주가 뛰어난 것이다"라고 했다. 동중서는 천·지·인의 도를 소통하게 하는 자를 왕(王)이라고 했는데, 『춘추번로』「왕도통삼(王道通三)」편에서 "古之造文者, 三畫而連其中謂之王. 三畫者, 天·地與人也. 而連其中者, 通其道也. 取天·地與人之中以爲貫而參通之, 非王者孰能當是?"라고 했다.

394_ 양웅(揚雄)은 전한 말기 사천성(四川省) 성도(成都) 사람으로, 자는 자운(子雲)이다. 집이 가난하여 다른 사람들에게 구걸을 하여 여러 책들을 두루 읽었다고 한다. 저서로는 『태현경(太玄經)』과 『법언(法言)』, 『방언(方言)』 등이 있다.

395_ 『법언』「효지(孝志)」편에서 "유학자의 옷과 책을 빌려서 그 옷을 입고 그 책을 읽으면서 석 달 동안 돌려주지 않으면 누가 [그 사람을] 유학자가 아니라고 말하겠

고 있었으니, 또한 유학자는 단지 유학자의 옷을 입고 유가의 책을 읽는 것에 지나지 않는다는 것을 알고 있었던 것이다.

凡從孔子教, 衣儒衣冠 · 讀儒書者, 便謂之儒. 其上者聖儒, 次者大儒 · 通儒 · 名儒. 若夫通天地人, 則大儒之列也. 揚[396]子之言, 尊儒太過, 忘教旨矣. 彼固知"假儒衣書, 服而讀之, 孰曰非儒?", 則亦知儒不過服儒衣 · 讀儒書而已.

7-8-10

향(鄕)과 부(部)에 속한 지방 행정기관의 관리[397]는 모두 유생을 등용했다.(『후한서』「좌웅전」)

鄕 · 部親民之吏, 皆用儒生.(『後漢書』「左雄傳」)

7-8-11

좌웅(左雄, ?~138)[398]은 또한 전국의 유명한 유학자들을 박사로 뽑을 것을 상주했다.(『후한서』「좌웅전」)

雄又奏徵海內名儒爲博士.(『後漢書』「左雄傳」)

는가?[假儒衣書, 服而讀之, 三月不歸, 孰曰非儒也?]"라고 했다.

396_ 양(揚)이 『공자개제고』에는 양(楊)으로 되어 있는데, 고쳐서 기록했다.

397_ 향(鄕)과 부(部)는 고대의 행정 구획의 명칭으로, 지방의 행정 기관을 말한다. 향은 사방 5리(里)의 구역으로, 12,500가(家)로 구성되며, 현재의 현(縣) 이하의 행정 구역이다. 부는 사방 30리의 구역으로, 현재의 주(州)에 해당하는 행정 구역이다. 친민지리(親民之吏)는 백성을 가까이하는 벼슬아치로, 지방의 관리를 말한다.

398_ 좌웅(左雄)은 후한 남양(南陽) 사람이며, 자는 백호(伯豪)이다.

康7-40

이 시기 이전에는 대체로 관리의 선발 [대상]이 제자백가의 사상가들에게도 미쳤는데, 이때부터 하급 관리를 모두 유생이 담당하여 유학의 도가 크게 유행했다. 그런데 후세에는 관리가 되는 길이 여러 가지로 다양해졌는데, 심지어는 백정이 곡식을 내고 관직을 얻는[399] 지경에까지 이르렀다. 그런데도 유학자가 나라에 도움이 되지 않는다고 탓을 하니, 그래서야 되겠는가?

前此蓋選吏人及百家者, 自是, 小吏皆儒生爲之, 儒道大行. 而後世吏道雜而多端, 甚者乃至白丁捐納. 而歸咎于儒無益人國, 可乎?

7-8-12

세상의 유학자들은 스승을 믿고 옛것을 옳다고 여기기를 좋아한다.[400] (『논형』「문공」)

世儒學者, 好信師而是古.(『論衡』「問孔」)

7-8-13

만약 공자가 없었다면 70명의 제자들은 오늘날의 유생과 같을 것이다.[401] (『논형』「문공」)

使無[402]孔子, 則七十子之徒, 今之儒生也.(『論衡』「問孔」)

399_ 연납(捐納)은 돈이나 곡식을 바치고 관직이나 관함(官銜)을 얻는 것을 말하는데, 청나라 중엽에 특히 성행했다.

400_ 『논어』「술이」편에도 "子曰, 述而不作, 信而好古."라는 말이 보인다.

401_ 「문공」편의 이 문장의 앞에서 "만약 오늘날 공자와 같은 스승이 있었다면 오늘날의 학자는 모두 안연이나 민자건과 같을 것이다"라고 했다.

402_ 무(無)가 『공자개제고』에는 세(世)로 되어 있는데, 『논형』 원문에 따라 고쳤다.

7-8-14

이 때문에 유학자들은 말하고 논의하면서 모두 공자가 죽은 이후에 마땅히 작위에 봉해져야 하는 것은 사수(泗水)가 거꾸로 흐른 일[403]로 증거를 삼을 수 있다고 말했다.(『논형』「서허」)

是故儒者稱論, 皆言孔子之後當封以泗水却流爲證.(『論衡』「書虛」)

7-8-15

오경(五經)은 원칙[道]을 명확하게 기술한 것이다. 구체적인 일은 원칙만 같지 못하니, 원칙대로 행해지면 일은 잘 처리되고, 원칙이 없으면 일은 완성되지 않는다. 그렇다면 유생이 배우는 것은 원칙이다.(『논형』「정재」)

五經以道爲務. 事不如道, 道行事立, 無道不成. 然則儒生所學者, 道也.(『論衡』「程材」)

7-8-16

유생은 근본적인 것을 연구한다.(『논형』「정재」)

儒生治本.(『論衡』「程材」)

7-8-17

유생은 경서를 읽고,[404] 성인의 뜻을 깊이 연구한다.[405](『논형』「정재」)

403_ 「서허」편에 의하면, 사수(泗水)와 바로 마주한 채 공자의 장례를 지내자, 사수가 그를 위해 거꾸로 흘렀다는 이야기가 전하는데, 왕충은 그 이야기는 허망한 말이라고 했다. 그런데 세상 사람들은 이 이야기를 믿기 때문에 이 이야기를 근거로 유학자들은 공자가 죽은 이후에 당연히 작위를 받아야 한다고 주장했다고 한다.

404_ 적(擿)은 『논형교석』에서 주(籒)가 되어야 한다고 했다. 주(籒)는 책을 읽는 것

儒生擿[406]經, 窮竟聖意.(『論衡』「程材」)

7-8-18

오경(五經)을 연구하는 유학자들은 경서를 가슴에 품고 숨어버렸다.[407] (『논형』「일문」)

五經之儒, 抱經隱匿.(『論衡』「佚文」)

7-8-19

당(唐)의 요임금과 우(虞)의 순임금(舜), 하(夏)나라와 은(殷)나라의 일은 똑같이 2척 4촌의 경서[408]에 기록되어 있는데, 유학자들은 그것을 연구하고 읽으며, 하루 종일 강학하고 익힌다.(『논형』「선한」)

唐·虞·夏·殷同載在二尺四寸, 儒者推讀, 朝夕講習.(『論衡』「宣漢」)

康7-41

공자가 전한 오경(五經)은 모두 2척 4촌의 죽간을 사용했는데, 한나라 때에도 여전히 그러했다.

孔子傳五經, 皆用二尺四寸簡, 漢時猶然.

을 말한다.

405_ 궁경(窮竟)은 끝까지 탐구하고 깊이 연구한다는 뜻이다.

406_ 적(擿)이 『공자개제고』에는 과(撾)로 되어 있는데, 『논형』 원문에 따라 고쳤다.

407_ 「일문」편에서 왕충은 진나라 때 오경의 책을 불태우고, 한나라 때 협서율(挾書律)이 시행되자, 유학자들이 경서를 가슴에 품고서 깊이 숨어버렸다고 했다. 그 예로 복생(伏生)의 제자들이 산속으로 숨어버린 사례를 들었다.

408_ 이척사촌(二尺四寸)는 『논형교석』에서 경서의 죽간[經簡]이라고 했다.

7-8-20

살펴보건대, 동중서(董仲舒)의 책은 유가와 위배되지도 않고, 공자와 배치되지도 않는다.[409](『논형』「안서」)

案, 仲舒之書, 不違儒家, 不及孔子.(『論衡』「案書」)

7-8-21

유가의 무리인 동무심(董無心).[410](『논형』「복허」)

儒家之徒董無心.(『論衡』「福虛」)

7-8-22

책을 저술하는 자는 문유(文儒)[411]이고, 경서를 풀이하는 자는 세유(世儒)[412]이다.(『논형』「서해」)

著作者爲文儒, 說經者爲世儒.(『論衡』「書解」)

409_ 급(及)은 『논형교석』에서 반(反)자가 되어야 한다고 했다.

410_ 동무심(董無心)은 전국시대 사람으로, 유가의 입장에서 묵자(墨子)를 비난했다고 한다. 저서로는 『동자(董子)』 1편이 있는데, 지금은 전하지 않는다. 「복허」편의 기록에 의하면, 유가인 동무심(董無心)과 묵가인 전자(纏子)가 도에 대해서 논했는데, 전자가 진나라 목공이 밝은 덕을 지녀서 상제가 19년을 더 살게 해준 일을 예로 들어 묵가의 귀신 숭상을 칭찬했다. 이에 대해 동무심은 요임금과 순임금의 수명이 연장되지 않았고, 걸왕과 주왕이 일찍 죽지 않은 사실을 가지고 반박했다고 한다.

411_ 문유(文儒)는 학식이 깊고 책을 저술할 수 있는 유생을 가리킨다.

412_ 세유(世儒)는 당시 금문경학(今文經學)을 공부하던 유생을 가리킨다.

7-8-23

세유(世儒)는 성인의 경(經)을 설명하고 현자의 전(傳)을 해석하면서, 의리가 폭넓고 박식하여 밝혀서 드러내지 않음이 없다. 따라서 관직에 항상 고정된 지위가 있고, 지위가 가장 존귀한 자는 박사(博士)가 된다. 문하에 제자들이 모여들고, 천리 밖의 사람도 불러서 모으니, 몸은 비록 죽더라도 학문은 후대에까지 전해진다.(『논형』「서해」)

世儒說聖人之經, 解賢者之傳, 義理廣博, 無不實見. 故在官常位, 位最尊者爲博士. 門徒聚衆, 招會千里, 身雖死亡, 學傳于後.(『論衡』「書解」)

7-8-24

오늘날의 현명한 유학자들은 고금의 학문을 가슴속에 품고, 예의(禮義)의 막중한 소임을 짊어지고 있다.(『논형』「장유」)

今賢儒懷古今之學, 負荷禮義之重.(『論衡』「狀留」)

7-8-25

대체로 유생은 예의(禮義)를 상징하고, 농사와 전쟁은 음식을 상징한다. 농사와 전쟁을 귀중하게 여기고, 유생을 천시하는 것은 예의를 버리고 음식을 구하는 것이다.(『논형』「비한」)

夫儒生, 禮義也, 耕戰, 飮食也. 貴耕戰而賤儒生, 是棄禮義求飮食也.(『論衡』「非韓」)

7-8-26

유학자들은 세상에서 예의(禮義)라는 오래된 제방의 역할을 한다.(『논형』

「비한」)

之在世, 禮義之舊防也.(『論衡』「非韓」)

7-8-27

지금 유학자들의 품행은 예(禮)를 중시하고 의(義)를 사랑한다.(『논형』「비한」)

今儒者之操, 重禮愛義.(『論衡』「非韓」)

7-8-28

관직은 폐기할 수 없고, 도리는 버릴 수 없다. 유생은 도리를 관장하는 관리이니,[413] 무익하다고 해서 그들을 버린다면, 그것은 도리를 버리는 것이다.(『논형』「비한」)

官不可廢, 道不可棄. 儒生, 道官之吏也, 以爲無益而棄之, 是棄道也.(『論衡』「非韓」)

7-8-29

유생은 대의(大義)를 배워서, 도(道)로써 지방장관을 섬긴다.(『논형』「양지」)

儒生學大義, 以道事將.[414](『論衡』「量知」)

413_ 도관(道官)은 원래 도교를 관장하는 벼슬아치인데, 여기에서는 유가의 도리를 관장하는 관리라는 의미이다.

414_ 장(將)은 『공자개제고』 원문에는 없는 글자인데, 『논형』의 내용을 살펴보면, 장(將)자까지 포함시켜 구두를 끊어야 하기 때문에 보충하여 넣었다. 장(將)은 군수(郡守), 즉 지방장관을 가리킨다.

7-8-30

문유(文儒)는 선왕의 도를 마음속에 품고, 제자백가의 말을 입속에 머금고 있다.(『논형』「효력」)

文儒懷先王之道, 含百家之言.(『論衡』「效力」)

7-8-31

학문에 널리 박식한 자를 최상의 유학자라고 말하지는 않는다.[415](『논형』「별통」)

能博學問, 謂之上儒.(『論衡』「別通」)

7-8-32

유생은 학문을 역량으로 삼는다.[416](『논형』「효력」)

而儒生以學問爲力.(『論衡』「效力」)

7-8-33

유생 중에 역량이 큰 자는 박식하고 통달하니, 박식하고 통달한 것은 유생의 역량이다.(『논형』「효력」)

儒生力多者博達疏通. 故博達疏通, 儒生之力也.(『論衡』「效力」)

415_ 『논형교석』에서 위(謂)자 앞에 마땅히 불(不)자가 있어야 한다고 했다.

416_ 이 부분에서는 사람에게 지식과 학문이 있으면 역량이 있다는 것을 다루면서 문리(文吏)와 유생(儒生)을 비교했다. 즉 "문리는 일의 처리를 역량으로 삼고, 유생은 학문을 역량으로 삼는다[文吏以理事爲力, 而儒生以學問爲力.]"라고 했다.

7-8-34

박사(博士)의 관직은 유생들이 그것을 통해 흥기하는 것과 마찬가지이다.[417](『논형』「별통」)

猶博士之官, 儒生所由興也.(『論衡』「別通」)

7-8-35

혹 논의를 일으켜서 주장을 세우고, 체계적인 글을 쓰는 자는 문인(文人)과 홍유(鴻儒)이다.(『논형』「초기」)

或興論立說, 結連篇章者, 文人·鴻儒也.(『論衡』「超奇」)

7-8-36

한 가지 경서를 강설할 줄 아는 사람은 유생(儒生)이고, 널리 고금의 지식에 해박한 사람은 통인(通人)이며, 전해지는 고서의 문장을 인용해서 상주문이나 윗사람에게 올리는 글[418]을 쓸 수 있는 사람은 문인(文人)이고, 치밀한 사고를 통해 글을 짓고 문장을 체계적으로 쓸 수 있는 사람은 홍유(鴻儒)이다. 따라서 유생은 속인보다 뛰어나고, 통인은 유생보다 뛰어나며, 문인은 통인보다 뛰어나고, 홍유는 문인보다 뛰어나다. 따라서 홍유는 월등하게 뛰어난 사람이라고 한다. 월등하게 뛰어난 사람을 한 걸음 물러나서 유생과 서로 비교해보면, 화려한 수레를 낡

417_ 한대에 국가의 서적을 보관하는 장서실이 난대(蘭臺)인데, 그곳의 서적을 관리하는 관리를 또한 난대라고 부른다. 직급은 낮지만, 국가의 주요 문서를 관리하기 때문에 학문에 통달한 사람은 이 관직을 거쳐서 높은 관직으로 오른다. 그것은 마치 유생들이 박사라는 관직을 통해 흥기하는 것과 마찬가지라는 내용이다.

418_ 상서(上書)는 군주에게 자신의 의견을 올리는 상주문이고, 주기(奏記)는 한나라 때 공부(公府) 등의 장관에게 자신의 의견을 진술하는 문서를 말한다.

아빠진 수레에 비유하고, 비단을 수놓은 옷을 헌 옷에 견주는 것처럼 서로 현격한 차이가 난다.(『논형』「초기」)

故夫能說一經者爲儒生, 博覽古今者爲通人, 采掇傳書以上書奏記者爲文人, 能精思著文連結篇章者爲鴻儒. 故儒生過俗人, 通人勝儒生, 文人逾通人, 鴻儒超文人. 故夫鴻儒, 所謂超而又超者也. 以超之奇, 退與儒生相料, 文軒之比于敝車, 錦綉之方[419]于縕袍也, 其相過遠矣.(『論衡』「超奇」)

7-8-37

그렇다면 홍유(鴻儒)는 세상의 금옥(金玉)과 같은 고귀한 존재이며, 월등하게 뛰어나다. 월등하게 뛰어나서 재능이 남들을 뛰어넘으니,[420] 모두 상대적인 등급의 차이가 있다. 유생은 유학의 문하에 이름을 걸어두고 있으니,[421] 속인들보다는 훨씬 뛰어나다.(『논형』「초기」)

然鴻儒世之金玉也, 奇而又奇矣. 奇而又奇, 才相超乘, 皆有品差. 儒生說名于儒門, 過俗之遠也.(『論衡』「超奇」)

7-8-38

대체로 유생이 문리(文吏)[422]보다 나은 이유는 학문이 날마다 쌓이며, 자신의 본성을 연마하고,[423] 자신의 재능을 갈고 닦기 때문이다.(『논형』

419_ 방(方)은 '비교하다', '견주다'의 뜻이다.

420_ 초승(超乘)은 본래 '수레에 뛰어오른다'는 의미인데, 여기서는 다른 사람을 초월하고 넘어선다는 뜻이다.

421_ 설명(說名)은 '이름을 걸어두고 있다'는 의미로, 설(說)은 세(稅)자와 같은 뜻으로 쓰였다.

422_ 문리(文吏)는 공문서와 법령을 담당하고 숙지하고 있는 관리를 말한다.

423_ 간련(簡練)은 정밀하게 마음을 쏟아서 연마하는 것이다.

「양지」)

夫儒生之所以過文吏者, 學問日多, 簡練其性, 雕琢其材也.(『論衡』「量知」)

7-8-39

[그들의 차이를 알아보는 상관은] 문리와 유생이 글을 짓는 솜씨는 같지만, 유생의 가슴속에 간직되어 있는 것이 오히려 훨씬 더 많다는 것을 안다.[424](『논형』「양지」)

知文吏 · 儒生筆同, 而儒生胸中之藏, 尙多奇餘.(『論衡』「量知」)

7-8-40

문리와 유생도 이와 유사하다. 모두 재능을 가지고 있을 뿐만 아니라, 붓과 먹을 사용하여 글을 쓰지만, 유생은 선왕의 도를 월등하게 가지고 있다.[425](『논형』「양지」)

文吏 · 儒生有似于此. 俱有材能, 幷用筆墨, 而儒生奇有先王之道.(『論衡』「量知」)

康7-42

후세에 법률로 천하를 다스린 것은 거의 진(秦)나라와 같다. 경서의 뜻

424_ 왕충은 문리와 유생이 모두 문서를 담당하는 관리를 맡을 수 있는데, 그들의 능력을 알아보는 상관은 두 사람이 차이가 있다는 것을 알지만, 그렇지 못한 상관은 그 차이를 전혀 알아보지 못한다고 했다.

425_ 왕충은 문리와 유생의 차이를 일반적인 땅이나 산과 아름다운 땅이나 산에 비유했다. 즉 땅에 해바라기와 부추를 심고, 산에 대추와 밤나무를 심으면 일반적인 땅이나 산과는 비교할 수도 없는 매우 무성하고 아름다운 산림 동산이 된다는 것이다.

은 단지 첩괄(帖括)[426]의 문장을 짓는 용도로만 제공되었을 뿐, 구체적인 일을 다스리는 것과는 상관이 없었다. 그렇다면 학문에 정통한 대유(大儒)는 필첩식(筆帖式)[427]과 동일한 셈이다.

後世以法律治天下, 幾等于秦. 經義僅供帖括文章之用, 無關治事. 則通學大儒, 與筆帖式同矣.

7-8-41

대체로 유생과 문리의 재능을 따져보면, 유생은 경전(經傳)에 대한 학식을 풍부하게 가지고 있다.(『논형』「양지」)

夫儒生與文吏程材, 而儒生侈有經傳之學.(『論衡』「量知」)

7-8-42

유생은 그릇된 짓을 하지 않지만, 문리는 간사한 짓을 하기 좋아하는 이유는 문리는 도덕(道德)이 적고, 유생을 인의(仁義)가 많기 때문이다. 대체로 문리의 학문이란 문서의 정리를 배우는 것으로, 당연히 나무와 흙을 다루는 장인과 같은 부류이니, 어찌 유생과 견줄 수 있겠는가?(『논형』「양지」)

儒生不爲非, 而文吏好爲奸者, 文吏少道德而儒生多仁義也. 夫文吏之學, 學治文書也, 當與木土之匠同科, 安得程于儒生哉?(『論衡』「量知」)

426_ 첩괄(帖括)은 과거시험 중의 하나로, 경서의 일부분을 따다가 몇 글자에 종이를 붙여 가리고, 수험생에게 외우도록 한 시험이다.

427_ 필첩식(筆帖式)은 관직 이름으로, 청나라 때에 각 관아에 배속된 하급관리들이다. 만주어와 중국어로 된 장주(章奏) 문서를 번역하는 일을 맡았다.

7-8-43

유생들은 재주가 민첩하지 않음이 없고, 업무는 통달하지 않음이 없지만, 다만 하려는 뜻이 없을 뿐이다. 지금 세속에서는 [유생이] 익히지 않는 것만을 보고 하지 못한다고 말하고, 하지 않는 것만을 보고 통달하지 못했다고 말한다. 용도를 구분하여 능력을 따지기 때문에[428] 문리가 앞에 있고 유생은 뒤에 있으니, 이것은 조정[에서의 업무]라는 측면에서 말한 것이다. 만약 유학을 배우는 교실[에서의 학문]이라는 측면에서 평가한다면, 유생이 위에 있고 문리는 아래에 있다.(『논형』「정재」)

儒生材無不能敏, 業無不能達, 志不有爲. 今俗見不習, 謂之不能, 睹不爲, 謂之不達. 科用累能, 故文吏在前, 儒生在後, 是從朝廷謂之也. 如從儒堂訂之, 則儒生在上, 文吏在下矣.(『論衡』「程材」)

7-8-44

의론을 펼치는 자들은 대부분 유생이 저들 문리에 미치지 못한다고 말한다. 문리는 형편이 좋은 반면 유생은 실의에 빠져 있는 것[429]을 보면, 유생을 비난하여 재능과 지혜가 천박하고 짧다고 여기고, 문리를 칭찬하여 재능과 지혜가 깊고 심원하다고 말한다. 이것은 유생을 모르는 것이며, 또한 문리를 모르는 것이다. 유생과 문리는 모두 재능과 지혜를 가지고 있는데, 문리는 재능이 높고 유생은 지혜가 낮은 것이 아니다. 문리는 실무를 더 경험했고, 유생은 일을 익히지 않았을 뿐이다. 따라서 문리가 실무를 더 경험했고, 유생은 일을 익히지 않았다고 말

428_ 과(科)는 『논형교석』에서 과별(科別)이라고 했다. 과별(科別)은 구분하거나 구별하는 것이다. 루(累)는 순위를 정해서 따져보는 것을 말한다.

429_ 이편(利便)은 편리(便利)와 같은 말로, 형편이 좋다는 뜻이다. 타락(墮落)은 실의에 빠진 모습이다.

한다면 괜찮지만, 문리의 재능과 지혜는 깊고 심원하고, 유생의 재능과 지혜는 천박하고 짧다고 말한다면 잘못된 것이다.[430] 세속에서는 모두 유생을 비난하고, 유생의 무리들 스스로도 서로를 무시하니, 무엇 때문인가? 모두가 벼슬살이를 좋아하여 관리가 되는 방법을 배우기 위하여 문리를 표준으로 삼기 때문이다. 유생에게 결함이 있으면 세속에서는 모두 비난하지만, 문리에게 과실이 있으면 세속에서는 감히 비난하지 못한다. 그래서 잘못한 일은 유생의 탓으로 돌리고, 잘한 일은 문리에게 넘긴다. 대체로 유생의 재능은 문리보다 아래가 아니며, 또한 그들이 익힌 일이 당연히 해야 할 일이 아닌 것도 아니다. 그런데도 세속에서 모두 그들을 비난하는 이유는 지방장관들[431]이 그들의 등용을 좋아하지 않는 것을 보았기 때문이다. 지방장관들이 그들의 등용을 좋아하지 않는 이유는 일은 많은데 자기는 일을 처리할 수 없어서 반드시 문리가 있어야만 그 일을 다스릴 수 있기 때문이다. 대체로 일을 잘 하는 자를 선발하고 능력 있는 자를 모색하며,[432] 용도를 구분하여 능력을 따지는 것[433]은 유익하기를 기대하기 때문이다. 문리는 번잡한 일을 처리하고, 자신의 직분에 온몸으로 부역하니, 직무가 잘 처리되고 공적이 세워져서 지방장관들이 그들의 능력을 존중한다. 그러나 유생은 매우 조심스럽게 일을 처리하고,[434] 번잡한 일을 감당할 수 없기 때문에 지방장관에게 번잡하고 해결이 곤란한 일이 있어도

430_ 지(知)는 『논형교석』에서 연문이라고 했다. 앞의 '가야(可也)'와 여기의 '망의(妄矣)'가 서로 대구를 이룬다고 했다.

431_ 장(將)은 군장(郡將), 즉 군수(郡守)로, 지방의 장관을 말한다.

432_ 논(論)은 『논형교석』에서 인용한 『여씨춘추』「당잡(當染)」편의 주에서, 선발한다[擇]는 뜻이라고 했다.

433_ 시용루능(施用累能)에서 시(施)는 『논형교석』에서 이(貤)와 같은 뜻이라고 했다. 이(貤)는 구분한다는 뜻이다. 이 말은 앞에서 나온 "용도를 구분하여 능력을 따진다[科用累能]"라는 말과 같은 의미이다.

434_ 율률(栗栗)은 두려워하고 전전긍긍하는 모양이다. 매우 조심스럽게 일을 처리하는 것을 말한다.

자신의 능력을 발휘할 수가 없다. 능력이 제때에 도움이 되지 못하면 관직이 자신에게까지 미쳐 오지 않는다. 지방장관은 관직[의 능력]으로 재능을 평가하고, 재능도 관직[의 직급]으로 증험하니, 이 때문에 세속에서는 항상 문리를 높이고 유생을 천시한다. 유생을 천시하고 문리를 높이는 것은 본래 무능한 지방장관에 의해 생긴 현상이기 때문에 세속의 의론은 지방장관의 호오(好惡)에 달려 있다. 만약[435] 세속의 지방장관들이 재능이 높고 지혜가 깊다면, 모든 일에 통달하고 핵심 강령을 장악하고 있어서 [자신들에] 의해 결정되지 않는 일이 없을 것이다. 문리를 둘 경우에는 정원을 두어 인원을 채우면 자신의 뜻을 충분히 보좌하게 할 수 있다. 그들이 덕을 닦는 데 뜻을 두고, 교화를 펼치는 데 노력한다면 저 문리는 기와나 돌과 같은 하찮은 처지가 되고, 유생은 주옥과 같은 귀중한 처지가 될 것이다. 또한 문리들은 곤란하고 복잡한 문제를 잘 해결하고 처리할 수 있지만, 스스로를 잘 지키지 못하니, 또한 지방장관을 보필하지 못한다. 유생은 업무를 익히지는 않았지만, 잘못을 바로잡고 구제하는 데 뛰어나니, 지방장관이 한쪽으로 치우치면 위험을 무릅쓰고 간언하는 것을 두려워하지 않는다.(『논형』「정재」)

論者多謂儒生不及彼文吏. 見文吏利便而儒生墮落, 則詆訾儒生以爲淺短, 稱譽文吏謂之深長. 是不知儒生, 亦不知文吏也. 儒生文吏, 皆有材智, 非文吏材高而儒生智下也. 文吏更事, 儒生不習也. 謂文吏更事, 儒生不習可也, 謂文吏深長, 儒生淺短, 知妄矣. 世俗共短儒生, 儒生之徒亦自相少, 何則? 幷好仕學宦, 用吏爲繩表也. 儒生有闕, 俗共短之, 文吏有過, 俗不敢訾. 歸非于儒生, 付是于文吏也. 夫儒生材非下于文吏, 又非所習之業非所當爲也. 然世俗共短之者, 見將不好用也. 將之不好用之者, 事多已不能理, 須文吏以領之也. 夫論善謀

435_ 금(今)은 『논형교석』에서 약(若)이 되어야 한다고 했다.

材, 施用累能, 期于有益. 文吏理煩, 身役于職, 職判功立, 將尊其能. 儒生栗栗, 不能當劇, 將有煩疑, 不能效力. 力無益于時, 則官不及其身也. 將以官課材, 材以官爲驗, 是故世俗常高文吏, 賤下儒生. 儒生之下, 文吏之高, 本由不能之將, 世俗之論, 緣將好惡. 今世之將, 材高知深, 通達衆凡, 擧綱持領, 事無不定. 其置文吏也, 備數滿員, 足以輔己志. 志在修德, 務在立化, 則夫文吏瓦石, 儒生珠玉也. 夫文吏能破堅理煩, 不能守身, 則亦不能輔將. 儒生不習于職, 長于匡救, 將相[436]傾側, 諫難[437]不懼.(『論衡』「程材」)

7-8-45

살펴보건대, 세상에서 충성스럽게[438] 절개를 세우고, 세 번 간언하는 의리[439]를 이루어서, 지방장관들로 하여금 자신을 단속하여 스스로 경계하고, 감히 올바르지 못한 행동을 하지 않도록 하는 것은 대부분 유생들이다.(『논형』「정재」)

案, 世間能建蹇蹇之節, 成三諫之議, 令將檢身自敕, 不敢邪曲者, 率多儒生.(『論衡』「程材」)

436_ 상(相)은 군(郡)의 태수(太守)나 현령(縣令)의 부류에 속하는 관직이다. 장상(將相)은 지방장관을 두루 가리키는 말이다.

437_ 간난(諫難)은 위험을 무릅쓰고 간언하는 것을 말한다.

438_ 건건(蹇蹇)은 충성을 다하는 모양이다.

439_ 삼간(三諫)은 『예기』「곡례 하(曲禮 下)」편에 "신하된 예법에서는 드러내 놓고 간언하지 않으니, 세 번 간언했는데도 받아들여지지 않으면 도망간다[爲人臣之禮, 不顯諫, 三諫而不聽, 則逃之.]"라는 말이 보인다. 의(議)는 『논형교석』에서 의(義)가 되어야 한다고 했다. 한편 삼간지의(三諫之義)는 『공양전』「장공(莊公)」 24년에, 조나라의 대부 조기(曹羈)가 조나라 군주에게 세 번 간언했다가 받아들여지지 않자, 그 나라를 떠났다는 고사에 보인다.[冬, 戎侵曹, 曹羈出奔陳, 曹羈者何? 曹大夫也. 曹無大夫, 此何以書. 賢也, 何賢乎曹羈. 戎將侵曹, 曹羈諫曰, 戎衆以無義. 君請勿自敵也. 曹伯曰, 不可. 三諫不從, 遂去之, 故君子以爲得君臣之義也.]

康7-43

벼슬길은 주(周)나라와 진(秦)나라 이래로 관리를 임용하던 옛날 방식이며, 학교 안의 사람을 임용했다. 유학자들은 교육 [담당]으로 관직에 임용되었는데, 이것은 마치 외국의 교사들이 의회에 들어가는 것과 같다. 그 후에 무인(武人)들을 잡다하게 등용했는데, 대대로 작위가 세습되는 명문 가문 출신이 벼슬하는 것과 시부(詩賦)와 첩괄(帖括) 등의 시험으로 벼슬하는 것은 모두 유학자가 아니다. 그런데도 시부와 첩괄을 유가의 학문에 포함시킴으로써 거짓으로 진실을 어지럽혔다. 오늘날에 이르러서는 몸은 유학자이지만 입으로는 유가의 도를 담론하지 않아서 마치 세속적인 인간과 마찬가지이니, 교설이 모두 다 없어져 버렸는데도 여전히 그 교설에 자신을 가탁하고 있으니, 슬프구나!

吏道是周秦以來任官之舊, 仕學院中人也. 儒是以敎任職, 如外國敎士之入議院者. 其後雜用武夫, 世爵高門, 詩賦帖括, 皆非儒矣. 而詩賦帖括託于儒門, 而以僞亂眞. 至于今日, 身爲儒而口不談道, 若與俗人同, 則敎之盡失, 而仍以敎託之, 悲夫!

7-8-46

「정재(程材)」편과 「양지(量知)」편에서는 유생과 문리의 재능은 서로 누가 더 뛰어나다고 할 수 없다고 말했다. 그러나 유생은 큰 도를 닦고 문리는 공문서를 잘 파악하고 있는데, 도가 실무보다는 나은 것이기 때문에 유생이 문리보다 더 낫다고 말했다. 이것은 직업이라는 외적인 측면에서 서로 비교하여 따져본 것이며, 그 내적인 측면에서 각자가 가지고 있는 단점을 사실대로 서술한 것이 아니다. 대체로 유생은 한 가지 경서를 강설할 수 있으면 스스로 큰 도를 통달했다고 말하고는 문리들을 깔보며, 문리는 공문서를 잘 파악하며 스스로 공문서가 완벽하다고 말하고는[440] 유생들을 희롱한다. 그들은 각자가 자만하면서 스스로를 훌륭하다고 칭찬하고,[441] 상대방을 그르다고 하고 자신을 옳다고 하기 때문에 자신의 단점을 알지 못하고, 자기에게 부족한 점을 깨닫지 못한다. 『논형』에서는 이것을 해명하여, 장차 각자로 하여금 자신들의 단점들을 묵묵히 알게 하고자 한다.[442] 대체로 유생들의 단점은 단지 공문서를 잘 파악하지 못하는 것만이 아니며, 문리들의 열등한 점은 단지 큰 도를 통달하지 못한 것만이 아니다. 도리어 꽉 막히고 어두워서 고금의 지식에 해박하지 못하여, 각자가 자신들이 종사하는 일이 완전하지 못하다는 것을 스스로 알지 못한다. 두 집단 각각의 단점을 스스로도 알지 못하고, 세상의 논설자들도 그것을 해명하지 못하니, 무엇 때문인가? 대체로 유생들이 일삼는 것은 오경(五經)이다. 남쪽을 향한 채 스승이 되어, 하루 종일 장구(章句)를 강학하면서 의리(義理)를 연구하고 익히니,[443] 오경을 연구하여 갖추고 있는 것은 괜찮은 편이다. 그러나 오경(五經)[이 나온] 이후의 진나라와 한나라의 일에 대해서 알지 못하는 것은 단점이다.[444] 대체로 옛것은 알면서 지금을 모르는 것을 '육침(陸沈)'[445]이라고 한다. 그렇다면 유생들은 '육침자(陸沈者)'라고 할 수 있다. 또한 오경[이 나오기] 이전에 하늘과 땅이 처음 열리고 제왕이 최초로 즉위한 시대에 대해, 군주의 이름이 누구인지를 유생들은 또한 알지 못한다. 대체로 지금은 알면서 옛것은 모르는 것을 '맹고(盲瞽)'라고 한다. 오경은 상고(上古) 시대에 비교한다면 오히려

440_ 무해(無害)는 비할 수 없이 출중하다는 뜻으로, 완벽하다는 의미이다.

441_ 장(藏)은 유반수(劉盼遂)가 장(臧)의 잘못이라고 했다. 장(臧)은 훌륭하다고 칭찬하는 것이다.

442_ 석(懥)은 『논형교석』에서 상(爽)자의 잘못이라고 했고, 지(之)는 핍(乏)이 되어야 한다고 했다. 상연(爽然)은 실의에 차서 말이 없는 모습이다.

443_ 활(滑)은 난(亂), 즉 다스린다는 뜻이다.

444_ 유반수가 무(無)는 연문이라고 했다.

445_ 육침(陸沈)은 옛것만을 고집하여 시의(時宜)에 맞지 않는 것을 말하며, 은거하는 것을 비유하기도 한다.

지금의 것에 해당된다. 단지 경서를 강설할 수 있을 뿐, 상고시대에 대해서는 잘 파악하지 못하니, 그렇다면 유생들은 '맹고자(盲瞽者)'라고 할 수 있다. 그런데 유생들은 그래도 "상고시대는 아주 멀고 오래되어, 그 일이 불명확하기 때문에 경서에 기록되지 않았고, 스승들이 말하지 않은 것이다"라고 말한다. 대체로 삼왕(三王)의 일은 비록 거리가 멀고,[446] 또 경서에 기록되어 있지 않지만, 의리가 지금과 서로 연결되어 있기 때문에 오경을 연구하는 자라면 마땅히 모두 알아야 하는 것이며, 유생들도 마땅히 자세하게 강설해야 하는 것이다.(『논형』「사단」)

「程材」·「量知」言儒生文吏之材, 不能相過, 以儒生修大道, 以文吏曉簿書, 道勝于事, 故謂儒生頗愈文吏也. 此職業外相程相量也, 其內各有所以爲短,[447] 未實謝也. 夫儒生能說一經, 自謂通大道以驕文吏, 文吏曉簿書, 自謂文無害以戱儒生. 各持滿而自藏, 非彼而是我, 不知所爲短, 不悟于己未足. 『論衡』訓之, 將使懊然各知所之. 夫儒生所短, 不徒以不曉簿書, 文吏所劣, 不徒以不通大道也. 反以閉暗不覽古今, 不能各自知其所業之事未具足也. 二家各短, 不能自知也, 世之論者, 而亦不能訓之, 如何? 夫儒生之業, 五經也. 南面爲師, 旦夕講授章句, 滑習義理, 究備于五經, 可也. 五經之後, 秦·漢之事無不能知者, 短也. 夫知古不知今, 謂之'陸沈'. 然則儒生所謂'陸沈者'也. 五經之前, 至于天地始開, 帝王初立者, 主名爲誰, 儒生又不知也. 夫知今不知古, 謂之'盲瞽'. 五經比于上古, 猶爲今也. 徒能說經, 不曉上古, 然則儒生所謂'盲瞽者'也. 儒生猶曰, "上古久遠, 其事暗昧, 故經不載而師不說也." 夫三王之事, 雖近矣, 經雖不載, 義所連及, 五經所當共知, 儒生所當審說也.(『論衡』「謝短」)

446_ 근(近)은 『논형교석』에서 원(遠)자의 잘못이라고 했다.

447_ 단(短)이 『공자개제고』에는 지(知)로 되어 있는데, 『논형』 원문에 따라 고쳤다.

7-8-47

진(秦)나라가 오경(五經)을 불태우고, 유사(儒士)들을 매장하여 죽인 것은 오경 연구자라면 모두 들어본 일이다. 진나라는 무슨 이유로 오경을 불태웠으며, 무슨 원한으로[448] 유사들을 매장하여 죽였는가? 진나라는 이전의 세대이고, 한나라는 그 자체로 유생의 집안이다. 한고조부터 지금 왕조까지 몇 세대가 흘렀는가? 지금까지 몇 년의 시간이 지났는가? 애초에 어떠한 천명을 받았는가? 또한 어떠한 상서로운 징조를 얻었는가? 한나라가 천하를 얻은 것과 은나라와 주나라가 천하를 얻은 것 중 어떤 것이 어렵고 어떤 것이 쉬웠는가? 집안의 자제가 몇 년에 걸쳐서 학문을 하면, 다른 사람들이 "집안이 몇 년이나 되었는가? 선조는 무엇을 했는가?"라고 묻는다. 그것을 알지 못하는 자는 어리석은 자제이다. 그렇다면 유생들이 한나라의 일을 알지 못한다면 세상에서 우매하고 꽉 막힌 사람이다. 옛것을 익히고 새로운 것을 알아야 스승이 될 수 있으니,[449] 옛날과 지금을 알지 못하면서 어떻게 스승이라고 말할 수 있겠는가? 저들 유생들은 대답한다.[450] "2척 4촌의 경서[451]는 성인의 아름다운 말인데, 하루 종일 강습하면 [성인과] 의리상 같은 부류[인 우리들]이 파악할 수 있기 때문에[452] 노력해서 알 수 있다. 그런

448_ 감(感)은 유반수가 감(憾)의 가차자이며, 속본(俗本)에는 한(恨)으로 되어 있다고 했다.

449_ 『논어』 「위정(爲政)」: 子曰, 溫故而知新, 可以爲師矣.

450_ 『논형교석』에서 문(問)은 연문이며, 이 문장은 앞에서 "어떻게 스승이라고 말할 수 있겠는가?[稱師如何]"라고 한 비난에 대답한 것이라고 했다.

451_ 『좌씨전』의 두예(杜預)의 「서문」에, 정현이 『논어』에 쓴 「서문」을 공영달이 다음과 같이 인용했다. "『춘추위 · 구명결(春秋緯 · 鉤命決)』에서 '『춘추』는 2척 4촌의 크기로 글을 적었고, 『효경』은 1척 2촌의 크기로 글을 적었다'라고 말했기 때문에, 육경(六經)의 책은 그 크기가 모두 2척 4촌으로 일컬어졌다는 것을 알 수 있다."

452_ 의류(義類)는 의리상 같은 부류라는 뜻이다.

데 한나라의 일은 경서에 기록되어 있지도 않고, 1척의 짧은 책[453]이라고 명명하여 [경서의 큰 도에 대비하여] 작은 도에 비유하니,[454] 그것을 잘 아는 것은 유학자들이 귀중하게 여기는 것이 아니다." 유생들은 고금의 일조차 제대로 파악하지 못하면서 각자 자신이 연구한 경서를 따로 강설하고자 하는데, 경전과 고금의 일은 의리상 같은 부류이니, [고금의 일을 이해하지 못하는 것은] 알지 못하는 것을 귀하게 여기는 것이다.(『논형』「사단」)

秦燔五經, 坑殺儒士, 五經之家所共聞也. 秦何起而燔五經? 何感而坑儒生? 秦則前代也, 漢國自儒生之家也. 從高祖至今朝幾世? 歷年迄今幾載? 初受何命? 復獲何瑞? 得天下難易孰與殷·周? 家人子弟學問歷幾歲, 人問之曰, "居宅幾年? 祖先何爲?" 不能知者, 愚子弟也. 然則儒生不能知漢事, 世之愚蔽人也. 溫故知新, 可以爲師, 古今不知, 稱師如何? 彼人問曰, "二尺四寸, 聖人文語, 朝夕講習, 義類所及, 故可務知. 漢事未載于經, 名爲尺籍短書, 比于小道, 其能知, 非儒者之貴也." 儒不能睹曉古今, 欲各別說其經, 經[455]事義類, 乃以不知爲貴也.(『論衡』「謝短」)

康7-44

자기 왕조가 몇 세대, 몇 년이 되었는지에 대해, 한나라 유생들은 오히려 대부분 알지 못했으니, 비루함이 또한 너무 심하구나! 오늘날 오로지 과거 시험에만 전념하는 촌구석의 비천한 선비들과 똑같다. 교설

453_ 척적단서(尺籍短書)는 크기가 작고 길이가 짧은 책이라는 말로, 경서에 비해서 매우 하찮은 책이라는 의미이다. 경서를 제외한 소설이나 잡문 등의 세속의 기록을 말한다. 『논형』「골상(骨相)」편에도 "若夫短書俗記·竹帛胤文, 非儒者所見."이라는 말이 보인다.

454_ 소도(小道)는 예악(禮樂)과 정교(政敎) 이외의 학설을 가리킨다.

455_ 경(經)이 『공자개제고』에는 빠져 있는데, 『논형』 원문에 따라 보충했다.

만을 존중하면 그 결과는 반드시 대부분이 독단적이고 비루하게 되니, 인도와 로마도 그러했다. 당시에 오경을 기록한 글은 그래도 길이가 2척 4촌이었는데, 그 나머지 1척의 책은 짧은 책[短書]이라고 했다. 책의 길고 짧음으로 귀천을 삼는 것은 오늘날 큰 글자 본[大字本]과 작은 글자 본[小字本]을 구분하는 것과 같다.

本朝幾世・幾年, 漢之儒生猶多不識, 陋亦極矣! 與今鄕曲之士專窮學業者同. 尊敎之餘, 決多專陋, 印度・羅馬亦然. 當時錄五經文尙長二尺四寸, 其餘尺籍謂之短書. 以長短爲貴賤, 猶今之分大字本・小字本也,

7-8-48

[헌제(獻帝) 초평(初平) 4년(193)] 9월 갑오일에 유생(儒生) 40여 명을 시험 보았다. 성적이 가장 좋은 1등에게는 낭중(郎中)의 지위를 하사했고, 그 다음은 태자사인(太子舍人)의 지위를 하사했으며, 점수가 낮은 자는 낙제시켰다. 헌제는 조서를 내려 다음과 같이 말했다. "공자는 학문이 강습되지 않음을 한탄했는데,[456] 강습하지 않으면 알고 있던 지식이 날마다 사라지기 때문이다. 오늘날 유학자들은 나이가 60세가 넘도록 고향을 떠나 생계거리를 찾아다니면서 전문적인 직업을 얻지 못한다. 어린아이[457] 때 학교에 들어가서 백발이 되고 나서야 빈손으로 고향으로 돌아간다. 그리고 오랫동안 농촌의 들녘에 방치되어, 출사의 영광스러운 희망을 영원히 끊어 버린다. 짐은 이것을 매우 애석하게 여기니, 시험 등급에 의거하여 낙제된 자들에게 태자사인(太子舍人)의 지위를 윤허하노라."(『후한서』「헌제기」)

456_ 『논어』「술이(述而)」: 子曰, "德之不脩, 學之不講, 聞義不能徙, 不善不能改, 是吾憂也."

457_ 결동(結童)은 머리를 땋은 어린 아이를 말한다.

九月甲午試儒生四十余人. 上第, 賜位郎中, 次太子舍人, 下第者, 罷之. 詔曰, "孔子嘆學之不講, 不講則所識日忘. 今者儒年逾六十, 去離本土, 營求糧資, 不得專業. 結童入學, 白首空歸. 長委農野, 永絶榮望. 朕甚湣焉, 其依科罷者, 聽爲太子舍人."(『後漢書』「獻帝紀」)

康7-45

『한서』와 『후한서』에서 말한 '유학자[儒者]'는 모두 공자의 후학을 가리키니, 공자의 도가 [한나라 시대에] 행해졌음을 분명히 알 수 있다.

兩漢書所言'儒者', 皆指孔子後學, 詳見孔子道行.

<이상 공자가 유교를 창립한 후 그 교설을 따른 제자들을 유생(儒生)이라고 하다: 右孔子創儒後, 諸弟子從其教者謂之儒生>

제8권 | 공자는 법도를 제정한 왕이다

孔子爲制法之王考

An Annotated Translation of "Confucius as a Reformer"

제8권 머리글

아주 먼 옛날에는 용맹을 숭상하고 힘을 겨루었기 때문에 보이지 않는 곳에서 혼란이 점점 싹트고 있었다.[1] 하늘이 불쌍히 여겨 도와주되, 한 시대만을 구원하는 것이 아니라 백 세대 이상까지 구원하려고 했다. 이에 신령스럽고 밝은 성왕(聖王)을 출현시켜 단순히 인간을 다스리는 군주로 삼지 않고 법도를 제정하는 군주로 삼았다. 친하가 그를 따랐고, 백성들[2]도 그에게 귀의했다. 전국시대부터 후한시대에 이르는 8백 년 동안, 천하의 학자들 중에 공자를 왕으로 여기지 않은 자가 없었다는 점은 이론의 여지가 없다.

> 迺上古昔, 尙勇競力, 亂萌慘黷. 天閔振救, 不救一世而救百世. 乃生神明聖王, 不爲人主, 而爲制法主. 天下從之, 民萌歸之. 自戰國至後漢八百年間, 天下學者, 無不以孔子爲王者, 靡有異論也.

유흠(劉歆, B.C.53?~A.D.25)은 『좌씨전』을 가지고 『공양전』의 이론을 논파했고, 위고문(僞古文)의 경전 기록을 가지고 구전으로 전해진 금문 경학을 공격했으며, [개제의 주체를] 공자에서 주공(周公)으로 대신 바꾸었고, [공자의 지위를] 창작자에서 조술자로 바꾸어 버렸다.[3] 그 결과 공

1_ 참독(慘黷)은 참독(黲黷)과 같은 말로, 어둡고 탁한 모양이다. 보이지 않는 곳에서 혼란이 점점 싹트고 있었다는 의미이다.

2_ 맹(萌)은 어리석다는 말로, 민맹(民萌)은 맹인(萌人)과 마찬가지로 백성을 의미한다.

3_ 유흠은 당시 왕망과 애제(哀帝)의 강력한 정치적 후원을 바탕으로 고문경전의 학관 설립을 공개적으로 주장했다. 그는 『좌씨전』·『모시』·『일례』·『고문상서』 등 4종류의 고문경전의 학관 설립을 추진했다. 그가 중점은 둔 경전은 『좌씨전』으로, 금문경학의 핵심인 『공양전』에 대항할 수 있는 경전이었기 때문이다. 유흠은 부친인 유향(劉向)과 함께 유가의 고전에 대한 정비 작업을 하는 과정에서 궁실에 보관되어 있던 『좌씨전』을 발견하고 연구를 시작했다. 그가 『좌씨전』을 인용하여 『춘추』 경전을 해석하거나 그 의미를 밝혀냄으로써 『좌씨전』은 하나의 완전한 경전 해석서로 완비되었을 뿐만 아니라, 『공양전』의 이론을 논파할 수 있는 고문경

자는 마침내 후세의 지식이 폭넓고 행실이 고상한 사람 정도가 될 뿐 다시는 제도를 개혁하고 법도를 세우는 교주나 성왕은 되지 못했을 뿐만 아니라, 또 스승 계통의 한 사람일 뿐 군주 계통의 일원이 되지 못했다. [공자가] 소왕(素王)이라는 주장[4]이 괴이하고 거짓되었다고 비방하거나, 혹은 또 [왕의 호칭을] 분수에 맞지 않게 훔쳤다고 생각하여, 공자가 가진 권위를 모두 군주에게로 귀속시켜 버렸다. 그 결과 천하에서 일을 논의하는 자들은 법률을 인용하지 [공자의] 경전을 인용하지 않았고, 정치적 세력을 존중하지 [공자의] 도를 존중하지 않았다. 그의 도가 존중되지 않고 그의 위엄이 중시되지 않자, 교주[의 위상]도 미약해졌다. 교주[의 위상]이 미약해지자 백성들은 엄격하게 대하지 않으면 교화되지 않았고, 더욱 포악해졌고 더욱 우매해졌다. 이것은 모두 소왕인 공자를 저버렸기 때문이다.

自劉歆以左氏破公羊, 以古文僞傳記攻今學之口說, 以周公易孔子, 以述易作. 於是孔子遂僅爲後世博學高行之人, 而非復爲改制立法之教主聖王, 祇爲師統而不爲君統. 祇素王爲怪謬, 或且以爲僭竊, 盡以

학의 핵심적인 경전으로 자리매김했다. 그 후 왕망이 한왕조를 찬탈한 후, 왕망 정권의 국사가 된 유흠은 『좌씨전』의 학관 설립을 강력하게 시도함과 동시에 왕망 왕조의 정통성 확보를 위해 수명개제(受命改制)를 단행했다. 이 과정에서 개혁 이론과 그 논리적 근거를 고문경전에서 확보했는데, 그중에서도 『좌씨전』은 수명의 근거를 확보하기 위해, 주공(周公)의 『주례(周禮)』는 개제의 방법을 차용하기 위해 동원되었다. 이러한 일련의 사건들에 의해, 개제의 주체가 공자로부터 주공으로 바뀌었고, 공자는 단지 옛 사람들의 말을 옮겨 적은 조술자의 위치로 격하되었다고 캉유웨이는 주장했다. 이와 관련된 내용은 『한서』 「초원왕전(楚元王傳)」 및 가마따 마다시(鎌田正)의 『左傳の成立と其の展開』(東京:大修館書店, 1963)의 제2편 제1장 「劉歆における左傳の表章と其の學問」, 그리고 김동민의 「經學 今古文論爭과 賈逵의 左氏學」(동양철학연구회, 『동양철학연구』 제51집, 2007, 181~222쪽) 참조.

4_ 한나라 시대와 그 이후 학자들이 주장한 공자소왕설(孔子素王說)은 뒤에서 캉유웨이가 구체적으로 제시하고 있다. 소왕과 관련된 보다 구체적인 내용은 아사노 유우이치(淺野裕一)의 『孔子神話』 제4장 「『春秋』と孔子素王說」 참조.

其權歸之人主. 於是天下議事者, 引律而不引經, 尊勢而不尊道. 其道不尊, 其威不重, 而教主微. 教主旣微, 生民不敢不化, 益頑益愚. 皆去孔子素王之故.

기이하도다! 왕이라는 의미가 잘못 오해되어 분명하지 않은 것이 수천 년이나 되었도다! 왕자의 올바른 명분은 공자 학파에서 나왔다. 무엇을 왕이라고 하는가? [세로의] 한 획이 [가로 세 획의] 삼재(三才, 天·地·人)를 관통한 것을 '왕(王)'이라고 하며, 천하가 귀속되어 돌아가는 것을 '왕(王)'이라고 한다.[5] 천하가 귀속되어 돌아가지 않고, 백성들이 모두 흩어져서 떠나버릴 경우에는 그를 '보통 사내[匹夫]'라고 한다. 세력으로 백성들을 장악하는 것을 '패자[霸]'라고 하고, 백성을 잔악하게 해치는 자를 '백성의 적[民賊]'이라고 한다. 왕이 되거나 왕이 되지 못하는 것은 오로지 백성들이 모이거나 흩어짐, 향해가거나 등지는 것을 보고 이름을 붙이는 것이지, 천자의 수레와 깃발을 갖추고서 위엄과 권세가 지고무상함을 말하는 것이 아니다.[6] 후세에 천하를 소유한 자는 제(帝)라

5_ 이 말은 『설문해자(說文解字)』 권일상(卷一上)에서 '왕(王)'자를 풀이한 말이다. "天下所歸往也. 董仲舒曰, 古之造文者, 三畫而連其中, 謂之王. 三者, 天地人也, 而參通之者, 王也. 孔子曰, 一貫三爲王." 『설문해자』에서 인용한 동중서의 말은 『춘추번로(春秋繁露)』 「왕도통삼(王道通三)」편에 보이는데, 그 내용은 다음과 같다. "옛날에 글자를 만든 사람이 가로로 나란히 세 개의 획을 그리고, 그 가운데에 세로로 선을 그어 연결하여, 그것을 왕(王)이라는 글자라고 했다. 가로로 나란히 세 개의 획을 그린 것은 하늘과 땅, 사람이며, 그 가운데에 세로로 선을 그어 연결한 것은 그 세 가지의 도를 소통시키는 것이다. 하늘과 땅, 사람의 중간을 찾아 관통시켜 세 가지를 소통시켰으니, 왕자가 아니면 어찌 이것을 담당할 수 있겠는가? [古之造文者, 三畫而連其中, 謂之王. 三畫者, 天地與人也, 而連其中者, 通其道也. 取天地與人之中以爲貫, 而參通之, 非王者庸能當是?]" 한편 『백호통의(白虎通義)』 「호(號)」편에도 이와 비슷한 내용이 보인다.

6_ 황옥(黃屋)은 천자가 사용하는 수레의 수레덮개로, 안쪽 옆면에 노란 비단을 사용한다. 좌독(左纛)은 천자가 사용하는 수레의 가로 옆면에 세운 천자의 깃발이다. 여기에서는 모두 천자의 위세를 가리킨다.

고 불렀고,[7] 왕으로서 자기의 신하와 자식을 분봉해줄 경우에는 친왕(親王)이나 군왕(郡王) 등의 명칭이 있었다.[8] 육조(六朝)시대에는 지나치게는 글씨를 잘 쓰는 사람이나 더럽게는 노예까지도 모두 왕이 되었다. 만약 세상에서 통용되는 여론으로 말한다면, 왕이란 신하의 작위 중의 하나일 뿐인데, 다시 [소왕이라는 호칭으로] 어찌 공자를 귀중하게 만들 수 있겠는가? 또한 [소왕이라는 호칭이] 어찌 분수에 맞지 않고 괴이하다고 생각할 수 있겠는가?

異哉! 王義之誤惑不明數千載也! 夫王者之正名出於孔氏. 何謂之'王'? 一畫貫三才謂之'王', 天下歸往謂之'王'. 天下不歸往, 民皆散而去之, 謂之'匹夫'. 以勢力把持其民, 謂之'霸', 殘賊民者, 謂之'民賊'. 夫王不王, 專視民之聚散向背名之, 非謂其黃屋左纛, 威權無上也. 後世有天下者稱帝, 以王封其臣子, 則有親王・郡王等名. 六朝則濫及善書, 瀆及奴隷, 皆爲王. 若將就世俗通達之論識言之, 則王者人臣之一爵, 更何足以重孔子? 亦何足以爲僭異哉?

그런데 지금 중국의 인구는[9] 4억 명이며, 백성들에 대한 권력을 장악했던 왕조가 20여개이다. 그렇다면 물어보자. 사람들이 공자에게 귀속되어 돌아갔는가? 아니면 진시황(始皇帝, BC.259~BC.210)이나 수나라 양

7_ 제(帝)라는 호칭은 진(秦)나라 때 처음 사용한 것이다. 『사기』 「진시황본기(秦始皇本紀)」에 의하면, 진시황이 천자의 명칭에 대해 새롭게 규정했는데, 고대의 가장 존귀한 호칭이었던 태황(泰皇)이라는 호칭에서 태(泰)자는 없애고 황(皇)자만을 취하고, 또 상고시대의 제(帝)라는 호칭을 채택하여 '황제(皇帝)'라고 정했다고 한다.

8_ 친왕(親王)은 황제의 백부나 숙부, 형제와 아들 등을 부르던 호칭으로, 수(隋)나라 이후로부터 사용되었으며, 군왕(郡王)은 친왕 다음으로 높은 지위로, 진(晉)나라 이후로부터 사용되었다.

9_ 원로방지(圓顱方趾)는 원두방족(圓頭方足)과 같은 말로, 둥근 머리와 네모난 발을 가진 인간 또는 인류를 말한다. 『회남자』 「정신훈(精神訓)」편에 "머리가 둥근 것은 하늘을 닮았고, 발이 네모난 것은 대지를 닮았다[頭之圓也象天, 足之方也象地.]"라는 천인동형설이 보인다.

제(煬帝, 569~618)에게 귀속되어 돌아갔는가? 천하의 의리와 제도는 모두 공자로부터 비롯되었고, 천하에서 경전 공부의 스승이나 학교에서 제례를 올리는 대상, 풍성한 제사를 지내는 대상[10]은 모두 진시황이나 수나라 양제에게 귀속되지 않고, 대성전(大成殿)이나 궐리(闕里)의 사당[11]에 귀속되어 모두 공자를 떠받든다. [천하가] 공자에게 귀속되어 돌아가는 실질이 있다면, 그것은 곧 왕[이 될 자격의] 실질이 있는 것이다. 왕[이 될 자격의] 실질이 있다면, 왕이라는 명칭이 있게 되니, 그것은 자연스러운 현상이다.

> 然今中國圓顱方趾者四萬萬, 其執民權者二十余朝. 問人歸往孔子乎? 抑歸往嬴政·楊廣乎? 旣天下義理制度皆從孔子, 天下執經·釋菜·俎豆·莘莘皆不歸往嬴政·楊廣, 而歸往大成之殿, 闕里之堂, 共尊孔子. 孔子有歸往之實, 卽有王之實. 有王之實而有王之名, 乃其固然.

그런데 대성(大聖) 공자는 권력을 행사할 수밖에 없는 상황인데도 오히려 겸손하게 "천자의 지위와 호칭을 빌어서, 그것을 선왕에게 가탁하거나 노나라 군주에게 가탁했으니, 임시로 왕[이라는 명칭]에 가탁하여 소왕(素王)이 되었을 뿐이다"라고 말했다.[12] 따라서 공자는 '원(元)'으

10_ 집경(執經)은 손에 경서를 쥔다는 말로, 스승에게 공부를 배운다는 뜻이다. 석채(釋菜)는 처음 입학할 때 선성(先聖)이나 선사(先師)에게 올리는 제례이다. 조두(俎豆)는 예법에 사용하는 그릇으로, 제사를 지내는 것이며, 신신(莘莘)은 제사가 풍성한 것을 말한다.

11_ 대성전(大成殿)은 문묘(文廟)의 시설 중에 공자의 위패를 봉안한 전각이다. 궐리(闕里)는 산동성(山東省) 곡부현(曲阜縣)에 있는 공자의 고향이며, 궐리당(闕里堂)은 곡부에 있는 공자의 사당을 말한다.

12_ 인용문 전체는 전거가 보이지 않으며, 『춘추번로』「유서(兪序)」편에 "孔子曰, 吾因行事, 加吾王心焉. 假其位號, 以正人倫, 因其成敗, 以明順逆."이라는 말이 보인다. 『공자개제고』의 '가기위호(假其位號)' 이하의 말은 캉유웨이가 유추하여 기록한 것으로 보인다.

로 하늘을 통솔하기 때문에 하늘조차도 오히려 공자의 통솔 범위 속에 있다.[13] 그런데 이루 다 헤아릴 수 없는 우주 속에 하나의 지구가 있고, 그 지구 위의 이루 다 헤아릴 수 없는 나라 중에서 한 명의 왕이 되는 것이 공자에게 어찌 따질 만한 큰 가치가 있겠는가? 다만 그 당시를 살펴보면 [공자가 한] 일이 실제로 [왕이라는] 명칭과 같았고, 후세의 사례로 증명해보면 문선왕(文宣王)[14]이라는 호칭이 있었다. [왕이라는 말의] 실질적인 뜻을 살펴보면 천하가 귀속되어 돌아가는 것이고, 통상적인 명칭을 살펴보면 신하의 작위 중 하나일 뿐이다. 그런데 위로는 권력을 행사하면서도 [왕에게] 가탁한 신성한 성인의 글쓰기 방법을 이해하지 못하고, 아래로는 [왕이라는 말이] 천하가 귀속되어 돌아가

13_ 『춘추』 「은공(隱公)」 원년의 "원년, 봄, 주나라 역법으로 정월[元年, 春, 王正月.]"에 대해, 『공양전』에서 "원년이라는 것은 무엇인가? 군주[노나라 은공]가 즉위한 첫 해이다. 봄[春]이라는 것은 무엇인가? 한 해의 시작이다. 왕(王)이라는 것은 누구를 말하는 것인가? 문왕(文王)을 말한다. 무엇 때문에 먼저 왕을 말하고 뒤에 정월을 말했는가? 주나라 왕[文王]이 제정한 정월이기 때문이다. 무엇 때문에 왕정월(王正月)을 말했는가? 천하를 하나로 통일하는 것을 중시한 것이다[元年者何? 君之始年也. 春者何? 歲之始也. 王者孰謂? 謂文王也. 曷爲先言王而後言正月? 王正月也. 何言乎王正月? 大一統也.]"라고 풀이했다. '대일통(大一統)'이라는 『춘추』의 이상을 실현하는 과정에서 하늘을 대표하는 '봄[春]'이나 군주를 상징하는 '왕정월(王正月)'보다 우위에 있는 개념이 바로 '원(元)'이다. 이 말은 하늘과 군주, 즉 세계 전체를 통솔하는 최상의 개념으로 사용된다. 이에 대해 히하라 도시구니(日原利國)는 다음과 같이 풀이했다. "원(元)이라는 것은 천지만물을 지배하는 우주의 최고 원리이다. 하늘이나 왕이나 제후나 할 것 없이 모두 원(元)의 제어를 받는다. 그것은 『춘추』의 필법에서 분명하게 알 수 있다. 『춘추』의 12명의 군주는 모두 '원년, 봄, 왕의 정월, 공이 즉위하다[元年, 春, 王正月, 公卽位.]'라는 경문(經文)으로 시작하는 것이 통례이다. 여기에 어떠한 의미가 담겨 있는가? 즉위는 시정권(施政權)의 시작이다. 그런데 제후는 왕자를 받들어서 정치를 해야 하기 때문에 '공이 즉위하다[公卽位]'의 앞에 '왕의 정월[王正月]'이 놓인다. 왕자는 하늘의 뜻을 받들어 정치적 명령을 제정하기 때문에 왕의 앞에 하늘의 시작인 '봄[春]'을 둔다. 봄[春]은 최고 원리인 원(元)의 제어를 받기 때문에 봄의 앞에 '원(元)'이 놓인다는 논리 구조이다."[日原利國, 『漢代思想の硏究』(硏文出版, 1986), 12쪽]

14_ 문선왕(文宣王)은 당나라 현종(玄宗)이 개원(開元) 27년(739)에 추봉한 공자의 시호이다.

서 윗사람과 함께하는 아름다운 호칭이라는 것을 망각한 채, [공자를] 소왕이라고 한 것에 대해서는 분수에 맞지 않고 도리에 어긋난다는 의리로 공격하고, 백성의 적[民賊]이 자신의 포악한 권력을 사사로이 부리는 것에 대해서는 삼재(三才, 天·地·人)를 관통하는 [왕이라는] 명칭을 허용하니, 어찌 그리도 불순한가! 이제 여기에서는 진·한시대의 학설을 두루 살펴서 소왕의 의미를 증명하니, 제도를 개혁한 교주의 존귀한 호칭과 위력적인 힘이 찬란하게 다시 빛나서 유교의 교설도 다시 밝아지기를 바랄 뿐이다.

然大聖不得已而行權, 猶謙遜曰, "假其位號, 託之先王, 託之魯君, 爲寓王爲素王."云爾. 故夫孔子以'元'統天, 天猶在孔子所統之內. 於無量數天之中而有一地, 於地上無量國中而爲一王, 其於孔子曾何足數? 但考其當時, 則事實同稱, 徵以後世, 則文宣有號. 察其實義, 則天下歸往, 審其通名, 則人臣之爵. 而上昧神聖行權偶託之文法, 下忘天下歸往同上之徽稱, 於素王則攻以僭悖之義, 於民賊私其牙爪, 則許以貫三才之名, 何其舛哉! 今徧考秦·漢之說, 證明素王之義, 庶幾改制敎主, 尊號威力, 日光復熒, 而敎亦再明云爾.

1. 공자는 법도를 제정한 왕이라는 명확한 증거 [孔子爲制法之王顯證]

8-1-1

공자는 법도를 제정한 주체인데, 검정색과 녹색은 푸른색과 노란색을 대신하지 못한다.(『효경위·원신계』)[15]

丘爲制法之主, 黑綠不代蒼黃.(『孝經緯·援神契』)

8-1-2

성인은 공연히 태어난 것이 아니며, 반드시 [법도를] 제정하여 하늘의 마음을 드러냄이 있다. 공자는 목탁(木鐸)[16]이 되어 천하의 법도를 제정했다.[17](『춘추위 · 연공도』)

聖人不空生, 必有所制以顯天心. 丘爲木鐸, 制天下法.(『春秋緯 · 演孔圖』)

8-1-3

공자의 가슴에 '[경전을] 만들어 세상을 바로잡으라는 하늘의 상서로운 징조'라는 문신이 있었다.[18](『춘추위 · 연공도』)

孔胸文曰, '制作定世符運.'(『春秋緯 · 演孔圖』)

15_ 『공자개제고』에는 출전이 『춘추위 · 원신계(春秋緯 · 援神契)』로 잘못 기록되어 있어서 바로잡았다. 한편 중국인민대학출판사본(2007)의 교열에서는 『춘추위 · 원신계(春秋緯 · 援神契)』가 『춘추위 · 연공도(春秋緯 · 演孔圖)』를 잘못 기록한 것이라고 고쳐놓았는데, 교정을 잘못한 것이다. 이 내용은 원래 『중용정의(中庸正義)』의 공영달의 소(疏)에서 공자가 제작한 법도가 일상적인 예법과는 같지 않다는 것을 말하면서 인용한 것이다. "熊氏云, 案『鉤命訣』云, 丘爲制法之主, 黑綠不代蒼黃. 聖人特爲制法, 不與常禮同也." 『중용정의』에는 그 출전이 『효경구명결(孝經鉤命訣)』로 되어 있는데, 마국한(馬國翰)의 『옥함산방집일서(玉函山房輯逸書)』(3) 「경편위서류(經編緯書類)」의 『효경위 · 원신계 하』(2243쪽)에 수록되어 있다.

16_ 목탁(木鐸)은 하늘의 뜻에 따라서 교화를 펼치는 사람을 말한다. 『논어』 「팔일(八佾)」편에 "天將以夫子爲木鐸."이라는 말이 보인다.

17_ 이 내용은 『예기정의』의 공영달의 소에서 인용한 말이다.

18_ 이 말은 『백공육첩(白孔六帖)』 권30과 『태평어람(太平御覽)』 권371에서 인용한 것이다. 『옥함산방집일서』(3)에는 '공흉문(孔胸文)'이 '공자지흉유문(孔子之胸有文)'으로 되어 있다. 부운(符運)은 부명(符命)과 같은 말로, 하늘이 임금이 될 사람에게 내리는 상서로운 징조이다.

康8-1

공자는 법도를 제정한 왕으로, 소왕(素王)이라고 한다. 『논어』에서 "하늘이 나에게 덕을 부여했다"[19]라고 하고, "하늘이 이 문화 제도를 아직 없애지 않았으니, 광(匡) 땅 사람들이 나를 어떻게 하겠는가?"[20]라고 했으니, 이것이 바로 "공연히 태어난 것이 아니며, 반드시 [법도를] 제정한 것이 있다"는 의미이다. 『좌씨전』에 "중자(仲子)의 손바닥에 '노(魯)나라의 부인이 된다'는 문신이 있었다"는 기록이 있다.[21] 그리고 『십육국춘추(十六國春秋)』에 "유연(劉淵, 252?~310)[22]의 왼손에 '연(淵)'이라는 문신이 있었다"는 기록[23]과 "팽신부(彭神符)의 손에 '신부(神符)'라는 문신이 있었다"는 기록이 있다.[24] 『동관한기(東觀漢記)』에 "공손술(公孫述, ?~36)[25]이 자신의 손에 있는 문신에 기이한 상서(祥瑞)가 있다고 스스로 말하고, 여러 차례 천자가 있는 수도에 편지를 보냈다. 천자가 공손술의 편

19_ 『논어』「술이(述而)」: 子曰, 天生德於予, 桓魋其如予何?

20_ 『논어』「자한(子罕)」: 子畏於匡, … 天之未喪斯文也, 匡人其如予何?

21_ 『좌씨전』「은공(隱公)」 원년에 "仲子生而有文在其手, 曰爲魯夫人, 故仲子歸于我."라는 기록이 보인다.

22_ 유연(劉淵)은 오호십육국 시대의 한(漢), 즉 전조(前趙)를 세운 사람이다. 자는 원해(元海)이고, 시호는 광문황제(光文皇帝)이다.

23_ 『십육국춘추(十六國春秋)』 권1 「전조록(前趙錄)」의 「유연(劉淵)」 조목에 "生淵, 淵生左手有文曰淵."이라는 기록이 보인다.

24_ 이 기록은 『십육국춘추』에는 보이지 않는다. 『태평어람(太平御覽)』 권370 「인사부(人事部)」의 「수(手)」 조목에 『십육국춘추』의 내용을 인용하면서 앞의 유연(劉淵)에 대한 기록과 함께 이 내용을 인용하고 있다. "又『十六國春秋』曰, 鄧淵父豹, 母呼延氏, 淵生而左手有文曰, 淵, 遂以命之. 又曰, 彭神符生而有文, 在其手曰神符." 뒤에 나오는 『동관한기』의 기록도 같은 곳에 보이는데, 캉유웨이가 참고하여 인용한 책이 『태평어람』인 것으로 추측된다.

25_ 공손술(公孫述)은 후한 때의 군웅(群雄) 중 한 사람으로, 자는 자양(子陽)이다. 처음에는 왕망(王莽)을 섬겼는데, 전한 말기에 성도(成都)에서 군사를 일으켜 촉(蜀)과 파(巴)를 평정하고, 스스로를 천자라 칭하고 국호를 성가(成家)라고 했다. 그 후 후한의 광무제(光武帝)에게 패하여 멸망했다.

지에 대한 답신에서 '상서로운 징조가 손바닥에 새겨진 문신에 부응하는지는 또한 내가 알 수 있는 것이 아니다'라고 했다"는 기록이 있다.[26] 분수에 맞지 않고 거짓된 사람에게도 상서로운 징조가 부응하는데, 하물며 법도를 만든 성인이 만세를 다스리는 경우에 있어서랴?

孔子爲制法之主, 所謂素王也. 『論語』曰, "天生德于予." "天之未喪斯文也, 匡人其如予何?" 所謂"不空生, 必有所制也." 『左傳』"仲子有文在手曰, '爲魯夫人.'" 『十六國春秋』"劉淵左手有文曰, '淵'." "彭神符有文在手曰, '神符'." 『東觀漢記』"公孫述自言手文有奇瑞, 數移書中國. 上賜述書曰, '瑞應手掌成文, 亦非吾所知.'" 僭僞之人尙應符瑞, 況制作之聖治萬世者乎?

8-1-4

맹자가 말했다. "왕자의 자취가 사라지자 『시(詩)』가 없어졌으니,[27] 『시』가 없어진 이후에 『춘추』가 지어졌다."(『맹자』「이루 하」)

孟子曰, "王者之迹熄而『詩』亡, 『詩』亡然後『春秋』作."(『孟子』「離婁 下」)

26_ 『동관한기(東觀漢記)』 권23 「재기(載記)」 「공손술(公孫述)」 조목에 다음과 같은 기록이 보인다. "自立爲天子, 改元曰龍興, 造十層赤樓. 述自言手文有奇瑞, 數移書中國, 上賜述書曰, 瑞應手掌成文, 亦非吾所知."

27_ 『맹자집주』에 의하면, 왕자의 자취가 사라졌다는 것은 주나라 평왕(平王)이 동쪽으로 천도함으로써 정교(政敎)와 호령(號令)이 천하에 미치지 못한 것을 말한다. 그리고 『시』가 없어졌다는 것은 「서리(黍離)」 등의 『시』가 국풍(國風)으로 강등되어 아(雅)가 없어졌다는 의미이다. 즉 평왕 때 동쪽으로 천도하여 주나라의 지위가 제후와 마찬가지로 내려갔기 때문에 천자의 음악인 아(雅)까지도 풍(風)으로 강등되었다는 것이다. 『시경집전』에서 「왕풍(王風)」에 대해 다음과 같이 풀이했다. "평왕이 동쪽으로 왕성(王城)을 옮겨서 거처하니, 왕실이 마침내 낮아져 제후와 다름이 없게 되었다. 그러므로 그 『시』를 아(雅)라고 하지 않고 풍(風)이라고 한 것이다. 그러나 왕의 칭호는 아직 변하지 않았기 때문에 주(周)라고 하지 않고 왕(王)이라고 말했다."

8-1-5

『춘추』는 천자의 일이다. 이 때문에 공자가 "나를 알아주는 것도 오직 『춘추』 때문일 것이며, 나를 죄주는 것도 오직 『춘추』 때문일 것이다"라고 말했다.(『맹자』「등문공 下」)

『春秋』, 天子之事也.[28] 是故孔子曰, "知我者, 其惟『春秋』乎, 罪我者, 其惟『春秋』乎."(『孟子』「滕文公 下」)

康8-2

공자의 도가 지극히 믿을 만하고 근거로 삼을 만하다고 생각한 자 중에는 맹자만한 사람이 없다. 당시 주나라의 운명이 아직 다하지 않았고, 왕(王)이라는 명칭도 없어지지 않았지만, 맹자는 평생 동안 주나라에 가지 않았고, 한 번도 제후들에게 주나라를 존중하도록 권면하지도 않았다. 다만 제후들에게 왕도(王道) 정치를 실행하도록 권면하면서, "제(齊)나라를 가지고 왕노릇을 하는 것은 마치 손을 뒤집는 것처럼 쉽다"라고 말했다.[29] 따라서 이구(李覯, 1009~1059)[30]는 맹자를 공격하여, 비록 맹자를 신하의 도리를 다하지 않은 사람으로 여기더라도 괜찮다고 생각했다.[31] 그러나 이것은 사실 후세의 한쪽 방면의 의리이다. 맹자

28_ 야(也)가 『공자개제고』에는 빠져 있는데, 『맹자』 원문에 따라 보충했다.

29_ 『맹자』「공손추 상」: 以齊王, 由反手也. 유(由)는 유(猶)와 같은 의미이다. 반수(反手)는 손을 뒤집는 것으로, 아주 쉽고 간단하다는 말이다.

30_ 이구(李覯)는 송나라 사람으로, 자가 태백(泰伯)이고, 세상에서는 우강선생(盱江先生) 또는 직강선생(直講先生)이라고 불렀다. 문장으로 명성이 높았고, 경전에도 능통했는데, 평소에 『맹자』를 좋아하지 않았다고 한다. 불교와 도교를 강력하게 배척하고, 농업 생산을 중시했다. 저서로는 『직강선생문집(直講李先生文集)』이 있다.

31_ 송나라 서윤문(余允文)이 지은 『존맹변(尊孟辯)』 권중(卷中) 「이공상어(李公常語)」에서 "『常語』曰, … 嗚呼! 今之學者, 雷同甚矣. 是孟子而非六經, 樂王道而忘天

의 큰 의리는 "백성이 가장 귀중하다"[32]는 것이다. 단지 백성이라는 의리만을 위주로 삼았을 때는 백성을 잘 기르고 백성을 잘 가르치는 사람은 왕이고, 백성을 학대하고 백성을 해치는 자는 백성의 적이다.

考孔子道至可信據, 莫若孟子. 時周命未盡, 王名未去, 而孟子一生不至周, 未嘗一勸諸侯尊周. 但勸諸侯行王政云, "以齊王, 猶反手." 故李泰伯攻之, 雖以孟子爲不臣可矣. 然此實後世一端之義也. 孟子大義云, "民爲貴." 但以民義爲主, 其能養民, 敎民者, 則爲王, 其殘民, 賊民者, 則爲民賊.

주나라는 유왕(幽王)과 여왕(厲王) 이후로 천자의 위엄과 신성함이 천하에까지 미치지 못하여 천자라는 의미를 이미 상실했다. 공자는 그러한 사실에 근거하여 [주나라의 음악을] 풍(風)으로 강등하고, 여러 제후국과 나란히 배치했다. 『사기』 「유림열전(儒林列傳)」에서는 주나라의 도가 유왕과 여왕 때 사라졌다고 했고,[33] 맹자는 삼대(三代)가 천하를 잃은 것은 불인(不仁)했기 때문이라고 했다.[34] 대체로 주나라는 유왕과 여왕 대에 이르러서부터 망했다고 공자는 생각했다. 『춘추』는 천자의 일이 기록된 것이니, 유향(劉向)과 회남왕(淮南王) 유안(劉安), 동중서(董仲舒)

子, 吾以爲天下無孟子可也, 不可無六經, 無王道可也, 不可無天子. 故作『常語』以正君臣之義, 以明孔子之道, 以防亂患於後世爾."라고 하여, 맹자와 왕도는 없어도 되지만, 육경과 천자는 없어서는 안 된다고 피력했다. 이구의 저서 중 현재 전해지는 『직강선생문집(直講李先生文集)』 권32~34가 「상어(常語)」 상 · 중 · 하인데, 이 속에는 앞의 내용이 보이지 않는다.

32_ 『맹자』 「진심 하」: 孟子曰, 民爲貴, 社稷次之, 君爲輕.

33_ 『사기』 「유림열전」에 이에 대한 직접적인 언급은 보이지 않는다. 다만 "夫周室衰而關雎作, 幽 · 厲微而禮樂壞, 諸侯恣行, 政由彊國."이라고 하여, 주나라의 도가 사라진 상황을 설명하고 있다.

34_ 『맹자』 「이루 상」: 孟子曰, 三代之得天下也, 以仁, 其失天下也, 以不仁. 『맹자집주』에 의하면, 삼대(三代)는 하(夏) · 은(殷) · 주(周)나라이며, 우(禹) · 탕(湯) · 문무(文武)는 인(仁)으로 천하를 얻었고, 걸(桀) · 주(紂) · 유(幽) · 여(厲)왕은 불인(不仁) 때문에 천하를 잃었다.

등이 『춘추』는 주나라를 계승한 것이라고 말한 것이 그것이다. 맹자는 공자의 은미한 말을 전수했으니, 이구가 어찌 그것을 알 수 있겠는가? 송나라 사람들은 단지 왕을 높이고 오랑캐를 물리치는 의리만을 알 뿐이었으니, 그들이 도리어 시선을 피한 채 믿지 않는 것도 당연하다.

周自幽·厲後, 威靈不能及天下, 已失天子之義. 孔子因其實而降爲風, 夷爲列國. 『史記』「儒林傳」謂, 周道亡于幽·厲. 孟子謂, 三代之失天下也, 以不仁. 蓋自周至幽·厲, 孔子以爲周亡. 『春秋』, 天子之事作, 劉向·淮南·董生所謂『春秋』繼周也. 孟子傳孔子之微言, 李覯安足以知之? 宋人僅知尊王攘夷之義, 宜其反却視不信也.

8-1-6

주나라가 쇠퇴하자마자 제후들이 제멋대로 날뛰었다. 공자는 예악(禮樂)이 폐기되고 무너지는 것을 슬퍼하여, 경술을 연구하여 정비함으로써 왕도(王道)를 갖추었으며, 난리를 바로잡아서 올바른 상태로 되돌리려고 했다.[35] 그의 글을 보면, 천하를 위해 예의와 법도를 제정하고, 육예(六藝)[36]의 근본 핵심을 후세에 남겼다.(『사기』「태사공자서」)

周室旣衰, 諸侯恣行. 仲尼悼禮廢樂崩, 追[37]修經術, 以達王道, 匡亂

35_ 발란반정(撥亂反正), 즉 '난세를 바로잡아서 올바른 도리로 되돌리는 것'은 공자가 『춘추』를 통해서 추구하고자 했던 목표라고 공양학에서는 말한다. 『공양전』「애공(哀公)」 14년에 "군자는 무엇 때문에 『춘추』를 지었는가? 난세를 바로잡아서 올바른 도리로 되돌리는 것은 『춘추』보다 더 가까운 것이 없다[君子曷爲爲『春秋』? 撥亂世, 反諸正, 莫近諸『春秋』.]"라고 한 것이 그것이다. 그리고 『사기』「태사공자서」의 다른 부분에서도 "『춘추』는 의리를 말하고 있기 때문에 어지러운 세상을 바로잡아서 올바른 상태로 되돌려놓는 데는 『춘추』보다 더 가까운 것이 없다[『春秋』以道義. 撥亂世反之正, 莫近於『春秋』.]"라고 했다.

36_ 육예(六藝)는 보통 예(禮)·악(樂)·사(射)·어(御)·서(書)·수(數)를 말하는데, 여기서는 유가의 기본 경전인 육경(六經), 즉 예(禮)·악(樂)·서(書)·시(詩)·역(易)·춘추(春秋)를 말한다.

37_ 추(追)가 『공자개제고』에는 진(進)으로 되어 있는데, 『사기』 원문에 따라 고쳤다.

世反之于正. 見其文辭, 爲天下制儀法, 垂六藝之統紀于後世.(『史記』「太史公自序」)

8-1-7

공자의 시대에는 위로는 밝은 군주가 없었고, 아래로는 [공자 자신이] 임용되지 못했다. 따라서 『춘추』를 지어 당세에는 사용될 수 없는 문장[38]으로 기록하여 예의(禮義)를 결단하고, 한 왕자의 법도에 해당시켰다.(『사기』「태사공자서」)

孔子之時, 上無明君, 下不得任用. 故作『春秋』, 垂空文以斷禮義, 當一王之法.(『史記』「太史公自序」)

康8-3

'한 왕자의 법도에 해당시켰다'는 것은 바로 동중서가 말한 "『춘추』를 신왕(新王)에 해당시켰다"[39]는 것이다.

'當一王之法', 卽董子所謂"以『春秋』當新王"也.

8-1-8

이 때문에 공자는 왕도를 밝히기 위해 70여 군주에게 [자리를] 요청했지만 등용되지 못했다. 따라서 서쪽으로 가서 주나라 왕실[의 서적]을

38_ 공문(空文)은 당세에는 사용될 수 없는 문장으로, 후세를 위해 지어진 문장이라는 뜻이다.

39_ 『춘추번로』「삼대개제질문(三代改制質文)」: 春秋作新王之事. … 故曰紬夏, 存周, 以春秋當新王. 동중서는 『춘추』의 내용과 권위를 빌어 『춘추』가 신왕(新王)의 일을 기록한 책으로 전제하고, 이 기록이 노나라의 역사인 점에 근거하여 신왕의 화신으로 노나라를 설정하는 왕노설(王魯說)을 주장했다.

살펴보고, 역사 기록과 전해들은 옛 기록을 논술하면서, 노나라에서 집필을 시작하여 『춘추』를 편찬했다.[40] 위로는 노나라 은공(隱公)부터 기록하여, 아래로는 애공(哀公) 때 기린을 잡은 시기[41]까지 이르렀다. 그 문장을 간략하게 기록하고, 번잡하고 중복되는 것을 삭제함으로써[42] 의리와 법도를 제정하니, 왕도가 구비되고 인도가 다 갖추어졌다. 70명의 제자들이 공자가 전수한 취지를 입으로 전했는데, 그 이유는 풍자하는 내용, 칭찬하거나 숨기는 내용, 비난하는 내용 등이 있어서 글로 기록해서 드러낼 수 없었기 때문이다.(『사기』「십이제후연표」)

40_ 『염철론』「상자(相刺)」편에도 "이 때문에 사방으로 70여 차례 유세했지만 등용되지 못했다. 그런 이후에 물러나서 왕도를 연구하고, 『춘추』를 지어서 만세의 이후까지 그것을 물려주니, 천하가 거기에 맞추어 판단의 기준으로 삼았다[是以東西南北七十說而不用. 然後退而修王道, 作『春秋』, 垂之萬世之後, 天下折中焉.]"라는 기록이 보인다.

41_ 『춘추』「애공(哀公)」 14년: 春, 西狩獲麟. 이 사건의 전말에 대해서 『공양전』에서는 다음과 같이 기록하고 있다. "무엇 때문에 기록했는가? 괴이한 일을 기록한 것이다. 왜 괴이한가? [기린은] 중국에 있는 짐승이 아니다. 그렇다면 누가 사냥을 했는가? 땔감 줍는 사람이다. 땔감 줍는 사람이라면 보잘것없는 사람인데, 왜 ['천자가 사냥하다'라는 의미인] '수(狩)'로써 말했는가? 중요하게 여긴 것이다. 어째서 중요하게 여겼는가? 기린을 잡았기 때문에 중요하게 여긴 것이다. 왜 기린을 잡았기 때문에 중요하게 여겼는가? 기린은 어진 동물로서 왕자가 있으면 이르러 오고, 왕자가 없으면 이르러 오지 않는다. 어떤 사람이 고해서 말하기를 '노루 모습에 뿔이 있다'고 하니, 공자가 '누구를 위하여 왔는가? 누구를 위하여 왔는가?'라고 하며, 소매를 거두어 얼굴을 닦으니 눈물이 옷깃을 적셨다. 안연이 죽자 공자가 말하기를 '아, 하늘이 나를 버렸구나!'라고 했고, 자로가 죽자 공자가 말하기를 '아, 하늘이 나를 끊는구나!'라고 탄식했다. 그리고 서쪽에 사냥을 나갔다가 기린을 잡자 공자가 말하기를 '나의 도가 다했구나!'라고 했다[何以書? 記異也. 何異爾? 非中國之獸也. 然則孰狩之? 薪采者也. 薪采者, 則微者也, 曷爲以狩言之? 大之也. 曷爲大之? 爲獲麟大之也. 曷爲獲麟大之? 麟者, 仁獸也, 有王者則至, 無王者則不至. 有以告者, 曰, '有麕而角者.' 孔子曰, '孰爲來哉? 孰爲來哉?' 反袂拭面, 涕沾袍. 顏淵死, 子曰, '噫, 天喪予!' 子路死, 子曰, '噫, 天祝予!' 西狩獲麟, 孔子曰, '吾道窮矣!']"

42_ 원래 존재하고 있던 노나라의 역사 기록을 손질하여 『춘추』를 편찬했다는 뜻이다. 『사기색은』에서 "노나라의 역사 기록을 간략하게 하여 『춘추』를 손질하고, 그 중에 중복된 문장을 제거한 것을 말한다"라고 했다.

是以孔子明王道, 干七十余君, 莫能用. 故西觀周室, 論史記舊聞, 興于魯而次『春秋』. 上記隱, 下至哀之獲麟. 約其文辭, 去其煩重, 以制義法, 王道備, 人事浹. 七十子之徒口受其傳指, 爲有所刺譏·褒諱·挹損之文辭, 不可以書見也.(『史記』「十二諸侯年表」)

8-1-9

사람의 힘으로 불러들일 수 없지만 저절로 이르는 일이 있는데, [노나라의] 서쪽 교외에서 기린을 잡은 사건이니, 천명을 받은 징표가 바로 이것이다. 그런 이후에 옳고 그름을 판단하는 『춘추』에 가탁하여 제도개혁의 의의를 밝히고, 모든 것을 천자에게 통일시켜 천하의 근심에 근심을 집중시키고, 천하의 환란을 제거하는 데 힘쓰도록 했다. 그럼으로써 위로는 오제(五帝)에까지 통하고 아래로는 삼왕(三王)에까지 이르게 함으로써 모든 군주의 도리에 통용되도록 하고자 했다.(『춘추번로』「부서」)

有非力之所能致而自致者, 西狩獲麟, 受命之符是也. 然後託乎『春秋』正不正之間, 而明改制之義, 一統乎天子, 而加憂于天下之憂也, 務除天下所患. 而欲以上通五帝, 下極三王, 以通百王之道.(『春秋繁露』「符瑞」)

康8-4

동중서는 순수한 유학자인데, 주나라를 바꾸어 천명을 받아야 한다는 주장을 드러낸 것이 이와 같이 분명하다. 공자의 제자들이 서로 전수한 일반적인 내용과는 다른 의미이다.

董子醇儒, 發改周受命之說, 昭晰如是. 孔門相傳之非常異義也.

<이상 공자는 법도를 제정한 왕이라는 명확한 증거: 右孔子爲制法之王顯證>

2. 공자는 신왕이다 [孔子爲新王]

8-2-1

[주나라의 수도인] 성주(成周)의 악기를 보관하는 선사(宣榭)에 불이 났다. 무엇 때문에 기록했는가? 재난을 기록한 것이다. 외국의 재난은 기록하지 않는데, 여기에서는 무엇 때문에 기록했는가? 주(周)나라를 새롭게 여기기 때문이다. 【하휴(何休) 주】 공자가 『춘추』로써 신왕(新王)에 해당시키고, 위로는 기(杞: 夏)나라를 [왕조의 계열에서] 축출하고, 아래로는 주(周)나라를 새롭게 하며, 송(宋: 殷)나라를 옛 나라로 여겼다. 하늘이 중흥(中興)을 표시하는 악기를 태워버렸기 때문에, 그것은 주나라가 다시는 중흥하지 않는다는 것을 표시한다. 따라서 [중흥을 표시하는] 악기를 보관하는 선사(宣謝)를 주나라와 관련시켜서 마치 다른 제후국들을 처우할 때와 마찬가지의 문장으로 기록하여, 주나라를 축출하여 새롭게 했으니, 왕자가 된 후에 재난을 기록하는 방식을 따른 것이다.[43](『공양전』「선공」 16년)

成周宣謝灾. 何以書? 記灾也. 外灾不書, 此何以書? 新周也. 【何注】孔子以『春秋』當新王, 上黜杞, 下新周而故宋. 因天災中興之樂器, 示

43_ [하휴(何休)의 주]는 『춘추공양전주소(春秋公羊傳注疏)』의 주(注)로, 하휴가 지은 『춘추공양경전해고(春秋公羊經傳解詁)』이다. 하휴는 주나라 악기 창고의 화재는 주나라가 다시는 중흥하지 않는다는 것을 상징적으로 보여주는 사건으로, 천자국으로서의 주나라의 존재를 부정하는 하늘의 의지로 파악한다. 따라서 기(杞: 夏)나라와 마찬가지로 대우하여 '축출하여 새롭게 할[黜而新之]' 대상으로 격하시켜 버렸다. 따라서 '주나라를 새롭게 한다'는 것은 '주나라를 축출한다'는 의미로 해석된다. 이와 관련해서는 김동민의 『한대 춘추공양학의 성립과 전개에 대한 연구(성균관대학교 박사학위논문, 2005), 216~217쪽 및 권정안의 「『공양전』의 삼과구지론(三科九旨論) 고찰」(『유교사상연구』 7집, 1994), 4~7쪽 참조.

周不復興. 故系宣謝于成周, 使若國文, 黜而新之, 從爲王者後記災也.(『公羊傳』「宣公」十六年)

康8-5

왕[의 음악인 아(雅)]를 풍(風)으로 강등하여 여러 제후국과 나란히 배치한 것은 대체로 공자의 대의이다. 『시』에서 "빛나고 빛난 주나라를 포사가 멸망시키겠구나!"라고 했다.[44] 주나라의 도가 유왕과 여왕 때에 없어졌기 때문에 공자가 『춘추』를 가지고 주나라를 계승하여 주나라의 제도를 개혁하고, 주나라와 송나라를 똑같이 두 왕의 후예로 삼은 것이다. 따라서 『시』의 '삼송(三頌)'[45]이 노나라를 왕으로 여기는 것[王魯],[46] 주나라를 새롭게 하는 것[新周], 송나라를 옛 나라로 여기는 것[故宋] 등의 의리에 가탁되어, 삼대[왕조의 순환논리]에 운용되고, 구전으로 전수되었으며, 『공양전』과 『곡량전』에 기록되었고, 동중서에 의해 크게 밝혀졌다. 태사공(太史公)·유향(劉向)·하휴(何休)는 모두 다른 말을

44_ 『시』「소아(小雅)·정월(正月)」: 赫赫宗周, 褒姒滅之. 종주(宗周)는 주나라의 수도인 호경(鎬京)을 말한다. 포사(褒姒)는 유왕(幽王)의 첩으로, 포국(褒國)의 사씨(姒氏) 성(姓)의 여자이다.

45_ 삼송(三頌)은 『시』의 「주송(周頌)」·「노송(魯頌)」·「상송(商頌)」을 말한다. 여기에서 주(周)·노(魯)·상(商)나라가 언급된 것이 왕노(王魯)·신주(新周)·고송(故宋)의 주장과 연결된다는 뜻이다. 송(宋)나라는 상(商)나라의 후예이다.

46_ 왕노(王魯)는 신주(新周)·고송(故宋)과 함께 동중서와 하휴가 제창한 역사철학의 핵심 주장이다. 그것은 『춘추』, 즉 노(魯)나라에 가탁하여 공자(孔子)를 신왕(新王)으로 세운다는 의미이다. 기본적으로 공양학의 삼통설은 하[흑통] - 은[백통] - 주[적통]로 이어지는 역사 순환을 기본 구조로 하며, 이 중 주(周)나라를 중심에 두고서 앞의 두 왕조를 처우하는 방식이다. 그런데 여기에 '왕노'설이 첨가됨으로써 『춘추』로 대변되는 새로운 왕은 자신을 노나라에 가탁하여 앞 왕조에 대한 처우 기준을 정하고 그에 따라서 개혁을 단행한다는 것이다. 이 과정에서 시간적으로 가장 거리가 먼 하(夏)나라는 [왕조의 계열에서] 축출하고, 송(宋: 殷)나라는 옛 나라로 여기며, 주(周)나라는 새롭게 해야 할 대상으로 삼는다는 의미이다.

하지 않았으니, 주나라가 흥기하지 않았기 때문에 공자가 [『춘추』를] 지었다는 것을 보여준다. 이것은 바로 하휴가 "일반적인 내용과는 다른 의미"[47]라고 말한 것과 태사공이 "글로 기록해서 드러낼 수 없었기 때문에 제자들에게 입으로 전수한 것"이라고 말한 것이다.

王降爲風, 夷于諸侯, 蓋孔子大義. 『詩』云, "赫赫宗周, 褒姒滅之!" 周道亡于幽·厲, 自是孔子以『春秋』繼周, 改周之制, 以周與宋同爲二王後. 故『詩』之'三頌', 託王魯·新周·故宋之義, 運之三代, 傳之口說, 著之『公羊』·『穀梁』, 大發明于董子. 太史公·劉向·何休皆無異辭, 示周不興, 孔子乃作. 何邵公所謂"非常異義", 太史公所謂"不可書見, 口授弟子"者也.

8-2-2

따라서 공자는 새로운 왕자가 해야 할 도리를 세우면서, 그가 [행위자의] 의지를 중시하여[48] 이익[의 추구][49]를 반대한다는 것을 밝히고, 진

47_ 하휴의 『춘추공양경전해고(春秋公羊經傳解詁)』「서문」에 "傳『春秋』者非一. 本據亂而作, 其中多非常異義可怪之論."이라는 기록이 보인다.

48_ 『춘추』의 기록 속에는 다양한 인간관계가 존재하지만, 그 관계들에 대한 시비의 판단이 경문 속에 직접 노출되어 있지는 않다. 그러나 『공양전』에서는 『춘추』가 이미 일정한 가치판단의 기준을 근거로 모든 인간 행위에 대한 포폄(褒貶)을 가했다고 판단한다. 특히 시비 판단의 주체는 『춘추』의 기록자이지만, 기록자는 행위자의 행위 의도나 의지를 가치 판단의 원칙으로 삼는다는 점이 『춘추』의 특징이라고 파악한다. 『공양전』에 자주 언급되는 '성기의(成其意)'·'여기의(如其意)'·'치기의(致其意)' 등의 표현에서 '기의(其意)'가 바로 행위자가 행위 전에 마음속에 미리 품었던 의도 내지 의지이다. 이와 같이 『춘추』에서 시비의 판단은 일의 결과가 아니라 행위자의 의지의 선악에 따라서 결정된다. '마음[속의 동기가 좋고 나쁨]을 따져서 죄를 결정하는'[論心定罪] 일종의 동기주의적(動機主義的) 가치판단 방식은 『춘추』의 의리를 대표하는 것이다. 히하라 도시구니(日原利國, 앞의 책, 120쪽)는 이러한 판단 형식은 결과주의와 대별되는 것으로, 객관적인 사실이나 침해 행위보다는 주관적인 인격이나 심리적 태도가 문제된다고 풀이한다. 한편 권정안(앞의 논문, 119쪽)은 "『춘추』는 외형적인 행위의 선(善)·불선(不善)만을

실을 좋아하여 허위를 없애는 것을 드러내었다. 새로운 왕은 [문식을 중시한] 주나라의 폐단을 계승했기 때문에 [개혁의 방향이] 이와 같은 것이다.[50](『춘추번로』「옥배」)

故孔子立新王之道, 明其貴志以反和, 見其好誠以滅僞. 其有繼周之弊, 故若此也.(『春秋繁露』「玉盃」)

기록하는 것이 아니라, 그 행위의 계기가 된 가치관이 선의(善意)인가 악의(惡意)인가를 살펴 비판한다. 행위의 동기를 문제삼고, 심의(心意)를 드러내는 춘추필법은 분명 일반적인 역사서술과는 다른 측면을 보여준다. 그리고 분명히 역사의 표면에 나타나는 모습을 넘어서서 진실을 밝히고자 하는 의도를 가진 것이다"라고 하여, 동기주의 속에 내재된 『춘추』의 비판정신을 강조했다.

49_ 화(和)는 소여(蘇輿)의 『춘추번로의증(春秋繁露義證)』에서 리(利)자의 잘못이라고 한 것에 따라 해석했다.

50_ 동중서가 주장하는 개제의 논리에 의하면, 새로운 왕조는 전 왕조의 멸망을 교훈으로 삼아 그 폐단을 극복하는 방향으로 개혁을 추진하기 때문에 서로 다른 형태의 정치 구조를 구축한다. 삼대(三代)에도 지향하는 정치의 도리가 서로 상반되는 것이 아니다. 단지 각 왕조가 전 왕조에서 폐단으로 드러난 부분을 제거하고 그 반대되는 부분을 보충하는 형태로 정치를 수행하기 때문에 정치의 방향이 달랐을 뿐이다. 『춘추번로』「삼대개제질문」에서 "하(夏)나라는 충심[忠]을 숭상했고, 은(殷)나라는 공경함[敬]을 숭상했으며, 주(周)나라는 문식[文]을 숭상했던 것은 전 왕조를 계승한 나라가 전 왕조의 폐단을 바로잡기 위해서 이러한 정치 방향을 마땅히 시행해야 했기 때문이다[夏上忠, 殷上敬, 周上文者, 所繼之捄, 當用此也.]."라고 한 것이 그것이다. 즉 은(殷)나라는 하(夏)나라의 정치를 그대로 계승했지만, 하나라가 '충심'[忠]이라는 폐단에 의해서 멸망했기 때문에 이를 극복하기 위해 '공경함'[敬]에 바탕한 정치를 수행했다. 은나라와 주나라의 관계도 마찬가지이다. 삼대(三代)의 정치는 이와 같이 폐단의 극복이라는 형태로 개혁을 진행했기 때문에 삼대의 뒤를 계승한 새로운 왕조도 역시 이와 같은 방식으로 개혁의 지향점을 삼아야 한다는 것이다. "지금 한나라는 크게 어지러웠던 나라를 계승하고 있다. 따라서 주(周)나라의 극성한 문식[文]을 조금 줄이고 하(夏)나라의 충심[忠]을 채택하는 것이 마땅하다[繇是觀之, 繼治世者其道同, 繼亂世者其道變. 今漢繼大亂之後, 若宜少損周之文致, 用夏之忠者.]"(「삼대개제질문」) 결국 주(周)나라의 폐단이 문식[文]이었기 때문에 『춘추』의 새로운 왕은 당연히 이 폐단의 극복을 위해서 충심[忠]을 위주로 한 개혁을 단행해야 한다. 즉 문식이나 물질보다는 본질이나 정신을 중시해야 한다는 것이다.

康8-6

동중서는 대놓고 공자가 '새로운 왕'이고 '주나라를 계승했다'고 말한다. 동중서는 순수한 유학자인데, 어찌 이처럼 도리에 어긋나고 잘못된 논의를 할 수 있겠는가? 이것은 공자 문하에서 구전으로 전해진 것이다.

董子直謂孔子爲'新王'·'繼周'. 董子一醇儒, 豈能爲此悖謬之論? 蓋孔門口說之傳也.

8-2-3

『춘추』에서 신왕(新王)의 일을 제정할 때는 주(周)나라의 제도를 바꾸어서 마땅히 흑통(黑統)을 바로잡으니, 은(殷)나라와 주(周)나라는 왕자의 후손이 되고, 하(夏)나라를 [왕조의 계열에서] 축출하여 시대가 먼 나라로 취급하여, 우(禹)임금의 호칭을 고쳐서 제우(帝禹)라고 호칭하고, 그 후손들에게는 작은 나라를 봉해준다. 따라서 하(夏)나라를 [왕조의 계열에서] 축출하여 시대가 먼 나라로 취급하고, 주(周)나라를 [왕조의 계열에] 보존해두며, 『춘추』를 신왕에 해당시킨다고 한다.[51](『춘추번로』「삼

51_ 동중서로 대표되는 공양학의 개제의 논리는 삼통설(三統說)을 기본으로 한다. 이것은 하(夏)·은(殷)·주(周) 삼대의 역법(曆法)의 차이를 설명한 개념으로, 삼대의 역법과 마찬가지로 세 왕조 또한 법칙적으로 순환한다는 논리이다. 역사순환론에서는 그 의미를 흑통(黑統)·백통(白統)·적통(赤統)이라는 개제의 원리로까지 확대하여 삼통의 순환에 의한 왕조의 교체를 설명한다. 삼통의 순환은 하·은·주 삼대의 역법인 '삼정(三正)'을 기준으로 하면, 건인[建寅, 歲首 1월, 夏] - 건축[建丑, 歲首 12월, 殷] - 건자[建子, 歲首 11월, 周]의 순서이다. 이 세 가지 역법이 순환 반복되면서 역사가 진행되기 때문에 왕자는 이 세 가지 역법 중 하나를 채용하여 개제의 기준으로 삼는다. 그리고 각 왕조는 삼통의 순환에 의해 정해진 역법에 따라서 각각 문물제도의 개혁을 단행한다. 이와 같이 하[흑통] - 은[백통] - 주[적통]로 이어지는 역사 순환의 기본 구조에서 주나라의 뒤를 계승한 『춘추』는 다시 흑통으로 개제의 기준을 삼는다. 『춘추』를 기준으로 하면, 전대 왕조인 은(殷)나

대개제질문」)

春秋作新王之事, 變周之制, 當正黑統, 而殷周爲王者之後, 絀夏, 改號禹謂之帝, 錄其後以小國. 故曰絀夏, 存周, 以『春秋』當新王.(『春秋繁露』「三代改制質文」)

康8-7

동중서가 다시 공자는 새로운 왕이 되어서 주나라의 제도를 개혁해야 한다고 말하고, 은나라와 주나라는 왕자의 후손이라고 말했다. 자신 있게 큰 소리를 치면서 주장의 핵심을 직접적으로 드러내고 있다.[52] 은미한 말로 공자 제자들에게 구전되던 것이 여기에서 크게 드러났다. 공자가 제도를 개혁한 교주라는 것이 동중서에 힘입어서 크게 밝혀졌다.

董生更以孔子作新王, 變周制, 以殷·周爲王者之後. 大言炎炎, 直著宗旨. 孔門微言口說, 于是大著. 孔子爲改制教主, 賴董生大明.

8-2-4

따라서『춘추』는 하늘에 호응하여 새로운 왕의 일을 만들었다. 역법은 흑통(黑統)으로 바로잡고, 노나라를 왕자로 삼으며, 검은색을 숭상하고, 하나라를 [왕조의 계열에서] 축출하여 시대가 먼 나라로 취급하며, 주나라를 친하게 여기는 대상으로 삼고,[53] 송나라는 옛 나라로 여겼다.

라와 주(周)나라는 두 왕조(二王)에, 하(夏)나라 이하는 오제(五帝)에 해당하는 호칭과 대우를 해주어야 한다.

52_ 대언담담(大言炎炎)은『장자』「제물론(齊物論)」편에 나오는 말로, 훌륭한 말이 아름답고 성대한 것을 의미한다. 여기에서는 큰 소리로 자신 있게 자신의 주장을 드러낸다는 뜻으로 풀이했다.

53_ 하휴가 말했던 '신주(新周)'가『춘추번로』에는 '친주(親周)'로 되어 있다. 하휴는

음악은 [순임금의] 소무(韶舞)를 가까이 하는 것이 마땅하기 때문에 순임금을 친한 대상으로 기록했고, 작위의 제정은 상(商)나라[의 제도]가 마땅하기 때문에 백(伯)·자(子)·남(男)을 하나의 등급으로 합쳤다.[54](『춘추번로』「삼대개제질문」)

故『春秋』應天作新王之事. 時正黑統, 王魯, 尙黑, 絀夏, 親周, 故宋. 樂宜親韶舞, 故以虞錄親, 樂制[55]宜商, 合伯·子·男爲一等.(『春秋繁露』「三代改制質文」)

8-2-5

『춘추』에서 "기(杞)나라의 백작이 [노나라에] 와서 조회했다"[56]라고 말했다. 왕자의 후손은 '공작[公]'이라고 일컫는데,[57] [하나라의 후손인] 기나라는 무엇 때문에 '백작[伯]'이라고 일컬었는가? 『춘추』에서는 위로는 하나라를 [왕조의 계열에서] 축출하여 시대가 먼 나라로 취급하며, 아

주나라를 축출하여 새롭게 해야 할 대상으로 여긴 것에 비해, 동중서는 여전히 친하게 여겨 보존해야 할 대상으로 여겼다는 것을 알 수 있다.

54_ 원래의 작위 제도는 공(公)·후(侯)·백(伯)·자(子)·남(男)의 다섯 등급으로 구성되어 있는데, 새로운 제도에서는 백(伯)·자(子)·남(男)을 합쳐서 하나의 등급으로 만들어서, 공(公)·후(侯)와 함께 세 등급의 작위로 만들었다는 의미이다.

55_ 악제(樂制)는 『춘추번로의증』에서 인용한 노문초의 교정에 따라서 '제작(制爵)'으로 고쳐서 해석했다.

56_ 기(杞)나라는 하(夏)나라의 후손들을 위해 주나라에서 세워준 국가이다. 기나라의 백작이 노나라로 조회를 온 것[杞伯來朝]은 『춘추』에 모두 4번 기록되어 있다. 「장공(莊公)」 27년(B.C.667), 「문공(文公)」 12년(B.C.615), 「성공(成公)」 4년(B.C.587), 「성공(成公)」 18년(B.C.573)이다.

57_ 『공양전』「은공」 5년에 "천자의 삼공(三公)을 공(公)이라고 일컫고, 왕자의 후손을 공작[公]이라고 일컬으며, 그 나머지 대국을 후작[侯]이라고 일컫고, 소국을 백작[伯]·자작[子]·남작[男]이라고 일컫는다[天子三公稱公, 王者之後稱公, 其餘大國稱侯, 小國稱伯子男.]"라는 기록이 보인다. 하휴의 주에 의하면, 대국은 사방 100리(里)의 땅을 소유한 나라이고, 소국 중에서 백작은 70리, 자작과 남작은 50리를 소유한다.

래로는 주(周)나라를 [왕조의 계열에] 보존해두며, 『춘추』를 새로운 왕에 해당시켰기 때문이다. 『춘추』를 새로운 왕에 해당시킨 것은 무엇 때문인가? 왕자의 법도에서는 반드시 호칭을 바로잡는다. [왕조의 계열에서] 축출된 나라는 '제(帝)'라고 말하고, 그 후손들에게는 작은 나라를 봉해주고, 자기 조상을 받들어 제사지내도록 한다. 아래로 두 왕조 [주나라와 은나라]의 후손을 대국으로 보존해두고, 그들이 자기 왕조의 복식을 그대로 입고, 자기 왕조의 예악을 그대로 실행하도록 하며, 손님으로 일컬어서 [새로운 왕에게] 조회하도록 한다.[58](『춘추번로』「삼대개제질문」)

『春秋』曰, "杞伯來朝." 王者之後稱'公', 杞何以稱'伯'? 『春秋』上黜夏, 下存周, 以『春秋』當新王. 『春秋』當新王者奈何? 曰, 王者之法必正號, 絀王謂之'帝', 封其後以小國, 使奉祀之. 下存二王之後以大國, 使服其服, 行其禮樂, 稱客而朝.(『春秋繁露』「三代改制質文」)

8-2-6

오직 왕자가 된 이후에야 연호를 고치고 왕자의 칭호를 세울 수 있다.[59] 『춘추』는 새로운 왕에 가탁하여 노나라에서 천자가 될 천명을 받았다. 따라서 그것을 근거로 [노나라 은공의] 즉위를 기록했으니, 왕자는 마땅히 하늘을 계승하여 [우주의 최고 원리인] 원(元)[60]을 받들어 만물을 기르고 완성시켜야 함을 밝힌 것이다.(『공양전』「은공」 원년 하휴 주)

58_ 일반적인 제후의 나라들은 순신(純臣)의 입장에서 천자에게 조회를 오지만, 새로운 왕자의 이전 두 왕조, 즉 주나라와 은나라의 후손들은 같은 왕조의 계열로, 새로운 왕자와 대등한 위치에 있기 때문에 신하가 아닌 손님의 입장에서 조회하도록 규정한 것이다.

59_ 개원(改元)은 왕조가 바뀌어서 연호를 고치는 것이고, 입호(立號)는 왕자의 칭호를 세우는 것이다.

60_ 원(元)의 의미에 대해서는 〈제8권 머리글〉 참조.

惟王者然後, 改元立號. 春秋託新王, 受命于魯. 故因以錄卽位, 明王者當繼天奉元, 養成萬物.(『公羊傳』「隱公」 元年 何休 注)

8-2-7

지금 '새로운 왕자는 반드시 제도를 바꾼다'는 것은 그 [정치의] 도리를 바꾸는 것도 아니고, 그 [정치의] 이치를 바꾸는 것도 아니다. 하늘에서 천명을 받아서 성을 바꾸고 [앞의 왕을] 교체한 것이지, 앞의 왕을 계승하여 왕자 노릇을 하는 것이 아니다. 만약 [새로운 왕이] 한결같이 앞 왕조의 제도를 그대로 따르고 옛 왕조의 사업을 그대로 수행한 채, 고치는 것이 없다면 이것은 앞 왕조를 계승하여 왕자 노릇하는 것과 차별성이 없다. 천명을 받은 임금은 하늘이 크게 드러내는 자이다. 부모를 섬기는 자는 부모의 뜻을 받들고, 임금을 섬기는 자는 임금의 의지를 본받으며, 하늘을 섬기는 것도 마찬가지이다. 지금 하늘이 자기를 크게 드러냈는데, 제도[物][61]는 이전 시대를 그대로 답습하여 대체로 서로 같다면 [새로운 왕조가] 드러나지도 밝혀지지도 않은 것이니, 하늘의 의지가 아니다. 따라서 반드시 거주하는 도읍을 옮기고, 칭호를 바꾸며, 역법을 고치고, 예복의 색깔을 바꾸는 것은 다른 이유가 아니라 하늘의 의지에 순종함으로써 스스로를 드러낸다는 것을 감히 밝히지 않을 수 없기 때문이다. 국가의 큰 원칙과 인륜, 도리, 정치, 교화, 습속, 문자의 뜻과 같은 것은 모두 옛날과 똑같이 해야 하니, 또한 어떻게 고칠 수 있겠는가? 따라서 왕자는 명분상으로는 제도를 고치지만 실제로는 도리를 바꾸지 않는다.[62] 공자가 "인위적으로 하지 않고도 잘 다스리는 자는 순(舜)임금일 것이다"[63]라고 하니, 순임금이 요임

61_ 물(物)은 『춘추번로의증』에서 역법이나 복색 등의 제도를 의미한다고 했다.

62_ 『백호통의』 「작(爵)」편에도 "王者有改道之文, 無改道之實."이라는 문장이 보인다.

금의 도리를 위주로 하여 [그대로 따른 것을] 말한 것이다. 이것은 도리를 바꾸지 않는 효과가 아니겠는가? 질문하는 자가 물었다. 제도가 바뀌어 하늘이 준 천명이 드러났는데, 반드시 음악을 다시 짓는 것은 무엇 때문인가? 대답했다. 음악은 그러한 제도와는 다르다. 제도는 하늘의 뜻에 호응해서 고치는 것이지만, 음악은 백성의 뜻에 호응해서 짓는 것이다. 왕이 천명을 받은 것은 반드시 백성들이 함께 즐거워하는 일이다. 그러므로 처음에 제도를 크게 고치는 것은 천명을 밝히는 방법이며, 마지막에 다시 음악을 짓는 것은 하늘의 공적을 드러내는 방법이다.(『춘추번로』「초장왕」)

今所謂新王必改制者, 非改其道, 非變其理. 受命於天, 易姓更王, 非繼前王而王也. 若一因前制, 修故業, 而無有所改, 是與繼前王而王者無以別. 受命之君, 天之所大顯也. 事父者承意, 事君者儀志. 事天亦然. 今天大顯已, 物襲所代而率與同, 則不顯不明, 非天志. 故必徙居處・更稱號・改正朔・易服色者, 無他焉, 不敢不順天志而明自顯也. 若夫大綱・人倫・道理・政治・敎化・習俗・文義盡如故, 亦何改哉? 故王者有改制之名, 無易道之實. 孔子曰, "無爲而治者, 其舜乎." 言其主堯之道而已. 此非不易之效與? 問者曰, 物改而天授顯矣, 其必更作樂, 何也? 曰, 樂異乎是. 制爲應天改之, 樂爲應人作之. 彼之所受命者, 必民之所同樂也. 是故大改制於初, 所以明天命也, 更作樂於終, 所以見天功也.(『春秋繁露』「楚莊王」)

康8-8

『춘추』가 새로운 왕이라는 것은 모두 다섯 번 보인다. 주나라를 친하게 여기는 대상으로 삼는 것[親周], 송나라를 옛 나라로 여기는 것[故宋],

63_『논어』「위령공(衛靈公)」: 子曰, 無爲而治者其舜也與.

노나라를 왕자로 삼는 것[王魯]은 모두 두 번 보인다. 새로운 왕이 천명을 받아서 제도를 바꾸는 것은 여러 군데서 보인다. 공자가 주나라를 계승한 왕이라는 것은 지극히 분명하다.

『春秋』爲新王, 凡五見. 親周 · 故宋 · 王魯, 凡再見. 新王受命改制, 數數見. 孔子爲繼周之王至明.

<이상 공자는 신왕이다: 右孔子爲新王>

3. 공자는 소왕이다 [孔子爲素王]

8-3-1

공자가 『춘추』를 지을 때, 먼저 왕자[의 일]을 바로잡고 온갖 일들을 [그 아래에] 이어서 기록했으니, 소왕(素王)의 문장을 보여주었다.(『한서』 「동중서전」)

孔子作『春秋』, 先正王而繫萬事, 見素王之文焉.(『漢書』「董仲舒傳」)

康8-9

동중서는 한나라의 순수한 유학자인데, 『한서』에서도 그의 소왕에 대한 이론을 기록했으니, 가공의 왕자[空王]가 지은 문장[64]을 보여주는 것

64_ 공왕(空王)은 원래 불교 용어로, 부처에 대한 존칭이다. 부처는 세계의 일체가 모두 공(空)이라고 말했기 때문에 그를 공왕이라고 불렀다. 여기에서는 소왕(素王)과 같은 의미로 사용되어, 실제의 지위는 없고 왕이라는 명칭만이 있는 가공의 왕자라는 의미로 풀이된다. 『춘추』의 글을 당세에는 사용될 수 없는, 후세를 위해 지어진 문장이라고 하여 공문(空文)이라고 하는 것과 동일한 뜻이다. 『사기』 「태

이 무슨 문제가 있겠는가?

董生爲漢醇儒,『漢書』亦錄其素王之說, 見空王之文, 何礙焉?

8-3-2

공자는 서쪽에서 사냥하여 기린을 잡자, 스스로를 소왕이라고 부르고, 후세에 천명을 받을 군주를 위해 현명한 왕의 법도를 제정했다.(『육예론』)[65]

孔子旣西狩獲麟, 自號素王, 爲後世受命之君, 制明王之法.(『六藝論』)

8-3-3

기린이 출현하자 주나라가 멸망했다. 따라서 『춘추』를 세워서 소왕[의 법]을 제정하여, 장차 흥기할 왕자에게 전해주었다.(『춘추위 · 원명포』)

麟出周亡. 故立『春秋』, 制素王, 授當興也.(『春秋緯 · 元命苞』)

康8-10

맹자는 "삼대(三代)가 천하를 잃은 것은 불인(不仁)했기 때문이다"라고 했다.[66] 맹자의 시대에는 주나라의 천명이 아직 바뀌지 않았는데, 맹

사공자서」에서 "공자의 시대에는 위로는 밝은 군주가 없었고, 아래로는 [공자 자신이] 임용되지 못했다. 따라서 『춘추』를 지어 당세에는 사용될 수 없는 문장으로 기록하여 예의(禮義)를 결단하고, 한 왕자의 법도에 해당시켰다[孔子之時, 上無明君, 下不得任用. 故作『春秋』, 垂空文以斷禮義, 當一王之法.]"라고 했다.

65_ 『육예론(六藝論)』은 한나라 정현(鄭玄)의 저술이다. 현재 전하는 책은 없고, 종조붕(鍾肇鵬)이 편찬한 『고적총잔휘편(古籍叢殘彙編)』(6) 속의 『한위유서초(漢魏遺書鈔)』(4)에 일부분만이 수록되어 있다.

66_ 『맹자』 「이루 상」: 孟子曰, 三代之得天下也, 以仁, 其失天下也, 以不仁. 『맹자집주』에 의하면, 삼대(三代)는 하(夏) · 은(殷) · 주(周)나라이며, 우(禹) · 탕(湯) · 문무

자는 이미 멸망했다고 여겼고, 『사기』에서는 “주나라의 도가 유왕과 여왕 때 사라졌다”라고 했다.[67] 평왕(平王) 이후에는 왕[의 음악인 아(雅)]가 풍(風)으로 강등되고, [왕의] 위엄과 신성함이 떨쳐지지 않았다. 공자는 제도를 고치고, 『춘추』를 가지고 주나라를 계승했기 때문에 소왕(素王)의 제도를 세운 것이다.

孟子曰, “三代之失天下也, 以不仁.” 孟子之時, 周命未改, 然孟子已以爲亡, 『史記』所謂“周道亡于幽・厲.” 平王之後, 王降爲風, 威靈不振. 孔子改制, 以『春秋』繼周, 故立素王之制也.

8-3-4

자하(子夏)가 말했다. “공자는 소왕(素王)이고, 안연(顔淵)은 사도(司徒)이다.”(『고미서』[68] 「춘추위」)

子夏曰, “仲尼爲素王, 顔淵爲司徒.”(『古微書』「論語緯」)

康8-11

공자가 소왕이라는 것은 자하 등이 스승을 높이려는 명칭에서 나왔

(文武)는 인(仁)으로 천하를 얻었고, 걸(桀)・주(紂)・유(幽)・여(厲)왕은 불인(不仁) 때문에 천하를 잃었다.

67_ 『사기』「유림열전」에는 이에 대한 직접적인 언급은 보이지 않는다. 다만 “夫周室衰而關雎作, 幽・厲微而禮樂壞, 諸侯恣行, 政由彊國.”이라고 하여, 주나라의 도가 사라진 상황을 설명하고 있다.

68_ 『고미서(古微書)』는 명나라 때 손각(孫瑴)이 최초로 참위만을 전문적으로 집일하여 편찬한 책이다. 『사고전서』에는 경부(經部)의 「오경총의류(五經總義類)」에 부록(附錄)으로 『고미서』 36권이 수록되어 있다. 『사고전서총목제요』에 의하면, 이 책 속에는 『상서』 11종류, 『춘추』 16종류, 『역』 8종류, 『예』 3종류, 『악』 3종류, 『시』 3종류, 『논어』 4종류, 『효경』 9종류, 『하도』 10종류, 『낙서』 5종류가 집일되어 있다.

다. 소왕은 가공의 왕자[空王]이다. 불교에서도 [부처를] 공왕이라고 부르기도 하고, 또 법왕(法王)[69]이라고 부르기도 한다. 대체로 교주의 존칭은 모두 군주[人主]와의 비유에서 취한 것이니, 이상할 것이 무엇이 있겠는가?

孔子爲素王, 乃出于子夏等尊師之名. 素王, 空王也. 佛亦號空王, 又號法王. 凡敎主尊稱, 皆取譬于人主, 何異焉?

8-3-5

공자는 평범한 남자인데, 소왕이라고 불렸다.(『중론』[70]「귀험」)

仲尼爲匹夫, 而稱素王.(『中論』「貴驗」)

8-3-6

『춘추』의 의리를 제정하여, 소왕의 법도를 드러내었다.[71](『풍속통의』「궁통」)

制『春秋』之義, 著素王之法.(『風俗通義』「窮通」)

69_ 법왕(法王)은 공왕(空王)과 마찬가지로 부처에 대한 존칭으로 사용되며, 고승(高僧)을 가리키기도 한다. 중국의 근대 이후에는 천주교의 교황(敎皇)을 말하기도 한다.

70_ 『중론(中論)』은 중국 후한시대의 서간(徐幹, 170~217)이 지은 책이다. 서간은 북해(北海) 사람이며, 자는 위장(偉長)이다. 뛰어난 문장력으로 헌제(獻帝) 시기에 건안칠자(建安七子)의 한 사람으로 불린다. 이 책은 상하 2권, 매 권 각 10편으로 구성되어 있다. 상권에는 치학(治學)·법상(法象)·수본(修本)·허도(虛道)·귀험(貴驗)·귀언(貴言)·예기(藝紀)·복변(覆辨)·지행(智行)·작록(爵祿), 하권에는 고위(考僞)·견교(譴交)·역수(曆數)·논수요(論壽夭)·심대신(審大臣)·신소종(愼所從)·망국(亡國)·상벌(賞罰)·민수(民數) 등의 편이 있다.

71_ 『풍속통의』에 의하면, 공자가 위나라에서 노나라로 돌아온 이후에 시(詩)와 서(書)를 산정하고, 예(禮)와 악(樂)을 바로잡은 다음, 『춘추』을 통해서 소왕의 법을 세웠다고 한다[自衛反魯, 刪詩·書, 定禮·樂, 制『春秋』之義, 著素王之法.]

8-3-7

자하(子夏) 등 64명의 제자들이 함께 공자의 미언(微言)을 책으로 만들어서 소왕으로 섬겼다.(『고미서』「논어위」)

子夏六十四人共撰仲尼微言, 以事素王.(『古微書』「論語緯」)

康8-12

『논어』는 [공자의] 미언이고, 위서(緯書)는 그와 관련된 주장들이다. 소왕이라는 호칭은 단지 공양학자들만이 아니라 제(齊)와 노(魯) 지역의 『논어』 학자들의 주장이기도 하다. 다만 고문학자들만이 그 주장을 없애버렸고, 송나라 유학자들이 그 찌꺼기를 잘못 주어서 모은 것일 뿐이다.

『論語』爲微言, 緯則其說也. 素王之稱, 非徒公羊家, 乃齊·魯『論語』家之說. 但古文家乃鏟去之, 宋儒誤拾其緒耳.

8-3-8

증자가 경전의 차이점을 가려 뽑아서[72] 물었다. "『효경』은 경전의 문장입니까? 내용이 뒤섞여서 [경전과] 같지 않은 것은 무엇 때문입니까?" 공자가 대답했다. "내가 『효경』을 지은 것은 소왕으로서 관작이나 봉록으로 상을 주거나 형벌로 주살할 수 있는 [권한이][73] 없기 때문에 현명한 왕자의 도[에 가탁하여] 말한 것이다." 증자가 자리에서 약간

72_ 찬(撰)은 『태평어람』의 주에서 "경(經)의 같고 다름을 가려내다[撰經異同也.]"라고 풀이했다.

73_ 부월(斧鉞)은 형벌에 쓰는 작은 도끼와 큰 도끼로, 형벌로 주살할 수 있는 왕자의 권한을 말한다.

벗어났다가[74] 다시 제자리에 앉았다. 공자가 말했다. "앉거라. 내가 너에게 말해주겠다. [『효경』은] 순종하고 겸손함으로써 재앙을 피하니, 선왕에게 권도를 주어 가탁했다."[75](『효경위 · 구명결』)

曾子撰斯, 問曰, "『孝』文乎?[76] 駁不同何?" 子曰, "吾作『孝經』, 以素王無爵祿之賞, 斧鉞之誅. 故稱明王之道." 曾子辟席復坐. 子曰, "居. 吾語女. 順遜以避禍灾,[77] 與先王以託權.(『孝經緯 · 鉤命訣』)

康8-13

『효경』을 연구하는 학자들도 소왕이라고 말하고, 또 선왕에게 가탁하여 권도를 드러내 밝혔다고 말했으니, 이것은 공자가 스스로 말한 것이다. "문왕(文王)이 죽었으니, [주나라의] 문화 제도가 여기 나에게 있지 않겠는가?"[78]라고 말하고, "하늘이 나에게 덕(德)을 부여했다"[79]라고 말했으니, 공자가 또한 어찌 겸손할 필요가 있었겠는가?

『孝經』家亦稱素王, 且云託先王以明權, 此則孔子之自稱矣. "文王沒而文不[80]在茲?" "天生德于予", 聖人亦何遜焉?

74_ 피석(辟席)은 공경을 표시하기 위하여 자리에서 일어나 약간 벗어나는 것을 말한다.

75_ 『고미서』의 주에서 "선왕에게 가탁하여 자기 권도의 세력으로 삼는다[託先王以爲己權勢力.]"라고 풀이했다. 즉 선왕에게 권도를 주어 가탁함으로써 선왕을 통해서 권도를 실행한다는 의미이다.

76_ 효문호(孝文乎)는 『공자개제고』와 『옥함산방집일서』(3)에 '효문수(孝文手)'로 되어 있다. 그런데 『고미서』 권30 「효경위 · 구명결(孝經緯 · 鉤命訣)」 조목과 『태평어람(太平御覽)』 권610 「학부(學部)」4 「효경(孝經)」 조목에는 '효문호(孝文乎)'로 되어 있다. 여기에서는 『고미서』와 『태평어람』에 근거하여 해석했다.

77_ 화재(禍災)는 『옥함산방집일서』(3)와 『고미서』에 모두 '재화(災禍)'로 되어 있다. 의미상 큰 차이가 없기 때문에 그대로 두었다.

78_ 『논어』 「자한」: 子畏於匡. 曰文王旣沒, 文不在茲乎?

79_ 『논어』 「술이」: 子曰, 天生德於予, 桓魋其如予何?

80_ 부(不)가 『공자개제고』에는 왕(王)으로 되어 있는데. 『논어』 원문에 따라 고쳤다.

8-3-9

편안하면서 담백한 것은 현성(玄聖)과 소왕의 도이다.[81](『장자』「천도」)

恬淡, 玄聖素王之道.(『莊子』「天道」)

康8-14

장자는 노자 학파인데도 공자를 소왕이라고 말했으니, 소왕이라는 명칭은 천하에 보편적으로 통용되었던 것이다.

莊生爲老學, 然亦稱孔子爲素王, 蓋素王之名遍天下矣.

8-3-10

공자는 사리에 통달하여 지혜는 장홍(萇弘, ?~B.C.492)[82]보다 뛰어났고, 용기는 맹분(孟賁)[83]을 복종시킬 정도였으며, 발은 잘 달리는 말을 따라잡을 정도였고,[84] 힘은 성문을 들어 올릴 정도였으니,[85] 그의 능력은 또한

81_ 이 문장은 『장자』의 원문을 압축하여 표현한 것이다. 원래의 문장은 "夫虛靜恬淡, 寂漠無爲者, 萬物之本也. … 以此處下, 玄聖素王之道也."이다. 현성(玄聖)은 현묘한 덕을 가진 성인으로 노자를 가리킨다. 성현영은 현성(玄聖)과 소왕을 노자와 공자라고 했다.

82_ 장홍(萇弘)은 춘추시대 주(周)나라의 경대부로, 공자가 일찍이 그에게 음악을 배웠다고 한다. 또 다른 일설에는 주나라 영왕(靈王) 때의 사람으로, 천문(天文)을 잘하고, 귀신의 일에 밝았다고 한다.

83_ 맹분(孟賁)은 전국시대 제(齊)나라의 역사(力士)로, 『맹자』「공손추 상」편에 기록이 보인다.

84_ 섭(躡)은 뒤를 쫓다, 또는 빠르다는 의미이다. 교(郊)는 교(狡)와 같은 글자로, 교활하다는 뜻이다. 토(菟)는 토(兎)자와 같은 글자로, 토끼를 말한다. 『회남자집석』에서 고유는 공자가 달리기를 잘하여 잘 뛰는 말을 따라잡을 정도라고 풀이했다. 그리고 옛날에는 좋은 말을 대부분 토(菟)라고 불렀으며, 비토(飛菟) · 백토(白菟) · 교토(郊菟) 등이 모두 좋은 말의 이름이라고 했다.

많았다. 그러나 공자의 용력은 소문이 나지 않았고, 뛰어난 기교도 알려지지 않았으며, 오직 효도(孝道)만을 실행함으로써 소왕이 되었으니, 그가 한 일은 또한 적었다.(『회남자』「주술훈」)

孔子之通, 智過于萇弘, 勇服于孟賁, 足躡郊菟,[86] 力招城關, 能亦多矣. 然而勇力不聞, 伎巧不知, 專行孝道,[87] 以成素王, 事亦鮮矣.(『淮南子』「主術訓」)

康8-15

『회남자』는 오피(伍被, ?~B.C.122)[88]의 무리로부터 나왔으니, 잡가(雜家)에 속한다. 공자를 직접 호칭하기를 꺼려해서 또한 소왕으로 존중했으니, [소왕이라는] 왕자의 호칭이 천하에서 공통으로 높이는 것임을 알 수 있다. "오로지 효도만을 실행했다"라고 한 것은 공자의 인(仁)이 부모를 근본으로 삼는 것[을 말하니], 실제로 유교의 핵심 요지이기 때문에 『회남자』에서 곧바로 그것을 제시할 수 있었다.

『淮南』出自伍被之流, 爲雜家. 稱孔子之諱而亦尊爲素王, 可知王號爲天下達尊. 其云"專行孝道", 蓋孔子之仁, 以父母爲本, 實儒教宗旨, 『淮南』實能直揭之矣.

85_ 교(招)는 들어올린다는 말이고, 성관(城關)은 성문을 말한다. 『회남자집석』에서 양수달(楊樹達)은 『좌씨전』「양공」 10년에 공자의 부친인 숙양흘(叔梁紇)이 내려오는 현문을 두 손으로 떠받쳐서 성안으로 들어갔던 군사들을 구해낸 사건[縣門發, 郰人紇抉之, 以出門者.]에 근거하여, 숙양흘의 일이 공자의 일로 잘못 전해진 것일 수도 있다고 했다.

86_ 토(菟)가 『공자개제고』에는 수(蒐)로 되어 있는데, 『회남자』 원문에 따라 고쳤다.

87_ 효도(孝道)는 『회남자』 원문에는 교도(敎道)로 되어 있다. 캉유웨이가 효도(孝道)의 의미로 풀이하고 있기 때문에 고치지 않고 그대로 두었다.

88_ 오피(伍被)는 전한시대 초(楚) 땅 사람으로, 혹은 오자서(伍子胥)의 후손이라고도 한다. 전한시대 초기에 회남왕 유안의 모사(謀士)였는데, 유안의 모반 사건에 연루되어 죽임을 당했다.

8-3-11

이 때문에 공자는 72명의 군주를 경유하여 [유세하면서], 도가 한결같이 실행되어 그 덕이 베풀어짐으로써 백성들이 온전하게 양육을 받으면서 생활하도록 하여, 수많은 사람이 자기 땅에서 편안하게 살고, 만물은 무럭무럭 잘 자라서 각각이 즐겁게 그 끝을 마감할 수 있기를 바랐다. 그러나 끝내 그러한 상황을 만나지 못했다. 따라서 기린을 보고서 눈물을 흘렸고, 도가 실행되지 않고 덕의 은택이 펼쳐지지 않는 것을 슬퍼했다. 이에 물러나서 『춘추』를 지어 소왕의 도를 밝혀서 후인들에게 보여주었다. 자신의 은혜가 베풀어지기를 생각하여 잠시도 잊은 적이 없었기 때문에 수많은 왕들이 그를 존중하였고, 뜻있는 선비들이 그를 본받았다. 그 문장을 암송하여 지금까지도 끊어지지 않고 전해지고 있다.(『설원』「귀덕」)

是以孔子歷七十二君, 冀道之一行, 而得施其德, 使民生于全育, 烝庶安土, 萬物熙熙, 各樂其終. 卒不遇. 故睹麟而泣, 哀道不行, 德澤不洽. 于是退作『春秋』, 明素王之道, 以示後人. 思施其惠, 未嘗輟忘. 是以百王尊之, 志士法焉. 誦其文章, 傳今不絶.(『說苑』「貴德」)

康8-16

수많은 왕들이 존중하고, 뜻있는 선비들이 본받았으니, 이것이 바로 백성들이 귀의하여 돌아간다는 말이다. 공자를 왕으로 존중한 것을 또한 어찌 의심하겠는가?

百王尊, 志士法, 是所謂衆所歸往也. 尊之爲王, 又何疑焉?

8-3-12

공자는 『춘추』를 지어 왕자의 뜻을 보여주었다. 그렇다면 공자의 『춘추』는 소왕의 사업이며, 제자(諸子)가 전한 글은 소상(素相)의 일이다.[89] 『춘추』를 봄으로써 왕자의 뜻을 살펴볼 수 있고, 제자의 글을 읽음으로써 재상이 지향하는 것을 볼 수 있다.(『논형』「초기」)

孔子作『春秋』, 以示王意. 然則孔子之『春秋』, 素王之業也, 諸子之傳書, 素相之事也. 觀『春秋』以見王意, 讀諸子以睹相指.(『論衡』「超奇」)

8-3-13

공자는 왕노릇을 하지 않았으니, 소왕의 사업은 『춘추』에 남아 있다.(『논형』「정현」)

孔子不王, 素王之業在于『春秋』(『論衡』「定賢」)

8-3-14

공자는 스스로 노나라의 역사 기록에 근거하여 『춘추』를 손질하고, 소왕의 도를 제정했다.(노흠「공양서」)[90]

89_ 소상(素相)은 소왕(素王)과 대구가 되는 말로, 승상이 될 자질과 능력이 있지만 당시에 승상이 되지 못한 사람을 말한다. 『논형주석』에서 왕충이 환담(桓譚)을 소승상(素丞相)으로 여겼다고 하니, 여기에서 제자는 환담(桓譚)을 가리킨다. 『논형』「정현(定賢)」편에서 "공자는 왕노릇을 하지 않았으니, 소왕의 사업은 『춘추』에 남아 있다. 그렇다면 환담은 재상노릇을 하지 않았으니, 소승상(素丞相)의 자취는 『신론(新論)』에 남아 있다[孔子不王, 素王之業在于『春秋』. 然則桓君山不相, 素丞相之迹存于『新論』者也.]"라고 했다.

90_ 노흠(盧欽)의 「공양서(公羊序)」는 송나라 위료옹(魏了翁)이 지은 『춘추좌전요의(春秋左傳要義)』 권수(卷首)의 「서(序)」 조목에 「가규정현노흠등위공자입소왕(賈逵鄭玄盧欽等謂孔子立素王)」에 보인다. "賈逵「春秋序」云, 孔子覽史記, 就是非之

孔子自因魯史記而修『春秋』, 制素王之道.(盧欽, 「公羊序」)

<이상 공자는 소왕이다: 右孔子爲素王>[91]

4. 공자는 문왕이다[92] [孔子爲文王]

8-4-1

왕(王)이란 누구를 말하는가? 문왕을 말한다.[93] 【하휴(何休) 주】 문왕은 주나라에서 처음으로 천명을 받은 왕이다. 하늘이 명했기 때문에 위로 하늘의 시작[春]과 연결해 놓았다.[94] 천명을 받아서 정월을 제정한 일을 진술했기 때문에 [문왕에게] 가탁하여 왕자의 법으로 삼았다.[95]

說, 立素王之法. 鄭玄「六藝論」云, 孔子旣西狩獲麟, 自號素王, 爲後世受命之君, 制明王之法. 盧欽「公羊序」云, 孔子自因魯史記而修『春秋』, 制素王之道. 是先儒皆言孔子立素王也."

91_ 이 외에도 두예(杜預)의 「춘추좌씨전서(春秋左氏傳序)」에서 소왕에 대해서 "說者以爲仲尼自衛反魯, 脩『春秋』, 立素王, 丘明爲素臣."이라고 했고, 공영달의 『춘추정의(春秋正義)』에서는 "麟是帝王之瑞, 故有素王之說. 言孔子自以身爲素王, 故作『春秋』, 立素王之法. 丘明自以身爲素臣, 故爲素王作左氏之傳."이라고 했다. 소왕과 관련된 보다 구체적인 내용은 아사노 유우이치(淺野裕一)의 『孔子神話』 제4장 「『春秋』と孔子素王說」 참조.

92_ 캉유웨이가 '공자는 문왕'이라고 했을 때의 '문왕'은 주나라의 문왕을 말하는 것이 아니다. 질(質)과 대비되는 문(文), 즉 문화와 제도를 종합하여 총괄한 왕이라는 의미이다.

93_ 이 내용은 『춘추』 「은공」 원년의 "元年, 春, 王正月."에서 '왕(王)'자에 대해 『공양전』에서 한 말이다.

94_ 봄[春]은 하늘의 시작이고, 문왕은 하늘로부터 처음으로 천명을 받은 사람이기 때문에 둘을 서로 관련시켜서 『춘추』 원문에서 '왕(王)'자 앞에 '춘(春)'자를 두었다는 말이다.

[문왕의] 시호를 말하지 않은 것은 그가 살아 있을 때 한 일을 본받고, 죽은 이후를 본받지 않아서 뒤에 올 왕과 [정월을 제정하는 것을] 공유함을 의미하니,[96] 인도(人道)의 시작이다.(『공양전』「은공」 원년)

王者孰謂? 謂文王也. 【注】 文王, 周始受命之王. 天之所命, 故上系天端. 方陳受命制正月, 故假以爲王法. 不言謚者, 法其生, 不法其死, 與後王共之, 人道之始也.(『公羊傳』「隱公」 元年)

康8-17

공자는 문화 제도의 바탕을 통일했다는 측면에서는 소왕이고, 문화 제도의 형식을 통일했다는 측면에서는 문왕이다. 공자의 도는 태평(太平)을 추구하기 때문에 실제로는 문왕이다. [문왕이] 살아 있을 때 한 일을 본받고, 죽은 이후를 본받지 않는다고 했으니, 여기에서의 문왕은 곧 공자이지 주나라 문왕이 아님을 쉽게 알 수 있다. 왕건기(王愆期)가 문왕은 곧 공자라고 말했으니,[97] 이것은 전수되어 온 주장이다.

孔子質統爲素王, 文統則爲文王. 孔子道致太平, 實爲文王. 法生不

95_ 서언(徐彦)의 소에서 "공자는 새로운 왕이 천명을 받아서 정월을 제정한 일을 진술했기 때문에 문왕이 처음으로 천명을 받아서 역법을 정한 것을 취하여 장래에 그것을 법으로 삼으려고 했다"라고 풀이했다.

96_ 서언의 소에서 다음과 같이 풀이했다. "죽은 이후에 시호를 사용하는 것이 주나라의 법도인데, 문왕이 죽은 지 이미 오래되었는데도 시호를 말하지 않은 것은 바로 그가 살아 있을 때 정교(政敎)를 베풀고 역법을 바로잡은 것을 본받는다는 것을 말한다. 따라서 그가 살아 있을 때 한 일을 본받았지, 그가 죽은 이후를 본받지 않는다고 했다. 뒤의 왕과 함께한다는 것은 시호를 말하지 않음으로써 뒤의 왕과 통할 수 있다는 것이다. 뒤의 왕은 한나라의 왕을 말한다."

97_ 왕건기(王愆期)는 동진(東晋) 시대 하동(河東) 사람으로, 왕접(王接)의 아들이다. 저서로 『춘추공양전주(春秋公羊傳注)』 13권과 『춘추난답론(春秋難答論)』 1권이 있는데, 현재 전하지 않는다. 캉유웨이가 인용한 내용은 『상서주소(尙書注疏)』 권10 「주서(周書)」의 공영달의 소에 보인다. "春秋之王, 自是當時之王, 非改正之王. 晉世有王愆期者, 知其不可注『公羊』以爲『春秋』制, 文王指孔子耳, 非周昌也."

法死, 則此文王是孔子, 非周文王易見矣. 王愆期謂, 文王卽孔子, 蓋有傳授也.

8-4-2

공자가 광(匡) 땅에서 경계심을 품고 있었는데,[98] 다음과 같이 말했다. "문왕이 이미 죽었으니, [주나라의] 문화 제도가 여기 나에게 있지 않겠는가? 하늘이 장차 이 문화 제도를 없애버리려고 했다면 [문왕보다] 뒤에 죽는 내가 이 문화 제도에 동참할 수 없었겠지만, 하늘이 이 문화 제도를 아직 없애지 않았으니, 광 땅 사람들이 나를 어떻게 하겠는가?"(『논어』「자한」)

子畏于匡, 曰, "文王旣沒, 文不在茲乎? 天之將喪斯文也, 後死者不得與于斯文也, 天之未喪斯文也, 匡人其如予何?"(『論語』「子罕」)

康8-18

문왕이 이미 죽었고, 문화 제도가 여기 나에게 있다고 한 것은 공자가 문왕이라는 사실의 근거로 삼을 수 있다. 이것의 출전은 『논어』이지 알려지지 않은 책[99]이 아니다.

文王旣沒, 而文在茲, 孔子之爲文王, 蓋可據. 此出『論語』, 非僻書也.

98_ 『사기』「공자세가」에 의하면, 공자가 위(衛)나라에서 진(陳)나라로 갈 때 광 땅 사람들에게 5일간 포위되어 목숨의 위협을 받았다. 이전에 양호(陽虎)라는 인물이 광 땅 사람들을 괴롭혔는데, 공자가 그곳을 지나다가 광 땅 사람들이 양호로 오인하여 포위한 것이다. 외(畏)는 『논어집주』에서 포위를 당해서 경계심을 품고 있었다고 풀이했다.

99_ 벽서(僻書)는 세상에 잘 알려지지 않아서 매우 보기 드문 책을 말한다.

8-4-3

공자가 "문왕이 이미 죽었으니, [주나라의] 문화 제도가 여기 나에게 있지 않겠는가?"라고 말했으니, 문왕의 문화 제도는 공자에게 전수되었고, 공자가 한(漢)나라를 위해 제정한 문화 제도는 한나라에 전수되었다.[100](『논형』「일문」)

孔子曰, "文王旣沒, 文不在茲乎?" 文王之文, 傳在孔子, 孔子爲漢制文, 傳在漢也.(『論衡』「佚文」)

8-4-4

『춘추』에서 '왕정월(王正月)'이라고 했는데, 『공양전』에서 "왕(王)이란 누구를 말하는가? 문왕을 말한다. 무엇 때문에 먼저 '왕'을 말하고 뒤에 '정월'을 말했는가? 왕의 정월이기 때문이다"라고 했다. 무엇 때문에 왕의 정월이라고 말했는가? 대답했다. 왕자는 반드시 천명을 받은 뒤에야 왕이 된다. 왕자는 반드시 역법을 고치고 복색(服色)을 바꾸며 예악(禮樂)을 제정하여 천하를 하나로 통일함으로써 역성(易姓)[에 의한 왕

100_ '『춘추』가 한나라를 위해서 법을 제정했다[『春秋』爲漢制法]'는 주장은 동중서를 비롯한 공양학에서 한왕조의 정통성을 보증하기 위한 도구로 활용한 논리이다. 『공양전』「애공」 14년에 "君子曷爲爲『春秋』? 撥亂世, 反諸正, 莫近諸『春秋』. 則未知其爲是與, 其諸君子樂道堯舜之道與. 末不亦樂乎, 堯舜之知君子也. 制『春秋』之義, 以俟後聖."이라고 기록되어 있듯이, 공양학에서는 공자가 후세의 왕자를 위해서 『춘추』 속에 발란반정(撥亂反正)의 도리를 정립해 놓았다고 여겼다. 이에 대한 주석에서 하휴는 "孔子仰推天命, 俯察時變, 却觀未來, 豫解無窮, 知漢當繼大亂之後. 故作撥亂之法以授之."라고 하여, 후세의 왕자는 곧 한나라라고 했다. 이 문장은 『춘추위 · 연공도(春秋緯 · 演孔圖)』에 나오는 문장인데, 또 다른 위서인 『한함자(漢含孳)』에도 "邱覽史記, 援引古圖, 推集天變, 爲漢帝制法, 陳敍圖錄."이라는 문장이 보인다. 한편 『논형』에는 이 문장 이외에도 「수송(須頌)」편에서 "是故『春秋』爲漢制法, 『論衡』爲漢平說."이라고 언급하고 있듯이, '『춘추』위한제법(『春秋』爲漢制法)'은 당시의 일반적인 인식으로 이해된다.

조 교체]이지 전대의 왕을 계승한 것이 아니며, 모두가 자신이 하늘에서 받은 것임을 밝힌다. 왕자가 천명을 받아서 왕노릇을 하면 정월을 제정하여 [천명의] 변화에 호응해야 하기 때문에 여러 가지 법령을 만들어 천지(天地)를 받든다. 따라서 왕정월(王正月)이라고 한다.(『춘추번로』「삼대개제질문」)

『春秋』曰, '王正月.' 傳曰, "王者孰謂? 謂文王也. 曷爲先言王而後言正月? 王正月也." 何以謂之王正月? 曰, 王者必受命而後王. 王者必改正朔, 易服色, 制禮樂, 一統於天下, 所以明易姓非繼人,[101] 通以己受之於天也. 王者受命而王, 制此月以應變, 故作科以奉天地, 故謂之王正月也.(『春秋繁露』「三代改制質文」)

康8-19

『논어』에서 "문왕이 이미 죽었으니, [주나라의] 문화 제도가 여기 나에게 있지 않겠는가?"라고 말했으니, 공자는 이미 그것을 자임하고 있었다. 왕건기가 문왕은 공자라고 말한 것이 그 근본에 가장 들어맞는다. 사람들은 단지 공자가 소왕이라는 것만 알지 공자가 문왕이라는 것은 알지 못한다. 혹은 문화 제도의 바탕[質]이라는 측면, 혹은 문화 제도의 형식[文]이라는 측면을 공자는 함께 겸하고 있었다. 왕이란 천하가 귀속되어 돌아간다는 말인데, 성인 공자는 천하가 귀속되어 돌아가는 대상이니, 왕이 아니면 무엇이겠는가? 마치 부처를 법왕(法王)이라고 부르는 것과 마찬가지이다.

『論語』, "文王旣沒, 文不在茲?" 孔子已自任之. 王愆期謂文王者, 孔子也, 最得其本. 人只知孔子爲素王, 不知孔子爲文王也. 或文或質, 孔子兼之. 王者, 天下歸往之謂, 聖人天下所歸往, 非王而何? 猶佛稱

101_ 인(人)이 『공자개제고』와 『춘추번로』의 여러 판본에는 인(仁)으로 되어 있는데, 『춘추번로의증』에 따라 고쳤다.

爲法王云爾.

8-4-5

문왕은 예악(禮樂)이 파괴되고 무너져서 도가 의지할 주체가 없음을 보았기 때문에 『예경(禮經)』 3백과 『위의(威儀)』 3천[을 만들었다].[102](『예위·계명징』)

文王見禮壞樂崩, 道孤無主, 故『禮經』三百·『威儀』三千.(『禮緯·稽命徵』)

康8-20

주나라 문왕 때에 예악이 파괴되고 무너졌다는 이야기는 없다. 그리고 『예경(禮經)』과 『위의(威儀)』는 모두 공자가 만든 것이니, 여기에서 말한 문왕은 공자가 아니면 누구이겠는가?

周文王時, 無禮壞樂崩之說. 『禮經』·『威儀』, 皆孔子所制, 此文王非孔子而何?

<이상 공자는 문왕이다: 右孔子爲文王>

102_ 『문선』 권43 「이서양태상박사(移書讓太常博士)·유자준(劉子駿)」의 이선의 주에 인용되어 있다. 이선의 주에는 "『禮稽命徵』曰, '文王見禮廢樂崩, 道孤而無主也.'"라고 기록되어 있다. 『중용』 제27장에 "大哉! 聖人之道. … 優優大哉! 禮儀三百, 威儀三千."이라는 기록이 보인다. 예의(禮儀)는 예경(禮經) 또는 경례(經禮)라고도 한다. 위의(威儀)는 곡례(曲禮)를 말한다.

5. 공자는 성왕이다 [孔子爲聖王]

8-5-1

『춘추』는 천자의 일이다. 이 때문에 공자가 "나를 알아주는 것도 오직 『춘추』 때문일 것이며, 나를 죄주는 것도 오직 『춘추』 때문일 것이다"라고 말했다. 성왕이 일어나지 않자 제후들이 제멋대로 날뛰고, 초야에 묻혀 사는 선비들이 제멋대로 의론하니, 양주(楊朱)와 묵적(墨翟)의 말이 천하에 가득하여, 천하의 말이 양주에게 돌아가지 않으면 묵적에게로 돌아간다.(『맹자』「등문공 하」)

『春秋』, 天子之事也. 是故孔子曰, "知我者, 其惟『春秋』乎, 罪我者, 其惟『春秋』乎." 聖王不作, 諸侯放恣, 處士橫議, 楊朱·墨翟之言盈天下, 天下之言不歸楊則歸墨.(『孟子』「滕文公 下」)

康8-21

공자가 『춘추』를 짓자 세상이 한 번 다스려졌는데, 공자가 죽자 양주와 묵적이 일어났다. 성왕이 일어나지 않는다는 것은 곧 공자를 가리킨다. "요임금과 순임금이 죽자 [폭군이 대대로 나온 것]"과 같은 사례이다.[103]

孔子作『春秋』而世一治, 孔子沒而楊·墨起. 聖王不作, 卽指孔子. 與"堯舜旣沒"一例.

103_ 『맹자』「등문공 하」편에서 "요임금과 순임금이 죽자 성인의 도가 쇠퇴하여 폭군이 대대로 나왔다[堯舜旣沒, 聖人之道衰, 暴君代作.]"라고 했다.

8-5-2

따라서 말과 논의, 사물을 종합해서 명명(命名)하는 것[104]이 모두 성왕을 기준으로 삼지 않음이 없으며, 성왕이 [사람을] 구분하는 것이 바로 영예와 치욕 그것이다.[105](『순자』「정론」)

故凡言議期命, 是非以聖王爲師, 而聖王之分榮辱是也.(『荀子』「正論」)

8-5-3

지금 성왕이 없어지자, 명칭을 지키는 것을 게을리하고 기이한 말이 일어나서 명칭과 실질이 혼란스럽게 일치되지 않고, 시비의 형태도 분명하게 드러나지 않으니, 비록 법을 지키는 관리나 교설을 공부하는 학자들[106]도 모두가 혼란스럽게 된다.[107](『순자』「정명」)

今聖王沒, 名守慢, 奇辭起, 名實亂, 是非之形不明, 則雖守法之吏, 誦數之儒, 亦皆亂也.(『荀子』「正名」)

104_ 양경이 "기(期)는 사물이 모이는 것이고, 명(命)은 사물에 이름을 붙이는 것[名物]이다"라고 했다. 사물을 종합해서 거기에 명칭을 붙이는 것이다. 「정명(正名)」편에서 "기명(期命)은 변설에서 사용된다[期命也者, 辨說之用也.]"라고 했다. 시비(是非)는 왕인지가 '막비(莫非)'가 되어야 한다고 했다.

105_ 양경이 "성왕은 영예와 치욕으로 크게 사람을 구분하는 기준으로 삼는다"라고 풀이했다.

106_ 송수(誦數)는 왕선겸이 송설(誦說)과 같다고 했다. 이운구는 수(數)는 교설(教說)이나 경전(經典)을 가리킨다고 했다.

107_ 『순자』에서 앞 문장의 뒤를 이어서 "만약 왕자가 출현한다면 반드시 옛날의 명칭을 그대로 따르는 경우도 있고, 새로운 명칭을 만드는 경우도 있을 것이다[若有王者起, 必將有循於舊名, 有作於新名.]"라고 했다. 캉유웨이의 논리에 따르면, 옛날의 명칭은 바로 성왕(聖王), 즉 공자가 정해놓은 명칭을 말한다.

康8-22

공자의 제도 개혁에서는 명칭을 바로잡는 것을 가장 먼저 한다. 공손룡(公孫龍)이 견백(堅白) 이론[108]으로 그것을 혼란스럽게 만들자 순자가 공격한 것이니, 여기에서 말한 '성왕(聖王)'은 바로 공자이다.

孔子改制, 首先正名. 公孫龍以堅白之說亂之, 荀子攻之, 所謂'聖王', 卽是孔子.

8-5-4

덕 있는 자를 선발하고 능력 있는 자를 부리되, 관청에서 그를 등용하는 것[109]은 성왕의 도이니, 유학자가 조심해서 지켜야 할 바이다.(『순자』「왕패」)

論德使能而官施之者, 聖王之道, 儒之所謹守也.(『荀子』「王霸」)

康8-23

성왕의 도는 곧 공자의 도이기 때문에 유학자가 조심해서 지키는 것이다.

聖王之道, 卽孔子之道, 故儒謹守之.

108_ 공손룡(公孫龍)은 전국시대의 변론가인데, 견백(堅白) 이론은 그가 주장한 명제이다. '단단하다'는 것은 손의 감촉이고, '희다'는 것은 눈의 감각이기 때문에 단단하고 흰 돌[堅白石]이라는 것이 동시에 성립할 수 있는 개념이 아니라는 것이다. 『공손룡자(公孫龍子)』「견백론(堅白論)」편에서 자세하고 다루고 있다.

109_ 론(論)은 선발한다는 뜻이다. 시(施)는 왕선겸이 용(用)과 같으며, 관청에서 그를 등용하는 것이라고 풀이했다.

8-5-5

세자(世子)[110]가 말했다. "공적이 자손에게까지 미치고, 찬란한 빛이 백세대 뒤까지 빛나니, 성인의 덕(德) 중에서 배려[恕]보다 더 아름다운 것은 없다." 따라서 자선(子先)[111]이 말했다. "『춘추』는 자기 [나라]의 일은 상세하게 기록하고, 다른 [나라]의 일은 간략하게 기록하며, 자기 나라 [다스리는 것]을 통해서 천하를 포용한다."[112](『춘추번로』「유서」)

世子曰, "功及子孫, 光輝百世, 聖王之道, 莫美于恕." 故子先言, "『春秋』詳己而略人, 因其國而容天下."(『春秋繁露』「兪序」)

<이상 공자는 성왕이다: 右孔子爲聖王>

110_ 세자(世子)는 세석(世碩)을 말하는데, 『한서』「예문지」에는 『세자(世子)』 21편이 있고, 이름은 석(碩)이며, 진(陳)나라 사람으로, 공자 70제자의 제자라고 했다. 『논형』「본성(本性)」편에도 "周人世碩以爲人性有善有惡. … 故世子作『養書』一篇. 密子賤, 漆雕開, 公孫尼子之徒."라는 기록이 보인다. 왕충은 세석 등의 '성유선유악설'이 가장 이치에 맞는다고 여겨서, 그것을 근거로 자신의 본성론을 전개했다.

111_ 자선(子先)은 『춘추번로』 원문에는 '여선(予先)'으로 되어 있다. 『춘추번로의증』에서는 여선(予先)이 자선(子先)을 잘못 기록한 것이라고 했다. 그리고 자선(子先)은 누구인지 알 수 없고, 공자 70제자의 제자일 것이라고만 추측했다.

112_ 『춘추번로의증』에서는 "다른 나라의 일을 간략하게 기록하는 것과 천하를 포용하는 것이 배려[恕]이다. 자기 나라의 일을 상세하게 기록하는 것과 자기 나라를 먼저 다스리는 것은 스스로 책망하기를 두텁게 하는 것이다. 자기 스스로를 다스리지 않으면 다른 사람을 다스릴 수가 없으니, 어떻게 포용할 수가 있겠는가?"라고 풀이했다. 「맹회요(盟會要)」편에도 "親近以來遠, 因其國而容天下."라는 기록이 보인다.

6. 공자는 선왕이다 [孔子爲先王]

8-6-1

공자는 어질고 지혜로운데다가 또한 가려지지도 않았다. 따라서 [천하를] 다스리는 도술을 배워서[113] 선왕이 될 수 있었던 사람이다. [『춘추』의] 한 학파로서 주나라 [정치의] 도를 터득하여 그것을 들어 사용했으니, 기존 [제자백가의] 구습에 가려지지 않았다.[114](『순자』「해폐」)

孔子仁知且不蔽. 故學亂術, 足以爲先王者也. 一家得周道, 擧而用之, 不蔽于成積也.(『荀子』「解蔽」)

康8-24

공자가 선왕이 될 수 있었다고 말한 것은 곧 장자[가 묵자에 대해 말한 것과 비교해서 볼 수 있다.] 즉 "묵자는 천하 사람들로부터 이반되어 있으니, 왕도와는 거리가 멀다"[115]라고 한 것은 묵자가 왕이 될 수 없다

113_ 난술(亂術)에 대해 양경은 "난(亂)은 잡다하다[雜]는 뜻으로, 공자가 재능이 많았기 때문에 선왕에 미칠 수 있었다"라고 풀이했다. 그런데 학의행은 난(亂)을 치(治)로 보고, "천하를 다스리는 도술을 배웠다"라고 풀이했다. 여기에서는 학의행의 해석에 따랐다.

114_ 왕선겸이 다음과 같이 풀이했다. "공자는 『춘추』라는 한 학파의 말을 만들었으며, 주나라의 정치 도리를 터득하여 그것을 들어 사용했으니, 평범한 사내이면서 천자의 도를 가지고 있었다. 이 때문에 제자백가의 기존 잡설에 가려지지 않았다."

115_ 『장자』「천하(天下)」편에서 묵자에 대해 평가하면서 다음과 같이 말했다. "천하의 인심과 위배되니, 천하의 사람들이 감당하지 못할 것이다. 묵자가 비록 혼자서는 감당할 수 있다고 하더라도 천하 사람들을 [강제로 실천하도록] 할 수 있겠는가? 천하 사람들로부터 이반되어 있으니, 왕도와는 거리가 멀다[其行難爲也, 恐其不可以爲聖人之道. 反天下之心, 天下不堪. 墨子雖獨能任, 柰天下何? 離於天下, 其

는 말이니, [공자에 대해서는] 뒤집어서 반대로 살펴볼 수 있다. "[『춘추』의] 한 학파로서 주나라 [정치의] 도를 터득하여 그것을 들어 사용했는데", 묵자가 "공자는 주나라를 본보기로 삼았지 하나라를 본보기로 삼지 않았다"라고 말했으니,[116] 앞에서 말한 선왕이 공자라는 것은 더욱더 분명하다.

稱孔子足爲先王, 卽莊生謂"墨子離于天下, 其去王也遠矣." 謂墨子不能爲王也, 語可反勘. "一家得周道, 擧用之", 墨子謂"孔子法周, 未法夏", 則上先王爲孔子尤明.

8-6-2

『춘추』는 세상을 다스리는 선왕의 기록이다.(『장자』「제물론」)

『春秋』經世先王之志.(『莊子』「齊物論」)

康8-25

장자도 오히려 공자가 선왕이라는 것을 알았으니, 전자방(田子方)[117]이 전해준 것이다. 만약 여기의 선왕이 공자가 아니라면 『춘추』는 어떤 사람이 지은 것인가? 공자가 "나의 뜻은 『춘추』에 있다"라고 말했으

去王也遠矣.]"

116_ 『묵자』「공맹(公孟)」편에 "또한 그대는 주나라를 본보기로 삼았지 하나라를 본보기로 삼지 않았으니, 그대가 말하는 옛것[古]은 옛것이 아니다[且子法周而未法夏也, 子之古非古也.]"라는 기록이 보인다. 여기에 묵자가 '그대'라고 한 사람은 공자가 아니라 공자의 제자로 알려진 공맹자(公孟子)이다.

117_ 전자방(田子方)은 자공(子貢)에게서 학문을 배워서 현명한 사람과 어진 사람을 숭상하고 예의를 귀하게 여겼으며, 위문후(魏文侯)와 교유했다고 한다. 『장자』「전자방(田子方)」편에서는 동곽순자(東郭順子)를 스승으로 삼았다고 기록되어 있다. 캉유웨이는 공자가 선왕이라는 것을 전자방이 자공으로부터 배웠고, 그것을 장자에게 전했다고 생각했다.

니,[118] 선왕이 공자라는 것은 더욱더 신빙성이 있다.

莊生猶知孔子爲先王, 蓋田子方所傳. 若以此先王非孔子, 則『春秋』爲何人所作耶? 孔子曰, "吾志在『春秋』", 則先王之爲孔子益信.

장자가 공자에 대해 자주 말했는데, 소왕(素王)이라고도 하고 선왕(先王)이라고도 하고 신명성왕(神明聖王)이라고도 했다. 이것은 단지 장자만 특별히 알았던 사실이 아니라 실제로 천하에서 통용되던 호칭이었다.

莊生累稱孔子, 一曰素王, 一曰先王, 一曰神明聖王. 此非徒莊生之特識, 實天下之通稱.

8-6-3

유학자의 복장은 선왕의 복장이다.(『신서』「잡사」)

夫儒服, 先王之服也.(『新序』「雜事」)

康8-26

애공(哀公)이 "선생님의 복장이 유학자의 복장입니까?"라고 물었는데,[119] 이러한 유학자의 복장은 공자가 제도를 고쳐서 만든 복장이다. 유학자들은 공자를 선왕으로 높였기 때문에 그의 복장을 선왕의 복장으로 높였다. 이것은 공자 문하에서 서로 전수된 미언(微言)이다.

哀公問, "夫子之服, 其儒服與?" 是儒服爲孔子改制之服. 儒者尊孔子爲先王, 因尊其服爲先王之服. 此孔門相傳之微言也.

118_ 『공양전주소』에 실려 있는 하휴(何休)의 「서문」에 "昔者孔子有云, 吾志在『春秋』, 行在『孝經』."이라는 기록이 보인다. 『효경위 · 구명결』에도 "孔子在庶, 德無所施, 功無所就, 志在『春秋』, 行在『孝經』."이라는 기록이 있다.

119_ 『예기』「유행(儒行)」편에 "魯哀公問於孔子曰, 夫子之服, 其儒服與?"라는 기록이 보인다.

8-6-4

예(禮)는 어디에서 기원하는가? 다음과 같이 말했다. 사람은 태어나면서부터 욕망을 가지고 있다. 욕망이 있는데 얻지 못하면 추구하지 않을 수 없다. 추구하면서 일정한 기준과 한계가 없으면 다투지 않을 수 없다. 다투면 혼란스러워지고, 혼란스러우면 해결할 방법이 없다. 선왕은 그러한 혼란을 싫어했기 때문에 예의를 제정하여 [계층을] 구분함으로써[120] 사람이 원하는 것을 길러주고 사람이 추구하는 것을 공급해 주었다. 욕망은 사물[의 부족]에 의해 다 채우지 못하는 일이 없도록 하고, 사물은 욕망[의 무절제]에 의해 다 없어지는 일이 없도록 하여,[121] 두 가지가 서로 균형을 유지하여 오랫동안 지속되도록 하는 것, 이것이 바로 예가 시작된 유래이다.

禮起于何也? 曰, 人生而有欲. 欲而不得, 則不能無求. 求而無度量分界, 則不能不爭. 爭則亂, 亂則窮. 先王惡其亂也, 故制禮義以分之, 以養人之欲, 給人之求. 使欲必不窮乎物, 物必不屈于欲, 兩者相持而長, 是禮之所起也.

康8-27

공자의 후학들 중에서 예(禮)를 인용한 경우, 모두 공자[가 제정한] 예

120_ 분(分)은 이운구가 "사회를 여러 계층으로 나누는 것으로, 차별 범위를 설정하는 것이다"라고 했다. 즉 계층을 나누어 각 계층에 맞는 욕망의 수위를 미리 정해 두는 것을 말한다.

121_ 양경이 "선왕은 사람들을 위해 중도(中道)를 세웠다. 따라서 욕망은 원하는 대로 다 사물을 추구할 수 없고, 사물은 욕망 때문에 다 고갈되지 않는다"라고 풀이했다. 굴(屈)은 다하다[竭]는 뜻으로, 사물이 욕망을 다 채우지 못해서 다 없어져 버린다는 것이다. 이 문장은 각 계층마다 욕망에 일정한 한도가 정해져 있기 때문에 욕망은 사물이 부족하지 않을 정도로 채워지고, 사물은 욕망을 다 채울 수 있을 정도로 충분하다는 뜻이다.

(禮)이다. 그리고 '선왕'이라고 말한 것은 모두 공자이며, 삼대(三代)의 선왕이 아니다.

凡孔子後學中引禮, 皆孔子之禮. 所稱'先王', 皆孔子, 非三代先王也.

8-6-5

따라서 선왕이나 성인이 이를 위하여[122] 중용의 도를 세우고 절도를 제정하여[123] 하나같이 모두 형식과 이치에 맞추어서 상복을 벗을 수 있도록 했다.[124] 그렇다면 무엇 때문에 상복의 기간을 [1년으로] 나누었는가?[125] 대답했다. 지친(至親)은 1년으로 [복상 기간을] 끊는다. 이것은 무엇 때문인가? 대답했다. [1년 만에] 천지가 이미 바뀌고, 사계절도 이미 한 바퀴 도니, 우주 안에 있는 만물[126] 중에 다시 시작하지 않는 것이 없다. 따라서 선왕이 이것을 본떠서 정한 것이다.[127] 그렇다면 삼

122_ 이 글의 앞부분에서 삼년상을 제정한 이유에 대해서 설명했다. 부모가 돌아가신 슬픔은 단지 삼년상만으로 애통함이나 그리워하는 마음이 다하지는 않지만, 일정한 기한이나 절도를 정할 필요가 있기 때문에 최대한의 예법을 갖추어 삼년상으로 끝내도록 했다는 것이다. 한편 『예기』「삼년문(三年問)」편에는 안(安)자가 언(焉)자로 되어 있고, 정현의 주에서 언(焉)은 연(然)과 같은 어조사라고 했다. 『순자집해』에서 학의행도 『순자』「예론」편의 이 안(安)자 1개와 안(案)자 3개가 있는데, 『예기』「삼년문」편에는 모두 언(焉)자로 되어 있다고 했다. 따라서 여기에서는 정현의 주에 따라서 어조사로 처리했다.

123_ 『예기』의 정현의 주에서 '상복의 기간'이라고 했다. 즉 친소에 따라서 적절한 상복의 기간을 규정했다는 의미이다.

124_ 이운구는 "문(文)은 예절을 꾸미는 형식, 리(理)는 사람의 정서에 맞는 합리성으로, 문리를 함께 완성시킨 것이다"라고 했다. 즉 삼년상을 형식과 이치에 맞도록 제정했다는 뜻이다. 사(舍)는 『예기』에는 석(釋)으로 되어 있는데, 상복을 벗고 상을 끝내는 것이다.

125_ 양경이 분(分)은 반(半), 즉 3년에서 반에 해당하는 기간이라고 했다. 1년상은 25개월의 절반에 해당되는 기간이다. 『예기』에는 분지(分之)가 지기(至期)로 되어 있다. 즉 조부모나 형제 등의 복상 기간은 기년(期年), 즉 1년으로 정해져 있다.

126_ 우중(宇中)은 양경이 만물(萬物)이라고 했다.

127_ 안(案)자는 『예기』에는 보이지 않는다. 앞의 안(安)자와 같이 어조사로 처리했

년상이란 무엇인가? 대답했다. [부모에 대해서는] 융성한 예를 더하여 두 배의 기간이 되도록 했기 때문에 기년(期年)의 두 배가 되도록 했다.[128] 9개월 이하[의 복상 기간]은 무엇인가? 대답했다. [삼년상에는] 미치지 못하도록 한 것이다.[129] 따라서 3년을 가장 융성한 기간으로 삼고, 3개월[緦麻]과 5개월[小功][130]을 예법을 가장 줄인 기간으로 삼으며, 1년과 9개월을 중간으로 삼는다. 위로는 하늘에서 상징을 취하고, 아래로는 땅에서 상징을 취하며, 가운데에서 [상징을] 취하는 것은 사람에게서 하니, 사람이 함께 모여 살면서 조화롭게 하나가 되는 이치가 여기에서 다하게 된다. 따라서 삼년상은 인간 도리의 지극한 문식(文飾)이다. 이것을 지극하게 융성한 예법이라고 말하는데, 모든 왕들이 함께 따르는 것이며, 옛날과 지금이 한결같이 변치 않는 것이다.[131](『순자』「예론」)

故先王聖人安爲之立中制節, 一使足以成文理則舍之矣. 然則何以分之? 曰, 至親以期斷. 是何也? 曰, 天地則已易矣, 四時則已遍矣, 其在宇中者莫不更始矣. 故先王案以此象之也. 然則三年何也? 曰, 加隆焉, 案使倍之, 故再期也. 由九月以下, 何也? 曰, 案使不及也. 故三年以爲隆, 緦·小功以爲殺, 期·九月以爲間. 上取象于天, 下取象于地, 中取則于人, 人所以群居和一之理盡矣. 故三年之喪, 人道之至文者也. 夫是之謂至隆, 是百王之所同, 古今之所一也.(『荀子』「禮論」)

다.

128_ 『예기』에서 정현이 "부모에 대해서는 그 은혜를 더욱더 후하게 더하여 기년의 두 배가 되도록 한다"라고 풀이했다. 삼년상은 실제로는 25개월이기 때문에 기년의 두 배가 된다고 했다. 안(案)자는 앞에서와 같이 어조사로 처리했다.

129_ 『예기』에서 정현이 "그 은혜가 부모와 같지 않도록 한 것이다"라고 했다.

130_ 시마(緦麻)는 3개월 동안 입는 상복으로, 종증조(從曾祖)와 삼종형제·중증손(衆曾孫)·중현손 등의 상사에 입는 옷이다. 소공복(小功服)은 5개월 동안 입는 상복으로, 증조부모와 종조부모·형제의 아내·종질·종손 등의 상사에 입는 옷이다.

131_ 이 문장 전체는 『예기』「삼년문(三年問)」편에도 보인다.

康8-28

삼년상은 공자[가 제정한] 제도이니, 여기에서 [말한] 선왕이 공자가 아니면 누구겠는가?

三年喪爲孔子之制, 則此先王非孔子而何?

8-6-6

선왕은 다른 사람을 차마 해치지 못하는 마음을 가지고 있어서, 이에 다른 사람을 차마 해치지 못하는 정치가 있었다.(『맹자』「공손추 상」)

先王有不忍人之心, 斯有不忍人之政矣.(『孟子』「公孫丑 上」)

康8-29

맹자가 말한 어진 정치[仁政]는 모두 『공양전』과 합치하며, 모두가 공자의 어진 정치이다. 선왕이라고 말한 것은 곧 공자이다. 『맹자』 책 전체가 모두 그렇다.

孟子所稱之仁政, 盡與『公羊』合, 皆孔子之仁政也. 所稱先王, 卽孔子. 『孟子』全書皆然.

8-6-7

선왕의 도를 지켜서 후세의 학자를 기다린다.(『맹자』「등문공 하」)

守先王之道, 以待後之學者.(『孟子』「滕文公 下」)

康8-30

선왕의 도는 곧 공자의 도이니, "돈독하게 믿으면서 학문을 좋아하고,

죽을 각오로 지키면서 도를 잘 실천해야 한다"[132]는 말이다.

先王之道, 卽孔子之道, 所謂"篤信好學, 守死善道"也.

8-6-8

지금 [군주가] 어진 마음과 어질다는 명성이 있지만, 백성들이 그 은택을 입지 못하여, 후세에 모범이 되지 못하는 것은 선왕의 도를 시행하지 않았기 때문이다.[133](『맹자』「이루 상」)

今有仁心仁聞, 而民不被其澤, 不可法于後世者, 不行先王之道也. (『孟子』「離婁 上」)

8-6-9

『시』에서 "잘못을 저지르지 않고 잊어버리지 않는 것은 옛 법도를 따르기 때문이다"라고 했으니,[134] 선왕의 법을 따르면서 잘못을 저지르는 자는 없다.(『맹자』「이루 상」)

『詩』云, "不愆不忘, 率由舊章." 遵先王之法而過者, 未之有也.(『孟子』「離婁 上」)

132_『논어』「태백(泰伯)」: 子曰, 篤信好學, 守死善道.

133_『맹자집주』에서 인용한 범씨(范氏)가 다음과 같이 풀이했다. "제(齊)나라 선왕(宣王)은 소 한 마리가 죽는 것을 차마 보지 못하여 양으로 바꾸게 했으니, 어진 마음이 있다고 말할 수 있다. 그리고 양(梁)나라 무제(武帝)는 하루 종일 소식(蔬食)을 한 번만 먹고, 종묘에는 밀가루로 희생을 만들어 사용했으며, 사형을 판결하면 반드시 그 사람을 위해 눈물을 흘려 천하 사람들이 그의 인자함을 알고 있었으니, 어진 명성이 있다고 말할 수 있다. 그러나 선왕 때에 제나라는 잘 다스려지지 않았고, 무왕 말기에는 강남(江南) 지역이 크게 혼란스러웠으니, 그 이유는 무엇인가? 어진 마음과 어질다는 명성은 있었지만, 선왕의 도를 실행하지 않았기 때문이다."

134_『시』「대아(大雅) · 가락(假樂)」편의 문장이다. 원문의 구장(舊章)은 『시경집전』에서 "선왕의 예악과 정형(政刑)[先王之禮樂政刑也]"이라고 했다.

8-6-10

임금을 섬기는 데 의리가 없고, 나아가고 물러나는 데 예의가 없으며, 말만 하면 선왕의 도를 비난하는 자는 느슨하게 풀어져 있는 것과 같은 것이다.[135](『맹자』「이루 상」)

事君無義, 進退無禮, 言則非先王之道者, 猶沓沓也.(『孟子』「離婁 上」)

8-6-11

『춘추』는 세상의 일에 대해서 옛것을 회복하는 것을 좋게 여기고 일상적인 법도를 바꾸는 것을 비난했으니, 선왕을 본받기를 바란 것이다.[136] 그런데 거기에 한 마디 말이 덧붙여졌는데, "왕자는 반드시 제도

135_ 이 내용은 맹자가 『시』「대아 · 판(板)」편의 "하늘이 주나라를 무너뜨리려고 하니, 그렇게 느슨하게 풀어져 있지 말라[天之方蹶, 無然泄泄.]"라는 말을 인용하고, 『시』의 의미를 풀이한 말이다. 즉 선왕의 도를 비난했기 때문에 하늘이 주나라를 멸망시키려고 했다는 의미이다. 답답(沓沓)은 예예(泄泄)와 같은 말로, 게으르고 느슨하게 풀어진 모양, 잘못을 바로잡으려고 급히 힘쓰지 않는 모양이다.

136_ 동중서는 법선왕(法先王)을 바탕으로 법고(法古) 또는 복고(復古)를 주장했다. 『춘추번로의증』에서 소여는 "동중서는 정치에서는 법고(法古)를 중시해야 한다고 말했다. 『한서』「동중서전」의 대책문에서도 '『춘추』에서는 옛것을 변화시키는 것을 비난했다[『春秋』變古則譏之.]'라고 했다"라고 했다. 『춘추번로』에서도 이 내용의 앞부분에서 다음과 같이 말했다. "『춘추』의 도는 하늘을 받들고 옛것을 본받는 것이다. … 선왕을 모범으로 삼지 않으면 천하를 다스릴 수 없다. … 듣기에 천하에는 두 가지의 도가 있는 것이 아니라고 한다. 따라서 성인이 각각 다스리는 방법은 다르지만 이치는 같았다. 고금에 모두 통하기 때문에 선현들이 그 법도를 후세에 전했다[春秋之道, 奉天而法古. … 不覽先王, 不能平天下. … 所聞天下無二道. 故聖人異治同理也. 古今通達. 故先賢傳其法於後世也.]" 그리고 『춘추』의 복고(復古)에 대해서는 『춘추번로의증』에서 세 가지 예를 들고 있다. 『공양전』「선공(宣公)」 15년에서 "임금이 옛것을 변화시키고 일상적인 법도를 바꾸면 [하늘이] 이것에 호응하여 천재지변이 생기게 된다[上變古易常, 應是而有天災.]"라고 했다. 그리고 「소공(昭公)」 5년에서는 "[삼군(三軍) 중에서] 중군(中軍)을 폐지한 것은 무슨 의미인가? 옛것을 회복한 것이다[舍中軍者何? 復古也.]"라고 했고, 「희공(僖公)」 20년에서는 "남문을 새로 지었다. 무엇 때문에 기록한 것인가? 비난한 것이다. 무

를 개혁해야 한다"라는 것이다.[137](『춘추번로』「초장왕」)

『春秋』之于世事也, 善復古, 譏易常, 欲其法先王也. 然而介以一言曰, "王者必改制."(『春秋繁露』「楚莊王」)

8-6-12

선왕이 음악을 제정하여, 그것으로 모든 일들을 조절했다.[138](『악위 · 협도징』)

先王制樂, 所以節百事.(『樂緯 · 叶圖徵』)

8-6-13

[『예기』의] 「왕제(王制)」편은 공자 후학 중의 대현(大賢)이 선왕의 일을 기록한 것이다.(『오경이의』)[139]

「王制」是孔子之後大賢所記先王之事.(『五經異義』)

<이상 공자는 선왕이다: 右孔子爲先王>

엇 때문에 비난했는가? 문에는 옛날의 일정한 법도가 있기 때문이다[新作南門. 何以書? 譏. 何譏爾? 門有古常也.]"라고 했다.

137_ 이 말은 『춘추』의 주장으로 해석되어 전해진 말을 동중서가 끌어들여서 자신의 주장으로 삼은 것이다. 소여(蘇輿)는 이 말이 전수되어 온 옛 이야기라고 하고, 『한서』「동중서전」에서 무제(武帝)가 동중서에게 내린 책문 중에서 "오제(五帝)와 삼왕(三王)의 도에 대해 들어보니, 제도를 고치고 음악을 제정하니, 천하가 화합했고 수많은 제왕들이 찬동했다"라는 말을 인용했다.

138_ 이 내용은 마국한(馬國翰)의 『옥함산방집일서(玉函山房輯逸書)』(3) 「경편위서류(經編緯書類)」에 수록되어 있는데, 그 출처는 기록되어 있지 않다.

139_ 『오경이의(五經異義)』는 한나라 허신(許愼)이 지은 책인데, 현재는 정현(鄭玄)이 이에 대해 반박한 『박오경이의(駁五經異義)』 속에 포함되어 전해지고 있다. 이 내용은 「육십오복정(六十五復征)」 조목에서 정현이 반박한 문장 속에 들어 있다. 그 내용은 다음과 같다. "駁云, 『周禮』是周公之制, 「王制」是孔子之後大賢所記先王之事."

7. 공자는 후왕이다 [孔子爲後王]

8-7-1

후왕(後王)[140]이 정한 명칭.[141] 형벌의 명칭은 상(商)나라의 것을 따르고,[142] 관작의 명칭[143]은 주(周)나라의 것을 따르며, 예절의 명칭은 『의례(儀禮)』를 따른다.[144] 만물에 붙여진 여러 가지 일반 명칭[145]은 중국의 기존 풍속에서 자세하게 모아놓은 명칭을 따른다.[146](『순자』「정명」)

140_ 맹자는 법선왕(法先王)을 주장한 데 비해, 순자는 법후왕(法後王)을 주장한다. 선왕은 요임금과 순임금 등 고대의 제왕을 말하는데, 후왕은 선왕에 대비하여 뒤의 왕이라는 의미로, 주나라의 문왕과 무왕을 대표로 하는 현재의 왕을 말한다. 여기에서 캉유웨이는 공자를 후왕이라고 주장하고 있다.

141_ 양경이 "후왕에는 평소에 정해서 이루어놓은 명칭이 있으니, 옛날의 명칭이 본받을 만하다는 것을 말한 것이다"라고 했다.

142_ 이운구에 의하면, 은나라 때 이미 탕형(湯刑)이라는 형벌이 정해져 있었다고 한다.

143_ 관작의 명칭은 양경에 의하면, 공(公)·후(侯)·백(伯)·자(子)·남(男)의 다섯 등급의 제후의 작위와 360개의 관직을 말한다.

144_ 문명(文名)은 양경에 의하면, 절문(節文) 또는 위의(威儀)로, 예절을 말하고, 예(禮)는 주나라의 『의례(儀禮)』를 말한다. 학의행은 옛날에는 『의례』라는 명칭이 없었기 때문에 단지 『예』라고 하거나, 혹은 『예경(禮經)』이라고 했다고 부연 설명했다.

145_ 산명(散名)은 이운구가 산(散)을 잡(雜)자의 의미로 보고, "사물에 대한 여러 가지 잡다한 보통 명칭"이라고 풀이했다.

146_ 성속(成俗)은 기존의 풍속을 말하고, 곡기(曲期)는 양경이 "사물의 명칭을 자세하게 모은 것"이라고 풀이했다. 즉 중국의 기존 풍속에서 자세하게 모아놓은 명칭들을 따른다는 것이다. 한편 학의행이나 왕선겸은 곡기(曲期)를 뒷문장에 붙여서 구두를 끊어야 한다고 주장하기도 하는데, 여기에서는 양경에 따라 그대로 해석했다.

後王之成名. 刑名從商, 爵名從周, 文名從禮. 散名之加于萬物者, 則從諸夏之成俗曲期.(『荀子』「正名」)

康8-31

순자의 시대에는 주(周)나라의 덕이 비록 쇠퇴했지만, 천명이 아직 바뀌지 않았고, 진(秦)나라도 아직 황제가 되지 않았는데, 관작의 명칭은 주나라를 따른다고 천명하여 상나라와 함께 [주나라를] 거론했다. 따라서 '후왕(後王)'이라고 말한 것은 위로는 주나라 왕이 아니고, 뒤로는 진나라 황제가 아니니, 소왕(素王)인 공자가 아니면 누구이겠는가? 맹자는 공자를 '선왕(先王)'이라고 불렀고, 순자는 공자를 '후왕(後王)'이라고 불렀는데, 사실은 동일한 명칭이다. "관작의 명칭은 주나라를 따랐다"라고 말했는데, 형벌의 명칭과 예법의 명칭은 주나라를 따르지 않았으니, 후왕이 명칭을 바로잡았다고 말한 것이 공자가 아니면 누구이겠는가? 그렇다면 예의 명칭과 형벌의 명칭, 그리고 예절의 명칭이 주나라 사람들의 옛것이지 공자가 제도를 고친 것이 아니라고 여기는 것은 그 잘못을 말할 필요도 없다.

當荀子之時, 周德雖衰, 天命未改, 秦又未帝, 而立爵名從周, 與商幷擧. 則所謂'後王'者, 上非周王, 後非秦帝, 非素王之孔子而何? 孟子稱孔子爲'先王', 荀子稱孔子爲'後王', 其實一也. 云"爵名從周", 而刑名・文名不從周, 則所謂後王正名者, 非孔子而何? 然則以爲禮名・刑名・文名, 爲周人之舊, 而非孔子所改制者, 其誤不待言矣.

8-7-2

하늘과 땅이 처음 시작되었을 때의 모습이 바로 현재의 하늘과 땅의 모습이다. [고대의] 수많은 왕들의 도가 바로 [현재의] 후왕의 도이다.

군자가 후왕의 도를 살피면서 이전의 수많은 왕들[과 비교해서] 논의하니, 마치 단정하게 앉아서 힘들이지 않고 의논하는 것과 같다.[147](『순자』「불구」)

天地始者, 今日是也. 百王之道, 後王是也. 君子審後王之道, 而論于百王之前, 若端拜而議.(『荀子』「不苟」)

康8-32

공자가 제도를 개혁한 것이 인도(人道)의 시작이기 때문에 현재가 바로 하늘과 땅이 처음 시작되었을 때의 모습이라고 말한 것이다.

孔子改制爲人道之始, 故謂今日爲天地之始.

8-7-3

따라서 "[고대] 성왕의 발자취를 보려면 그것이 밝게 빛난 자에게서 [보아야 한다]"라고 하니, 후왕이 바로 그 사람이다. 저 후왕이라는 사람은 천하의 군주이다. 후왕을 버려두고 상고시대를 말하는 것은, 비유하면 자신의 군주를 버려두고 남의 군주를 섬기는 것과 같다.(『순자』「비상」)

故曰, "欲觀聖王之迹, 則于其粲然者矣." 後王是也. 彼後王者, 天下之君也. 舍後王而道上古, 譬之是猶舍己之君而事人之君也.(『荀子』「非相」)

147_ 양경은 "군자가 후왕이 마땅히 시행해야 할 도를 살피면서 이전의 수많은 왕들의 도를 가지고 비교했다"라고 풀이했다. 단배(端拜)는 몸가짐을 단정히 하고 공수를 한 자세로, 조용하게 힘을 들이지 않는다는 뜻이다.

康8-33

후왕을 천하의 군주로 여겼으니, 순자가 공자를 높인 것이 지극하다고 말할 만하다. 왕(王)이란 [귀속되어] 돌아간다[往]는 뜻이고,[148] 군(君)이란 모은다[群]는 뜻이다. 공자가 천하의 사람들을 모을 수 있었으니, 천하의 군주가 아니면 무엇이겠는가?

以後王爲天下之君, 荀子之尊孔子可謂極矣. 王者往, 君者群. 孔子能群天下人, 非天下之君而何?

8-7-4

학문은 잘못되고 행동은 뒤죽박죽이며, 후왕을 본받아서 제도를 통일할 줄도 모르고, 예의(禮義)를 높이고 『시(詩)』와 『서(書)』를 숭상할 줄 모르며,[149] 그 의관이나 행동[150]이 이미 세속과 똑같다.[151](『순자』「유효」)

繆學雜擧, 不知法後王而一制度, 不知隆禮義而殺『詩』·『書』, 其衣冠行僞, 已同于世俗矣.(『荀子』「儒效」)

148_ 앞에서 캉유웨이는 왕(王)의 개념을 규정하면서, "왕이란 천하가 귀속되어 돌아간다는 말[王者, 天下歸往之謂]", 또는 "백성들이 귀의하여 돌아가는 것[衆所歸往也]"이라고 했다.

149_ 쇄(殺)는 학의행이 돈(敦)자의 오자라고 했다. 이운구는 감(減)이나 생(省)자와 같은 의미로, 예와 대비하여 『시』와 『서』의 무게를 덜어낸다는 뜻으로 해석했다. 여기에서는 학의행에 따라 해석했다. 돈(敦)은 숭상한다는 뜻으로 앞의 융(隆)자와 같은 의미이다. 『좌씨전』「희공(僖公)」 27년에 "說禮·樂而敦『詩』·『書』. 『詩』·『書』, 義之府也, 禮·樂, 德之則也."라는 기록이 보인다.

150_ 위(僞)는 양경과 이운구가 행위의 거짓됨이라고 풀이했는데, 학의행과 왕선겸은 위(爲)자와 같이 행동이나 작위 등의 의미라고 했다. 여기에서는 후자의 풀이를 따랐다.

151_ 순자가 유자(儒者)를 네 가지로 분류하여 설명했는데, 속인(俗人)·속유(俗儒)·아유(雅儒)·대유(大儒)이다. 이 부분은 속유(俗儒)에 대한 설명이다.

康8-34

제자백가들이 이리저리 신농(神農)과 황제(黃帝)를 말하면서 공자를 본받지 않는 것이 바로 '학문은 잘못되고 행동은 뒤죽박죽이다'는 것이다.

諸子雜稱神農黃帝, 而不法孔子, 所謂'繆學雜擧'也.

8-7-5

후왕을 본받아서 제도를 통일하고, 예의를 높이고 『시(詩)』와 『서(書)』를 숭상하며, 그 말과 행동에 이미 큰 법도가 있다.[152](『순자』「유효」)

法後王, 一制度, 隆禮義而殺『詩』·『書』, 其言行已有大法矣.(『荀子』「儒效」)

8-7-6

[군자는] 의지에 대한 물음에는 사(士) 이하[의 의지]는 말하지 않고,[153] 도덕에 대한 물음에는 후왕[의 도덕]을 어기고 다른 것을 말하지 않는다.[154] 도(道)가 삼대(三代) 이전으로 거슬러 올라가는 것을 '공허하다[蕩]'[155]고 말하고, 법(法)이 후왕을 어기고 다른 것을 따르는 것을 '바르

152_ 앞에서 말한 네 가지 부류의 유자 중에서 대유(大儒)에 대해 설명한 부분이다.

153_ 구(求)는 누군가가 군자에게 와서 질문하면서 답변을 요구한다는 말이다. 불하어사(不下於士)는 사(士) 이하의 의지에 대해서는 말하지 않는다는 뜻이다.

154_ 불이후왕(不二後王)에서 이(二)는 이(貳)와 같은 뜻으로, 두 마음을 품고 어기는 것이다. 즉 후왕의 도덕을 어기고 다른 것을 말하지 않는다는 뜻으로, 양경은 "당시에 마땅히 시행해야 할 절실한 일을 말한다"라고 풀이했다.

155_ 탕(蕩)은 넓고 넓어서 공허한 모습이다. 먼 옛날 삼대의 일은 공허하여 잘 알 수 없다는 의미이다. 양경은 "공허하여 믿기 어렵다"라고 풀이했다.

지 못하다[不雅]'고 말한다.(『순자』「유효」)

言志意之求, 不下於士, 言道德之求, 不二後王. 道過三代謂之'蕩', 法二後王謂之'不雅'.(『荀子』「儒效」)

8-7-7

[군자는] 제자백가의 이론이 후왕(後王)[의 도]에 미치지 못하면 듣지 않는다.(『순자』「유효」)

百家之說不及後王, 則不聽也.(『荀子』「儒效」)

8-7-8

왕자의 제도. 도는 삼대(三代) 이전으로 거슬러 올라가지 않고, 법은 후왕을 어기지 않는다.(『순자』「왕제」)

王者之制. 道不過三代, 法不貳後王.(『荀子』「王制」)

康8-35

순자의 말은 모두 당시 전국(戰國)시대의 제자백가 중에서 신농(神農)이나 황제(黃帝)에 대해 고담준론하는 자들을 위한 설법이다.

荀子之言, 皆爲當時戰國諸子高談神農·黃帝者說法.

8-7-9

이것은 사람과 관련된 여러 가지 일반 명칭들이니,[156] 바로 후왕이 정

156_ 이 내용의 앞부분에서 사람과 관련된 여러 가지 명칭, 예를 들어 성(性)·정(情)·위(僞)·사(事)·지(知)·능(能)·병(病)·명(命) 등에 대해 정의했다.

한 명칭이다.(『순자』「정명」)

是散名之在人者也, 是後王之成名也.(『荀子』「正名」)

8-7-10

형상은 변했는데도 실질은 구별이 없고, 있는 장소가 달라진 경우를 변화[化]라고 한다.[157] 변화는 있어도 구별이 없는 것을 한 가지 실질이라고 한다. 이것은 사물에 대해 실질을 고찰하여 수를 정하는 방법이니,[158] 바로 명칭을 제정하는 중요한 핵심이다. 후왕이 정한 명칭을 살피지 않을 수 없다.(『순자』「정명」)

狀變而實無別而爲異者, 謂之化. 有化而無別, 謂之一實. 此事之所以稽實定數也, 此制名之樞要也. 後王之成名, 不可不察也.(『荀子』「正名」)

康8-36

순자가 '후왕'이라고 말한 것은 모두 공자이다.

凡荀子稱'後王'者, 皆孔子也.

<이상 공자는 후왕이다: 右孔子爲後王>

157_ 변화의 사례로 양경은 두더지[田鼠]가 세가락메추라기라는 작은 새[鴽]로 변하는 것을 들었다. 『예기』「월령(月令)」편에 "오동나무가 처음 꽃을 피우면 두더지가 세가락메추라기로 변한다[桐始華, 田鼠化爲鴽.]"라는 기록이 보인다.

158_ 두 개의 사물이 실질을 따졌을 때 한 가지의 동일한 사물인지, 아니면 두 가지의 다른 사물인지 그 실질적인 숫자를 정한다는 말이다.

8. 공자는 왕자이다 [孔子爲王者]

8-8-1

왕자는 처음 천명을 받아서 제도를 개혁하고, 천하에 정치를 펼치고 교화를 베푼다. 공후(公侯)로부터 일반 백성에 이르기까지, 산천(山川)으로부터 초목과 곤충에 이르기까지 하나하나가 정월(正月)과 연계되지 않은 것이 없다. 따라서 정치와 교화의 시작이라고 말한다.[159](『공양전』「은공」 원년 주)

夫[160]王者始受命改制, 布政施敎于天下. 自公侯至于庶人, 自山川至于草木昆蟲, 莫不一一系于正月. 故云正教之始.(『公羊傳』「隱公」元年注)

8-8-2

왕자는 반드시 제도를 개혁한다.(『춘추번로』「초장왕」)

王者必改制.(『春秋繁露』「楚莊王」)

159_ 이 내용은 『공양전』「은공」 원년의 '大一統也.'에 달려 있는 하휴의 주이다. 서언(徐彦)의 소(疏)에서는 다음과 같이 풀이했다. "정월(正月)을 기록한 것은 왕자가 천명을 받아서 정월을 제정하여 천하를 통일하는 것이니, 만물로 하여금 하나하나 모두 그것을 받들어 시작으로 삼지 않음이 없도록 한 것이다. 그러므로 대일통(大一統)이라고 말했다."

160_ 『공양전주소』의 교감에 의하면, 부(夫)자는 원래 천(天)자로 잘못 되어 있는 것을 바로잡은 것이다.

8-8-3

따라서 왕자는 명분상으로는 제도를 고치지만, 실제로는 도리를 바꾸지 않는다.(『춘추번로』「초장왕」)

故王者有改制之名, 無易道之實.(『春秋繁露』「楚莊王」)

康8-37

동중서는 『춘추』가 새로운 왕의 일을 만들면서 주나라의 문(文)을 바꾸고 은나라의 질(質)을 따른다고 말했는데, 「삼대개제질문」편에서 그 의미를 크게 드러내었다.[161] 그렇다면 왕자가 제도를 개혁한다고 말한 것은 바로 공자이다.

董子謂『春秋』作新王之事, 變周文而從殷質, 于「三代改制」一篇大發其義. 然則所稱王者改制, 卽孔子也.

8-8-4

왕자는 반드시 천명을 받은 뒤에야 왕이 된다.(『춘추번로』「삼대개제질문」)

王者必受命而後王.(『春秋繁露』「三代改制質文」)

161_ 동중서의 개제의 논리는 삼통설(三統說)인데, 여기에 '문질(文質)'이라는 가치론적 범주를 포함시켜서 함께 해석했다. '문질'은 본래 공자가 "質勝文則野, 文勝質則史, 文質彬彬, 然後君子."(『論語』「雍也」)라고 하여, 문질의 조화를 강조했다. 그런데 동중서의 개제설에서는 문과 질이 서로 순환하면서 특정 왕조의 문화적 가치를 대변하는 개념으로 사용되었다. 은나라에서는 질, 주나라에서는 문을 숭상했기 때문에 주나라의 뒤를 이은 새로운 왕조는 주나라의 폐단을 극복하고 부족한 부분을 보충하기 위해서 다시 은나라의 질을 숭상하는 쪽으로 개제를 진행한다는 논리이다. 「왕도(王道)」편의 "『春秋』之救文以質也."나 「십지(十指)」편의 "『春秋』… 承周文, 而反之質." 등이 이러한 의미이다. 「삼대개제질문」편에서는 이러한 개제의 논리와 방법이 자세하게 기록되어 있다.

8-8-5

왕자는 천명을 받아서 왕이 된다.(『춘추번로』「삼대개제질문」)

王者受命而王.(『春秋繁露』「三代改制質文」)

康8-38

공자가 단문(端門)에서 천명을 받았으니, 왕자가 아니면 무엇이겠는가?[162]

孔子受端門之命, 非王者而何?

8-8-6

『춘추전(春秋傳)』에서 "백(伯)·자(子)·남(男)을 합쳐서 하나의 작위로 만들었다"라고 한다.[163] 다른 의견도 있다. "세 개의 작위를 합쳐서 자작

162_ 단문(端門)은 노나라 수도의 정문인데, 『공양전』「애공」 14년에 있는 하휴의 주에 의하면, 하늘이 공자에게 천명을 내린 장소라고 한다. 그 내용은 다음과 같다. "기린이 잡힌 이후 하늘은 혈서를 내려 노나라 단문(端門)에 내걸기를 '서둘러 법제를 만들라. 성인 공자가 돌아가시기 전에 주나라 희씨(姬氏) 왕조는 망하여 혜성은 동쪽으로 떠오른다. 앞으로 진시황의 폭정으로 학술이 마구 파괴되어 모든 기록이 흩어질지라도 공자의 사상은 끊어지지 않는다'라고 했다. 자하가 그 다음날 가서 그 글을 보았을 때 혈서는 붉은 새로 변하여 날았고, 다시 흰 글로 변했는데, 그 글 제목이 「연공도(演孔圖)」였다. 그 내용 중에는 도식을 만들고 법을 제정하는 형상이 있었다. 공자가 경을 논하고 있을 때 어떤 새가 글로 변했는데, 공자가 그것을 받들어 하늘에 고했다. 붉은 참새가 그 글 위에 앉아 있다가 황옥(黃玉)으로 변했다. 그 옥에는 '공자가 하늘의 명을 쥐고 하늘의 법에 부응하여 제도를 만들자 붉은 참새들이 내려와 앉았다'라고 새겨져 있었다[得麟之後, 天下血書魯端門曰, '趨作法, 孔聖沒, 周姬亡, 彗東出. 秦政起, 胡破術. 書紀散, 孔不絶.' 子夏明日往視之, 血書飛爲赤鳥, 化爲白書, 書曰「演孔圖」. 中有作圖制法之狀. 孔子論經, 有鳥化爲書, 孔子奉以告天. 赤爵書上, 化爲黃玉. 刻曰孔提命作, 應法爲制, 赤雀集.]"

163_ 『춘추』「환공(桓公)」 11년에 "정나라 태자 홀(忽)이 출국하여 위(衛)나라로 망명했다[鄭忽出奔衛.]"라는 기사에 대해, 『공양전』에서 "홀은 무엇 때문에 이름을 기

[子] 하나만을 따른 것은 중간을 귀하게 여겼기 때문이다."[164] 『춘추』에서 '정나라 홀[鄭忽]'이라고 명명했는데, 홀(忽)은 정나라의 백작이다. 이것은 부친의 상례가 끝나고 아직 해를 넘기지 않은 군주는 마땅히 [작위가 아니라] '자식[子]'이라고 불러야 하는데, [자(子)라는 글자를 사용하면] 백(伯)자를 고쳐서 [작위를 의미하는] 자(子)자로 고치지 않았나[165] 의심의 여지가 있기 때문에 이름을 명명한 것이다.[166] 땅[의 봉분]에는 세 가지 등급이 있어서 변하지 않는데, 작위의 경우에만 유독 변하는 것은 무엇 때문인가? 땅[의 봉분]은 작위에 비해서 근본 바탕이 되기 때문에 고치지 않는다. 왕자는 명분상으로는 도를 고치지만, 실제로는 도의를 바꾸지 않는다.[167](『백호통의』「작」)

록했는가? 『춘추』에서는 백(伯)·자(子)·남(男)이 하나의 작위이니, [홀을] 비판한 말이 아니다[忽何以名? 『春秋』伯·子·男, 一也, 辭無所貶.]"라고 했다. 그리고 하휴 주에서 "『춘추』는 주나라의 문(文)을 고쳐서 은나라의 질(質)을 따랐으니, 백(伯)·자(子)·남(男)을 하나로 합친 것은 비난하려는 말이 하나도 없다. 모두 자(子)라는 작위를 따랐으니, 오랑캐에게 작위를 줄 경우에도 자(子)라고 불렀다"라고 했다.

164_ 앞의 「환공」 11년에 대한 『공양전』의 하휴 주에서도 "[백(伯)·자(子)·남(男)] 세 개의 작위를 합쳐서 자(子) 하나만을 따르니, 제도가 중간을 따른 것이다"라고 했다.

165_ 개부(改赴)는 백(伯)자를 자(子)자로 고쳐서 제도 개혁에 맞추어 기록했다는 의미이다. 『백호통의』의 원문에는 '改伯從子'라고 되어 있는데, 여기에서는 원문에 따라 해석했다.

166_ 정나라 홀이 부친의 상례를 끝냈지만, 아직 해를 넘기지 않아서 군주의 자리에 오르지는 못한 상태였는데, 이때에는 돌아가신 부친의 아들이라는 의미에서 자(子)자를 사용하는 것이 통례였다. 그러나 『춘추』에서는 주나라의 5등급 작위 제도를 은나라의 3등급 작위 제도로 바꾸었기 때문에 은나라의 제도에 따라서 백(伯)·자(子)·남(男)의 작위를 자작[子]으로 통합했다. 그런데 여기에서 만약 '정자(鄭子)'라고 기록해 버리면 제도 개혁의 차원에서 백(伯)자 대신에 자(子)자를 사용한 것으로 오인될 수가 있다. 따라서 정홀(鄭忽)이라고 이름을 기록함으로써 구분했다는 의미이다.

167_ 『춘추』에서의 제도 개혁은 단지 형식적인 부분에서 진행되지, 정치의 근본 바탕 자체를 바꾸지는 않는다는 말이다. 『춘추번로』「초장왕(楚莊王)」편에서 "국가의 큰 원칙과 인륜·도리·정치·교화·습속·문자의 뜻과 같은 것은 모두 옛날

『春秋傳』曰, “合伯 · 子 · 男以爲一爵.” 或曰, “合從子, 貴中也.” 以『春秋』名‘鄭忽’, 忽者, 鄭伯也. 此未逾年之君, 當稱‘子’, 嫌爲改赴, 故名之也. 地有三等不變, 至爵獨變何? 地比爵爲質, 故不變. 王者有改道之文, 無改道之實.(『白虎通義』「爵」)

康8-39

이것은 『춘추』 공양가의 이론이다. ‘왕자’라고 말한 것은 곧 공자를 가리킨다. 스승의 이론이 서로 전수되어 [공양가들은] 모두 『춘추』를 새로운 왕에 해당시켰다.

此『春秋』公羊家之說. 所稱‘王者’, 卽指孔子. 蓋師說相傳, 皆以『春秋』當新王也.

8-8-7

따라서 왕자는 천명을 받으면 역법을 고치는데, 숫자의 순서에 따라 고쳐 나가는 것이 아니라, 반드시 [앞 왕조의 다음 순서의 역법을] 맞이해 와서 받아들이는 것은 천명을 주고 받는 의리이다.[168](『춘추번로』「이단」)

故王者受命, 改正朔, 不順數而往, 必迎來而受之者, 授受之義也.(『春秋繁露』「二端」)

<이상 공자는 왕자이다: 右孔子爲王者>

과 똑같이 해야 하니, 또한 어떻게 고칠 수 있겠는가? 따라서 왕자는 명분상으로 제도를 고치지만 실제로는 도리를 바꾸지 않는다[若夫大綱 · 人倫 · 道理 · 政治 · 敎化 · 習俗 · 文義盡如故, 亦何改哉? 故王者有改制之名, 無易道之實.]”라고 말한 것이 그러한 의미이다.

168_ 새로운 왕조가 역법을 시행할 때는 단순히 정월과 초하루의 숫자에 따르는 것이 아니라 삼통설(三統說)에 따른 왕조 교체에 맞추어 역법도 새롭게 개정한다는 의미이다. 즉 삼통설에 근거하여 앞 왕조가 시행한 역법의 다음 순서에 있는 새로운 역법을 기준으로 삼아서 고친다는 것이다.

9. 공자가 노나라에 왕을 가탁하다 [孔子託王于魯]

8-9-1

지금 『춘추』는 노나라[의 역사]에 가탁하여 왕자의 의리를 말하고, 은공(隱公)과 환공(桓公)[에 대한 은혜]를 줄여서 먼 조상처럼 여기며, 정공(定公)과 애공(哀公)을 종주로 받들어 돌아가신 부모처럼 여기니,[169] 지극히 존귀하고도 높고 지극히 드러나고도 밝기 때문이다. 그들이 삶의 토대를 다져주고 은택을 끼친 것이 한도 끝도 없다.[170] [前是常數十年, 鄰之幽人近其墓而高明.][171] 대국인 제(齊)나라와 송(宋)나라에 대해서, 회맹하는 나라 사이의 의견이 맞지 않았기 때문에 '회맹했다[會]'고 말하지 않고, ['갔다[如]'라고만 말했다.][172] 약소국 군주에 대해서도, 죽어서 장례지내

169_ 『공양전』「은공」 원년의 하휴 주에서 "삼세(三世)라는 것은 예법에서 부모의 상례는 3년이고, 조부모는 1년, 증조부모는 3개월 복상을 한다"라고 했다. 『춘추』를 기록한 사람의 입장에서 은공과 환공의 시대는 가장 멀기 때문에 먼 조상처럼 소원하게 여기고, 정공과 애공의 시대는 가장 가깝기 때문에 돌아가신 부모처럼 친근하게 여긴다. 따라서 이들에 대한 기록 방법에서도 차이를 보일 수밖에 없다.

170_ 『춘추번로의증』에서 소여는 "이것은 정치의 교화가 사방으로 도달하여, 은택이 끝없이 미치니, 왕도가 멀리까지도 퍼져나간 것을 말한다"라고 풀이했다.

171_ 이 문장은 『춘추번로의증』의 여러 주석에서 오탈자가 있어서 해석하기 어렵다고 했고, 『춘추번로교석』에서도 구두가 분명하지 않기 때문에 억지로 해석해서는 안 된다고 했다. 여기에서는 이러한 주장에 따라 해석하지 않고 그대로 둔다. 신정근의 번역본에서는 축자 번역을 해서 "앞서서 정해진 운수가 있더라도 십년 동안 이웃으로 지내면 무지몽매한 사람도 자신들의 묘지를 가까이 하며 뭔가를 자각하여 고상해질 수 있다"라고 해석했다.

172_ 『춘추』「환공」 5년의 "제나라 후작과 정나라 백작이 기나라에 갔다[齊侯鄭伯如紀.]"라는 기사에 대해, 『공양전』에서 "외국의 나라가 서로 왕래하는 것[如]은 기록하지 않는데, 여기에서는 무엇 때문에 기록했는가? 회맹하는 나라 사이의 의견이 맞지 않았기 때문에 '회맹했다[會]'라고 말하지 않고, ['갔다[如]'라고만 말한 것이

는 예를 기록하되 말이 매우 상세했다.[173] 멀리 있는 오랑캐의 군주에 대해서도 자기 나라처럼 여겼지 외국으로 대우하지 않았다.[174] 이러한

다.][外相如不書, 此何以書? 離不言會.]"라고 했다. 리회(離會)는 회맹하는 나라 사이의 의견이 서로 맞지 않는 것을 말한다. 서언(徐彦)의 소에서 다음과 같이 풀이했다. "당시에 기나라는 회맹에 참여하지 않았기 때문에 '갔다[如]'라고만 간략하게 말한 것이다. 『춘추』에서는 처음 전해들은 시대에서는 노나라의 작은 악(惡)에 대해서는 기록하고, 노나라가 다른 나라와 의견이 맞지 않은 회맹도 기록했다. 그러나 외국의 작은 악은 생략해서 기록하지 않고, 외국의 나라들 사이에 의견이 맞지 않은 회맹도 기록하지 않았다. 그런데 직접 들은 시대에 이르러서는 승평(升平)의 정치를 드러내기 위해서, 제하(諸夏) 전체를 자기 나라처럼 여겨서 그들의 일을 상세하게 기록했으니, 외국 나라들 사이에 의견이 맞지 않은 회맹도 기록했다. 다만 외국 나라들 사이에 의견이 맞지 않는 회맹을 항상 기록하는 것으로 오해할 수 있기 때문에 문장을 변형하여 의견을 드러냄으로써 혐의를 분별하고 의심을 분명하게 밝혔다." 즉 『춘추』에서는 노나라를 천자의 나라로 설정했기 때문에 중국의 모든 지역이 노나라의 영토가 아닌 곳이 없다. 따라서 외국 국가들 간의 일들도 모두 국내의 일처럼 여겨서 노나라에 대해 기록하는 방식과 똑같은 방식으로 기록했다는 뜻이다.

173_ 오랑캐의 나라로 여겼던 진(秦)나라에 대해서, 그 나라 군주가 죽었을 때 『춘추』의 앞부분에서는 단지 "진나라 백작이 죽었다[秦伯卒.]"라고만 간단하게 기록했다. 그런데 「애공」 3년에는 "冬, 十月, 癸卯, 秦伯卒."이라고 하여, 죽은 달과 날짜까지도 자세하게 기록했다.

174_ 『춘추』 「소공(昭公)」 16년에 "초나라 자작이 융만의 자작을 유인하여 죽었다[楚子誘戎曼子殺之.]"라는 기사에 대해서, 『공양전』의 하휴 주에서 다음과 같이 풀이했다. "융만(戎曼) 오랑캐에게 자작[子]이라고 부른 것은 소공(昭公)의 시대에 들어가서 왕도가 크게 태평하여 수많은 오랑캐들이 조공을 함으로써 오랑캐들도 모두 작위를 받는 데에게까지 나아갔음을 드러내 보인 것이다." 역사의 변화와 발전에 대한 『공양전』과 하휴의 논리에 의하면, 그 단계는 자기 나라 중심의 시대[衰亂世] → 중국 민족 전체를 통일한 시대[升平世] → 이적(夷狄)까지 포함한 천하 전체를 통일한 시대[太平世]로 확장되어 발전한다. 이것은 『춘추』 전체의 역사를 시간과 공간상에서 혼란의 시대에서 태평의 시대로 이르는 역사 전개의 과정으로 파악하는 것이다. 이 논리에서 사용하는 개념이 내외(內外) 개념인데, 『공양전』의 기록에 보이는 '내(內)'는 역사 기술의 중심인 노(魯)나라를 가리키는 개념이다. '내(內)'와 '외(外)'는 노나라를 기준으로 국제 관계를 규정하는 개념으로, '내'는 다른 국가를 노나라에 포섭시켜 동등하게 대우하는 것이고, '외'는 노나라의 입장에서 차별과 간격을 두고서 대우한다는 의미이다. 이 개념은 점진적으로 발전하는 역사 과정 속에서 천하라는 전체 속에 포함된 다양한 집단 간의 관계를 규정하는

[『춘추』의] 시대에 [왕자인] 노나라는 변방이나 국경지역이 없었기 때문에 제후들이 애공(哀公)을 공격했을 경우에 모두 '우리[我][를 공격했다]'라고 말했다.[175] 주루(邾婁)나라의 서기(庶其)와 비아(鼻我)는 주루나라의 대부였다. 그들은 우리 노나라와는 친족 관계가 아니었는데, [당시가 승평세(升平世)와] 가까웠기 때문에 분명하게 기록될 수 있었다.[176] 은공(隱公)과 환공(桓公)의 시대는 『춘추』의 입장에서는 친족의 관계에서 조상에 해당되는 시대이기 때문에 [노나라] 공자(公子) 익사(益師)가 죽었을 때 날짜를 기록하지 않았고,[177] 직(稷) 땅의 회합에서 [노나라 환

기준이 된다. 역사 발전의 최종 단계는 중국뿐만 아니라 이적까지도 정치와 문화적으로 통일되는 '태평세(太平世)'의 단계이다. 비록 하휴가 '이내외(異內外)'라고 하여 내외를 구분하는 이론을 제시했지만, 이 단계에서는 내외의 구분마저 모두 사라져서, 『예기(禮記)』「예운(禮運)」편에서 "천하가 하나의 집안이 되고, 중국이 한 사람이 된다[天下爲一家, 中國爲一人.]"라고 말한, 국가와 종족의 차별이 없는 상태로 진입한다.

175_ 『춘추』「애공」 8년의 "吳伐我."와 11년의 "齊國書帥師伐我." 등과 같은 기록이다. 우리[我]라는 표현이 노나라가 특정 제후국이 아니라 천자국이라는 것을 드러낸 말이라는 의미이다.

176_ 주루(邾婁)의 대부가 노나라로 망명을 온 것은 세 번의 기록이 있다. 「양공(襄公)」 21년의 "邾婁庶其以漆閭丘來奔."과 「양공」 23년의 "邾婁鼻我來奔." 그리고 「소공」 27년의 "邾婁快來奔." 등이다. 「양공」 23년과 「소공」 27년의 『공양전』에서 "주루나라는 대부가 없는데, 여기에서 무엇 때문에 기록했는가? [승평세(升平世)에] 가까웠기 때문에 기록했다[邾婁無大夫, 此何以書? 以近書也.]"라고 했다. "以近書也."는 하휴의 주에서 "정치가 승평(升平)에 가까웠기 때문에 기록했다"라고 풀이했다. 이 시대는 '직접 본 시대[所見]'에 해당되기 때문에 "시대가 가까웠기 때문이다"라는 해석도 가능하다. 한편 『춘추번로의증』에서 소여는 "以近書也."는 '비아(鼻我)'와 '쾌(快)'와 관련이 있고, '서기(庶其)'와는 관련이 없기 때문에 '서기(庶其)'는 연문이고, '비아(鼻我)'의 뒤에 '쾌(快)'자가 있어야 한다고 했다.

177_ 『춘추』「은공」 원년의 "公子益師卒."에 대해, 『공양전』에서 "무엇 때문에 죽은 날짜를 기록하지 않았는가? 시대가 멀기 때문이다. 직접 본 시대의 일에 대해 기록하는 방식이 다르고, 직접 들은 시대의 일에 대해 기록하는 방식이 다르며, 전해들은 시대의 일에 대해 기록하는 방식이 다르다[何以不日? 遠也. 所見異辭, 所聞異辭, 所傳聞異辭.]"라고 했다. 즉 은공과 환공의 시대는 공자의 입장에서 조상들이 살던 시대로, 전해들은 시대[所傳聞]에 해당된다. 그리고 역사 발전에서는 쇠난세(衰亂世)에 해당된다. 따라서 당시의 사건에 대해서는 비교적 간략하게 기록

공이] 송나라의 난리를 이루어주었다고 말한 것은 시대가 멀어서 외국의 일처럼 여겼기 때문이다.[178] 황지(黃池)의 회합에서 두 패자라는 의미의 말을 기록하여, [오랑캐인 오(吳)나라를] 외국의 나라로 여기지 않음을 말했으니, 시대가 가까웠기 때문에 자기 나라처럼 여긴 것이다.[179](『춘추번로』「봉본」)

했다는 것이다.

178_『춘추』「환공」 2년에 "환공이 제나라의 후작, 진나라의 후작, 정나라의 백작과 직 땅에서 회합하여 송나라의 난리를 이루어주었다[公會齊侯·陳侯·鄭伯于稷, 以成宋亂.]"라는 기록이 보인다. 이 사건은 앞선 정월달에 송나라의 화보독(華父督)이 자신의 군주인 여이(與夷)와 대부인 공보가(孔父家)를 죽인 사건을 말한다. 하휴의 주에 의하면, 환공이 제후들과 직 땅에서 회합하여 함께 화보독을 정벌하려고 했는데, 뇌물을 받고 돌아감으로써 송나라의 난리가 마침내 성공할 수 있도록 만들어주었다고 한다. 즉 노나라 군주가 악행을 저지른 것이기 때문에 『춘추』에서는 피하여 기록하지 않는 것이 원칙이다. 그러나 그 시대가 멀기 때문에 그 악행을 그대로 드러내어 기록했다는 것이다. 이에 대해 『공양전』에서는 다음과 같이 말했다. "노나라 군주의 큰 악은 피해서 기록하지 않는데, 여기에서는 그 악을 드러낸 것은 무엇 때문인가? 먼 시대의 일이기 때문이다. 직접 본 시대의 일에 대해 기록하는 방식이 다르고, 직접 들은 시대의 일에 대해 기록하는 방식이 다르며, 전해들은 시대의 일에 대해 기록하는 방식이 다르다[內大惡諱, 此其目言之何? 遠也. 所見異辭, 所聞異辭, 所傳聞異辭.]"

179_『춘추』「애공」 13년의 "애공이 진나라 후작 및 오나라 자작과 황지에서 회합했다[公會晉侯及吳子于黃池.]"라는 기사에 대해, 『공양전』에서는 다음과 같이 말했다. "[오랑캐인] 오나라에 대해 무엇 때문에 자작이라고 불렀는가? 오나라가 회합을 주관했기 때문이다. 오나라가 회합을 주관했다면 무엇 때문에 진나라 후작을 먼저 말했는가? 오랑캐가 중국의 나라를 주관하는 것을 인정하지 않기 때문이다. '[진나라 후작] 및 오나라 자작[及吳子]'이라고 말한 것은 무엇 때문인가? [애공이] 두 패자와 회합했다는 의미의 말이다. 오랑캐가 중국의 국가를 주관하는 것을 인정하지 않는다면 무엇 때문에 두 패자와 회합했다는 의미의 말로 기록했는가? 오나라를 중요하게 여긴 것이다. 무엇 때문에 오나라를 중요하게 여겼는가? 오나라가 여기에 있으면 천하의 제후들 중에 감히 오지 않는 나라가 없기 때문이다[吳何以稱子? 吳主會也. 吳主會, 則曷爲先言晉侯? 不與夷狄之主中國也. 其言及吳子何? 會兩伯之辭也. 不與夷狄之主中國, 則曷爲以會兩伯之辭言之? 重吳也. 曷爲重吳? 吳在是, 則天下諸侯莫敢不至也.]" 즉 오랑캐인 오(吳)나라와 중국의 진(晉)나라를 '및[及]'이라는 말로 묶어서 노나라가 회합한 두 패자를 의미하는 말로 기록했는데, 그것은 직접 본 시대[所見], 즉 승평(升平)의 시대이기 때문에 내외(內外)의 구

今『春秋』緣魯以言王義, 殺隱·桓以爲遠祖, 宗定·哀以爲考妣, 至尊且高, 至顯且明. 其基壤之所加, 潤澤之所被, 條條無疆. 前是常數十年, 鄰之幽人近其墓而高明. 大國齊·宋,[180] 離不言會. 微國之君, 卒葬之禮, 錄而辭繁. 遠夷之君, 內而不外. 當此之時, 魯無鄙疆, 諸侯之伐哀者, 皆言我. 邾婁庶其·鼻我, 邾婁大夫. 其于我無以親, 以近之故, 乃得顯明. 隱·桓親『春秋』之先人也, 益師卒而不日, 于稷之會, 言成宋亂, 以遠外也. 黃池之會, 以兩伯之辭, 言不以爲外, 以近內也.(『春秋繁露』「奉本」)

8-9-2

제후로서 [노나라에] 와서 조회하는 자는 칭찬했는데, 주루(邾婁)나라의 의보(儀父)에게는 [작위가 아닌] 자(字)를 기록했고,[181] 등(滕)나라와 설(薛)나라는 후작[侯]이라고 불렀으며,[182] [오랑캐인] 형(荊)나라는 '사람[人]'이

분이 없이 오랑캐의 나라도 자기 나라처럼 여겼다는 뜻이다.

180_ 『공양전』「환공」 5년의 원문에는 송(宋)이 정(鄭)으로 기록되어 있다.

181_ 『춘추』「은공」 원년에 "은공이 주루나라 의보와 매 땅에서 맹약을 맺었다[公及邾婁儀父盟于眛.]"라는 기사가 있는데, 『공양전』에서 다음과 같이 말했다. "의보는 어떤 사람인가? 주루나라의 군주이다. 무엇으로 호칭한 것인가? 자(字)를 나타낸다. 무엇 때문에 자를 호칭했는가? 칭찬한 것이다. 무엇 때문에 칭찬했는가? 그가 은공과 더불어 맹약을 맺었기 때문이다. 은공과 더불어 맹약을 맺은 자가 많은데, 무엇 때문에 유독 의보만 칭찬했는가? 그를 칭찬할 만하기 때문에 칭찬한 것이다. 여기에서 그를 칭찬할 만하다는 것은 어째서인가? 선(善)으로 나아가는 단서가 보였기 때문이다[儀父者何? 邾婁之君也. 何以名? 字也. 曷爲稱字? 褒之也. 曷爲褒之? 爲其與公盟也. 與公盟者衆矣, 曷爲獨褒乎此? 因其可褒而褒之. 此其爲可褒奈何? 漸進也.]"

182_ 『춘추』『은공』 11년에 "등나라 후작과 설나라 백작이 노나라에 와서 조회했다[滕侯·薛侯來朝.]"라는 기사가 있는데, 『공양전』 하휴의 주에서 다음과 같이 말했다. "후작[侯]이라고 말한 것은 『춘추』에서 은공에 가탁하여 처음으로 천명을 받은 왕으로 삼았는데, 등나라와 설나라가 먼저 은공에게 조회를 왔기 때문에 칭찬한 것이다. 이미 의보(儀父)의 사례에서 『춘추』의 법을 보였는데, 다시 등나라와

라고 기록했고,[183] 개(介)나라의 갈로(葛盧)는 이름을 기록했다.[184] 노나라 군주가 외국으로 나간 것을 '갔다[如]'라고 말했고,[185] 제후가 노나라에 온 것을 '조회[朝]'라고 했으며, 대부가 노나라에 온 것을 '빙문[聘]'이라고 했으니,[186] [노나라의] 왕도를 실행하려는 의도이다.(『춘추번로』「왕도」)

諸侯來朝者得褒, 邾婁儀父稱字, 滕·薛稱侯, 荊得'人', 介葛盧得名. 內出言'如', 諸侯來曰'朝', 大夫來曰'聘', 王道之意也.(『春秋繁露』「王道」)

설나라의 사례를 드러낸 것은, 의보가 노나라와 맹약을 맺은 공로는 얕지만, 등나라와 설나라가 조회를 온 공로는 크기 때문이다."

183_ 『춘추』「장공」 23년에 "형나라 사람이 노나라에 와서 빙문했다[荊人來聘.]"라는 기사가 있는데, 『공양전』에서 "형나라에 대해 무엇 때문에 사람[人]이라고 불렀는가? 처음으로 빙문했기 때문이다[荊何以稱人. 始能聘也.]"라고 했다. 형나라는 초나라를 말하는데, 이에 대한 기사는「장공」 10년의 "荊敗蔡師于莘, 以蔡侯獻舞歸."와 14년의 "荊入蔡.", 그리고 16년의 "荊伐鄭." 등이 보인다. 모두 사람[人]이라는 말을 사용하지 않았다. 애초에는 초나라를 오랑캐의 나라로 취급했기 때문에 초(楚)라는 국명도 사용하지 않고, 중국의 하나의 주(州)의 이름에 불과한 형(荊)이라는 호칭만을 사용했다.「장공」 10년의 『공양전』에서 "형(荊)이라는 것은 무엇인가? 주(州)의 이름이다. 주의 명칭은 국명보다 못하고, 국명은 씨(氏)의 명칭을 적는 것만 못하며, 씨의 명칭은 사람[人]이라는 명칭보다 못하고, 사람은 이름을 적는 것만 못하며, 이름은 자(字)를 적는 것만 못하고, 자는 자작[子]이라고 적는 것만 못하다[荊者何? 州名也. 州不若國, 國不若氏, 氏不若人, 人不若名, 名不若字. 字不若子.]"라고 했다.

184_ 『춘추』「희공」 29년에 "개나라의 갈로가 노나라에 왔다[介葛盧來.]"라는 기사에 대해, 『공양전』에서 "개나라의 갈로는 누구인가? 오랑캐의 임금이다. 무엇 때문에 조회왔다고 말하지 않았는가? 조회할 [문화적 수준이] 안 되기 때문이다[介葛盧者何? 夷狄之君也, 何以不言朝. 不能乎朝也.]"라고 했다. 그리고 하휴의 주에서 "이름을 부르는 상황까지 나아간 것은 중국을 사모하여, 현명한 군주에게 조회했기 때문이니, 예의(禮義)로써 잘 북돋우며 격려해야 함을 밝힌 것이다"라고 했다.

185_ 예를 들어「장공」 22년의 "公如齊納幣."나「문공」 13년의 "公如晉." 등과 같은 기록을 말한다.

186_ 앞에서 거론한 『춘추』「은공」 11년의 "滕侯·薛侯來朝."의 『공양전』에서 "제후가 노나라에 온 것을 조회[朝]라고 하고, 대부가 노나라에 온 것을 빙문[聘]이라고 한다[諸侯來曰朝, 大夫來曰聘.]"라고 했다.

康8-40

노나라[의 역사]에 가탁하여 왕자의 의리를 말했다는 것은 공자의 뜻이 왕자의 의리를 전문적으로 밝히는 것이지, 단지 노나라에 가탁하여 글자를 기록하는 것을 말한 것이 아니다. 즉 다음과 같은 예가 있다. 은공과 환공에 대해서는 단지 왕자의 먼 조상으로만 가탁하고, 정공과 애공에 대해서는 왕자의 죽은 부모로 삼았다. 제나라와 송나라는 단지 대국의 사례로만 삼았고, 주루나라와 등나라의 후작도 소국 중에서 먼저 노나라에 조회를 온 사례에 지나지 않으니, 이른바 [공자가] "『춘추』의 의리를 내가 취했다"는 것이다.[187] 위서(僞書) 『좌씨전』이 출현한 이후로, 후인들은 사건을 가지고 경(經)을 설명했다. 이에 주(周)·노(魯)·은(隱)·환(桓)·정(定)·애(哀)·주(邾)·등(滕) 등의 개념을 모두 고증[의 방법]을 이용하여 그 의미를 찾으니, 어리석은 사람이 꿈 이야기를 하듯이 허황된 말을 지껄여서, 오히려 의문과 의혹만 더해졌다. 사건이 있다는 것만 알지 의리가 있다는 것은 모르니, 이에 공자의 은미한 말이 사라져서 『춘추』를 이해할 수 없게 되었다. 그나마 동중서의 이론이 있는 것에 힘입어 그것을 밝힐 수가 있었다. 그렇지 않다면 제후들이 노나라에 오는 것을 '조회[朝]'라고 하고, 노나라 군주가 외국으로 나간 것을 '갔다[如]'라고 하며, 노나라에는 변경이나 국경지역이 없다[고 말한 것이] 동중서가 어찌 이처럼 어리석어서 [중복해서 말했겠는가]? 말이 중복되고 뜻이 중복되는 것은 반드시 아름다운 것이 그 속에 존재한다.

緣魯以言王義, 孔子之意, 專明王者之義, 不過言託于魯以立文字. 卽如隱·桓, 不過託爲王者之遠祖, 定·哀爲王者之考妣. 齊·宋, 但爲大國之譬, 邾婁·滕侯, 亦不過爲小國先朝之影, 所謂"其義, 則丘取

187_ 『맹자』「이루 하」: 孟子曰, 王者之跡, 熄而詩亡, 詩亡然後, 春秋作. … 其事則齊桓·晉文, 其文則史. 孔子曰, 其義則丘竊取之矣.

之"也. 自僞『左』出, 後人乃以事說經. 于是, 周·魯·隱·桓·定·哀·邾·滕, 皆用考據求之, 痴人說夢, 轉增疑惑. 知有事, 而不知有義, 于是, 孔子之微言沒. 而『春秋』不可通矣. 尙賴有董子之說得以明之. 不然, 諸侯來曰'朝', 內出言'如', 魯無鄙疆, 董子何愚若此? 所謂辭之重, 意之復, 必有美者存焉.

8-9-3[188]

따라서 『춘추』는 하늘에 호응하여 새로운 왕의 일을 만들었다. 역법은 흑통(黑統)으로 바로잡고, 노나라를 왕자로 삼으며, 검은색을 숭상하고, 하나라를 [왕조의 계열에서] 축출하여 시대가 먼 나라로 취급하며, 주나라를 친하게 여기는 대상으로 삼고, 송나라는 옛 나라로 여겼다.(『춘추번로』「삼대개제질문」)

故『春秋』應天作新王之事. 時正黑統, 王魯, 尙黑, 絀夏, 親周, 故宋.(『春秋繁露』「三代改制質文」)

康8-41

『시』에는 삼송(三頌)이 있다. 「주송(周頌)」·「노송(魯頌)」·「상송(商頌)」은 공자가 주나라를 친하게 여기는 대상으로 삼고, 송나라를 옛 나라로 여기며, 노나라를 왕자로 삼은 의리를 가탁한 것이다. 그렇지 않다면 노나라는 왕자가 아닌데, 어찌 '송(頌)'이 있을 수 있겠는가?[189] 위서(僞

188_ 이하에서 인용한 『춘추번로』「삼대개제질문」편의 내용은 이 책의 제8권 제2절 〈8-2-4〉에서 이미 인용했다. 자세한 주석은 앞의 내용을 참조 바람.

189_ 「주송(周頌)」을 친주(親周)에, 「상송(商頌)」을 상나라의 후손국인 고송(故宋)에, 「노송(魯頌)」을 왕노(王魯)에 가탁했다는 말이다. 노나라는 천자국이 아니기 때문에 본래는 천자국의 음악인 송(頌)이 있을 수도 없고, 천자국인 주나라와 상나라와 함께 배열될 수도 없다.

書) 『모시(毛詩)』가 출현한 이후부터 옛날의 의리가 사라졌다. 이에 이 의리가 다시는 알려지지 않고, 오직 태사공의 「공자세가(孔子世家)」에만 남아 있었다.[190] 공양(公羊)은 『춘추』가 노나라를 왕에 가탁했다고 전(傳)을 달았고, 하휴의 주에서 반복해서 이러한 의리를 드러내었다. 사람들 중에 혹 그것을 의심했는데, 동중서가 또한 그것을 크게 드러내었다는 것을 모르는 것이다. 『춘추』의 제작은 의리에 있지 사건에 있지 않다. 따라서 일체의 모든 것을 가탁했으니, 단지 노(魯)나라만 가탁한 것이 아니라, 곧 하(夏) · 상(商) · 주(周)의 삼통(三統)도 모두 가탁한 것이다.

『詩』有三頌. 「周頌」·「魯頌」·「商頌」, 孔子寓親周 · 故宋 · 王魯之義. 不然, 魯非王者, 何得有頌哉? 自僞『毛』出, 而古義湮. 于是, 此義不復知, 惟太史公「孔子世家」有焉. 公羊傳『春秋』託王于魯, 何注頻發此義. 人或疑之, 不知董子亦大發之. 蓋『春秋』之作, 在義不在事. 故一切皆託, 不獨魯爲託, 卽夏 · 商 · 周之三統, 亦皆託也.

8-9-4

『춘추』는 노나라를 왕자로 삼아서 은공(隱公)에게 가탁하여 처음으로 천명을 받은 왕으로 삼았다. [주루(邾婁)나라의] 의보(儀父)가 먼저 와서 은공과 맹약을 맺었기 때문에 그 사건을 빌어서 [『춘추』에서] 포상하는 법을 드러내었다. 따라서 그렇게 말한 것이다.[191] (『공양전』 「은공」 원년

190_ 『사기』 「공자세가」에 "내가 위나라에서 노나라로 돌아온 이후에 음악이 바르게 되고, 아(雅)와 송(頌)이 각각 제자리를 찾았다[吾自衛反魯, 然後樂正, 雅頌各得其所.]"라는 기록이 보인다. 그리고 『논어』 「자한(子罕)」편에도 같은 기록이 보인다.

191_ 『춘추』 「은공」 원년에 "은공이 주루나라 의보와 매 땅에서 맹약을 맺었다[公及邾婁儀父盟于眛.]"라는 기사에 대한 『공양전』에서 "그를 칭찬할 만하기 때문에 칭찬한 것이다[因其可褒而褒之.]"라고 했는데, 이 부분에 대한 하휴의 주이다. "칭찬할 만하다"라고 말한 것은 이미 칭찬할 만한 잣대, 즉 법칙이 있다는 뜻이다. 이것

하휴 주)

『春秋』王魯, 託隱公以爲始受命王. 因儀父先與隱公盟, 可假以見褒賞之法. 故云爾.(『公羊傳』「隱公」元年 何休 注)

8-9-5

조(曹)나라에는 대부가 없는데, 공자수(公子手)는 무엇 때문에 기록했는가? [조나라가] 노나라를 걱정해주었기 때문이다.[192] 【하휴 주】『춘추』는 노나라에 왕을 가탁함으로써 그것을 빌어서 왕법(王法)을 드러내어, 제후 중에 능력이 있으면서 왕을 따르는 자가 불의를 정벌하여, 승리하여 공적이 있으면 당연히 칭찬한다는 것을 밝혔다. 따라서 [조나라 대부를] 인정한 것이다. 대부가 임금과 대적했는데도 비판하지 않은 것은 왕자를 따르면 대부도 제후와 대적할 수 있기 때문이다.[193](『공양

은 의보가 와서 은공과 맹약을 맺은 사건을 빌려와서 『춘추』의 포폄의 법칙을 설정하여 드러내 보인 것이다.

192_ 『춘추』「성공」 2년의 "6월 계유일에 계손행보와 장손허, 숙손교여, 공손영제가 군대를 이끌고 진나라 극극, 위나라 손양부, 조나라 공손수와 회합하여 제나라 후작과 안 땅에서 싸웠다. 제나라가 군대가 크게 패했다[六月, 癸酉, 季孫行父・臧孫許・叔孫僑如・公孫嬰齊帥師, 會晉郤克・衛孫良夫・曹公子手及齊侯戰于鞌. 齊師敗績.]"라는 기사에 대한 『공양전』의 기록이다. 『공양전』에서는 "曹無大夫, 公子手何以書? 憂內也."라고 했다.

193_ 『춘추』에서는 대부가 임금과 대적할 수 없다는 것이 기본 원칙이다. 예를 들어 『춘추』「희공」 28년에 "夏, 四月, 己巳, 晉侯・齊師・宋師・秦師及楚人戰于城濮, 楚師敗績."이라는 기사가 있는데, 진(晉)나라 후작 등의 임금들과 싸운 초나라 사람은 초나라의 대부 자옥득신(子玉得臣)이다. 그런데 『춘추』에서는 그 이름을 기록하지 않고, 단지 '초나라 사람[楚人]'이라고만 기록했다. 이에 대해 『공양전』에서는 다음과 같이 말했다. "이것은 큰 전투인데, 어째서 [초나라에서는] 신분이 미천한 사람을 보냈는가? 대부인 자옥득신이다. 자옥득신인데 초인(楚人)이라고 말한 것은 무엇 때문인가? 비난한 것이다. 어째서 비난했는가? 대부는 임금과 대적할 수 없기 때문이다[此大戰也, 曷爲使微者? 子玉得臣也. 子玉得臣則其稱人何? 貶. 曷爲貶? 大夫不敵君也.]"

전』「성공」 2년)

曹無大夫, 公子手何以書? 憂內也.【注】『春秋』託王于魯, 因假以見王法, 明諸侯有能從王者征伐不義, 克勝有功, 當褒之. 故與大夫. 大夫敵君不貶者, 隨從王者, 大夫得敵諸侯也.(『公羊傳』「成公」 二年)

8-9-6

등(滕)나라 후작이 죽었다.【『공양전』】 무엇 때문에 이름을 기록하지 않았는가? 작은 나라이기 때문이다. 작은 나라인데 '후작[侯]'이라고 부른 것은 무엇 때문인가?[194] 오해의 소지가 없기 때문이다.[195]【하휴주】 전해 들은 시대의 사건에서는 [작은 나라 군주가] 죽은 것을 기록하지 않는다. 그런데 '후작'이라고 부르면서 죽은 것을 기록한 것은 『춘추』가 노나라를 왕자로 삼아서 은공에게 가탁하여 처음으로 천명을 받은 왕으로 삼았는데, 등나라 군주가 먼저 은공에게 조회를 왔기 때문에 『춘추』에서 그를 칭찬함으로써 [등나라의] 후계자가 예를 갖추어 제사지낼 수 있도록 예우한 것이다. 따라서 '후작'이라고 불러서 그 의리를 드러내었다.(『공양전』「은공」 7년)

滕侯卒.【傳】何以不名? 微國也. 微國, 則其稱'侯'何? 不嫌也.【注】所傳聞之世未可卒. 所以稱'侯'而卒者, 『春秋』王魯, 託隱公以爲始受命王, 滕子先朝隱公, 『春秋』褒之, 以禮嗣子得以其禮祭. 故稱'侯'見其義.(『公羊傳』「隱公」 七年)

194_ 하휴의 주에서 "대국은 후(侯)라고 부르고, 소국은 백(伯)·자(子)·남(男)이라고 부른다"라고 했다.

195_ 하휴의 주에서 "등나라 후작이 죽었을 때 이름을 쓰지 않았고, 이하의 기록에서는 항상 자(子)라고 불렀기 때문에 후작[侯]이라고 부른다고 해서 대국이라고 오해할 소지가 없다"라고 했다. 예를 들어 「환공」 2년에는 "滕子來朝."라고 기록했다.

8-9-7

등(滕)나라 후작과 설(薛)나라 후작이 노나라에 와서 조회했다. 【『공양전』】 두 나라를 함께 말한 것은 무엇 때문인가?[196] 작은 나라이기 때문이다. 【하휴 주】 『춘추』가 은공에게 가탁하여 처음으로 천명을 받은 왕으로 삼았는데, 등나라와 설나라가 먼저 은공에게 조회를 왔기 때문에 칭찬한 것이다.(『공양전』 「은공」 11년)

滕侯·薛侯來朝. 【傳】 其兼言之何? 微國也. 【注】 『春秋』託隱公以爲始受命王, 滕·薛先朝隱公. 故褒之.(『公羊傳』 「隱公」 十一年)

8-9-8

무해(無駭)가 군대를 거느리고 극(極)나라를 침입했다. 【『공양전』】 전무해(展無駭)이다.[197] 성씨(姓氏)를 쓰지 않은 것은 처음으로 [다른 나라를] 멸망시킨 것을 미워한 것이다.[198] [이 부분이] 『춘추』에서 [다른 나라를 멸망시킨 기록의] 시작이다.[199] 【하휴 주】 『춘추』는 왕자를 가탁했기 때문에 마땅히 주살해야 할 대상을 처음에 제기한다.(『공양전』 「은

196_ 하휴 주에서 "등(鄧)나라와 곡(穀)나라가 노나라에 조회를 왔을 때는 두 나라를 함께 말하지 않았다"라고 했다. 즉 「환공」 7년에 "夏, 穀伯綏來朝. 鄧侯吾離來朝."라는 기록이 보인다.

197_ 『공양전역주』에 의하면, 무해(無駭)의 씨(氏)는 전(展), 성(姓)은 희(姬)이다. 조상인 전(展)이 노나라의 공자(公子)였는데, 무해에 이르러 전(展)을 씨(氏)로 삼았다. 전금(展禽), 즉 유하혜(柳下惠)가 무해의 아들이다.

198_ 『공양전』 원문에는 "何以不氏? 貶. 曷爲貶? 疾始滅也."로 되어 있는데, 캉유웨이가 내용을 줄여서 인용한 것이다.

199_ 『공양전』에는 이 문장 앞에 "처음으로 멸망시킨 것은 여기에서 시작된 것인가? 이 이전에도 있었다. 이 이전에도 있었다면 무엇 때문에 여기에서 시작되었다고 하는가? 여기에서 시작을 가탁했을 뿐이다. 무엇 때문에 여기에서 시작을 가탁했는가?[始滅, 昉於此乎? 前此矣. 前此, 則曷爲始乎此? 託始焉爾. 曷爲託始焉爾?]"라는 내용이 더 있다.

공」 2년)

無駭帥師入極. 【傳】 展無駭也. 不氏, 疾始滅也. 『春秋』之始也. 【注】 『春秋』託王者, 始起所當誅也.(『公羊傳』「隱公」 二年)

8-9-9

『춘추』는 노나라를 왕자로 삼아서 노나라를 천하의 교화를 위한 시작으로 삼았다. [천왕의 사신이] 직접 노나라에 와서 [노나라가] 왕의 교화를 입어 점차 예의(禮義)에 감화되는 것을 밝힌 것은 [예의를] 완전하게 갖추기를 [노나라에] 요구할 수 있는 상황이었기 때문이다. 따라서 노나라의 작은 잘못에서부터 거론하여 기록한 것이다.[200](『공양전』「은공」 원년 하휴 주)

『春秋』王魯, 以魯爲天下化首. 明親來被王化漸漬禮義者, 在可備責之域. 故從內小惡擧也.(『公羊傳』「隱公」 元年 何休 注)

8-9-10

『춘추』는 노나라를 왕자로 삼으니, 마땅히 먼저 스스로가 올바름을 지키면서 스스로에 대한 책망을 엄중하게 하고 남에게는 가볍게 책망해

200_ 이 내용은 『춘추』「은공」 원년의 "가을, 7월, 천왕이 총재인 훤으로 하여금 노나라에 와서 혜공 중자의 부의로 수레와 말을 주도록 했다[秋, 七月, 天王使宰咺來歸惠公仲子之賵.]"라는 기사에 대한 하휴의 주석이다. 당시 은공이 부친인 혜공과 환공의 모친인 중자의 상을 천자와 제후들에게 알려서 장례식에 천왕이 부의를 보내왔다. 은공은 환공이 어려서 대신 즉위했고, 후에 자리를 물려줄 생각을 하고 있었기 때문에 환공을 위해 그 모친의 상을 알린 것인데, 『춘추』에서는 이것을 좋게 여겨서 기록했다. 다만 당시에 환공은 아직 임금이 되지 않았고, 환공의 모친은 첩이었기 때문에 상을 알리는 것은 예법에 맞지 않았다. 『춘추』에서는 이러한 작은 잘못을 기록함으로써 노나라가 왕자로서의 완전한 예의를 갖추도록 요구했다는 의미이다.

야 함[201]을 밝혔다. 따라서 외국의 일은 간략하게 기록했다. [당시에] 왕자가 이적(夷狄)을 다스릴 겨를이 없었는데, 오랑캐[戎]에 대해 기록한 것은 오는 자는 거부하지 않고, 가는 자는 잡지 않기 때문이다.[202](『공양전』「은공」 2년 하휴 주)[203]

『春秋』王魯, 明當先自持正, 躬自厚而薄責于人. 故略外也. 王者不治夷狄, 錄戎者, 來者勿拒, 去者勿追.(『公羊傳』「隱公」二年 何休 注)

8-9-11

8월, 송(宋)나라 공작 화(和)가 죽었다. 【하휴 주】『춘추』는 노나라를 왕으로 삼으니, [노나라 군주가] 죽으면 왕[의 죽음을 기록하는] 문장이 당연히 있다. 그러나 성인이 문장을 짓는 것이 겸손하고 도리에 맞아서 [노나라 군주의 죽음을] '붕(崩)'이라고 말할 수는 없기 때문에 외국 [군주의 죽음]을 낮추어 '졸(卒)'이라고 기록함으로써 노나라를 높이는 것이다.[204] 송나라에 대해 '공작[公]'이라고 말한 것은 은나라의 후손이

201_ 『논어』「위령공」: 子曰, 躬自厚而薄責於人, 則遠怨矣.

202_ 이 내용은 『춘추』「은공」 2년 "은공이 잠 땅에서 오랑캐와 회합했다[公會戎于潛.]"라는 기사에 대한 하휴의 주이다. 은공이 국내의 일은 내버려두고 외국과의 우호관계만을 믿는 것을 비판한 것이다. 이에 대해 서언(徐彦)의 소에서 다음과 같이 말했다. "전해들은 시대에는 왕자가 왕업을 시작하기 때문에 이적이 죄가 있더라도 다스릴 겨를이 없다. 그런데 여기에서 오랑캐에 대해 기록한 것은 오는 자를 막지 않기 때문이다."

203_ 『공자개제고』에는 '동상(同上)'이라고 하여, 이 글이 출전을 「은공」 원년으로 밝히고 있는데, 이 내용은 「은공」 원년이 아니라 2년의 하휴 주이다.

204_ 『춘추』는 노나라를 왕자에 가탁했기 때문에 노나라 임금이 죽었을 때는 천자의 죽음을 의미하는 '붕(崩)'이라는 글자를 사용해야 한다. 그러나 그것이 도리에 맞지 않기 때문에 제후의 죽음을 의미하는 '훙(薨)'이라는 글자를 사용했다. 오히려 외국의 제후가 죽었을 때는 '훙(薨)'이라는 글자를 사용하지 않고, 대부의 죽음에 사용하는 '졸(卒)'이라는 글자로 한 단계 낮추어 기록함으로써 상대적으로 노나라를 높이는 글쓰기 방식을 채택한 것이다. 서언(徐彦)의 소에서 "노나라는 존귀한 이름을 얻어서 외국의 제후들과는 문장을 똑같이 사용하지 않으니, 이것이 바로

기 때문이다. 왕자는 이전 두 왕조[하(夏)와 은(殷)]의 후손에게 사방 100리의 땅을 봉해주고, 관작은 공작이라고 부르며, 손님으로 대우하여 신하로 삼지 않는다.(『공양전』「은공」 3년)

八月, 宋公和卒. 【注】『春秋』王魯, 死當有王文. 聖人之爲文辭孫順, 不可言'崩', 故貶外言'卒', 所以褒內也. 宋稱'公'者, 殷後也. 王者封二王后地方百里, 爵稱公, 客待之而不臣也.(『公羊傳』「隱公」 三年)

8-9-12

신해일, 숙(宿)나라 남작이 죽었다. 【하휴 주】 숙(宿)나라는 본래 소국이었기 때문에 '죽었다[卒]'라고 말해서는 안 된다. 그런데 '죽었다'라고 말하고 날짜까지 기록한 것은 『춘추』가 노나라를 왕으로 삼아서, 은공에게 가탁하여 처음으로 천명을 받은 왕으로 여겼는데, 숙나라 남작이 앞서 은공과 서로 접촉했기 때문에 '죽었다'라고 기록하여 높여준 것이다.[205](『공양전』「은공」 8년)

辛亥, 宿男卒. 【注】 宿本小國, 不當'卒'. 所以'卒'而日之者, 『春秋』王魯, 以隱公爲始受命王, 宿男先與隱公交接, 故'卒'褒之也.(『公羊傳』「隱公」 八年)

8-9-13

공자 우(友)가 제(齊)나라에 가서 맹약에 참여했다. 【하휴 주】『춘추』는

노나라를 높여서 왕으로 삼은 뜻이다"라고 한 것이 그 의미이다.

205_ 앞에서 언급했듯이, 노나라 임금의 죽음에는 '훙(薨)'이라고 기록하고, 다른 제후들은 '졸(卒)'이라고 기록한다. 그런데 숙나라는 작은 나라이기 때문에 '졸(卒)'이라고 기록해서는 안 되지만, 왕자인 노나라 군주와 교류했기 때문에 높여서 '졸(卒)'이라고 기록해 주었다는 뜻이다. 「은공」 원년 가을 9월에 은공이 송나라 사람과 숙 땅에서 맹약을 맺은 일[九月, 及宋人盟于宿.]이 있었다.

노나라를 왕으로 삼기 때문에 '참여했다[莅]'라고 말함으로써 [노나라가] 왕이라는 뜻을 드러내었다. 만약 왕자가 사신을 파견하여 제후와의 맹약에 참여하도록 했다면 법도를 드러내어 기록했을 것이다. '다른 나라가 노나라에 와서 맹약을 맺었다[來盟]'라고 말한 것도 노나라의 수도를 근거지로 함으로써 [노나라가] 왕이라는 뜻을 드러낸 것이다. 만약 그들을 서울에 오게 하여 맹약을 맺었다면 왕에게 일을 보고해야 하는데, 참여했다는 말을 더하지 않은 것은 노나라로 왔다는 것이니, 노나라가 이미 존귀하다는 뜻이다.[206](『공양전』「희공」 3년)

公子友如齊莅盟. 【注】『春秋』王魯, 故言'莅'以見王義. 使若王者遣使臨諸侯盟, 飭以法度. 言'來盟', 亦因魯都以見王義. 使若來之京師盟, 白事于王, 不加'莅'者, 來就魯, 魯已尊矣.(『公羊傳』「僖公」 三年)

8-9-14

제(齊)나라 후작이 노나라에 와서 오랑캐의 전리품을 바쳤다. 【하휴주】 전리품을 바친 것을 말하면서 오랑캐와 연결시켜 놓은 것은 『춘추』가 노나라를 왕으로 삼았기 때문에 그것을 통해 [노나라가] 왕이라는 뜻을 드러낸 것이다. 옛날에는 제후의 우두머리들이 무도한 자들을 정벌하거나, 제후들이 서로 대적하여 전쟁할 경우, 그 나라를 주살하여 멸망시키고 왕자에게 전리품을 바쳤다.(『공양전』「장공」 31년)

齊侯來獻戎捷. 【注】言獻捷系戎者, 『春秋』王魯, 因見王義. 古者, 方伯征伐不道, 諸侯交格而戰者, 誅絶其國, 獻捷于王者.(『公羊傳』「莊

206_ 당시에 제나라가 주도하여 맹약을 맺었는데, 주도국의 국명이나 군주의 이름을 드러내지 않고, '참여했다[莅]'는 말을 사용함으로써 노나라가 왕으로서 주체가 된다는 뜻을 드러낸 것이다. '리맹(莅盟)'이라는 말이 노나라를 높여서 왕으로 삼으려는 뜻에서 사용한 것이라면 다른 나라가 노나라에서 와서 맹약을 맺는다는 의미의 '래맹(來盟)'이라는 말은 당연히 노나라를 높이는 말이라는 것을 알 수 있다. 예를 들어 「문공」 15년에는 "宋司馬華孫來盟."이라는 기록이 보인다.

公」 三十一年)

8-9-15

『춘추』는 노나라를 왕으로 삼는데, 그들이 처음으로 와서 빙문한 것을 통해서 오랑캐가 왕의 교화를 사모하여 빙문의 예법을 닦고 달력을 받아서 간 것을 밝힌 것이다. 그들을 북돋아주어야 하기 때문에 '사람[人]'이라고 부르도록 한 것이다.[207](『공양전』 「장공」 23년 하휴 주)

『春秋』王魯, 因其始來聘, 明夷狄能慕王化, 修聘禮, 受正朔者. 當進之, 故使稱'人'也.(『公羊傳』「莊公」 二十三年 何休 注)

8-9-16

왕자가 일어나면 반드시 바탕[質]과 형식[文]을 고치는 것은 [앞 왕조의] 쇠퇴하고 혼란한 시대를 이어받아서 [앞 왕조] 사람들의 잘못을 구제한다는 의미이다.[208] 하늘의 도는 아래의 땅에 근본하기 때문에 친친(親親)하면서 바탕이 간략하고, 땅의 도는 위의 하늘을 공경하기 때문

207_ 『춘추』 「장공」 23년에 "형나라 사람이 노나라에 와서 빙문했다[荊人來聘]"라는 기사에 대해, 『공양전』에서 "형나라에 대해서 무엇 때문에 '사람[人]'이라고 불렀는가? 처음으로 빙문을 왔기 때문이다"라고 했다. 당시 초(楚)나라는 오랑캐로 취급을 받았기 때문에 주(州)의 명칭에 불과한 '형(荊)'이라는 용어를 사용하여 초나라를 인정하지 않았는데, 노나라에 처음으로 빙문을 왔기 때문에 '인(人)'자를 붙여서 높여 주었다는 의미이다.

208_ 『춘추번로』 「삼대개제질문」에 의하면, 왕조의 순환을 파악하는 방식 중에는 질(質)과 문(文)이 있다. 새로운 왕조의 개제 방식은 앞 왕조가 질이나 문 중에서 하나에 치중함으로써 생긴 폐단을 극복하는 방식으로 진행된다는 논리이다. 여기에서 질(質)은 천(天)과 짝이 되어 가족 윤리인 '친친(親親)'을 중시하고, 문(文)은 지(地)와 짝이 되어 사회 윤리인 '존존(尊尊)'을 중시한다. 그리고 친친을 위해서는 인간 본래의 바탕[質]을 중심으로 한 인박(仁樸)과 질애(質愛), 존존을 위해서는 대인관계의 형식[文]을 중심으로 한 의절(義節)과 예문(禮文)을 강조한다.

에 존존(尊尊)하면서 형식이 번잡하다. 따라서 왕자가 처음 일어나면 먼저 하늘의 도에 근본하여 천하를 다스리는데, 질박하면서 친한 이를 친하게 여긴다. 그것이 쇠퇴할 때에 이르러서는 그 폐단이 친한 이를 친하게 여겨서 [존귀한 이를] 존중하지 않는 것이다. 따라서 뒤의 왕이 일어나면 땅의 도를 본받아서 천하를 다스리는데, 형식적이면서 존귀한 이를 존중한다. 그것이 쇠퇴할 때에 이르러서는 그 폐단이 존귀한 이를 존중하면서 [친한 이를] 친하게 여기지 않는 것이다. 따라서 다시 질박한 상태로 되돌아간다. 바탕[質]을 중시하는 왕조에서 작위를 3등급으로 정한 것은 하늘에 있는 해·달·별의 삼광(三光)[209]을 본받은 것이다. 형식[文]을 중시하는 왕조에서 작위를 5등급으로 하는 것은 땅에 있는 오행(五行)을 본받은 것이다.[210] [백(伯)·자(子)·남(男)] 세 개의 작위를 합쳐서 자(子) 하나만을 따르니, 제도가 중간을 따른 것이다.(『공양전』「환공」 11년 하휴 주)

王者起所以必改質文者, 爲承衰亂, 救人之失也. 天道本下, 親親而質省, 地道敬上, 尊尊而文煩. 故王者始起, 先本天道以治天下, 質而親親. 及其衰敝, 其失也親親而不尊. 故後王起, 法地道以治天下, 文而尊尊. 及其衰敝, 其失也尊尊而不親. 故復反之于質也. 質家爵三等者, 法天之有三光也. 文家爵五等者, 法地之有五行也. 合三從子者, 制由中也.(『公羊傳』「桓公」 十一年 何休 注)

8-9-17

『춘추』의 정공(定公)과 애공(哀公) 사이에는, 문장으로는 모두 태평(太平)

209_ 『백호통의(白虎通義)』「봉공후(封公侯)」편에 "天有三光, 日月星."이라는 기록이 보인다.

210_ 『백호통의』「작(爵)」편에도 "爵有五等, 以法五行也. 或三等者, 法三光也. 或法三光, 或法五行何? 質家者據天. 故法三光. 文家者據地. 故法五行."이라는 기록이 보인다.

을 기록하여 왕자의 정치가 안정되었음을 보여주고자 했기 때문에 다시는 비난한 것이 없었다. 오직 두 글자로 된 이름이 있었기 때문에 비난했으니,[211] 이것은 『춘추』의 제도이다.(『공양전』「정공」6년 하휴 주)

『春秋』定·哀之間, 文致太平, 欲見王者治定, 無所復爲譏. 唯有二名, 故譏之, 此『春秋』之制也.(『公羊傳』「定公」六年 何休 注)

<이상 공자가 노나라에 왕을 가탁하다: 右孔子託王于魯>

10. 공자는 법도를 제정한 왕이라는 것에 대한 종합적 의미 [孔子爲制法之王總義]

8-10-1

혹시 주(周)나라를 계승하는 나라가 있으면 비록 100세대가 지난 이후에도 알 수 있다.[212](『논어』「위정」)

其或繼周者, 雖百世, 可知也.(『論語』「爲政」)

211_ 『춘추』「정공」6년에 "계손사와 중손기가 군대를 이끌고 와서 운 땅을 포위했다[季孫斯·仲孫忌帥師圍運.]"라는 기사에 대해, 『공양전』에서 "이 사람은 중손하기(仲孫何忌)이다. 어째서 그를 중손기(仲孫忌)라고 말했는가? 두 글자로 된 이름을 비난한 것이다. 두 글자로 된 이름은 예가 아니다[此仲孫何忌也. 曷爲謂之仲孫忌? 譏二名. 二名非禮也.]"라고 했다.

212_ 이 문장은 10세대 뒤의 왕조의 일을 알 수 있는가라는 자장(子張)의 질문에 공자가 대답한 것이다. 공자는 하-은-주 세 왕조가 교체되는 법칙이 문(文)과 질(質)이라는 문화적 특징, 그리고 삼통(三統)이라는 역법이 순환 반복한다는 점에 착안하여, 각 왕조의 손익(損益)을 따져보면 비록 100세대 이후의 왕조라도 그 제도 개혁의 방향이나 내용을 알 수 있다고 했다.

康8-42

주나라를 계승한 것은 곧 공자이다. 100세대가 지난 이후에도 알 수 있다는 것은 100세대가 지나 성인을 기다려서 [물어보더라도] 의심하지 않는다는 것이다. "100세대가 지난 이후에 100세대의 왕들[의 수준]을 등급매기더라도 거부할 수 있는 사람이 없을 것이다"[213]라는 말이 바로 그것이다.

繼周者, 卽孔子也. 百世可知, 百世以俟聖人而不惑. "由百世之下, 等百世之王, 莫之能違", 是也.

8-10-2

은(殷)나라는 하(夏)나라[의 예법]을 바꾸었고, 주(周)나라는 은나라[의 예법]을 바꾸었으며, 『춘추』[214]는 주나라[의 예법]을 바꾸었다. 삼대의 예법이 같지 않으니, 어찌 옛것만을 따르겠는가?(『회남자』「범론훈」)

夫殷變夏, 周變殷, 『春秋』變周. 三代之禮不同, 何古之從?(『淮南子』「泛論訓」)

213_ 이것은 자공(子貢)이 한 말이다. 『맹자』「공손추 상」편에서 "子貢曰, 見其禮而知其政, 聞其樂而知其德. 由百世之後, 等百世之王, 莫之能違也."라고 했다. 자공은 한 왕조의 예(禮)를 보면 그 나라의 정치 수준을 알 수 있고, 음악을 보면 그 나라 왕의 덕을 알 수 있기 때문에 이러한 판단 기준을 적용하면 어떤 시대의 어느 왕에 대해서나 정확하게 판단할 수 있다고 했다. 이처럼 그 등급을 매기는 판단 기준이 정확하기 때문에 100세대 후의 어떤 왕이라도 그 판단에 반대하여 거부하는 왕이 있을 수 없다는 의미이다.

214_ 『회남자』 본문의 '춘추(春秋)'는 '『춘추』'가 아니라 '춘추시대'의 의미인데, 캉유웨이는 이것을 『춘추』로 보고 공자의 개제를 설명했다. 그런데 이 편의 앞부분에서 "주나라 왕실이 쇠퇴하고 예의가 붕괴되자 『춘추』가 지어졌다[周室廢, 禮義壞, 而『春秋』作.]"라는 말이 있기 때문에 여기에서의 '춘추'를 '『춘추』'로 해석하는 것도 가능하다고 생각한다.

康8-43

『춘추』를 주나라를 바꾼 대상으로 여겼으니, 공자가 제도를 개혁한 증거가 될 수 있다. 또한 『춘추』를 한 시대[의 왕조]로 여긴 것은 회남자의 시대에도 이미 이와 같았으니, 공자가 제도를 개혁한 소왕이라는 것을 알지 못하는 사람이 없었던 것이다.

以『春秋』爲變周, 可爲孔子改制之證. 且以『春秋』爲一代, 當淮南時已如此, 蓋莫不知孔子爲改制之素王矣.

8-10-3

공자가 말했다. "하(夏)나라의 도가 사라지지 않았으면 상(商)나라의 덕(德)이 일어나지 않았고, 상나라의 덕이 사라지지 않았으면 주나라의 덕이 일어나지 않았으며, 주나라의 덕이 사라지지 않았으면 『춘추』가 지어지지 않았을 것이다. 『춘추』가 지어진 이후에 군자는 주나라의 도가 사라진 것을 알게 되었다."(『설원』「군도」)

孔子曰, "夏道不亡, 商德不作, 商德不亡, 周德不作, 周德不亡, 『春秋』不作. 『春秋』作而後, 君子知周道亡也."(『說苑』「君道」)

康8-44

맹자는 삼대(三代)가 천하를 잃은 것은 불인(不仁)했기 때문이라고 했는데, 맹자의 시대에는 주나라의 천하가 아직 없어지지 않았다. 공자는 하·은·주를 삼대로 삼고, 『춘추』를 한 시대로 삼았으니, 주나라를 계승한 것은 바로 『춘추』이다.

孟子曰, 三代之失天下也, 以不仁, 孟子之時, 周之天下未嘗失也. 孔子以夏·殷·周爲三代, 以『春秋』爲一代, 繼周在『春秋』也.

8-10-4

기(紀)나라 자백(子伯)은 누구인가? 들어본 적이 없다.[215] 【하휴 주】『춘추』에는 주나라를 대신하여 천명을 받아서 고친 제도가 있는데, 공자는 시대가 멀어지면 해를 끼칠까 두려워했고, 또 진(秦)나라가 장차 『시(詩)』와 『서(書)』를 불태울 것을 알았기 때문에 그 이론이 구전으로 전해졌다. 한대의 공양씨(公羊氏)와 그의 제자 호무생(胡毋生) 등에 이르러서야 비로소 죽간(竹簡)이나 백서(帛書)에 기록되었다.[216] 따라서 없어진 내용이 있었다.(『공양전』「은공」 2년)

紀子伯者何? 無聞焉爾.【注】『春秋』有改周受命之制, 孔子畏時遠害, 又知秦將燔『詩』·『書』, 其說口授相傳. 至漢公羊氏及弟子胡毋

215_ 『춘추』「은공」 2년의 "기나라 자백과 거나라 자작이 밀 땅에서 맹약을 맺었다[紀子伯·莒子盟于密.]"라는 기사에 대한 『공양전』과 하휴의 주이다.

216_ 공자의 이론이 구전되다가 한대에 기록으로 옮겨졌다는 것은 바로 『공양전』을 가리킨다. 한대 이전에는 단편적인 이론들이 계속 구전되어 오다가 경제(景帝) 때 공양씨(公羊氏)와 그 제자 호무생(胡毋生)에 의해서 처음으로 책으로 만들어졌다. 『사고전서총목』에서는 공양씨(公羊氏) 외에도 『공양전』 속에 인용되어 있는 몇몇의 인물들을 『공양전』 전수에 관여한 경사(經師)들로 소개하고 있다.[『四庫全書總目』 卷26「經部·春秋類 一」: 徐彦疏引戴宏序. 子夏傳與公羊高, 高傳與其子平, 平傳與其子地, 地傳與其子敢, 敢傳與其子壽. 至漢景帝時, 壽乃與齊人胡毋子都著於竹帛. 何休之注亦同. 今觀傳中有子沈子曰, 子司馬子曰, 子女子曰, 子北宮子曰, 又有高子曰, 魯子曰, 蓋皆傳授之經師, 不盡出於公羊子.] 『공양전』 속에는 총 7인의 경사가 출현하는데, '자공양자(子公羊子)', '자심자(子沈子)', '자사마자(子司馬子)', '자여자(子女子)', '자북궁자(子北宮子)', '노자(魯子)', '고자(高子)' 등이다. 호무생이 책으로 만든 『공양전』 속에 이들의 이름이 이미 기재되어 있다는 것은 이들이 호무생 이전에 『공양전』의 형성과 전승 과정에 깊이 관여했음을 의미한다. 서언(徐彦)에 의하면, 호무생은 경사들의 이론을 종합 정리하여 한 권의 책으로 완성하고, 자기 스승의 이름을 표제로 내세운 인물이다. 호무생에 대해서는 역사서에 기록이 보이지 않기 때문에 정확하게 파악할 수 없다. 다만 『한서』「유림전」에 의하면, 제(齊)나라 사람으로 동중서와 같이 공부하여 경제(景帝) 때 박사가 되었으며, 동중서가 그의 학덕을 칭송했다는 사실만을 확인할 수 있다. 서언은 호무생이 동중서의 스승이라고 주장하는데, 관련 증거는 제시하지 않았다.

生等, 乃始記于竹帛. 故有所失也.(『公羊傳』「隱公」二年)

8-10-5

공자가 말했다. "나는 역사적 사건에 근거하여 왕자로서의 나의 마음을 더했고, 왕자의 지위와 호칭을 빌어서 인륜을 바로잡았다."(『춘추번로』「유서」)

孔子曰, "吾因行事加吾王心焉, 假其位號以正人倫."(『春秋繁露』「兪序」)

康8-45

맹자는 "『춘추』는 천자의 일이다"라고 말했고,[217] 왕건기(王愆期)는 문왕(文王)을 공자라고 여겼다. 한나라 이전부터 공자를 소왕으로 여기지 않거나, 『춘추』를 제도 개혁의 책이라고 여기지 않은 사람이 없었다. 그 외에도 여전히 믿기 힘든 내용이 있지만, 동중서는 순수한 유학자로 불리는데, 어찌 도리에 어긋나고 거짓되겠는가? 그런데도 『춘추』를 드러내어 신왕(新王)으로 만들거나 신왕에 해당시킨 것은 이루 다 헤아릴 수가 없다. 만약 구전으로 전수된 것이 아니라면 동중서가 어떻게 그것을 크게 드러낼 수가 있었겠는가? 동중서로부터 나온 이론은 또한 믿을 수 있다. [그는 『춘추』가] 주나라의 제도를 바꾸고 주나라의 폐단을 계승했다고 말하고, 주나라를 왕자의 후예로 삼았다. 따라서 『시』에서 왕[의 음악인 아(雅)]를 풍(風)으로 강등했고, 『논어』에서는 "혹시 주(周)나라를 계승하는 자가 있으면 비록 100세대가 지난 이후에도 알 수 있다"라고 했다. 이것은 모두 『춘추』가 왕도(王道)라는 것을 가리켜서 말한 것이다. 『회남자』에서는 "은(殷)나라는 하(夏)나라[의 예법]

217_『맹자』「등문공 하」: 孔子懼, 作『春秋』. 『春秋』, 天子之事也.

을 바꾸었고, 주(周)나라는 은나라[의 예법]을 바꾸었으며, 『춘추』는 주나라[의 예법]을 바꾸었다"라고 했고, 『설원』에서는 "하(夏)나라의 도가 사라지지 않았으면 상(商)나라의 덕(德)이 일어나지 않았고, 상나라의 덕이 사라지지 않았으면 주나라의 덕이 일어나지 않았으며, 주나라의 덕이 사라지지 않았으면 『춘추』가 지어지지 않았을 것이다"라고 했다. 이것은 모두 『춘추』를 한 명의 왕의 정치로 여긴 것이다. 여러 이론들이 모두 똑같으니, 구전에 의해서 전해진 것이다. 지금 소왕의 전체 면모를 고찰할 수 있는 것은 이러한 이론에 의해서 전해진 것일 뿐이다.

孟子曰, "『春秋』, 天子之事." 王愆期以文王爲孔子. 自漢前莫不以孔子爲素王, 『春秋』爲改制之書. 其他尙不足信, 董子號稱醇儒, 豈爲誕謾? 而發『春秋』作新王當新王者, 不勝枚擧. 若非口說傳授, 董生安能大發之? 出自董子, 亦可信矣. 且云變周之制, 繼周之弊, 以周爲王者之後. 故『詩』以王降爲風, 『論語』"其或繼周, 百世可知." 皆指『春秋』王道而言. 『淮南子』曰, "殷變夏, 周變殷, 『春秋』變周." 『說苑』曰, "夏道不亡, 殷德不作, 殷道不亡, 周德不作, 周道不亡, 『春秋』不作." 皆以『春秋』爲一王之治. 諸說幷同, 尙賴口說流傳. 今得考素王之統者, 賴是而傳耳.

8-10-6

공자가 말했다. "시인은 [잘못된 세상을] 미워하여 침묵할 수 없었고, 나는 [잘못된 세상을] 미워하여 은둔할 수가 없었다."[218] 이 때문에 동서남북으로 돌아다니면서 70여 차례의 유세를 했으나 등용되지 못했다.[219] 그런 이후에 물러나서 왕도(王道)를 닦아 『춘추』를 지어서 만세

218_ 『논형』 「대작(對作)」편에도 이 말이 보인다.

219_ 『사기』 「십이제후연표(十二諸侯年表)」에도 "是以孔子明王道, 干七十余君, 莫能用. 故西觀周室, 論史記舊聞, 興于魯而次『春秋』."라는 기록이 보인다. 그리고 『회

이후까지 남겨주니, 천하에서는 이 책에 맞추어 표준을 정했다.(『염철론』「상자」)

孔子曰, "詩人疾之不能默, 丘疾之不能伏." 是以東西南北七十說而不用. 然後退而修王道, 作『春秋』, 垂之萬世之後, 天下折中焉.(『鹽鐵論』「相刺」)

8-10-7

[내가 동중서에게 들으니] "주나라의 도가 쇠퇴했을 때 공자는 노나라의 사구(司寇)였는데, 제후들이 그를 해치려고 하고 대부들은 그를 방해했다. 공자는 자신의 말이 사용되지 않고, 도가 실행되지 않음을 알고서, 242년간의 [노나라의] 역사 속의 사건에 대해 시비를 따져서 천하의 본보기로 삼았다. 천자를 비판하고 제후를 깎아내리고 대부를 필주함으로써 왕의 일을 달성하고자 했을 뿐이다"라고 했다.[220] 공자도 "나는 당세에는 사용될 수 없는 말로[221] 기재하려고 했지만, 그보다는 실제 사건에서 드러내는 것이 훨씬 더 깊이가 있고 절실하며 분명하게 드러난다"라고 말했다. 『춘추』는 위로는 삼왕(三王)의 도를 밝히고 아래로는 인간사의 기강을 변별하며, 혐의를 분별하며, 시비를 판명하며, 유예하여 결정하지 못하는 일을 결정하며, 좋은 사람은 좋게 여기고 악한 사람은 미워하며, 현명한 사람을 현명하게 여기고 못난 사람을 천대하며, 이미 망해버린 나라를 보존해주며, 이미 끊어져버린 세대를 이어주며, 헐어진 것을 보충하고 폐기된 것은 일으켜 세우니, 이것은 왕도(王道)의 매우 중요한 일이다.(『사기』「태사공자서」)

남자』「태족훈(泰族訓)」편과 『설원』「귀덕(貴德)」편에도 비슷한 내용이 보인다.

220_ 이 부분은 "余聞董生曰"이라고 해서, 사마천이 동중서로부터 전해들었던 이야기를 기록한 내용이다.

221_ 공언(空言)은 공문(空文)과 같은 말로, 당세에는 사용될 수 없는 말이나 문장인데, 후세를 위해 지어진 문장을 뜻한다.

"周道衰廢, 孔子爲魯司寇, 諸侯害之, 大夫壅之. 孔子知言之不用, 道之不行也, 是非二百四十二年之中, 以爲天下儀表. 貶天子, 退諸侯, 討大夫, 以達王事而已矣." 子曰, "我欲載之空言, 不如見之於行事之深切著明也." 夫『春秋』, 上明三王之道, 下辨人事之紀, 別嫌疑, 明是非, 定猶豫, 善善惡惡, 賢賢賤不肖, 存亡國, 繼絶世, 補敝起廢, 王道之大者也.(『史記』「太史公自序」)

康8-46

『춘추』는 난세(亂世)에는 대부를 필주하고, 승평세(升平世)에는 제후를 깎아내리며, 태평세(太平世)에는 천자를 비판한다.

『春秋』, 亂世討大夫, 升平世退諸侯, 太平世貶天子.

8-10-8

공자가 70여 명의 제후들에게 유세를 행하면서 정해진 처소가 없었고, 천하의 백성들이 각기 자기 위치에서 편안하게 살 수 있도록 하고자 했는데, 도가 실행되지 않았다. 물러나 『춘추』를 손질하여, 아무리 작은 선이라도 찾아내고 아무리 작은 악이라도 비판하여, 인간사가 다 갖추어지고 왕도가 구비되었다. 정밀하고 조화로운 성인의 제도는 위로 하늘에 통하여 기린이 이르렀으니,[222] 이것은 하늘이 공자를 알아본 것이다.(『설원』「지공」)

夫子行說七十諸侯無定處, 意欲使天下之民各得其所, 而道不行. 退而修『春秋』, 采毫毛之善, 貶纖介之惡, 人事浹, 王道備. 精和聖制, 上通于天而麟至, 此天之知夫子也.(『說苑』「至公」)

222_『춘추』「애공」 14년의 "西狩獲麟."을 말한다.

8-10-9

공자가 말했다. "내가 『춘추』를 지어서, 원(元)에서 시작하여 기린[麟]에서 끝나니, 왕도(王道)가 완성되었다."[223](『춘추위 · 원명포』)

孔子曰, "丘作[224]『春秋』, 始于元, 終于麟, 王道成也.(『春秋緯 · 元命苞』)

8-10-10

서쪽에 사냥을 나갔다가 기린을 잡자, 공자가 "나의 도가 다했구나"라고 말했다. 따라서 [노나라] 역사 기록에 근거하여 『춘추』를 지어서 왕의 법도에 해당시켰다. 그 말이 은미하고 가리키는 뜻이 넓으니, 후세의 학자들이 대부분 옮겨서 기록했다.(『사기』「유림열전」)

西狩獲麟曰, "吾道窮矣." 故因史記作『春秋』, 以當王法. 其辭微而指博, 後世學者多錄焉.(『史記』「儒林列傳」)

康8-47

소왕(素王)이라는 것은 그로써 왕의 법도에 해당시킨 것이니, 곧 동중서가 말한 "왕자의 지위와 호칭을 빌어서 인륜을 바로잡았다"[225]는 것

223_ 『춘추』가 「은공」 원년의 "元年, 春, 王正月."에서 시작하여, 「애공(哀公)」 14년의 "西狩獲麟."에서 끝이 난다는 의미이다. '원(元)'은 하늘을 대표하는 '봄[春]'이나 군주를 상징하는 '왕정월(王正月)'보다 우위에 있는 개념으로, 하늘과 군주, 즉 세계 전체를 통솔하는 최상의 개념으로 사용된다. 이것은 『춘추』의 시작을 상징적으로 보여주는 개념이다. 그리고 획린(獲麟)은 공자가 절필(絶筆)한 계기가 되는 사건으로, 『춘추』의 완성을 의미하기도 한다.

224_ 『옥함산방집일서』(3) 「경편위서류(經編緯書類)」에 실려 있는 『춘추위 · 원명포(春秋緯 · 元命苞)』에는 작(作)자가 어(於)자로 되어 있다.

225_ 『춘추번로』「유서(兪序)」편에서 "孔子曰, 吾因行事加吾王心焉, 假其位號以正人倫."이라고 했다.

이다.

所謂素王者, 以當王法, 卽董子所謂"假位號, 以正人倫也."

8-10-11

따라서[226] 허(許)나라 [세자(世子)] 지(止)가 비록 임금을 시해했지만 죄로 여기지 않았고,[227] [진(晉)나라 대부] 조순(趙盾)이 [임금을 죽인] 도적을

226_『후한서』에는 이 내용의 앞부분에 "『春秋』之義, 原情定過, 赦事誅意."라는 말이 보인다. 원정정과(原情定過)는 일의 실정을 따져서 허물을 정하는 것이며, 사사주의(赦事誅意)는 일의 결과에 대해서는 용서해주되 원래의 의도를 찾아서 필주하는 것이다. 두 가지 모두 일의 결과보다는 동기를 중시하는 『공양전』의 춘추의리 중에서 동기주의적 가치관을 대표하는 말이다. '마음속의 동기가 좋고 나쁨을 따져서 죄를 결정한다[論心定罪]'는 이러한 가치판단 방식은 결과주의와 대별되는 것으로, 객관적인 사실이나 침해 행위보다는 주관적인 인격이나 심리적 태도를 문제로 삼는다. 『후한서』에서는 허(許)나라 세자 지(止)를 원정정과(原情定過)의 사례로, 진(晉)나라의 대부 조순(趙盾)을 사사주의(赦事誅意)의 사례로 제시하고 있다.

227_「소공」 19년에 허(許)나라 세자 지(止)가 약을 잘못 올려서 군주를 죽인 사건이 발생했다. 경문에 "5월, 허나라 세자 지가 군주인 매(買)를 시해했다[五月, 許世子止弑其君買.]"라고 기록하고, 또 7개월 뒤인 그 해 "겨울, 허나라 도공(悼公)을 장례지냈다[冬, 葬許悼公.]"라고 기록했는데, 『공양전』에서는 다음과 같이 말했다. "도적이 아직 토벌되지 않았는데, 무엇 때문에 장례지냈다고 기록했는가? 시해가 [죄목으로] 성립되지 않기 때문이다. 왜 시해가 성립되지 않았는가? 세자 지는 약을 권했을 뿐 약이 군주를 죽였기 때문이다. … 허나라 세자 지가 그 임금 매를 시해했다고 말했으니, [세자로 호칭한 것은] 군자가 지의 뜻을 인정한 것이다. 허나라 도공을 장사지냈다고 말했으니 [정상적으로 수행된 장례처럼 적은 것은] 군자가 지를 용서한 것이다. 지를 용서한 것은 지의 죄를 면제한다는 표현이다[賊未討, 何以書葬? 不成于弑也. 曷爲不成于弑? 止進藥而藥殺也. … 曰許世子止弑其君買, 是君子之聽止也. 葬許悼公, 是君子之赦止也. 赦止者, 免止之罪辭也.]" 이 경우는 세자가 정성을 다하여 아버지의 병시중을 잘 하지 못했기 때문에 도의적인 책임을 물어 사실 그대로 기록했다. 그러나 장례지낸 일도 함께 기록함으로써 그에게 임금을 죽일 의도가 전혀 없었음을 밝히고 있다. 즉 사전에 인지되지 않은 돌발적인 상황이 발생했기 때문에 '행위의 결과=시군(弑君)'보다도 오히려 '그 행위에 이르게 된 의도=간병(看病)'을 중시하여 그의 죄를 사면하여 용서했다.

놓아주었기 때문에 [악명이] 책에 드러났다.[228] 이것은 바로 공자가 왕의 법도를 기록하여 보여준 것이니, 한나라 시대에도 마땅히 이전 시대 공자의 『춘추』를 따라야 할 것이다.[229](『후한서』「곽서전」)

故許止雖弑君而不罪, 趙盾以縱賊而見書. 此仲尼所以垂王法, 漢世所宜遵前修也.(『後漢書』「霍諝傳」)

8-10-12

주나라 이후로 공자에 이르러서 왕도(王道)가 완성되었다.[230](양자 『법언』)[231]

228_ 『춘추』「선공」 2년에 "진나라의 대부 조순(趙盾)이 그의 군주 이호(夷獋)를 시해했다[晉趙盾弑其君夷獋.]"라는 기사가 있고, 4년 뒤인 「선공」 6년에 "진나라 조순과 위나라 손면(孫免)이 진나라를 침범했다[晉趙盾衛孫免侵陳]"라는 기사에 있는데, 「선공」 6년의 『공양전』에서 다음과 같이 말했다. "조순은 임금을 시해했는데 여기서 또다시 경문에 보이는 것은 무슨 의미인가? 직접 임금을 시해한 자는 조천이다. 직접 임금을 시해한 것이 조천이라면 어째서 조순에게 오명을 씌우는가? 도적을 토벌하지 않았기 때문이다. 무엇 때문에 도적을 토벌하지 않았다고 말하는가? 진나라의 사관이 도적에 대해 적으면서 진의 조순이 그 임금 이호를 죽였다고 기록했다. 조순이 말하기를, '하늘이여, 난 무고하다. 나는 임금을 죽이지 않았다. 도대체 누가 내가 임금을 죽였다고 했는가?'라고 하자 사관이 말했다. '그대는 인을 행하고 의를 행하는 사람이나, [도적이] 당신의 임금을 죽였는데, 그대는 나라에 돌아와서는 적을 토벌하지 않았으니, 이는 임금을 죽인 것과 같은 일이 아니겠는가?'[趙盾弑君, 此其復見何? 親弑君者, 趙穿也. 親弑君者趙穿, 則曷爲加之趙盾? 不討賊也. 何以謂之不討賊? 晉史書賊曰, 晉趙盾弑其君夷獋. 趙盾曰, '天乎, 無辜, 吾不弑君. 誰謂吾弑君者乎?' 史曰, '爾爲仁爲義人, 弑爾君而復國不討賊, 此非弑君如何?']" 조순은 임금을 시해한 인물이 누구인지를 알고 있으면서도 그 도적을 토벌하지 않은 책임 때문에 악명이 기록되었다. 자신이 직접 임금을 시해하지 않았음에도 불구하고 이처럼 강력하게 필주(筆誅)를 당한 것은 심의(心意)에 따라서 시비선악을 판단하는 『공양전』의 동기주의적 가치관을 보여준다.

229_ 전수(前修)는 앞 시대의 유덕한 현자인 선철(先哲)이나 선현(先賢)을 말하는데, 여기에서는 앞 시대의 선철, 즉 공자가 지은 『춘추』를 말한다.

230_ 『법언의소』의 주에서 예악(禮樂)이 완비된 것이라고 했다.

231_ 『법언』 권20의 「법언서(法言序)」에 해당하는 부분이다.

降周迄孔, 成于王道.(揚子『法言』)

8-10-13

공자가 말했다. "『역』은 음양을 근본으로 하여 사물에 비유한 것이다. 제을(帝乙)과 기자(箕子)와 고종(高宗)[의 일]을 차례대로 가려 뽑아서[232] 『역』을 체득한 사람들을 드러낸 것은, 그로써 하늘의 도를 밝히고 왕의 일을 정한 것이다. 최상의 술법을 가진 천성(天聖)을 가까운 시대에서 살펴서, 아름답고 착한 언행을 뽑아서 왕의 일을 드러내었으니, 제을과 기자와 고종을 말한 것은 법도가 있음을 밝힌 것이다. 제을이 누이동생을 시집보낸 일을 찬미한 것은 천지의 도에 순응하여 결혼하는 의리를 세운 것이니, 의리가 세워지면 남녀의 배필이 바르게 되고, 남녀의 배필이 바르게 되면 왕의 교화가 완전해진다."(『역위』 권상)[233]

孔子曰, "『易』本陰陽以譬于物也. 掇序帝乙·箕子·高宗, 著德『易』者, 所以昭天道, 定王業也. 上術天聖, 考諸近世, 采美善以見王事. 言帝乙·箕子·高宗, 明有法也. 美帝乙之嫁妹, 順天地之道以立嫁娶之義, 義立則妃匹正, 妃匹正則王化全."(『易緯』卷上)

232_ 『역』「태괘(泰卦)」와「귀매괘(歸妹卦)」의 '제을(帝乙)이 누이동생을 시집보낸 일[帝乙歸妹]',「명이괘(明夷卦)」의 '기자(箕子)의 곧고 바른 성격[箕子之貞]',「기제괘(旣濟卦)」의 '고종(高宗)이 귀방(鬼方)을 정벌한 일[高宗伐鬼方]' 등을 말한다. 제을(帝乙)은 은나라의 왕으로, 태정(太丁)의 아들이며, 주왕(紂王)의 아버지이다. 기자(箕子)는 은나라 주왕(紂王)의 숙부로, 미자(微子)와 비간(比干)과 함께 은나라의 '세 명의 어진 사람[三仁]'으로 불린다. 『논어』「미자(微子)」편에서 "微子, 去之, 箕子, 爲之奴, 比干, 諫而死. 孔子曰, 殷有三仁焉."이라는 기록이 보인다. 고종(高宗)은 은나라의 왕인 무정(武丁)으로, 반경(盤庚)의 조카이다. 부열(傅說)을 재상으로 삼아 은나라를 재건했다.

233_ 이 내용은 한나라 정현(鄭玄)이 주를 단 『주역건착도(周易乾鑿度)』 권상(卷上)에 실려 있다. 『사고전서』「역류(易類)」에 『주역건착도』 2권이 부록으로 실려 있다.

8-10-14

"아! 내가 왕의 말을 입 밖에 내지도 않았는데 사라져 없어져 버렸단 말인가? 슬프구나." 증자(曾子)가 일어나서 "감히 묻겠습니다. 무엇을 왕의 말이라고 합니까?"라고 물었다. 공자가 대답하지 않자, 증자는 두려워하면서 정숙하게 옷의 앞자락을 들어 올려 경의를 표하고서 자리에 앉으면서 말했다. "제자가 공손하지 못함을 알았지만, 선생님이 한가한 틈을 얻기가 어렵기 때문에 감히 물었습니다." 공자가 대답하지 않았다.(『대대례기』「왕언」)

"於乎! 吾王言, 其不出而死乎? 哀哉." 曾子起曰, "敢問. 何謂王言?" 孔子不應, 曾子懼, 肅言摳衣下席曰, "弟子知其不孫也, 得夫子之閑也難, 是以敢問也." 孔子不應.(『大戴禮記』「王言」)

8-10-15

『춘추』에 대해 설명하는 자들이 말했다. "[『춘추』의] 242년 속에 인도(人道)가 다 갖추어지고, 왕도(王道)가 구비되었다. 좋은 사람은 좋게 여기고 악한 사람은 미워하며, 어지러운 세상을 바로잡아서 올바른 상태로 되돌려놓는 데는 『춘추』보다 더 가까운 것이 없다."[234] 이와 같다면 인도와 왕도가 적절하게 다 갖추어진 것이다.(『논형』「정설」)

說『春秋』者曰, "二百四十二年, 人道浹, 王道備. 善善惡惡, 撥亂世, 反諸正, 莫近于『春秋』." 若此者, 人道·王道, 適具足也.(『論衡』「正說」)

234_『공양전』「애공」 14년에서 "君子曷爲爲『春秋』? 撥亂世, 反諸正, 莫近諸『春秋』."라고 했고, 하휴의 주에서 "人道浹, 王道備, 撥治也."라고 했다. 그리고 『사기』「태사공자서(太史公自序)」와 「십이제후연표(十二諸侯年表)」, 『춘추번로』「옥배(玉杯)」편, 『설원(說苑)』「지공(至公)」편 등에도 이러한 내용이 보인다.

8-10-16

혹자가 『춘추』의 242년에 대해 말했는데, 최상의 수명이 90년, 중간의 수명이 80년, 최하의 수명이 70년이라고 한다.[235] 공자는 중간의 수명 80년과 삼세(三世)[236]에 근거하여 [『춘추』]를 지었는데, 3×8=24이기 때문에 240년이다. 또한 [242년이] 한나라 제도[赤制]의 중간 숫자[中數]라고 말하기도 한다.[237] 그리고 또 242년 속에 인도가 다 갖추어지고, 왕도가 구비되었다고 말하기도 한다.(『논형』「정설」)

或說『春秋』二百四十二年者, 上壽九十, 中壽八十, 下壽七十. 孔子據中壽三世而作, 三八二十四. 故二百四十年也. 又說爲赤制之中數也, 又說二百四十二年, 人道浹, 王道備.(『論衡』「正說」)

8-10-17

[『춘추』의] 12명의 군주의 재위 기간을 기록하면 모두 242년인데, 이것

235_ 『장자』「도척(盜跖)」편에도 "上壽百歲, 中壽八十, 下壽六十."이라는 기록이 보인다.

236_ 『공양전』「은공」 원년의 하휴 주에서는 『춘추』를 전해들은 시대[所傳聞見], 직접 들은 시대[所聞], 직접 본 시대[所見]의 삼세(三世)로 나누었다. 은공(隱公)부터 희공(僖公)까지는 고조나 증조 시대의 일로 전해들은 시대이며, 문공(文公)부터 양공(襄公)까지는 조부 시대의 일로 직접 들은 시대이며, 소공(昭公)부터 애공(哀公)까지는 자신과 부모 시대의 일로 직접 본 시대이다. 이러한 삼세(三世)에 중간 수명 80년을 곱하여 240년이 된다는 논리이다.

237_ 적제(赤制)는 한나라의 제도를 말한다. 한나라가 화덕(火德)의 왕조이기 때문에 그 기운은 적덕(赤德)이라고 한다. 『춘추』가 한나라를 위하여 제도를 만들었다는 이론은 위서(緯書) 속에 많이 보이는 공양가의 주장이며, 왕충도 「일문(佚文)」편에서 "孔子爲漢制文."이라고 할 정도로 당시의 일반적인 인식이었다고 할 수 있다. 중수(中數)는 『논형교석』에 의하면, 양웅(揚雄)의 『법언(法言)』「효지(孝至)」편에서 "한나라가 흥기한 지 210년이 되면 중간이다[漢興二百一十載而中天.]"라고 했는데, 양웅이 한나라가 452년간 지속될 것을 미리 알아서 210년이 중간[中天]이라고 말했다고 한다. 왕충도 『춘추』에서 말한 242년을 인용하여 적제(赤制)의 중간 숫자로 삼았다고 풀이했다.

이 삼세(三世) 이론이 세워진 근거이다. 그러나 실제로 공자가 12명의 군주를 기록한 것은 12명 군주의 일이 왕(王)의 일을 적절하게 보여줄 수 있다고 생각했기 때문일 것이다.(『논형』「정설」)

紀十二公享國之年, 凡有二百四十二, 凡此以立三世之說矣. 實孔子紀十二公者, 以爲十二公事適足以見王義耶.(『論衡』「正說」)

8-10-18

춘추시대에 기린이 공자가 왕이 되지 않은 것을 의심하여 나타났다.[238](『논형』「강서」)

春秋之時, 騏驎嘗嫌于[不][239]王孔子而至.(『論衡』「講瑞」)

8-10-19

따라서 공자는 왕이 되지 않았기 때문에 『춘추』를 지어서 [왕의] 뜻을 밝혔다. 『춘추』에 문자상으로 기록되어 있는 왕의 일[240]을 살펴보면 공자가 왕이 될 수 있는 덕이 있다는 것을 알 수 있다.(『논형』「정현」)

故孔子不王, 作『春秋』以明意. 案『春秋』虛文業, 以知孔子能王之德.(『論衡』「定賢」)

238_ 『논형교석』에서 "공자가 마땅히 왕이 되어야 하는데 왕이 되지 않았기 때문에 기린이 왕이 되지 않은 공자를 위해서 나타난 것이다"라고 풀이했다. 즉 『공양전』「애공」 14년에 "麟者, 仁獸也, 有王者則至, 無王者則不至."라고 했다.

239_ 『논형교석』의 교정에 의하면, 왕(王)자 앞에 불(不)자가 빠져 있다. '공자불왕(孔子不王)'은 『논형』의 「우회(偶會)」·「문공(問孔)」·「자맹(刺孟)」·「정현(定賢)」 등 여러 편에서 보인다. 여기에서는 불(不)자를 넣어서 해석했다.

240_ 허문(虛文)은 『논형주석』에 의하면, 실행될 수는 없으면서 단지 문자상으로만 보이는 정치 주장이다. 따라서 허문업(虛文業)은 문자상으로 기록되어 있는 왕의 일을 말한다.

8-10-20

만약 공자가 왕이 되었다면 『춘추』는 지어지지 않았을 것이다.(『논형』「서허」)

使孔子得王, 『春秋』不作.(『論衡』「書虛」)

8-10-21

공자가 안연에게 말했다. "나는 [과거의] 너에 대한 생각을 잊어버렸고, 너도 [과거의] 나에 대한 생각을 또한 잊어버렸다."[241] 공자를 임금으로 삼고, 안연을 신하로 삼더라도 여전히 [하늘이] 견책하여 경고할 수 없는데, 하물며 노자를 임금으로 삼고 문자(文子)를 신하로 삼는 경우는 말할 필요가 있겠는가?[242](『논형』「자연」)

孔子謂顔淵曰, "吾服汝, 忘也, 汝之服于我, 亦忘也." 以孔子爲君, 顔淵爲臣, 尙不能譴告, 況以老子爲君, 文子爲臣乎?(『論衡』「自然」)

康8-48

공자를 임금으로 삼고, 안연을 신하로 삼는다는 것은 곧 이른바 공자

241_ 복(服)은 『논형주석』에서 사념(思念)이라고 했다. 즉 지나간 과거의 모습에 대한 생각을 말한다. 『장자』「전자방(田子方)」편에도 "吾服汝也, 甚忘, 女服吾也 ,亦甚忘."이라는 문장이 보이고, 『회남자』「제속훈(齊俗訓)」편에도 "吾服汝也, 忘, 而汝服於我也, 亦忘."이라는 문장이 보인다.

242_ 이 부분은 하늘이 재이(災異)를 가지고 인간에게 견책하고 경고한다는 것을 비판한 내용이다. 왕충은 이 앞부분에서 "정치의 최선은 임금과 신하가 서로 정치에 대해 잊어버리는 것[政之適也, 君臣相忘于治.]"이라고 주장했다. 공자와 안연, 그리고 노자와 문자가 각각 임금과 신하가 된다면 정치 자체를 잊어버리는 최상의 정치를 하기 때문에 하늘의 견책이나 경고가 있을 수 없다고 주장했다. 문자(文子)는 『한서』「예문지」의 '『문자(文子)』 9편'에 대한 주에서, 노자의 제자로 공자와 동시대의 인물이라고 했다.

를 소왕(素王)으로 삼고, 안연을 소신(素臣)으로 삼는다는 것이다.

孔子爲君, 顔淵爲臣, 卽所謂仲尼爲素王, 顔淵爲素相也.

<이상 공자는 법도를 제정한 왕이라는 것에 대한 종합적 의미: 右孔子爲制法之王總義>

찾아보기

孔子改制考

공 자 개 제 고

Confucius as a Reformer